ŒUVRES COMPLÈTES

DE

CHATEAUBRIAND

V

Lagny. — Typographie de Vialat et Cie.

ŒUVRES COMPLÈTES

DE

CHATEAUBRIAND

AUGMENTÉES

D'UN ESSAI SUR LA VIE ET LES OUVRAGES DE L'AUTEUR

— LES MARTYRS. —

PARIS

P.-H. KRABBE, LIBRAIRE-ÉDITEUR

12, RUE DE SAVOIE

M DCCC LI

LES MARTYRS

PRÉFACE DE L'ÉDITION DE 1826.

Voici un ouvrage que j'ai cru tombé pendant quelque temps, non qu'en ma conscience je le trouvasse plus mauvais que mes précédents ouvrages ; mais la violence de la critique avait ébranlé ma foi d'auteur, et j'avais fini par être convaincu que je m'étais trompé. Quelques amis ne me consolaient pas, parce qu'au fond je n'étais pas affligé, et que je fais bon marché de mes livres ; mais ils soutenaient que la condamnation n'était pas assez justifiée, et que le public, tôt ou tard, porterait un autre arrêt. M. de Fontanes surtout n'hésitait pas : je n'étais pas Racine, mais il pouvait être Boileau et il ne cessait de me dire : « Ils y reviendront. » Sa persuasion à cet égard était si profonde qu'elle lui inspira les stances charmantes :

« Le Tasse, errant de ville, etc. »

sans crainte de compromettre son goût et l'autorité de son jugement.

En effet, les *Martyrs* se sont relevés seuls ; ils ont obtenu l'honneur de quatre éditions consécutives ; ils ont même joui auprès des gens de lettres d'une faveur particulière : on m'a su gré d'un ouvrage qui témoigne de quelque travail de style, d'un grand respect pour la langue et d'un goût sincère de l'antiquité.

Quant à la critique du fond, elle a été promptement abandonnée. Dire que j'avais mêlé le profane au sacré, parce que j'avais peint deux religions qui existaient ensemble, et dont chacune avait ses croyances, ses autels, ses prêtres, ses cérémonies, c'était dire que j'aurais dû renoncer à l'histoire, ou plutôt choisir un autre sujet. Pour qui mouraient les martyrs? Pour Jésus-Christ. A qui les immolait-on? Aux *dieux* de l'empire. Il y avait donc deux cultes.

La question philosophique, savoir si sous Dioclétien les Romains et les Grecs croyaient aux dieux d'Homère, et si le culte public avait subi des altérations, cette question comme *poëte* ne me regarderait pas, et comme *historien* j'aurais eu beaucoup de choses à dire.

Il ne s'agit plus de tout cela. Les *Martyrs* sont restés, contre ma première attente, et je n'ai eu qu'à m'occuper du soin d'en revoir le texte.

Au reste, cet ouvrage me valut un redoublement de persécutions sous Buonaparte : les allusions étaient si frappantes dans le portrait de Galérius et dans la peinture de la cour de Dioclétien, qu'elles ne pouvaient échapper à la police impériale, d'autant plus que le traducteur anglais, qui n'avait pas de ménagements à garder, et à qui il était fort égal de me compromettre, avait fait, dans sa préface, remarquer les allusions. Mon malheureux cousin, Armand de Chateaubriand, fut fusillé à l'apparition des *Martyrs*: en vain je sollicitai sa grâce ; la colère que j'avais excitée s'en prenait même à mon nom. N'est-ce pas une chose curieuse, que je sois aujourd'hui un chrétien *douteux* et un royaliste *suspect?*

PRÉFACE

DE LA PREMIÈRE ET DE LA SECONDE ÉDITION.

J'ai avancé, dans un premier ouvrage, que la religion chrétienne me paraissait plus favorable que le paganisme au développement des caractères et au jeu des passions dans l'épopée. J'ai dit encore que le *merveilleux* de cette religion pouvait peut-être lutter contre le *merveilleux* emprunté de la mythologie. Ce sont ces opinions, plus ou moins combattues, que je cherche à appuyer par un exemple.

Pour rendre le lecteur juge impartial de ce grand procès littéraire, il m'a semblé qu'il fallait chercher un sujet qui renfermât dans un même cadre le tableau des deux religions, la morale, les sacrifices, les pompes des deux cultes; un sujet où le langage de la Genèse pût se faire entendre auprès de celui de l'*Odyssée*; où le *Jupiter* d'Homère vînt se placer à côté du *Jehovah* de Milton, sans blesser la piété, le goût et la vraisemblance des mœurs.

Cette idée conçue, j'ai trouvé facilement l'époque historique de l'alliance des deux religions.

La scène s'ouvre au moment de la persécution excitée par Dioclétien, vers la fin du troisième siècle. Le christianisme n'était point encore la religion dominante de l'empire romain ; mais ses autels s'élevaient auprès des autels des idoles.

Les personnages sont pris dans les deux religions : je fais d'abord connaître ces personnages; le récit montre ensuite l'état du christianisme dans le monde connu, à l'époque de l'action ; le reste de l'ouvrage développe cette action, qui se rattache par la catastrophe au massacre général des chrétiens.

Je me suis peut-être laissé éblouir par le sujet : il m'a semblé fécond. On voit, en effet, au premier coup d'œil, qu'il met à ma disposition l'antiquité profane et sacrée. En outre, j'ai trouvé moyen, par le récit et par le cours des événements, d'amener la peinture des différentes provinces de l'empire romain ; j'ai conduit le lecteur chez les Francs et les Gaulois, au berceau de nos ancêtres. La Grèce, l'Italie, la Judée, l'Égypte, Sparte, Athènes, Rome, Naples, Jérusalem, Memphis, les vallons de l'Arcadie, les déserts de la Thébaïde, sont les autres points de vue ou les perspectives du tableau.

Les personnages sont presque tous historiques. On sait quel monstre fut Galérius. J'ai fait Dioclétien un peu meilleur et un peu plus grand qu'il ne le paraît dans les auteurs de son temps ; en cela j'ai prouvé mon impartialité. J'ai rejeté tout l'odieux de la persécution sur Galérius et sur Hiéroclès.

Lactance dit en propres mots :

Deinde... in Hieroclem, ex vicario præsidem, qui auctor et consiliarius ad faciendam persecutionem fuit (1).

« ..... Hiéroclès, qui fut l'instigateur et l'auteur de la persécution. »

Tillemont, après avoir parlé du conseil où l'on mit en délibération la mort des chrétiens, ajoute :

« Dioclétien consentit à remettre la chose au conseil, afin de se décharger
« de la haine de cette résolution sur ceux qui l'avaient conseillée On appela
« à cette délibération quelques officiers de justice et de guerre, lesquels,
« soit par inclination propre, soit par complaisance, appuyèrent le sen-
« timent de Galérius. Hiéroclès fut un des plus ardents à conseiller la persécu-
« tion (2). »

Ce gouverneur d'Alexandrie fit souffrir des maux affreux à l'Église, selon le témoignage de toute l'histoire. Hiéroclès était sophiste, et, en massacrant les chrétiens, il publia contre eux un ouvrage intitulé *Philaléthès* ou *Ami de la vérité*. Eusèbe (3) en a réfuté une partie dans un Traité que nous avons encore ; c'est aussi pour y répondre que Lactance a composé ses *Institutions* 4). Pearson (5) a cru que l'Hiéroclès persécuteur des chrétiens était le même que l'auteur du *Commentaire* sur les vers dorés de Pythagore. Tillemont (6) semble se ranger à l'avis du savant évêque de Chester ; et Jonsius (7), qui veut retrouver dans l'Hiéroclès de la *Bibliothèque* de Photius l'Hiéroclès réfuté par Eusèbe (8), sert plutôt à confirmer qu'à détruire l'opinion de Pearson. Dacier, qui, comme l'observe Boileau, veut toujours faire un sage de l'écrivain qu'il traduit (9), combat le sentiment du savant Pearson ; mais les raisons de Dacier

---

(1) *De Mortib. persec.*, cap. XVI. — (2) *Mém. ecclés.*, tome V, page 20, édit. in-4°. Paris. — (3) EUSEBII CÆ-SARIENSIS *in Hieroclem liber, cum Philostrato editus.* Paris, 1608. — (4) LACT., *Instit.*, lib. V, cap. II. — (5) Dans ses prolégomènes sur les ouvrages d'Hiéroclès, imprimés en 1673, tome II, pag. 5-19. — (6) *Mém. ecclés.*, tome V, 2ᵉ édit., in-4°. Paris, 1702. (7) *De Scriptoribus historiæ philosophicæ.* Francof., 1659, lib. III, cap. XVIII. — (8) Pour soutenir son opinion, Jonsius est obligé de dire que cet Eusèbe n'est pas celui de Césarée. — (9) *Boileana*.

sont faibles, et il est probable que Hiéroclès, persécuteur et auteur du *Philaléthès*, est aussi l'auteur du *Commentaire*.

D'abord vicaire des préfets, Hiéroclès devint ensuite gouverneur de la Bithynie. Les Ménées (1), saint Épiphane (2), et les actes du martyre de saint Edèse (3) prouvent que Hiéroclès fut aussi gouverneur de l'Égypte, où il exerça de grandes cruautés.

Fleury, qui suit ici Lactance en parlant d'Hiéroclès, parle encore d'un autre sophiste qui écrivait dans le même temps contre les chrétiens. Voici le portrait qu'il fait de ce sophiste inconnu :

« Dans le même temps que l'on abattait l'église de Nicomédie, il y eut deux
« auteurs qui publièrent des écrits contre la religion chrétienne. L'un était phi-
« losophe de profession, mais dont les mœurs étaient contraires à la doctrine :
« en public il commandait la modération, la frugalité, la pauvreté; mais il
« aimait l'argent, le plaisir et la dépense, et faisait meilleure chère chez
« lui qu'au palais : tous ses vices se couvraient par l'extérieur de ses cheveux
« et de son manteau... Il publia trois livres contre la religion chrétienne. Il
« disait d'abord qu'il était du devoir d'un philosophe de remédier aux erreurs
« des hommes... qu'il voulait montrer la lumière de la sagesse à ceux qui
« ne la voyaient pas, et les guérir de cette obstination qui les faisait souffrir
« inutilement tant de tourments. Afin que l'on ne doutât pas du motif qui
« l'excitait, il s'étendait sur les louanges des princes, relevait leur piété et
« leur sagesse, qui se signalaient même dans la défense de la religion, en
« réprimant une superstition impie et puérile (4). »

La lâcheté de ce sophiste, qui attaquait les chrétiens tandis qu'ils étaient sous le fer du bourreau, révolta les païens mêmes, et il ne reçut pas des empereurs la récompense qu'il en attendait (5).

Ce caractère, tracé par Lactance, prouve que je n'ai donné à Hiéroclès que les mœurs de son temps. Hiéroclès était lui-même sophiste, écrivain, orateur et persécuteur

« L'autre auteur, dit Fleury, était du nombre des juges, et un de ceux qui
« avaient conseillé la persécution. On croit que c'était Hiéroclès, né en une
« petite ville de Carie, et depuis gouverneur d'Alexandrie. Il écrivit deux
« livres qu'il intitula *Philaléthès*, c'est-à-dire *Ami de la vérité*, et adressa son
« discours aux chrétiens mêmes, pour ne pas paraître les attaquer, mais leur
« donner de salutaires conseils. Il s'efforçait de montrer de la contradiction
« dans les Écritures saintes, et en paraissait si bien instruit, qu'il semblait
« avoir été chrétien (6). »

Je n'ai donc point calomnié Hiéroclès. Je respecte et honore la vraie philoso-

---

(1) *Menœa magna Grœcorum*, page 177, Venet., 1525. — (2) Epiphanii *Panarium adversus hæreses*, page 717. Lutetiæ, 1622. — (3) *De Martyr. Palæst.*, cap. IV; Euseb. — (4) *Hist. ecclés.*, liv. VIII, tome II, page 420, édit. in-8°. Paris, 1717. — (5) Lact., *Instit.* lib. V, cap. IV, page 470. — (6) *Hist. eccl.*, liv. VIII, tome II, in-8°.

phie. On pourra même observer que le mot de philosophe et de philosophie n'est pas une seule fois pris en mauvaise part dans mon ouvrage. Tout homme dont la conduite est noble, les sentiments élevés et généreux, qui ne descend jamais à des bassesses, qui garde au fond du cœur une légitime indépendance, me semble respectable, quelles que soient d'ailleurs ses opinions. Mais les sophistes de tous les pays et de tous les temps sont dignes de mépris, parce qu'en abusant des meilleures choses, ils font prendre en horreur ce qu'il y a de plus sacré parmi les hommes.

Je viens aux anachronismes. Les plus grands hommes que l'Église ait produits ont presque tous paru entre la fin du troisième siècle et le commencement du quatrième. Pour faire passer ces illustres personnages sous les yeux du lecteur, j'ai été obligé de presser un peu les temps; mais ces personnages, la plupart placés, ou même simplement nommés dans le récit, ne jouent point de rôles importants; ils sont purement épisodiques, et ne tiennent presque point à l'action; ils ne sont là que pour rappeler de beaux noms et réveiller de nobles souvenirs. Je crois que les lecteurs ne seront pas fâchés de rencontrer à Rome saint Jérôme et saint Augustin, de les voir, emportés par l'ardeur de la jeunesse, tomber dans ces fautes qu'ils ont pleurées si longtemps, et qu'ils ont peintes avec tant d'éloquence. Après tout, entre la mort de Dioclétien et la naissance de saint Jérôme, il n'y a que vingt-huit ans. D'ailleurs, en faisant parler et agir saint Jérôme et saint Augustin, j'ai toujours peint fidèlement les mœurs historiques. Ces deux grands hommes parlent et agissent dans les *Martyrs* comme ils ont parlé et comme ils ont agi peu d'années après, dans les mêmes lieux et dans des circonstances semblables.

Je ne sais si je dois rappeler ici l'anachronisme de Pharamond et de ses fils. On voit, par Sidoine Apollinaire, par Grégoire de Tours, par l'*Épitome de l'histoire des Francs*, attribué à Frédégaire, par les *Antiquités de Montfaucon*, qu'il y a eu plusieurs Pharamond, plusieurs Clodion, plusieurs Mérovée. Les rois Francs dont j'ai parlé ne seront donc pas, si l'on veut, ceux que nous connaissons sous ces noms, mais d'autres rois, leurs ancêtres.

J'ai placé la scène à Rome, et non pas à Nicomédie, séjour habituel de Dioclétien. Un lecteur moderne ne se représente guère un empereur romain autre part qu'à Rome. Il y a des choses que l'imagination ne peut séparer. Racine a observé avec raison, dans la préface d'*Andromaque*, qu'on ne saurait donner un fils étranger à la veuve d'Hector. Au reste, l'exemple de Virgile, de Fénelon et de Voltaire me servira d'excuse et d'autorité auprès de ceux qui blâmeraient ces anachronismes.

On m'avait engagé à mettre des notes à mon ouvrage : peu de livres, en effet, en seraient plus susceptibles. J'ai trouvé dans les auteurs que j'ai consultés des choses généralement inconnues, et dont j'ai fait mon profit. Le lecteur qui ignore les sources pourrait prendre ces choses extraordinaires pour des visions de l'auteur : c'est ce qui est déjà arrivé au sujet d'*Atala*.

Voici quelques exemples de ces faits singuliers.

En ouvrant le sixième livre des *Martyrs*, on lit :

« La France est une contrée sauvage et couverte de forêts, qui commence au delà du Rhin, etc. »

Je m'appuie ici de l'autorité de saint Jérôme dans la *Vie de saint Hilarion*. J'ai de plus la carte de Peutinger (1), et je crois même qu'Ammien Marcellin donne le nom de France au pays des Francs.

Je fais mourir les deux Décius en combattant contre les Francs : ce n'est pas l'opinion commune ; mais je suis la *Chronique d'Alexandrie* (2).

Dans un autre endroit, je parle du port de Nîmes. J'adopte alors pour un moment l'opinion de ceux qui croient que la tour Magne était un phare.

Pour le cercueil d'Alexandre, on peut consulter Quinte-Curce, Strabon, Diodore de Sicile, etc. La couleur des yeux des Francs, la peinture verte dont les Lombards couvraient leurs joues, sont des faits puisés dans les lettres et dans les poésies de Sidoine.

Pour la description des fêtes romaines, les prostitutions publiques, le luxe de l'amphithéâtre, les cinq cents lions, l'eau safranée, etc.; on peut lire Cicéron, Suétone, Tacite, Florus; les écrivains de l'histoire d'Auguste sont remplis de ces détails.

Quant aux curiosités géographiques touchant les Gaules, la Grèce, la Syrie, l'Égypte, elles sont tirées de Jules César, de Diodore de Sicile, de Pline, de Strabon, de Pausanias, de l'*Anonyme* de Ravenne, de Pomponius Méla, de la Collection des panégyristes, de Libanius dans son discours à Constantin, et dans son livre intitulé *Basilicus*, de Sidoine Apollinaire ; enfin de mes propres ouvrages.

Pour les mœurs des Francs, des Gaulois et des autres Barbares, j'ai lu avec attention, outre les auteurs déjà cités, la *Chronique* d'Idace, Priscus, Panitès (*Fragments sur les ambassades*), Julien (première *Oraison*, et le livre *des Césars*), Agathias et Procope sur les armes des Francs, Grégoire de Tours et les *Chroniques*, Salvien, Orose, le vénérable Bède, Isidore de Séville, Saxo Grammaticus, l'*Edda*, l'introduction à l'histoire de Charles-Quint, les Remarques de Blair sur Ossian, Peloutier, *Histoire des Celtes*, divers articles de Du Cange, Joinville et Froissart.

Les mœurs des chrétiens primitifs, la formule des actes des martyrs, les différentes cérémonies, la description des églises, sont tirées d'Eusèbe, de Socrate, de Sozomène, de Lactance, des Apologistes, des *Actes des Martyrs*, de tous les Pères, de Tillemont et de Fleury.

Je prie donc le lecteur, quand il rencontrera quelque chose qui l'arrêtera, de vouloir bien supposer que cette chose n'est pas de mon invention, et que je n'ai eu d'autre vue que de rappeler un trait de mœurs curieux, un monument remarquable, un fait ignoré. Quelquefois aussi, en peignant un personnage de l'époque que j'ai choisie, j'ai fait entrer dans ma peinture un mot, une pensée, tirées des écrits de ce même personnage : non que ce mot et cette pensée fussent dignes d'être cités comme un modèle de beauté et de goût, mais parce

---

(1) *Peutingeriana Tabula itineraria.* Vienne, 1753, in-fol. — (2) *Chronicon Paschale.* Parisiis, 1688, in-fol.

qu'ils fixent les temps et les caractères. Tout cela aurait pu, sans doute, servir de matière à des notes. Mais avant de grossir les volumes, il faut d'abord savoir si mon livre sera lu, et si le public ne le trouvera pas déjà trop long.

J'ai commencé les *Martyrs* à Rome, dès l'année 1802, quelques mois après la publication du *Génie du Christianisme*. Depuis cette époque je n'ai pas cessé d'y travailler. Les dépouillements que j'ai faits de divers auteurs sont si considérables, que, pour les seuls livres des Francs et des Gaulois, j'ai rassemblé les matériaux de deux gros volumes. J'ai consulté des amis de goûts différents et de différents principes en littérature. Enfin, non content de toutes ces études, de tous ces sacrifices, de tous ces scrupules, je me suis embarqué, et j'ai été voir les sites que je voulais peindre. Quand mon ouvrage n'aurait d'ailleurs aucun autre mérite, il aurait du moins l'intérêt d'un voyage fait aux lieux les plus fameux de l'histoire. J'ai commencé mes courses aux ruines de Sparte, et je ne les ai finies qu'aux débris de Carthage, en passant par Argos, Corinthe, Athènes, Constantinople, Jérusalem et Memphis. Ainsi, en lisant les descriptions qui se trouvent dans les *Martyrs*, le lecteur peut être assuré que ce sont des portraits ressemblants, et non des descriptions vagues et ambitieuses. Quelques-unes de ces descriptions sont même tout à fait nouvelles : aucun voyageur moderne, du moins que je sache (1), n'a donné le tableau de la Messénie, d'une partie de l'Arcadie et de la vallée de la Laconie. Chandler, Wheler, Spon, le Roy, M. de Choiseul, n'ont point visité Sparte; M. Fauvel et quelques Anglais ont dernièrement pénétré jusqu'à cette ville célèbre, mais ils n'ont point encore publié le résultat de leurs travaux. La peinture de Jérusalem et de la mer Morte est également fidèle. L'église du Saint-Sépulcre, la Voie douloureuse (*Via dolorosa*), sont telles que je les représente. Le fruit que mon héroïne cueille au bord de la mer Morte, et dont on a nié l'existence, se trouve partout à deux ou trois lieues au midi de Jéricho; l'arbre qui le porte est une espèce de citronnier. J'ai moi-même apporté plusieurs de ces fruits en France (2).

Voilà ce que j'ai fait pour rendre les *Martyrs* un peu moins indignes de l'attention publique. Heureux si le souffle poétique qui anime les ruines d'Athènes et de Jérusalem se fait sentir dans mon ouvrage! Je n'ai point parlé de mes études et de mes voyages par une vaine ostentation, mais pour montrer la juste défiance que j'ai de mes talents, et les soins que je prends d'y suppléer par tous les moyens qui sont à ma disposition. On doit voir aussi dans ces travaux mon respect pour le public, et l'importance que j'attache à tout ce qui concerne de près ou de loin les intérêts de la religion.

---

(1) Coronelli, Pellegrin, La Guilletière, et plusieurs autres Vénitiens, ont parlé de Lacédémone, mais de la manière la plus vague et la moins satisfaisante. M. de Pouqueville, excellent pour tout ce qu'il a vu, parait avoir été trompé sur Misitra, qui n'est point Sparte. Misitra est bâtie à deux lieues de l'Eurotas, sur une croupe du Taygète. Les ruines de Sparte se trouvent à un village appelé Magoula.

(2) Ce voyage, uniquement entrepris pour voir et peindre les lieux où je voulais placer la scène des *Martyrs*, m'a nécessairement fourni une foule d'observations étrangères à mon sujet : j'ai recueilli des faits importants sur la géographie de la Grèce, sur l'emplacement de Sparte, sur Argos, Mycènes, Corinthe, Athènes, etc. Pergame, dans la Mysie, Jérusalem, la mer Morte, l'Égypte, Carthage, dont les ruines sont beaucoup plus curieuses qu'on ne le croit généralement, occupent une partie considérable de mon journal. Ce journal, dépouillé des descriptions qui se trouvent dans les *Martyrs*, pourrait encore avoir quelque intérêt. Je le publierai peut-être un jour sous le titre d'*Itinéraire de Paris à Jérusalem et de Jérusalem à Paris*, en passant par la Grèce, et revenant par l'Égypte, la Barbarie et l'Espagne.

Il ne me reste plus qu'à parler du genre de cet ouvrage. Je ne prendrai aucun parti dans une question si longtemps débattue; je me contenterai de rapporter les autorités.

On demande s'il peut y avoir des poëmes en prose : question qui, au fond, pourrait bien n'être qu'une dispute de mots.

Aristote, dont les jugements sont des lois, dit positivement que l'épopée peut être écrite *en prose ou en vers* :

Ἡ δὲ ἐποποιία μόνον τοῖς λόγοις ψιλοῖς, ἢ τοῖς μέτροις (1).

Et, ce qu'il y a de remarquable, c'est qu'il donne au vers homérique, ou vers simple, un nom qui le rapproche de la prose, ψιλομετρία, comme il dit de la prose poétique, ψιλοὶ λόγοι.

Denys d'Halicarnasse, dont l'autorité est également respectée, dit :

« Il est possible qu'un discours en prose ressemble à un beau poëme ou à
« de doux vers; un poëme et des chants lyriques peuvent ressembler à une
« prose oratoire. »

Πῶς γράφεται λέξις ἄμετρος ὁμοία καλῷ ποιήματι ἢ μέλει, καὶ πῶς ποίημα γε ἢ μέλος πεζῇ λέξει καλῇ παραπλήσιον (2).

Le même auteur cite des vers charmants de Simonide sur Danaé, et il ajoute :

« Ces vers paraissent tout à fait semblables à une belle prose (3). »

Strabon confond de la même manière les vers et la prose (4). »

Le siècle de Louis XIV, nourri de l'antiquité, paraît avoir adopté le même sentiment sur l'épopée en prose. Lorsque le *Télémaque* parut, on ne fit aucune difficulté de lui donner le nom de poëme. Il fut connu d'abord sous le titre des *Aventures de Télémaque, ou Suite du* ive *livre de l'Odyssée*. Or, la suite d'un poëme ne peut être qu'un poëme. Boileau, qui, d'ailleurs, juge le *Télémaque* avec une rigueur que la postérité n'a point sanctionnée, le compare à l'*Odyssée*, et appelle Fénelon un poëte.

« Il y a, dit-il, de l'agrément dans ce livre, et une imitation de l'*Odyssée*
« que j'approuve fort. L'avidité avec laquelle on le lit fait bien voir que si l'on
« traduisait Homère en beaux mots, il ferait l'effet qu'il doit faire et qu'il a
« toujours fait..... Le Mentor du *Télémaque* dit de fort bonnes choses,
« quoique un peu hardies; et enfin M. de Cambrai me paraît beaucoup meil-
« leur *poëte* que théologien (5). »

---

(1) Arist., *de Art. poet.*, page 2. Paris, 1643, in-8°. — (2) Dion. Halic., tome ii, page 54, cap. xiv. — (3) *Ibid.*, page 60. — (4) Strab., lib. i, page 12, fol. 1597. — (5) *Lettres de Boileau et de Brossette*, tome i, page 46.

Dix-huit mois après la mort de Fénelon, Louis de Sacy, donnant son approbation à une édition du *Télémaque*, appelle cet ouvrage *un poëme épique, quoique en prose.*

Ramsay lui donne le même nom.

L'abbé de Chanterac, cet ami intime de Fénelon, écrivant au cardinal Gabrieli, s'exprime de la sorte :

« Notre prélat avait autrefois composé cet ouvrage (le *Télémaque*) en sui-
« vant le même plan qu'Homère dans son *Iliade* et son *Odyssée*, ou Virgile
« dans son *Énéide*. Ce livre pourrait être regardé comme un poëme : il n'y
« manque que le rhythme. L'auteur avait voulu lui donner le *charme et*
« *l'harmonie du style poétique* (1). »

Enfin, écoutons Fénelon lui-même :

« Pour *Télémaque*, c'est une narration fabuleuse en forme de poëme hé-
« roïque, comme ceux d'Homère et de Virgile (2). »

Voilà qui est formel (3).

Faydit (4) et Gueudeville (5) furent les premiers critiques qui contestèrent au *Télémaque* le titre de poëme contre l'autorité d'Aristote et de leur siècle : c'est un fait assez singulier. Depuis cette époque, Voltaire et La Harpe ont déclaré qu'il n'y avait point de poëme en prose : ils étaient fatigués et dégoûtés par les imitations que l'on avait faites du *Télémaque*. Mais cela est-il bien juste? Parce qu'on fait tous les jours de mauvais vers, faut-il condamner tous les vers? et n'y a-t-il pas des épopées en vers d'un ennui mortel?

Si le *Télémaque* n'est pas un poëme, que sera-t-il? Un roman? Certainement le *Télémaque* diffère encore plus du roman que du poëme, dans le sens où nous entendons aujourd'hui ces deux mots.

Voilà l'état de la question : je laisse la décision aux habiles. Je passerai, si l'on veut, condamnation sur le genre de mon ouvrage ; je répéterai volontiers ce que j'ai dit dans la préface d'*Atala* : vingt beaux vers d'Homère, de Virgile ou de Racine, seront toujours incomparablement au-dessus de la plus belle

---

(1) *Histoire de Fénelon*, par M. DE BEAUSSET, tome II, page 194. — (2) *Ibid.*, page 196, *Manuscrits de Fénelon.*

(3) A ces autorités, je joindrai ici celle de Blair : elle n'est pas sans appel pour des Français ; mais elle constate l'opinion des étrangers sur le *Télémaque*, elle est d'un très-grand poids dans tout ce qui concerne la littérature ancienne ; et enfin le docteur Blair est de tous les critiques anglais celui qui se rapproche le plus de notre goût et de nos jugements littéraires.

« In reviewing the epic poets, it were unjust to make no mention of the amiable author of the *Adventures of Telemachus*. His work, though not composed in verse, is justly entitled to be held a poem. The measured poetical prose in which it is written, is remarkably harmonious; and gives the style nearly as much elevation as the french language is capable of supporting, even in regular verses. »

« En passant en revue les poëtes épiques, il serait injuste de ne pas faire mention de l'aimable auteur des *Aventures de Télémaque*. Quoique son ouvrage ne soit pas composé en vers, on peut, à juste titre, le regarder comme un poëme. La prose poétique et mesurée du *Télémaque* est singulièrement harmonieuse, et elle donne au style presque autant d'élévation que la langue française peut en supporter, même en vers *. »

(4) *La Télémacomanie*. — (5) *Critique générale du Télémaque.*

* *Lect. on Rhet.*, by H. BLAIR, tome III, page 276.

prose du monde. Après cela, je prie les poëtes de me pardonner d'avoir invoqué les Filles de Mémoire pour m'aider à chanter les *Martyrs*. Platon, cité par Plutarque, dit qu'il emprunte le nombre à la poésie, comme un char pour s'envoler au ciel. J'aurais bien voulu monter aussi sur ce char, mais j'ai peur que la divinité qui m'inspire ne soit une de ces Muses inconnues sur l'Hélicon, qui n'ont point d'ailes, et qui vont à pied, comme dit Horace, *Musa pedestris*.

LIVRE PREMIER.

SOMMAIRE. — Invocation. Exposition. Dioclétien tient les rênes de l'empire romain. Sous le gouvernement de ce prince, les temples du vrai Dieu commencent à disputer l'encens aux temples des idoles. L'enfer se prépare à livrer un dernier combat pour renverser les autels du Fils de l'Homme. L'Éternel permet aux démons de persécuter l'Église, afin d'éprouver les fidèles ; mais les fidèles sortiront triomphants de cette épreuve ; l'étendard du salut sera placé sur le trône de l'univers ; le monde devra cette victoire à deux victimes que Dieu a choisies. Quelles sont ces victimes ? Apostrophe à la Muse qui les va faire connaître. Famille d'Homère. Démodocus, dernier descendant des Homérides, prêtre d'Homère au temple de ce poëte, sur le mont Ithome, en Messénie. Description de la Messénie. Démodocus consacre au culte des Muses sa fille unique, Cymodocée, afin de la dérober aux poursuites d'Hiéroclès, proconsul d'Achaïe, et favori de Galérius. Cymodocée va seule avec sa nourrice à la fête de Diane-Limnatide : elle s'égare ; elle rencontre un jeune homme endormi au bord d'une fontaine. Eudore reconduit Cymodocée chez Démodocus. Démodocus part avec sa fille pour aller offrir des présents à Eudore, et remercier la famille de Lasthénès.

Je veux raconter les combats des chrétiens et la victoire que les fidèles remportèrent sur les esprits de l'abîme par les efforts glorieux de deux époux martyrs.

Muse céleste, vous qui inspirâtes le poëte de Sorrente et l'aveugle d'Albion ; vous qui placez votre trône solitaire sur le Thabor ; vous qui vous plaisez aux pensées sévères, aux méditations graves et sublimes ; j'implore à présent votre secours. Enseignez-moi sur la harpe de David les chants que je dois faire entendre ; donnez surtout à mes yeux quelques-unes de ces larmes que Jérémie versait sur les malheurs de Sion : je vais dire les douleurs de l'Église persécutée !

Et toi, vierge du Pinde, fille ingénieuse de la Grèce, descends à ton tour du sommet de l'Hélicon : je ne rejetterai point les guirlandes de fleurs dont tu couvres les tombeaux, ô riante divinité de la Fable, toi qui n'as pu faire de la mort et du malheur même une chose sérieuse ! Viens, Muse des mensonges, viens lutter avec la Muse des vérités. Jadis on lui fit souffrir en ton nom des maux cruels : orne aujourd'hui son triomphe par ta défaite, et confesse qu'elle était plus digne que toi de régner sur la lyre.

Neuf fois l'Église de Jésus-Christ avait vu les esprits de l'abîme conjurés contre elle ; neuf fois ce vaisseau, qui ne doit point périr, était échappé au naufrage. La terre reposait en paix. Dioclétien tenait dans ses mains habiles le sceptre du monde. Sous la protection de ce grand prince, les chrétiens jouissaient d'une tranquillité qu'ils n'avaient point connue jusqu'alors. Les autels du vrai Dieu commençaient à disputer l'encens aux autels des idoles ; le troupeau des fidèles augmentait chaque jour ; les honneurs, les richesses et la gloire n'étaient plus le seul partage des adorateurs de Jupiter : l'enfer, menacé de perdre son empire, voulut interrompre le cours des victoires célestes. L'Éternel, qui voyait les vertus des chrétiens s'affaiblir dans la prospérité, permit aux démons de susciter une persécution nouvelle ; mais, par cette dernière et terrible épreuve, la croix devait être enfin placée sur le trône de l'univers, et les temples des faux dieux allaient rentrer dans la poudre.

Comment l'antique ennemi du genre humain fit-il servir à ses projets les passions des hommes et surtout l'ambition et l'amour ? Muse, daignez m'en instruire. Mais, auparavant, faites-moi connaître la vierge innocente et le pénitent illustre qui brillèrent dans ce jour de triomphe et de deuil : l'une fut choisie du ciel chez les idolâtres, l'autre parmi le peuple fidèle, pour être les victimes expiatoires des chrétiens et des gentils.

Démodocus était le dernier descendant d'une de ces familles Homérides qui habitaient autrefois l'île de Chio, et qui prétendaient tirer leur origine d'Homère. Ses parents l'avaient uni, dans sa jeunesse, à la fille de Cléobule de Crète, Épicharis, la plus belle des vierges qui dansaient sur les gazons fleuris, au pied du mont Talée, chéri de Mercure. Il avait suivi son épouse à Gortynes, ville bâtie par le fils de Rhadamante, au bord du Léthé, non loin du platane qui couvrit les amours d'Europe et de Jupiter. Après que la lune eut éclairé neuf fois les antres des Dactyles, Épicharis alla visiter ses troupeaux sur le mont Ida. Saisie tout à coup des douleurs maternelles, elle mit au jour Cymodocée, dans le bois sacré où les trois vieillards de Platon s'étaient assis pour discourir sur les lois : les augures déclarèrent que la fille de Démodocus deviendrait célèbre par sa sagesse.

Bientôt après, Épicharis perdit la douce lumière des cieux. Alors Démodocus ne vit plus les eaux du Léthé qu'avec douleur ; toute sa consolation était de prendre sur ses genoux le fruit unique de son hymen, et de regarder, avec un sourire mêlé de larmes, cet astre charmant qui lui rappelait la beauté d'Épicharis.

Or, dans ce temps-là, les habitants de la Messénie faisaient élever un temple à Homère ; ils proposèrent à Démodocus d'en être le grand prêtre. Démodocus accepta leur offre avec joie, content d'abandonner un séjour que la colère céleste lui avait rendu insupportable. Il fit un sacrifice aux mânes de son épouse, aux fleuves nés de Jupiter, aux nymphes hospitalières de l'Ida, aux divinités protectrices de Gortynes, et il partit avec sa fille, emportant ses pénates et une petite statue d'Homère.

Poussé par un vent favorable, son vaisseau découvre bientôt le promontoire du Ténare, et suivant les côtes d'OEtylos, de Thalames et de Leuctres, il vient jeter l'ancre à l'ombre du bois de Chœrius. Les Messéniens, peuple instruit par le malheur, reçurent Démodocus comme le descendant d'un dieu. Ils le conduisirent en triomphe au sanctuaire consacré à son divin aïeul.

On y voyait le poëte représenté sous la figure d'un grand fleuve, où d'autres fleuves venaient remplir leurs urnes. Le temple dominait la ville d'Épaminondas ; il était bâti dans un vieux bois d'oliviers, sur le mont Ithome, qui s'élève isolé, comme un vase d'azur, au milieu des champs de la Messénie.

L'oracle avait ordonné de creuser les fondements de l'édifice au même lieu qu'Aristomène avait choisi pour enterrer l'urne d'airain à laquelle le sort de sa patrie était attaché. La vue s'étendait au loin sur des campagnes plantées de hauts cyprès, entrecoupées de collines, et arrosées par les flots de l'Amphise, du Pamysus et du Balyra, où l'aveugle Tamyris laissa tomber sa lyre. Le laurier-rose et l'arbuste aimé de Junon bordaient de toutes parts le lit des torrents et le cours des sources et des fontaines : souvent, au défaut de l'onde épuisée, ces buissons parfumés dessinaient dans les vallons comme des ruisseaux de fleurs, et remplaçaient la fraîcheur des eaux par celle de l'ombre. Des cités, des monuments des arts, des ruines, se montraient dispersés çà et là sur le tableau champêtre : Andanies témoin des pleurs de Mérope, Tricca qui vit naître Esculape, Gérénie qui conserve le tombeau de Machaon, Phères, où le prudent Ulysse reçut d'Iphitus l'arc fatal aux amants de Pénélope, et Stényclare retentissant des chants de Tyrtée. Ce beau pays, jadis soumis au sceptre de l'antique Nélée, présentait ainsi, du haut de l'Ithome et du péristyle du temple d'Homère, une corbeille de verdure de plus de huit cents stades de tour. Entre le couchant et le midi, la mer de Messénie formait une brillante barrière ; à l'orient et au septentrion, la chaîne du Taygète, les sommets du Lycée et les montagnes de l'Élide arrêtaient les regards. Cet horizon, unique sur la terre, rappelait le triple souvenir de la vie guerrière, des mœurs pastorales et des fêtes d'un peuple qui comptait les malheurs de son histoire par les époques de ses plaisirs.

Quinze ans s'étaient écoulés depuis la dédicace du temple. Démodocus vivait paisiblement retiré à l'autel d'Homère. Sa fille Cymodocée croissait sous ses yeux, comme un jeune olivier qu'un jardinier élève avec soin au bord d'une fontaine, et qui est l'amour de la terre et du ciel. Rien n'aurait troublé la joie de Démodocus s'il avait pu trouver pour sa fille un époux qui l'eût traitée avec toute sorte d'égards, après l'avoir emmenée dans une maison pleine de richesses; mais aucun gendre n'osait se présenter, parce que Cymodocée avait eu le malheur d'inspirer de l'amour à Hiéroclès, proconsul d'Achaïe et favori de Galérius. Hiéroclès avait demandé Cymodocée pour épouse ; la jeune Messénienne avait supplié son père de ne point la livrer à ce Romain impie, dont le seul regard la faisait frémir. Démodocus avait aisément cédé aux prières de sa fille : il ne pouvait confier le sort de Cymodocée à un barbare soupçonné de plusieurs crimes, et qui, par des traitements inhumains, avait précipité une première épouse au tombeau.

Ce refus, en blessant l'orgueil du proconsul, n'avait fait qu'irriter sa passion : il avait résolu d'employer, pour saisir sa proie, tous les moyens que donne la puissance unie à la perversité. Démodocus, afin de dérober sa fille à l'amour d'Hiéroclès, l'avait consacrée aux Muses. Il l'instruisait de tous les usages des sacrifices : il lui montrait à choisir la génisse sans tache, à couper le poil sur le front des taureaux, à le jeter dans le feu, à répandre l'orge sacrée ; il lui apprenait surtout à toucher la lyre, charme des infortunés mortels. Souvent assis avec cette fille chérie sur un rocher élevé, au bord de la mer, ils chantaient quelques morceaux choisis de l'*Iliade* et de l'*Odyssée* : la tendresse d'Andromaque : la sagesse de Pénélope, la modestie de Nausicaa; ils disaient les maux qui sont le partage des enfants de la terre : Agamemnon sacrifié par son épouse, Ulysse demandant l'aumône à la porte de son palais; ils s'attendrissaient sur le sort de celui qui meurt loin de sa patrie, sans avoir revu la fumée de ses foyers paternels : et vous aussi, jeunes hommes, ils vous plaignaient, vous qui gardiez les troupeaux des rois vos pères, et qu'une occupation si innocente ne put sauver des terribles mains d'Achille!

Nourrie des plus beaux souvenirs de l'antiquité dans la docte familiarité des Muses, Cymodocée développait chaque jour de nouveaux charmes. Démodocus, consommé dans la sagesse, cherchait à tempérer cette éducation toute divine, en inspirant à sa fille le goût d'une aimable simplicité. Il aimait à la voir quitter son luth pour aller remplir une urne à la fontaine, ou laver les voiles du temple au courant d'un fleuve. Pendant les jours de l'hiver, lorsque, adossée contre une colonne, elle tournait ses fuseaux à la lueur d'une flamme éclatante, il lui disait :

« Cymodocée, j'ai cherché dès ton enfance à t'enrichir de vertus et de tous les dons des Muses, car il faut traiter notre âme, à son arrivée dans notre corps, comme un céleste étranger que l'on reçoit avec des parfums et des couronnes. Mais, ô fille d'Épicharis, craignons l'exagération, qui détruit le bon sens : prions Minerve de nous accorder la raison, qui produira dans notre naturel cette modération, sœur de la vérité, sans laquelle tout est mensonge. »

Ainsi, de belles images et de sages propos charmaient et instruisaient Cymodocée. Quelque chose des Muses auxquelles elle était consacrée avait passé sur son visage, dans sa voix et dans son cœur. Quand elle baissait ses longues paupières, dont l'ombre se dessinait sur la blancheur de ses joues, on eût cru voir la sérieuse Melpomène; mais, quand elle levait les yeux, vous l'eussiez prise pour la riante Thalie. Ses cheveux noirs ressemblaient à la fleur d'hyacinthe, et sa taille au palmier de Délos. Un jour elle était allée au loin cueillir le dictame avec son père. Pour découvrir cette plante précieuse, ils avaient suivi une biche blessée par un archer d'Œchalie; on les aperçut sur le sommet des montagnes : le bruit se répandit aussitôt que Nestor et la plus jeune de ses filles, la belle Polycaste, étaient apparus à des chasseurs dans les bois d'Ira.

La fête de Diane-Limnatide approchait, et l'on se préparait à conduire la pompe accoutumée sur les confins de la Messénie et de la Laconie. Cette pompe, cause funeste des guerres antiques de Lacédémone et de Messène, n'attirait plus que de paisibles spectateurs. Cymodocée fut choisie des vieillards pour conduire le chœur des jeunes filles qui devaient présenter les offrandes à la chaste sœur d'Apollon. Dans la naïveté de sa joie, elle s'applaudissait de ces honneurs, parce qu'ils rejaillissaient sur son père : pourvu qu'il entendît les louanges qu'on donnait à sa fille, qu'il touchât les couronnes qu'elle avait gagnées, il ne demandait pas d'autre gloire ni d'autre bonheur.

Démodocus, retenu par un sacrifice qu'un étranger était venu offrir à Homère, ne put accompagner sa fille à Limné. Elle se rendit seule à la fête avec sa nourrice Euryméduse, fille d'Alcimédon de Naxos. Le vieillard était sans inquiétude, parce que le proconsul d'Achaïe se trouvait alors à Rome auprès de César Galérius. Le temple de Diane s'élevait à la vue du golfe de Messénie, sur une croupe du Taygète, au milieu d'un bois de pins, aux branches desquels les chasseurs avaient suspendu la dépouille des bêtes sauvages. Les murs de l'édifice avaient reçu du temps cette couleur de feuilles séchées que le voyageur observe encore aujourd'hui dans les ruines de Rome et d'Athènes. La statue de Diane, placée sur un autel au milieu du temple, était le chef-d'œuvre d'un sculpteur célèbre. Il avait représenté la fille de Latone debout, un pied en avant, saisissant de la main droite une flèche dans son carquois suspendu à ses épaules, tandis que la biche Cérynide, aux cornes d'or et aux pieds d'airain, se réfugiait sous l'arc que la déesse tenait dans sa main gauche abaissée.

Au moment où la lune, au milieu de sa course, laissa tomber ses rayons sur le temple, Cymodocée, à la tête de ses compagnes, égales en nombre aux nymphes Océanies, entonna l'hymne à la Vierge Blanche. Une troupe de chasseurs répondait à la voix des jeunes filles :

« Formez, formez la danse légère! Doublez, ramenez le chœur, le chœur
« sacré!
« Diane, souveraine des forêts, recevez les vœux que vous offrent des
« vierges choisies, des enfants chastes, instruits par les vers de la Sibylle.
« Vous naquîtes sous un palmier, dans la flottante Délos. Pour charmer les
« douleurs de Latone, des cygnes firent sept fois en chantant le tour de l'île
« harmonieuse. Ce fut en mémoire de leurs chants que votre divin frère in-
« venta les sept cordes de la lyre.

« Formez, formez la danse légère! Doublez, ramenez le chœur, le chœur
« sacré!
« Vous aimez les rives des fleuves, l'ombrage des bois, les forêts du Cragus
« verdoyant, du frais Algide et du sombre Érymanthe. Diane, qui portez l'arc
« redoutable; Lune, dont la tête est ornée du croissant; Hécate, armée du
« serpent et du glaive, faites que la jeunesse ait des mœurs pures, la vieil-
« lesse, du repos, et la race de Nestor, des fils, des richesses et de la gloire!
« Formez, formez la danse légère! Doublez, ramenez le chœur, le chœur
« sacré! »

En achevant cet hymne, les jeunes filles ôtèrent leurs couronnes de laurier, et les suspendirent à l'autel de Diane, avec les arcs des chasseurs. Un cerf blanc fut immolé à la reine du silence. La foule se sépara, et Cymodocée, suivie de sa nourrice, prit un sentier qui la devait conduire chez son père.

C'était une de ces nuits dont les ombres transparentes semblent craindre de cacher le beau ciel de la Grèce : ce n'étaient point des ténèbres, c'était seulement l'absence du jour. L'air était doux comme le lait et le miel, et l'on sentait à le respirer un charme inexprimable. Les sommets du Taygète, les promontoires opposés de Colonidès et d'Acritas, la mer de Messénie, brillaient de la plus tendre lumière; une flotte ionienne baissait ses voiles pour entrer au port de Coronée, comme une troupe de colombes passagères ploie ses ailes pour se reposer sur un rivage hospitalier; Alcyon gémissait doucement sur son nid, et le vent de la nuit apportait à Cymodocée les parfums du dictame et la voix lointaine de Neptune; assis dans la vallée, le berger contemplait la lune au milieu du brillant cortége des étoiles, et il se réjouissait dans son cœur.

La jeune prêtresse des Muses marchait en silence le long des montagnes. Ses yeux erraient avec ravissement sur ces retraites enchantées, où les anciens avaient placé le berceau de Lycurgue et celui de Jupiter, pour enseigner que la religion et les lois doivent marcher ensemble et n'ont qu'une même origine. Remplie d'une frayeur religieuse, chaque mouvement, chaque bruit devenait pour elle un prodige; le vague murmure des mers était le sourd rugissement des lions de Cybèle descendue dans le bois d'Œchalie; et les rares gémissements du ramier étaient les sons du cor de Diane chassant sur les hauteurs de Thuria.

Elle avance, et d'aimables souvenirs, en remplaçant ses craintes, viennent occuper sa mémoire : elle se rappelle les antiques traditions de l'île fameuse où elle reçut la lumière, le Labyrinthe, dont la danse des jeunes Crétoises imitait encore les détours, l'ingénieux Dédale, l'imprudent Icare, Idoménée et son fils, et surtout les deux sœurs infortunées, Phèdre et Ariadne. Tout à coup elle s'aperçoit qu'elle a perdu le sentier de la montagne et qu'elle n'est plus suivie de sa nourrice : elle pousse un cri qui se perd dans les airs; elle implore les dieux des forêts, les napées, les dryades; ils ne répondent point à sa voix, et elle croit que ces divinités absentes sont rassemblées dans les vallons du Ménale, où les Arcadiens leur offrent des sacrifices solennels. Cymodocée entendit de loin le bruit des eaux : aussitôt elle court se mettre sous la protection de la naïade jusqu'au retour de l'aurore.

Une source d'eau vive, environnée de hauts peupliers, tombait à grands flots d'une roche élevée; au-dessus de cette roche, on voyait un autel dédié aux nymphes, où les voyageurs offraient des vœux et des sacrifices. Cymodocée allait embrasser l'autel et supplier la divinité de ce lieu de calmer les inquiétudes de son père, lorsqu'elle aperçut un jeune homme qui dormait appuyé contre un rocher. Sa tête inclinée sur sa poitrine, et penchée sur son épaule gauche, était un peu soutenue par le bois d'une lance; sa main, jetée négligemment sur cette lance, tenait à peine la laisse d'un chien qui semblait prêter l'oreille à quelque bruit; la lumière de l'astre de la nuit, passant entre les branches de deux cyprès, éclairait le visage du chasseur : tel un successeur d'Apelles a représenté le sommeil d'Endymion. La fille de Démodocus crut, en effet, que ce jeune homme était l'amant de la reine des forêts : une plainte du zéphyr lui parut être un soupir de la déesse, et elle prit un rayon fugitif de la lune dans le bocage pour le bord de la tunique blanche de Diane qui se retirait. Épouvantée, craignant d'avoir troublé les mystères, Cymodocée tombe à genoux et s'écrie :

« Redoutable sœur d'Apollon, épargnez une vierge imprudente; ne la percez

« pas de vos flèches! Mon père n'a qu'une fille, et jamais ma mère, déjà
« tombée sous vos coups, ne fut orgueilleuse de ma naissance ! »

A ces cris le chien aboie, le chasseur se réveille. Surpris de voir cette jeune fille à genoux, il se lève précipitamment :

« Comment! dit Cymodocée confuse et toujours à genoux, est-ce que tu n'es pas le chasseur Endymion ? »

« Et vous, dit le jeune homme non moins interdit, est-ce que vous n'êtes pas un ange? »

« Un ange! » reprit la fille de Démodocus.

Alors l'étranger, plein de trouble :

« Femme, levez-vous; on ne doit se prosterner que devant Dieu. »

Après un moment de silence, la prêtresse des Muses dit au chasseur :

« Si tu n'es pas un dieu caché sous la forme d'un mortel, tu es sans doute un étranger que les satyres ont égaré comme moi dans les bois. Dans quel port est entré ton vaisseau? Viens-tu de Tyr, si célèbre par la richesse de ses marchands? Viens-tu de la charmante Corinthe, où tes hôtes t'auront fait de riches présents? Es-tu de ceux qui trafiquent sur les mers jusqu'aux colonnes d'Hercule? Suis-tu le cruel Mars dans les combats, ou plutôt n'es-tu pas le fils d'un de ces mortels jadis décorés du sceptre, qui régnaient sur un pays fertile en troupeaux et chéri des dieux? »

L'étranger répondit :

« Il n'y a qu'un Dieu, maître de l'univers, et je ne suis qu'un homme plein de trouble et de faiblesse. Je m'appelle Eudore; je suis fils de Lasthénès. Je revenais de Thalames, je retournais chez mon père; la nuit m'a surpris : je me suis endormi au bord de cette fontaine. Mais vous, comment êtes-vous seule ici? Que le ciel vous conserve la pudeur, la plus belle des craintes après celle de Dieu! »

Le langage de cet homme confondait Cymodocée. Elle sentait devant lui un mélange d'amour et de respect, de confiance et de frayeur. La gravité de sa parole et la grâce de sa personne formaient à ses yeux un contraste extraordinaire. Elle entrevoyait comme une nouvelle espèce d'hommes, plus noble et plus sérieuse que celle qu'elle avait connue jusqu'alors. Croyant augmenter l'intérêt qu'Eudore paraissait prendre à son malheur, elle lui dit :

« Je suis fille d'Homère aux chants immortels. »

L'étranger se contenta de répliquer :

« Je connais un plus beau livre que le sien. »

Déconcertée par la brièveté de cette réponse, Cymodocée dit en elle-même :

« Ce jeune homme est de Sparte. »

Puis elle raconta son histoire. Le fils de Lasthénès dit :

« Je vais vous reconduire chez votre père. »

Et il se mit à marcher devant elle.
La fille de Démodocus le suivait ; on entendait le frémissement de son haleine, car elle tremblait. Pour se rassurer un peu, elle essaya de parler : elle hasarda quelques mots sur les charmes de la Nuit sacrée, épouse de l'Érèbe, et mère des Hespérides et de l'Amour. Mais son guide l'interrompant :

« Je ne vois que des astres qui racontent la gloire du Très-Haut. »

Ces paroles jetèrent de nouveau la confusion dans le cœur de la prêtresse des Muses. Elle ne savait plus que penser de cet inconnu, qu'elle avait pris d'abord pour un immortel. Était-ce un impie qui errait la nuit sur la terre, haï des hommes et poursuivi par les dieux ? Était-ce un pirate descendu de quelque vaisseau pour ravir les enfants à leurs pères ? Cymodocée commençait à sentir une vive frayeur, qu'elle n'osait toutefois laisser paraître. Son étonnement n'eut plus de bornes lorsqu'elle vit son guide s'incliner devant un esclave délaissé qu'ils trouvèrent au bord d'un chemin, l'appeler son frère et lui donner son manteau pour couvrir sa nudité. « Étranger, dit la fille de Démodocus, tu as cru sans doute que cet esclave était quelque dieu caché sous la figure d'un mendiant pour éprouver le cœur des mortels ? »

« Non, répondit Eudore, j'ai cru que c'était un homme. »

Cependant un vent frais se leva du côté de l'orient. L'aurore ne tarda pas à paraître. Bientôt sortant des montagnes de la Laconie, sans nuage et dans une simplicité magnifique, le soleil agile et rayonnant monta dans les cieux. A l'instant même, s'élançant d'un bois voisin, Euryméduse, les bras ouverts, se précipite vers Cymodocée.

« O ma fille ! s'écrie-t-elle, quelle douleur tu m'as causée ! J'ai rempli l'air de mes sanglots. J'ai cru que Pan t'avait enlevée. Ce dieu dangereux est toujours errant dans les forêts ; et quand il a dansé avec le vieux Sylène, rien ne peut égaler son audace. Comment aurais-je pu reparaître sans toi devant mon cher maître ! Hélas ! j'étais encore dans ma première jeunesse, lorsque, me jouant sur le rivage de Naxos, ma patrie, je fus tout à coup enlevée par une troupe de ces hommes qui parcourent l'empire de Thétis à main armée, et qui font un riche butin. Ils me vendirent à un port de Crète, éloigné de Gortynes de tout l'espace qu'un homme, en marchant avec vitesse, peut parcourir entre la troisième veille et le milieu du jour. Ton père était venu à Lébène pour échanger des blés de Théodosie contre les tapis de Milet. Il m'acheta des mains des pirates : le prix fut deux taureaux qui n'avaient pas encore tracé les sillons de Cérès. Dans la nuit, ayant reconnu ma fidélité, il me plaça aux portes de sa chambre nuptiale. Lorsque les cruelles Illithyes eurent fermé les yeux d'Épicharis, Démodocus te remit entre mes bras afin que je te servisse de mère. Que de peines ne m'as-tu point causées dans ton enfance ! Je passais les nuits auprès de ton berceau, je te balançais sur mes genoux ; tu ne voulais prendre de nourriture que de ma main, et quand je te quittais un instant, tu poussais des cris. »

En prononçant ces mots, Euryméduse serrait Cymodocée dans ses bras, et ses larmes mouillaient la terre. Cymodocée, attendrie par les caresses de sa nourrice, l'embrassait aussi en pleurant ; et elle disait :

« Ma mère, c'est Eudore, le fils de Lasthénès. »

Le jeune homme, appuyé sur sa lance, regardait cette scène avec un sourire ; le sérieux naturel de son visage avait fait place à un doux attendrissement.
Mais tout à coup rappelant sa gravité :

« Fille de Démodocus, dit-il, voilà votre nourrice ; l'habitation de votre père n'est pas éloignée. Que Dieu ait pitié de votre âme ! »

Sans attendre la réponse de Cymodocée, il part comme un aigle. La prêtresse des Muses, instruite dans l'art des augures, ne douta plus que le chasseur ne fût un des immortels : elle détourna la tête, dans la crainte de voir le dieu et de mourir. Ensuite elle se hâta de gravir le mont Ithome, et passant les fontaines d'Arsinoé et de Clepsydra, elle frappe au temple d'Homère. Le vieux pontife avait erré toute la nuit dans les bois ; il avait envoyé des esclaves à Leuctres, à Phères, à Limné. L'absence du proconsul d'Achaïe ne suffisait plus pour rassurer la tendresse paternelle : Démodocus craignait à présent les violences d'Hiéroclès, bien que cet impie fût à Rome, et il n'entrevoyait que des maux pour sa chère Cymodocée. Lorsqu'elle arriva avec sa nourrice, ce père malheureux était assis à terre près du foyer ; la tête couverte d'un pan de sa robe, il arrosait les cendres de ses pleurs. A l'apparition subite de sa fille, il est près de mourir de joie. Cymodocée se jette dans ses bras ; et, pendant quelques moments, on n'entendit que des sanglots entrecoupés : tels sont les cris dont retentit le nid des oiseaux lorsque la mère apporte la nourriture à ses petits. Enfin, suspendant ses larmes :

« O mon enfant, dit Démodocus, quel dieu t'a rendue à ton père ? Comment t'avais-je laissée aller seule au temple ? J'ai craint nos ennemis ; j'ai

craint les satellites d'Hiéroclès, qui méprise les dieux et se rit des larmes des pères. Mais j'aurais traversé la mer; je serais allé me jeter aux pieds de César; je lui aurais dit : « Rends-moi ma Cymodocée, ou ôte-moi la vie. » On aurait vu ton père racontant sa douleur au soleil, et te cherchant par toute la terre, comme Cérès lorsqu'elle redemandait sa fille que Pluton lui avait ravie. La destinée d'un vieillard qui meurt sans enfants est digne de pitié. On s'éloigne de son corps, objet de la dérision de la jeunesse : « Ce vieillard, dit-on, était
« un impie, les dieux ont retranché sa race; il n'a pas laissé de fils pour
« l'ensevelir. »

Alors Cymodocée, flattant son vieux père de ses belles mains, et caressant sa barbe argentée :

« Mon père, chantre divin des immortels, nous nous sommes égarées dans les bois; un jeune homme, ou plutôt un dieu, nous a ramenées ici. »

A ces mots, Démodocus se levant, et écartant sa fille de son sein :

« Quoi! s'écria-t-il, un étranger t'a rendue à ton père, et tu ne l'as pas présenté à nos foyers, toi, prêtresse des Muses et fille d'Homère! Que fût devenu ton divin aïeul, si l'on n'eût pas mieux exercé envers lui les devoirs de l'hospitalité? Que dira-t-on dans toute la Grèce? Démodocus l'Homéride a fermé sa porte à un suppliant! Ah! je ne sentirais pas un chagrin plus mortel quand on cesserait de m'appeler le père de Cymodocée! »

Euryméduse voyant le courroux de Démodocus, et voulant excuser Cymodocée :

« Démodocus, dit-elle, mon cher maître, garde-toi de condamner ta fille. Je te parlerai dans toute la sincérité de mon cœur. Si nous n'avons pas invité l'étranger à suivre nos pas, c'est qu'il était jeune et beau comme un immortel, et nous avons craint les soupçons qui s'élèvent trop souvent dans le cœur des enfants de la terre.

« Euryméduse, repartit Démodocus, quelles paroles sont échappées à tes lèvres! Jusqu'à présent tu n'avais pas paru manquer de sagesse; mais je vois qu'un dieu a troublé ta raison. Sache que je n'ouvre point mon cœur aux défiances injustes, et je ne hais rien tant que l'homme qui soupçonne toujours le cœur de l'homme. »

Cymodocée conçut alors le dessein d'apaiser Démodocus.

« Pontife sacré, lui dit-elle, calme, je t'en supplie, les transports de ta colère; la colère, comme la faim, est mère des mauvais conseils. Nous pouvons encore réparer ma faute. Le jeune homme m'a dit son nom. Tu connaîtras peut-être son antique race : il se nomme Eudore, il est fils de Lasthénès. »

La douce persuasion porta ces paroles adroites au fond du cœur de Démodocus : il embrassa tendrement Cymodocée.

« Ma fille, lui dit-il, ce n'est pas en vain que j'ai pris soin d'instruire ta jeunesse : il n'y a point de vierge de ton âge que tu ne surpasses par la solidité de ton esprit; et les Grâces seules sont plus habiles que toi à broder des voiles. Mais qui pourrait égaler les Grâces, surtout la plus jeune, la divine Pasithée! Il est vrai, ma fille, je connais la race antique d'Eudore, fils de Lasthénès. Je ne le cède à personne dans la science de la généalogie des dieux et des hommes; jadis même je n'aurais été vaincu que par Orphée, Linus, Homère, ou le vieillard d'Ascrée : car les hommes d'autrefois étaient très-supérieurs à ceux d'aujourd'hui. Lasthénès est un des principaux habitants de l'Arcadie. Il est issu du sang des dieux et des héros, puisqu'il descend du fleuve Alphée, et qu'il compte parmi ses aïeux le grand Philopœmen et Polybe aimé de Calliope, fille de Saturne et d'Astrée. Il a lui-même triomphé dans les jeux sanglants du dieu de la guerre; il est chéri de nos princes; on l'a vu revêtu des plus grandes charges de l'État et de l'armée. Demain, aussitôt que Dicé, Irène et Eunomie, aimables Heures, auront ouvert les portes du jour, nous monterons sur un char, et nous irons offrir des présents à Eudore, dont la renommée publie la sagesse et la valeur. »

En achevant ces mots, Démodocus, suivi de sa fille et d'Euryméduse, entra dans les bâtiments du temple, où brillaient l'ambre, l'airain et l'écaille de tortue. Un esclave, tenant une aiguière d'or et un bassin d'argent, verse une eau pure sur les mains du prêtre d'Homère. Démodocus prend une coupe, la purifie par la flamme, y mêle l'eau et le vin, et répand à terre la libation sacrée, afin d'apaiser les dieux lares. Cymodocée se retire dans son appartement; et après avoir joui des délices du bain, elle se couche sur des tapis de Lydie, recouverts du fin lin de l'Égypte; mais elle ne put goûter les dons du sommeil, et ce fut en vain qu'elle pria la Nuit de lui verser la douceur de ses ombres.

L'aube avait à peine blanchi l'orient, qu'on entendit retentir la voix de Démodocus : il appelait ses intelligents esclaves. Aussitôt Évémon, fils de Boëtoüs, ouvre le lieu qui renfermait l'appareil des chars. Il emboîte l'essieu dans des roues bruyantes à huit rayons fortifiés par des bandes d'airain; il suspend un char orné d'ivoire sur des courroies flexibles; il joint le timon au char, et attache à son extrémité le joug éclatant. Hestionée d'Épire, habile à élever les coursiers, amène deux fortes mules d'une blancheur éblouissante; il les conduit bondissantes sous le joug, et achève de les couvrir de leurs harnais étincelants d'or. Euryméduse, pleine de jours et d'expérience, apporte le pain et le vin, la force de l'homme; elle place aussi sur le char le présent destiné au fils de Lasthénès; c'était une coupe de bronze à double fond, merveilleux ouvrage où Vulcain avait gravé le nom d'Hercule délivrant Alceste pour prix de l'hospitalité qu'il avait reçue de son époux. Ajax avait donné cette coupe à Tychius d'Hylé, armurier célèbre, en échange du bouclier recouvert de sept peaux de taureaux, que le fils de Télamon portait au siége de Troie. Un descendant de Tychius recueillit chez lui le chantre d'Ilion, et lui fit présent de la superbe coupe. Homère, étant allé dans l'île de Samos, fut admis aux foyers de Créophyle, et il lui laissa en mourant sa coupe et ses poëmes. Dans la suite, le roi Lycurgue de Sparte, cherchant partout la sagesse, visita les fils de Créophyle : ceux-ci lui offrirent, avec la coupe d'Homère, les vers qu'Apollon avait dictés à ce poëte immortel. A la mort de Lycurgue, le monde hérita des chants d'Homère, mais la coupe fut rendue aux Homérides : elle parvint ainsi à Démodocus, dernier descendant de cette race sacrée, qui la destine aujourd'hui au fils de Lasthénès.

Cependant Cymodocée, dans un chaste asile, laisse couler à ses pieds son vêtement de nuit, mystérieux ouvrage de la pudeur. Elle revêt une robe semblable à la fleur du lis, que les Grâces décentes attachent elles-mêmes autour de son sein. Elle croise sur ses pieds nus des bandelettes légères, et rassemble sur sa tête, avec une aiguille d'or, les tresses parfumées de ses cheveux. Sa nourrice lui apporte le voile blanc des Muses, qui brillait comme le soleil, et qui était placé sous tous les autres dans une cassette odorante. Cymodocée couvre sa tête de ce tissu virginal, et sort pour aller trouver son père. Dans ce moment même le vieillard s'avançait, vêtu d'une longue robe que rattachait une ceinture ornée de franges de pourpre, de la valeur d'une hécatombe. Il portait sur sa tête une couronne de papyrus, et tenait à la main le rameau sacré d'Apollon. Il monte sur le char, et Cymodocée s'assied à ses côtés. Évémon saisit les rênes, et presse du fouet retentissant le flanc des mules sans tache. Les mules s'élancent, et les roues rapides marquent à peine sur la poussière la trace qu'un léger vaisseau laisse en fuyant sur les mers.

« O ma fille, dit le pieux Démodocus, tandis que le char vole, nous préserve le ciel de manquer de reconnaissance ! Les portes des enfers sont moins odieuses à Jupiter que les ingrats : ils vivent peu, et sont toujours livrés à une furie : mais une divinité favorable se tient toujours auprès de ceux qui ne perdent point la mémoire des bienfaits : les dieux voulurent naître parmi les Égyptiens, parce qu'ils sont les plus reconnaissants des hommes. »

LIVRE DEUXIÈME.

SOMMAIRE. — Arrivée de Démodocus et de Cymodocée en Arcadie. Rencontre d'un vieillard au tombeau d'Aglaüs de Psophis ; ce vieillard conduit Démodocus au champ où la famille de Lasthénès fait la moisson. Cymodocée reconnait Eudore. Démodocus découvre que la famille de Lasthénès est chrétienne. On retourne chez Lasthénès. Mœurs chrétiennes. Prière du soir. Arrivée de Cyrille, confesseur et martyr, évêque de Lacédémone. Il vient prier Eudore de lui raconter ses aventures. Repas du soir. La famille et les étrangers vont, après le repas, s'asseoir dans le verger au bord de l'Alphée. Démodocus invite Cymodocée à chanter sur la lyre. Chant de Cymodocée. Eudore chante à son tour. Les deux familles vont goûter le repos. Songe de Cyrille. Prière du saint évêque.

Tant que le soleil monta dans les cieux, les mules emportèrent le char d'une course ardente. A l'heure où le magistrat fatigué quitte avec joie son tribunal pour aller prendre son repas, le prêtre d'Homère arriva sur les confins de l'Arcadie, et vint se reposer à Phigalée, célèbre par le dévouement des Oresthasiens. Ce noble Ancée, descendant d'Agapénor, qui commandait les Arcadiens au siége de Troie, donna l'hospitalité à Démodocus. Les fils d'Ancée détachent du joug les mules fumantes, lavent leurs flancs poudreux dans une eau pure, et mettent devant elles une herbe tendre coupée sur le bord de la Néda. Cymodocée est conduite au bain par de jeunes Phrygiennes qui ont perdu leur douce liberté; l'hôte de Démodocus le revêt d'une fine tunique et d'un manteau précieux; le prince de la jeunesse, l'aîné des fils d'Ancée, couronné d'une branche de peuplier blanc, immole à Hercule un sanglier nourri dans les bois d'Érymanthe; les parties de la victime destinées à l'offrande sont recouvertes de graisse, et consumées avec des libations sur des charbons embrasés. Un long fer à cinq rangs présente à la flamme bruyante le reste des viandes sacrées; le dos succulent de la victime et les morceaux les plus délicats sont servis aux voyageurs; Démodocus reçoit une part trois fois plus grande que celle des autres convives. Un vin odorant gardé pendant dix années coule en flots de pourpre dans une coupe d'or; et les dons de Cérès, que Triptolème fit connaître au pieux Arcas, remplacent le gland dont se nourrissaient jadis les Pélasges, premiers habitants de l'Arcadie.

Cependant Démodocus ne peut goûter avec joie les honneurs de l'hospitalité; il brûle d'arriver chez Lasthénès. Déjà la nuit couvrait les chemins de son ombre : on sépare la langue de la victime, on fait les dernières libations à la mère des Songes, ensuite on conduit le prêtre d'Homère et la prêtresse des Muses sous un portique sonore, où des esclaves avaient préparé de molles toisons.

Démodocus attend avec impatience le retour de la lumière.

« Ma fille, disait-il à Cymodocée, qu'une puissance inconnue privait aussi du sommeil, malheur à ceux que la pitié ou une vive reconnaissance n'arracha jamais au pouvoir de Morphée. Il n'est pas permis d'entrer dans les temples des dieux avec du fer; on n'entrera point dans l'Élysée avec un cœur d'airain. »

Aussitôt que l'aurore eut éclairé de ses premiers rayons l'autel de Jupiter qui couronne le mont Lycée, Démodocus fit attacher les mules à son char. En vain le généreux Ancée veut retenir son hôte : le prêtre d'Homère part avec sa fille. Le char roule à grand bruit hors des portiques; il prend sa course vers le temple d'Eurynome, caché dans un bois de cyprès; il franchit le mont Élaïus; il passe la grotte où Pan retrouva Cérès qui refusait ses bienfaits aux laboureurs, et qui pourtant se laissa fléchir par les Parques, une seule fois favorables aux mortels.

Les voyageurs traversent l'Alphée au-dessous du confluent du Gorthynius, et descendent jusqu'aux eaux limpides du Ladon. Là se présente une tombe antique, que les nymphes des montagnes avaient environnée d'ormeaux : c'était celle de cet Arcadien pauvre et vertueux, d'Aglaüs de Psophis, que l'oracle de Delphes déclara plus heureux que le roi de Lydie. Deux chemins partaient de cette tombe : l'un serpentait le long de l'Alphée, l'autre s'élevait dans la montagne.

Tandis qu'Évémon délibérait en lui-même s'il suivrait l'une ou l'autre route, il aperçut un homme déjà sur l'âge, assis auprès du tombeau d'Aglaüs. La robe dont cet homme était vêtu ne différait de celle des philosophes grecs que parce qu'elle était d'une étoffe blanche commune : il avait l'air d'attendre les voyageurs dans ce lieu, mais il ne paraissait ni curieux ni empressé.

Lorsqu'il vit le char s'arrêter, il se leva, et s'adressant à Démodocus :

« Voyageur, dit-il, demandez-vous votre chemin, ou venez-vous visiter Lasthénès? Si vous voulez vous reposer chez lui, il en éprouvera beaucoup de joie. »

« Étranger, répondit Démodocus, Mercure ne vint pas plus heureusement à la rencontre de Priam, lorsque le père d'Hector se rendait au camp des Grecs. Ta robe annonce un sage, et tes propos sont courts, mais pleins de sens. Je te dirai la vérité : nous cherchons le riche Lasthénès, que ses grands biens font passer pour un homme très-heureux. Il habite sans doute ce palais que j'aperçois au bord du Ladon, et qu'on prendrait pour le temple du dieu de Cyllène? »

« Ce palais, répondit l'inconnu, appartient à Hiéroclès, proconsul d'Achaïe. Vous êtes arrivés à l'enclos de l'hôte que vous cherchez, et le toit de chaume que vous entrevoyez sur la croupe de la montagne est la demeure de Lasthénès. »

En achevant ces mots, l'étranger ouvrit une barrière, prit les mules par le frein, et fit entrer le char dans l'enclos.

« Seigneur, dit-il alors à Démodocus, on fait aujourd'hui la moisson : si votre serviteur veut conduire vos mules à l'habitation prochaine, je vous montrerai le champ où vous trouverez la famille de Lasthénès. »

Démodocus et Cymodocée descendirent du char et marchèrent avec l'étranger. Ils suivirent quelque temps un sentier tracé au milieu des vignes, sur un terrain penchant où croissaient çà et là quelques hêtres d'une grosseur démesurée. Ils aperçurent bientôt un champ hérissé de faisceaux de gerbes, et couvert d'hommes et de femmes qui s'empressaient, les uns à charger des chariots, les autres à couper et à lier des épis. En arrivant au milieu des moissonneurs, l'inconnu s'écria :

« Le Seigneur soit avec vous ! »

Et les moissonneurs répondirent :

« Dieu vous donne sa bénédiction ! »

Et ils chantaient, en travaillant, un cantique sur un air grave. Des glaneuses les suivaient en cueillant les nombreux épis qu'ils laissaient exprès derrière eux : leur maître l'avait ordonné ainsi, afin que ces pauvres femmes pussent ramasser un peu de blé sans honte. Cymodocée reconnut de loin le jeune homme de la forêt; il était assis avec sa mère et ses sœurs, sur des gerbes, à l'ombre d'un andrachné. La famille se leva et s'avança vers les étrangers.

« Séphora, dit le guide de Démodocus, ma chère épouse, remercions la Providence qui nous envoie des voyageurs. »

« Comment ! s'écria le père de Cymodocée, c'était là le riche Lasthénès, et je ne l'ai pas reconnu ! Ah ! combien les dieux se jouent du discernement des hommes ! Je t'ai pris pour l'esclave chargé par son maître d'exercer les devoirs de l'hospitalité. »

Lasthénès s'inclina.
Eudore, les yeux baissés, et donnant sa main à la plus jeune de ses sœurs, se tenait respectueusement derrière sa mère.

« Mon hôte, dit Démodocus, et vous, sage épouse de Lasthénès, semblable à la mère de Télémaque, votre fils vous a sans doute appris ce qu'il a fait pour ma fille, que les faunes avaient égarée dans les bois. Montrez-moi le noble Eudore, que je l'embrasse comme mon fils ! »

« Voilà Eudore, derrière sa mère, répondit Lasthénès. J'ignore ce qu'il a fait pour vous : il ne nous en a pas parlé. »

Démodocus resta confondu.

« Quoi ! pensait-il en lui-même, ce simple pasteur est le guerrier qui triompha de Carrausius, le tribun de la légion britannique, l'ami du prince Constantin ! »

Revenu enfin de son premier étonnement, le prêtre d'Homère s'écria :

« J'aurais dû reconnaître Eudore à sa taille de héros, moins haute cependant que celle de Lasthénès, car les enfants n'ont plus la force de leurs pères. O toi qui pourrais être le plus jeune de mes fils, que les dieux t'accordent ce que tu désires ! Je t'apporte une coupe d'un prix inestimable : mon esclave l'ôtera de mon char, et tu la recevras de mes mains. Jeune et vaillant guerrier, Méléagre était moins beau que toi lorsqu'il charma les yeux d'Atalante ! Heureux ton père, heureuse ta mère, mais plus heureuse encore celle qui doit partager ta couche ! Si la vierge qu'on a retrouvée n'était pas consacrée aux chastes Muses.... »

Les deux jeunes gens se sentirent troublés par les paroles de Démodocus. Eudore se hâta de répondre :

« J'accepterai le présent que vous m'offrez, s'il n'a pas servi à vos sacrifices. »

Le jour n'étant pas encore à sa fin, la famille invita les deux étrangers à se reposer avec elle au bord d'une source. Les sœurs d'Eudore, assises aux pieds de leurs parents, tressaient des couronnes de fleurs rouges et bleues pour une fête prochaine. On voyait un peu plus loin les urnes et les coupes des moissonneurs, et, à l'ombre de quelques gerbes plantées debout, un enfant était endormi dans un berceau.

« Mon hôte, dit Démodocus à Lasthénès, tu me sembles mener ici la vie du divin Nestor. Je ne me souviens pas d'avoir vu la peinture d'une scène pareille, si ce n'est sur le bouclier d'Achille. Vulcain y avait gravé un roi au milieu des moissonneurs ; ce pasteur des peuples, plein de joie, tenait en silence son sceptre levé au milieu des sillons. Il ne manque ici que le sacrifice du taureau sous le chêne de Jupiter. Quelle abondante moisson ! Que d'esclaves laborieux et fidèles !

« Ces moissonneurs ne sont plus mes esclaves, répliqua Lasthénès ; ma religion me défend d'en avoir ; je leur ai donné la liberté. »

« Lasthénès, dit alors Démodocus, je commence à comprendre que la renommée, cette voix de Jupiter, m'avait appris la vérité : tu auras sans doute embrassé cette secte nouvelle qui adore un Dieu inconnu à nos ancêtres. »

Lasthénès répondit :

« Je suis chrétien. »

Le descendant d'Homère demeura quelque temps interdit ; puis, reprenant la parole :

« Mon hôte, dit-il, pardonne à ma franchise : j'ai toujours obéi à la vérité, fille de Saturne et mère de la vertu. Les dieux sont justes : comment pourrais-je concilier la prospérité qui t'environne, et les impiétés dont on accuse les chrétiens ? »

Lasthénès répondit :

« Voyageur, les chrétiens ne sont point des impies, et vos dieux ne sont ni justes ni injustes : ils ne sont rien. Si mes champs et mes troupeaux prospèrent entre les mains de ma famille, c'est qu'elle est simple de cœur et soumise à la volonté de celui qui est le seul et véritable Dieu. Le ciel m'a donné la chaste épouse que vous me voyez; je ne lui ai demandé qu'une constante amitié, l'humilité et la chasteté d'une femme. Dieu a béni mes intentions; il m'a donné des enfants soumis, qui sont la couronne des vieillards. Ils aiment leurs parents et ils sont heureux parce qu'ils sont attachés au toit de leur père. Mon épouse et moi nous avons vieilli ensemble; et, quoique mes jours n'aient pas toujours été bons, elle a dormi trente ans à mes côtés sans révéler les soucis de ma couche et les tribulations cachées dans mon cœur. Que Dieu lui rende sept fois la paix qu'elle m'a donnée! Elle ne sera jamais aussi heureuse que je le désire! »

Ainsi le cœur de ce chrétien des anciens jours s'épanouissait en parlant de son épouse. Cymodocée l'écoutait avec amour : la beauté de ces mœurs pénétrait l'âme de cette jeune infidèle; et Démodocus lui-même avait besoin de se rappeler Homère et tous ses dieux pour n'être pas entraîné par la force de la vérité.

Après quelques moments, le père de Cymodocée dit à Lasthénès :

« Tu me sembles tout à fait des temps antiques, et cependant je n'ai point vu tes paroles dans Homère! Ton silence a la dignité du silence des sages. Tu t'élèves à des sentiments pleins de majesté, non sur les ailes d'or d'Euripide; mais sur les ailes célestes de Platon. Au milieu d'une douce abondance, tu jouis des grâces de l'amitié; rien n'est forcé autour de toi: tout est contentement, persuasion, amour. Puisses-tu conserver longtemps ton bonheur et tes richesses! »

« Je n'ai jamais cru, répondit Lasthénès, que ces richesses fussent à moi : je les recueille pour mes frères les chrétiens, pour les gentils, pour les voyageurs, pour tous les infortunés; Dieu m'en a donné la direction; Dieu me l'ôtera peut-être : que son saint nom soit béni! »

Comme Lasthénès achevait de prononcer ces paroles, le soleil descendit sur les sommets du Pholoë vers l'horizon éclatant d'Olympie; l'astre agrandi parut un moment immobile, suspendu au-dessus de la montagne, comme un large bouclier d'or. Les bois de l'Alphée et du Ladon, les neiges lointaines du Telphusse et du Lycée se couvrirent de roses; les vents tombèrent, et les vallées de l'Arcadie demeurèrent dans un repos universel. Les moissonneurs quittèrent alors leur ouvrage : la famille, accompagnée des étrangers, reprit le chemin de la maison. Les maîtres et les serviteurs marchaient pêle-mêle, portant les divers instruments du labourage; ils étaient suivis de mulets au pied sûr, chargés de bois coupé sur les hauteurs, et de bœufs traînant lentement les équipages champêtres renversés, ou les chariots tremblants sous le poids des gerbes.

En arrivant à la maison, on entendit le son d'une cloche.

« Nous allons faire la prière du soir, dit Lasthénès à Démodocus; nous permettrez-vous de vous quitter un moment, ou préférez-vous nous suivre? »

« Me préservent les dieux de mépriser les Prières, s'écria Démodocus, ces filles boiteuses de Jupiter, qui peuvent seules apaiser la colère d'Até ! »

On s'assemble aussitôt dans une cour entourée de granges et des étables des troupeaux. Quelques ruches d'abeilles y répandaient une agréable odeur mêlée au parfum du lait des génisses qui revenaient des pâturages. Au milieu de cette cour, on voyait un puits dont les deux poteaux, couverts de lierre, étaient surmontés de deux aloès qui croissaient dans des corbeilles. Un noyer, planté par l'aïeule de Lasthénès, couvrait le puits de son ombre. Lasthénès, la tête nue et le visage tourné vers l'orient, se plaça debout sous l'arbre domestique. Les bergers et les moissonneurs se mirent à genoux sur du chaume nouveau, autour de leur maître. Le père de famille prononça à haute voix cette prière, qui fut répétée par ses enfants et par ses serviteurs :

« Seigneur, daignez visiter cette demeure pendant la nuit, et en écarter les
« vains songes. Nous allons quitter les vêtements du jour, couvrez-nous de
« la robe d'innocence et d'immortalité que nous avons perdue par la déso-
« béissance de nos premiers pères. Lorsque nous serons endormis dans le
« sépulcre, ô Seigneur, faites que nos âmes reposent avec vous dans le
« ciel ! »

Quand cela fut fait, on entra dans la maison, où se préparait le repas de l'hospitalité. Un homme et une femme parurent, portant deux grands vases d'airain pleins d'une eau échauffée par la flamme. Le serviteur lava les pieds de Démodocus; la servante, ceux de la fille de Démodocus; et, après les avoir oints d'une huile de parfums d'un grand prix, elle les essuya avec un lin blanc. La fille aînée de Lasthénès, du même âge que Cymodocée, descendit dans un souterrain frais et voûté. On conservait dans ce lieu toutes sortes de choses pour la vie de l'homme. Sur des planches de chêne attachées aux parois du mur, on voyait des outres remplies d'une huile aussi douce que celle de l'Attique; des mesures de pierre en forme d'autel, ornées de têtes de lion, et qui contenaient la fine fleur du froment; des vases de miel de Crète, moins blanc, mais plus parfumé que celui d'Hybla; et des amphores pleines d'un vin de Chio devenu comme un baume par le long travail des ans. La fille de Lasthénès remplit une urne de cette liqueur bienfaisante, propre à réjouir le cœur de l'homme dans l'aimable familiarité d'un repas.

Cependant les serviteurs ne savaient s'ils devaient apprêter le festin sous la vigne, ou sous le figuier, comme dans un jour de réjouissance. Ils vont consulter leur maître : Lasthénès leur ordonne de dresser dans la salle des Agapes une table d'un buis éclatant. Ils la lavent avec une éponge, et la couvrent de corbeilles d'osier, pleines d'un pain sans levain, cuit sous la cendre; ils apportent ensuite, dans des plats d'une simple argile, des racines, quelques volailles et des poissons du lac Stymphale, nourriture destinée à la famille; mais on servit pour les étrangers un chevreau qui avait à peine goûté l'arbousier du mont Aliphère, et le cytise du vallon de Ménélée.

Au moment où les convives allaient s'approcher de la mense hospitalière, une servante vint dire à Lasthénès qu'un vieillard, monté sur un âne, et tout semblable à l'époux de Marie, s'avançait par l'avenue des cèdres. On vit bientôt entrer un homme d'un visage vénérable, portant, sous un manteau blanc, un habit de pasteur. Il n'était pas naturellement chauve; mais sa tête avait été jadis dépouillée par la flamme, et son front montrait encore les cicatrices du martyre qu'il avait éprouvé sous Valérien. Une barbe blanche lui descendait jusqu'à la ceinture. Il s'appuyait sur un bâton en forme de houlette, que lui avait envoyé l'évêque de Jérusalem : simple présent que se faisaient les premiers Pères de l'Église, comme l'emblème de leur fonction pastorale et du pèlerinage de l'homme ici-bas.

C'était Cyrille, évêque de Lacédémone : laissé pour mort par les bourreaux dans une persécution contre les chrétiens, il avait été élevé malgré lui au sacerdoce. Il se cacha longtemps pour se dérober à la dignité épiscopale; mais son humilité lui fut inutile : Dieu révéla aux fidèles la retraite de son serviteur. Lasthénès et sa famille le reçurent avec les marques du plus profond respect. Ils se prosternèrent devant lui, baisèrent ses pieds sacrés, chantèrent Hosanna, et le saluèrent du nom de très-saint, de très-cher à Dieu.

« Par Apollon, s'écria Démodocus agitant sa branche de laurier entourée de bandelettes, voilà le plus auguste vieillard qui se soit jamais offert à mes yeux! O toi qui es chargé de jours, quel est ce sceptre que tu portes? Es-tu un roi, ou un prêtre consacré aux autels des dieux! Apprends-moi le nom de la divinité que tu sers, afin que je lui immole des victimes. »

Cyrille regarda quelque temps avec surprise Démodocus; puis, laissant échapper un aimable sourire :

« Seigneur, répondit-il, ce sceptre est la houlette qui me sert à conduire mon troupeau : car je ne suis point un roi, mais un pasteur. Le Dieu qui reçoit mon sacrifice est né parmi les bergers dans une crèche. Si vous voulez, je vous apprendrai à le connaître : pour toute victime, il ne vous demandera que l'offrande de votre cœur. »

Cyrille se tournant alors vers Lasthénès :

« Vous savez le sujet qui m'amène. La pénitence publique de notre Eudore remplit nos frères d'admiration; chacun en veut pénétrer la cause. Il m'a promis de me raconter son histoire; et, dans les deux journées que je viens passer avec vous, j'espère qu'il voudra me satisfaire. »

Les serviteurs approchèrent alors les siéges de la table. Le prêtre d'Homère prit sa place à côté du prêtre du Dieu de Jacob. La famille se rangea autour du festin. Démodocus, saisissant une coupe, allait faire une libation aux pénates de Lasthénès; l'évêque de Lacédémone l'arrêtant avec bénignité :

« Notre religion nous défend ces signes d'idolâtrie : vous ne voudriez pas nous affliger. »

La conversation fut tranquille et pleine de cordialité. Eudore lut, pendant une partie du repas, quelques instructions tirées de l'*Évangile* et des *Épîtres des Apôtres;* Cyrille commenta, de la manière la plus affectueuse, ce que dit saint Paul sur les devoirs des époux. Cymodocée tremblait; des larmes roulaient, comme des perles, le long de ses joues virginales; Eudore éprouvait le même charme; les maîtres et les serviteurs étaient attendris. Ceci, avec l'action de grâces, fut le repas du soir chez les chrétiens.

Le repas fini, on alla s'asseoir à la porte du verger, sur un banc de pierre qui servait de tribunal à Lasthénès, lorsqu'il rendait la justice à ses serviteurs.

Ainsi qu'un simple pasteur que le sort destine à la gloire, l'Alphée roulait au bas de ce verger, sous une ombre champêtre, des flots que les palmes de Pise allaient bientôt couronner. Descendu du bois de Vénus et du tombeau de la nourrice d'Esculape, le Ladon serpentait dans les riantes prairies, et venait mêler son cristal pur au cours de l'Alphée. Les profondes vallées, arrosées par les deux fleuves, étaient plantées de myrtes, d'aunes et de sycomores. Un amphithéâtre de montagnes terminait le cercle entier de l'horizon. La cime de ces montagnes était couverte d'épaisses forêts peuplées d'ours, de cerfs, d'ânes sauvages et de monstrueuses tortues, dont l'écaille servait à faire des lyres. Vêtus d'une peau de sanglier, des pasteurs conduisaient, parmi les roches et les pins, de grands troupeaux de chèvres. Ces légers animaux étaient consacrés au dieu d'Épidaure, parce que leur toison était chargée de gomme qui s'attachait à leur barbe et à leur soie lorsqu'ils broutaient le ciste sur des hauteurs inaccessibles.

Tout était grave et riant, simple et sublime dans ce tableau. La lune décroissante paraissait au milieu du ciel comme les lampes demi-circulaires que les premiers fidèles allumaient aux tombeaux des martyrs. La famille de Lasthénès, qui contemplait cette scène solitaire, n'était point alors occupée des vaines curiosités de la Grèce. Cyrille s'humiliait devant la puissance qui cache des sources dans le sein des rochers, et dont les pas font tressaillir les montagnes comme l'agneau timide ou le bélier bondissant. Il admirait cette sagesse qui s'élève comme un cèdre sur le Liban, comme un plane aux bords des eaux. Mais Démodocus, qui désirait faire éclater les talents de sa fille, interrompit ces méditations :

« Jeune élève des Muses, dit-il à Cymodocée, charme tes vénérables hôtes. Une douce complaisance fait toute la grâce de la vie, et Apollon retire ses dons aux esprits orgueilleux. Montre-nous que tu descends d'Homère. Les poëtes sont les législateurs des hommes et les précepteurs de la sagesse. Lorsque Agamemnon partit pour les rivages de Troie, il laissa un chantre divin auprès de

Clytemnestre, afin de lui rappeler la vertu. Cette reine perdit l'idée de ses devoirs; mais ce fut après qu'Égiste eut transporté le nourrisson des Muses dans une île déserte. »

Ainsi parla Démodocus. Eudore va chercher une lyre et la présente à la jeune Grecque, qui prononça quelques mots confus, mais d'une merveilleuse douceur. Elle se leva ensuite, et après avoir préludé sur des tons divers, elle fit entendre sa voix mélodieuse.

Elle commença par l'éloge des Muses.

« C'est vous, dit-elle, qui avez tout enseigné aux hommes; vous êtes l'u-
« nique consolation de la vie; vous prêtez des soupirs à nos douleurs, et des
« harmonies à nos joies. L'homme n'a reçu du ciel qu'un talent, la divine
« poésie, et c'est vous qui lui avez fait ce présent inestimable. O filles de Mnémo-
« syne, qui chérissez les bois de l'Olympe, les vallons de Tempé et les eaux de
« Castalie, soutenez la voix d'une vierge consacrée à vos autels ! »

Après cette invocation, Cymodocée chanta la naissance des dieux. Jupiter sauvé de la fureur de son père, Minerve sortie du cerveau de Jupiter, Hébé fille de Junon, Vénus née de l'écume des flots, et les Grâces dont elle fut la mère. Elle dit aussi la naissance de l'homme animé par le feu de Prométhée, Pandore et sa boîte fatale, le genre humain reproduit par Deucalion et Pyrrha. Elle raconta les métamorphoses des dieux et des hommes, les Héliades changées en peupliers, et l'ambre de leurs pleurs roulé par les flots de l'Éridan. Elle dit Daphné, Baucis, Clytie, Philomèle, Atalante, les larmes de l'Aurore devenues la rosée, la couronne d'Ariadne attachée au firmament. Elle ne vous oublia point, fontaines, et vous, fleuves nourriciers des beaux ombrages. Elle nomma avec honneur le vieux Pénée, l'Ismène et l'Érymanthe, le Méandre qui fait tant de détours, le Scamandre si fameux, le Sperchius aimé des poëtes, l'Eurotas chéri de l'épouse de Tyndare, et le fleuve que les cygnes de Méonie ont tant de fois charmé par la douceur de leurs chants.

Mais comment aurait-elle passé sous silence les héros célébrés par Homère ! S'animant d'un feu nouveau, elle chanta la colère d'Achille, qui fut si pernicieuse aux Grecs, Ulysse, Ajax et Phœnix dans la tente de l'ami de Patrocle, Andromaque aux portes Scées. Priam aux genoux du meurtrier d'Hector. Elle dit les chagrins de Pénélope, la reconnaissance de Télémaque et d'Ulysse chez Eumée, la mort du chien fidèle, le vieux Laërte sarclant son jardin des champs, et pleurant à l'aspect des treize poiriers qu'il avait donnés à son fils.

Cymodocée ne put chanter les vers de son immortel aïeul sans consacrer quelques accents à sa mémoire. Elle représenta la pauvre et vertueuse mère de Mélésigènes rallumant sa lampe et prenant ses fuseaux au milieu de la nuit, afin d'acheter du prix de ses laines un peu de blé pour nourrir son fils. Elle dit comment Mélésigènes devint aveugle et reçut le nom d'Homère, comment il allait de ville en ville demandant l'hospitalité, comment il chantait ses vers sous le peuplier d'Hylé. Elle raconta ses longs voyages, sa nuit passée sur le rivage de l'île de Chio, son aventure avec les chiens de Glaucus. Enfin elle parla des jeux funèbres du roi d'Eubée, où Hésiode osa disputer à Homère le prix de la poésie; mais elle supprima le jugement des vieillards qui couronnèrent le chantre des *Travaux et des Jours*, parce que ses leçons étaient plus utiles aux hommes.

Cymodocée se tut : sa lyre, appuyée sur son sein, demeura muette entre ses beaux bras. La prêtresse des Muses était debout; ses pieds nus foulaient le gazon, et les zéphyrs du Ladon et de l'Alphée faisaient voltiger ses cheveux noirs autour des cordes de sa lyre. Enveloppée dans ses voiles blancs, éclairée par les rayons de la lune, cette jeune fille semblait une apparition céleste. Démodocus, ravi, demandait en vain une coupe pour faire une libation au dieu des vers. Voyant que les chrétiens gardaient le silence, et ne donnaient pas à sa Cymodocée les éloges qu'elle semblait mériter :

« Mes hôtes, s'écria-t-il, ces chants vous seraient-ils désagréables? Les mortels et les dieux se laissent pourtant toucher à l'harmonie. Orphée charma l'inexorable Pluton; les Parques même, vêtues de blanc, et assises sur l'essieu d'or du monde, écoutent la mélodie des sphères : ainsi le raconte Pythagore, qui commerçait avec l'Olympe. Les hommes des anciens temps, renommés par leur sagesse, trouvaient la musique si belle qu'ils lui donnèrent le nom de Loi. Pour moi, une divinité me contraint de l'avouer, si cette prêtresse des Muses n'était pas ma fille, j'aurais pris sa voix pour celle de la colombe qui portait, dans les forêts de la Crète, l'ambroisie à Jupiter. »

« Ce ne sont pas les chants mêmes, mais le sujet des chants de cette jeune femme qui cause notre silence, répondit Cyrille. Un jour viendra, peut-être, que les mensonges de la naïve antiquité ne seront plus que des fables ingénieuses, objets des chansons du poëte. Mais aujourd'hui ils offusquent votre esprit, ils vous tiennent pendant la vie sous un joug indigne de la raison de l'homme, et perdent votre âme après la mort. Ne croyez pas toutefois que nous soyons insensibles au charme d'une douce musique. Notre religion n'est-elle pas harmonie et amour? Combien votre aimable fille, que vous comparez si justement à une colombe, trouverait des soupirs plus touchants encore, si la pudeur du sujet répondait à l'innocence de la voix! Pauvre tourterelle délaissée, allez sur la montagne où l'épouse attendait l'époux; envolez-vous vers ces bois mystiques, où les filles de Jérusalem prêteront l'oreille à vos plaintes. »

Cyrille s'adressant alors au fils de Lasthénès :

« Mon fils, montrez à Démodocus que nous ne méritons pas le reproche qu'il nous fait. Chantez-nous ces fragments des livres saints que nos frères les Apollinaires ont arrangés pour la lyre, afin de prouver que nous ne sommes point ennemis de la belle poésie et d'une joie innocente. Dieu s'est souvent servi de nos cantiques pour toucher les cœurs infidèles. »

Aux branches d'un saule voisin était suspendue une lyre plus forte et plus grande que la lyre de Cymodocée : c'était un cinnor hébreu. Les cordes en étaient détendues par la rosée de la nuit. Eudore détacha l'instrument; et, après l'avoir accordé, il parut au milieu de l'assemblée, comme le jeune David, prêt à chasser, par les sons de sa harpe, l'esprit qui s'était emparé du roi Saül. Cymodocée alla s'asseoir auprès de Démodocus. Alors Eudore, levant les yeux vers le firmament chargé d'étoiles, entonna son noble cantique.

Il chanta la naissance du chaos, la lumière qu'une parole a faite, la terre produisant les arbres et les animaux, l'homme créé à l'image de Dieu et animé d'un souffle de vie, Ève tirée du côté d'Adam, la joie et la douleur de la femme à son premier enfantement, les holocaustes de Caïn et d'Abel, le meurtre d'un frère, et le sang de l'homme criant pour la première fois vers le ciel.

Passant aux jours d'Abraham, et adoucissant les sons de sa lyre, il dit le palmier, le puits, le chameau, l'onagre du désert, le patriarche voyageur assis devant sa tente, les troupeaux de Galaad, les vallées du Liban, les sommets d'Hermon, d'Oreb et de Sinaï, les rosiers de Jéricho, les cyprès de Cadès, les palmes de l'Idumée, Éphraïm et Sichem, Sion et Solyme, le torrent des Cèdres et les eaux sacrées du Jourdain. Il dit les juges assemblés aux portes de la ville, Booz au milieu des moissonneurs, Gédéon battant son blé et recevant la visite d'un ange, le vieux Tobie allant au-devant de son fils annoncé par le chien fidèle, Agar détournant la tête pour ne pas voir mourir Ismaël. Mais, avant de chanter Moïse chez les pasteurs de Madian, il raconta l'aventure de Joseph reconnu par ses frères, ses larmes, celles de Benjamin, Jacob présenté à Pharaon, et le patriarche porté après sa mort à la cave de Membré pour y dormir avec ses pères.

Changeant encore le mode de sa lyre, Eudore répéta le cantique du saint roi Ézéchias et celui des Israélites exilés au bord des fleuves de Babylone; il fit gémir la voix de Rama, et soupirer le fils d'Amos :

« Pleurez, portes de Jérusalem! O Sion, tes prêtres et tes enfants sont em-
« menés en esclavage! »

Il chanta les nombreuses vanités de l'homme : vanité des richesses, vanité de la science, vanité de la gloire, vanité de l'amitié, vanité de la vie, vanité de la postérité! Il signala la fausse prospérité de l'impie, et préféra le juste mort au méchant qui lui survit. Il fit l'éloge du pauvre vertueux et de la femme forte.

« Elle a cherché la laine et le lin, elle a travaillé avec des mains sages et
« ingénieuses; elle se lève pendant la nuit pour distribuer l'ouvrage à ses do-
« mestiques, et le pain à ses servantes; elle est revêtue de beauté. Ses fils
« se sont levés et ont publié qu'elle était heureuse; son mari s'est levé, et l'a
« louée.

« O Seigneur! s'écria le jeune chrétien enflammé par ces images, c'est vous

« qui êtes le véritable souverain du ciel ; vous avez marqué son lieu à l'aurore.
« A votre voix, le soleil s'est levé dans l'orient ; il s'est avancé comme un géant
« superbe, ou comme l'époux radieux qui sort de la couche nuptiale. Vous ap-
« pelez le tonnerre, et le tonnerre tremblant vous répond : « Me voici. » Vous
« abaissez la hauteur des cieux ; votre esprit vole dans les tourbillons ; la terre
« tremble au souffle de votre colère ; les morts épouvantés fuient de leurs
« tombeaux ! O Dieu, que vous êtes grand dans vos œuvres ! et qu'est-ce que
« l'homme, pour que vous y attachiez votre cœur ? Et pourtant il est l'objet
« éternel de votre complaisance inépuisable ! Dieu fort, Dieu clément, Essence
« incréée, Ancien des jours, gloire à votre puissance, amour à votre miséri-
« corde ! »

Ainsi chante le fils de Lasthénès. Cet hymne de Sion retentit au loin dans les antres de l'Arcadie, surpris de répéter, au lieu des sons efféminés de la flûte de Pan, les mâles accords de la harpe de David. Démodocus et sa fille étaient trop étonnés pour donner des marques de leur émotion. Les vives clartés de l'Écriture avaient comme ébloui leurs cœurs accoutumés à ne recevoir qu'une lumière mêlée d'ombres ; ils ne savaient quelles divinités Eudore avait célébrées, mais ils le prirent lui-même pour Apollon, et ils lui voulaient consacrer un trépied d'or que la flamme n'avait point touché. Cymodocée se souvenait surtout de l'éloge de la femme forte, et elle se promettait d'essayer ce chant sur la lyre. D'une autre part, la famille chrétienne était plongée dans les pensées les plus sérieuses ; ce qui n'était pour les étrangers qu'une poésie sublime, était pour elle de profonds mystères et d'éternelles vérités. Le silence de l'assemblée aurait duré longtemps, s'il n'avait été interrompu tout à coup par les applaudissements des bergers. Le vent avait porté à ces pasteurs la voix de Cymodocée et d'Eudore : ils étaient descendus en foule de leurs montagnes pour écouter ces concerts ; ils crurent que les Muses et les Sirènes avaient renouvelé au bord de l'Alphée le combat qu'elles s'étaient livré jadis, quand les filles de l'Achéloüs, vaincues par les doctes sœurs, furent contraintes de se dépouiller de leurs ailes.

La nuit avait passé le milieu de son cours. L'évêque de Lacédémone invite ses hôtes à la retraite. Comme le vigneron fatigué au bout de sa journée, il appelle trois fois le Seigneur, et adore. Alors les chrétiens, après s'être donné le baiser de paix, rentrent sous leur toit, chastement recueillis.

Démodocus fut conduit par un serviteur au lieu qu'on avait préparé pour lui, non loin de l'appartement de Cymodocée. Cyrille, après avoir médité la parole de vie, se jeta sur une couche de roseaux. Mais à peine avait-il fermé les yeux, qu'il eut un songe : il lui sembla que les blessures de son ancien martyre se rouvraient, et qu'avec un plaisir ineffable il sentait de nouveau son sang couler pour Jésus-Christ. En même temps il vit une jeune femme et un jeune homme resplendissants de lumière, monter de la terre aux cieux : avec la palme qu'ils tenaient à la main, ils lui faisaient signe de les suivre ; mais il ne put distinguer leur visage, parce que leur tête était voilée. Il se réveilla plein d'une sainte agitation ; il crut reconnaître dans ce songe quelque avertissement pour les chrétiens. Il se mit à prier avec abondance de larmes, et on l'entendit plusieurs fois s'écrier dans le silence de la nuit :

« O mon Dieu, s'il faut encore des victimes, prenez-moi pour le salut de « votre peuple ! »

LIVRE TROISIÈME.

SOMMAIRE. — La prière de Cyrille monte au trône du Tout-Puissant. Le ciel. Les anges, les saints. Tabernacle de la Mère du Sauveur. Sanctuaire du Fils et du Père. L'Esprit-Saint. La Trinité. La prière de Cyrille se présente devant l'Eternel ; l'Eternel la reçoit, mais il déclare que l'évêque de Lacédémone n'est point la victime qui doit racheter les chrétiens. Eudore est la victime choisie. Motifs de ce choix. Les milices célestes prennent les armes. Cantique des saints et des anges.

Les dernières paroles de Cyrille montèrent au trône de l'Éternel. Le Tout-Puissant agréa le sacrifice, mais l'évêque de Lacédémone n'était point la victime que Dieu, dans sa colère et dans sa miséricorde, avait choisie pour expier les fautes des chrétiens.

Au centre des mondes créés, au milieu des astres innombrables qui lui servent de remparts, d'avenues et de chemins, flotte cette immense cité de Dieu, dont la langue d'un mortel ne saurait raconter les merveilles. L'Éternel en posa lui-même les douze fondements, et l'environna de cette muraille de jaspe que le disciple bien-aimé vit mesurer par l'ange avec une toise d'or. Revêtue de la gloire du Très-Haut, l'invisible Jérusalem est parée comme une épouse pour son époux. Loin d'ici, monuments de la terre, vous n'approchez point de ces monuments de la cité sainte ! La richesse de la matière y dispute le prix à la perfection des formes. Là règnent suspendues des galeries de saphirs et de diamants, faiblement imitées par le génie de l'homme dans les jardins de Babylone ; là s'élèvent des arcs de triomphe formés des plus brillantes étoiles ; là s'enchaînent des portiques de soleils, prolongés sans fin à travers les espaces du firmament, comme les colonnes de Palmyre dans les sables du désert. Cette architecture est vivante. La cité de Dieu est intelligente elle-même. Rien n'est matière dans les demeures de l'Esprit ; rien n'est mort dans les lieux de l'éternelle existence. Les paroles grossières que la Muse est forcée d'employer nous trompent : elles revêtent d'un corps ce qui n'existe que comme un songe divin dans le cours d'un heureux sommeil.

Des jardins délicieux s'étendent autour de la radieuse Jérusalem. Un fleuve découle du trône du Tout-Puissant ; il arrose le céleste Éden, et roule dans ses flots l'amour pur et la sapience de Dieu. L'onde mystérieuse se partage en divers canaux qui s'enchaînent, se divisent, se rejoignent, se quittent encore et font croître avec la vigne immortelle, le lis semblable à l'épouse, et les fleurs qui parfument la couche de l'époux. L'arbre de vie s'élève sur la colline de l'encens ; un peu plus loin, l'arbre de science étend de toutes parts ses racines profondes et ses rameaux innombrables : il porte, cachés sous son feuillage d'or, les secrets de la Divinité, les lois occultes de la nature, les réalités morales et intellectuelles, les immuables principes du bien et du mal. Ces connaissances qui nous enivrent font la nourriture des élus; car, dans l'empire de la souveraine sagesse, le fruit de science ne donne plus la mort. Les deux grands ancêtres du genre humain viennent souvent verser des larmes (telles que les justes en peuvent répandre) à l'ombre de cet arbre merveilleux.

La lumière qui éclaire ces retraites fortunées se compose des roses du matin, de la flamme du midi et de la pourpre du soir; toutefois, aucun astre ne paraît sur l'horizon resplendissant, aucun soleil ne se lève, aucun soleil ne se couche dans les lieux où rien ne finit, où rien ne commence; mais une clarté ineffable, descendant de toutes parts comme une tendre rosée, entretient le jour éternel de la délectable éternité.

C'est dans les parvis de la cité sainte, et dans les champs qui l'environnent, que sont à la fois réunis ou partagés les chœurs des chérubins et des séraphins, des anges et des archanges, des Trônes et des Dominations: tous sont les ministres des ouvrages et des volontés de l'Éternel. A ceux-ci a été donné tout pouvoir sur le feu, l'air, la terre et l'eau; à ceux-là appartient la direction des saisons, des vents et des tempêtes: ils font mûrir les moissons, ils élèvent la jeune fleur, ils courbent le vieil arbre vers la terre. Ce sont eux qui soupirent dans les antiques forêts, qui parlent dans les flots de la mer, et qui versent les fleuves du haut des montagnes. Les uns gardent les vingt mille chariots de guerre de Sabaoth et d'Élohé; les autres veillent au carquois du Seigneur, à ses foudres inévitables, à ses coursiers terribles, qui portent la peste, la guerre, la famine et la mort. Un million de ces génies ardents règlent les mouvements des astres, et se relèvent tour à tour dans ces emplois magnifiques, comme les sentinelles vigilantes d'une grande armée. Nés du souffle de Dieu, à différentes époques, ces anges n'ont pas la même vieillesse dans les générations de l'éternité: un nombre infini d'entre eux fut créé avec l'homme pour soutenir ses vertus, diriger ses passions et le défendre contre les attaques de l'enfer.

Là sont aussi rassemblés à jamais les mortels qui ont pratiqué la vertu sur la terre; les patriarches, assis sous des palmiers d'or; les prophètes, au front étincelant de deux rayons de lumière; les apôtres, portant sur leur cœur les saints Évangiles; les docteurs, tenant à la main une plume immortelle; les solitaires, retirés dans des grottes célestes; les martyrs, vêtus de robes éclatantes; les vierges, couronnées de roses d'Éden; les veuves, la tête ornée de longs voiles, et toutes ces femmes pacifiques qui, sous de simples habits de lin, se firent les consolatrices de nos pleurs et les servantes de nos misères.

Est-ce l'homme infirme et malheureux qui pourrait parler des félicités suprêmes? Ombres fugitives et déplorables, savons-nous ce que c'est que le bonheur? Lorsque l'âme du chrétien fidèle abandonne son corps, comme un pilote expérimenté quitte le fragile vaisseau que l'océan engloutit, elle seule connaît la vraie béatitude. Le souverain bien des élus est de savoir que ce bien sans mesure sera sans terme; ils sont incessamment dans l'état délicieux d'un mortel qui vient de faire une action vertueuse ou héroïque, d'un génie sublime qui enfante une grande pensée, d'un homme qui sent les transports d'un amour légitime, ou les charmes d'une amitié longtemps éprouvée par le malheur. Ainsi les nobles passions ne sont point éteintes dans le cœur des justes, mais seulement purifiées : les frères, les époux, les amis, continuent de s'aimer; et ces attachements, qui vivent et se concentrent dans le sein de la Divinité même, prennent quelque chose de la grandeur et de l'éternité de Dieu.

Tantôt ces âmes satisfaites se reposent ensemble au bord du fleuve de la Sapience et de l'Amour. La beauté et la toute-puissance du Très-Haut sont leur perpétuel entretien :

« O Dieu, disent-elles, quelle est donc votre grandeur ! Tout ce que vous
« avez fait naître est renfermé dans les limites du temps; et le temps, qui
« s'offre aux mortels comme une mer sans bornes, n'est qu'une goutte im-
« perceptible de l'océan de votre éternité ! »

Tantôt les prédestinés, pour mieux glorifier le Roi des rois, parcourent son merveilleux ouvrage : la création, qu'ils contemplent des divers points de l'univers, leur présente des spectacles ravissants : tels, si l'on peut comparer les grandes choses aux petits objets, tels se montrent aux yeux du voyageur les champs superbes de l'Indus, les riches vallées du Dehly et de Cachemire, les rivages couverts de perles et parfumés d'ambre, où les flots tranquilles viennent expirer au pied des cannelliers en fleur. La couleur des cieux, la disposition et la grandeur des sphères, qui varient selon les mouvements et les distances, sont pour les esprits bienheureux une source inépuisable d'admiration. Ils aiment à connaître les lois qui font rouler avec tant de légèreté ces corps pesants dans l'éther fluide ; ils visitent cette lune paisible qui, pendant le calme des nuits, éclaira leurs prières ou leurs amitiés ici-bas. L'astre humide et tremblant qui précède les pas du matin; cette autre planète qui paraît comme un diamant dans la chevelure d'or du soleil ; ce globe à la longue année qui ne marche qu'à la lueur de quatre torches pâlissantes; cette terre en deuil qui, loin des rayons du jour, porte un anneau ainsi qu'une veuve inconsolable ; tous ces flambeaux errants de la maison de l'homme, attirent les méditations des élus. Enfin, les âmes prédestinées volent jusqu'à ces mondes dont nos étoiles sont les soleils, et elles entendent les concerts inconnus de la Lyre et du Cygne célestes. Dieu, de qui s'écoule une création non interrompue, ne laisse point reposer leur curiosité sainte, soit qu'aux bords les plus reculés de l'espace il brise un antique univers, soit que, suivi de l'armée des anges, il porte l'ordre et la beauté jusque dans le sein du chaos.

Mais l'objet le plus étonnant offert à la contemplation des saints, c'est l'homme. Ils s'intéressent encore à nos peines et à nos plaisirs; ils écoutent nos vœux; ils prient pour nous ; ils sont nos patrons et nos conseils; ils se réjouissent sept fois lorsqu'un pécheur retourne au bercail; ils tremblent d'une charitable frayeur lorsque l'ange de la mort amène une âme craintive aux pieds du souverain Juge. Mais s'ils voient nos passions à découvert, ils ignorent toutefois par quel art tant d'éléments opposés sont confondus dans notre sein : Dieu, qui permet aux bienheureux de pénétrer les lois de l'univers, s'est réservé le merveilleux secret du cœur de l'homme. C'est dans cette extase d'admiration et d'amour, dans ces transports d'une joie sublime, ou dans ces mouvements d'une tendre tristesse, que les élus répètent ce cri de trois fois Saint, qui ravit éternellement les cieux. Le roi-prophète règle la mélodie divine; Asaph, qui soupira les douleurs de David, conduit les instruments animés par le souffle; et les fils de Coré gouvernent les harpes, les lyres et les psaltérions qui frémissent sous la main des anges. Les six jours de la création, le repos du Seigneur, les fêtes de l'ancienne et de la nouvelle loi, sont célébrés tour à tour dans les royaumes incorruptibles. Alors les dômes sacrés se couronnent d'une auréole plus vive; alors, du trône de Dieu, de la lumière même répandue dans les demeures intellectuelles, s'échappent des sons si suaves et si délicats, que nous ne pourrions les entendre sans mourir. Muse, où trouveriez-vous des images pour peindre ces solennités angéliques! Serait-ce sous les pavillons des princes de l'Orient, lorsque assis sur un trône étincelant de pierreries, le monarque assemble sa pompeuse cour? Ou bien, ô Muse! rappelleriez-vous le souvenir de la terrestre Jérusalem, quand Salomon voulut dédier au Seigneur le sanctuaire du peuple fidèle? Le bruit éclatant des trompettes ébranlait les sommets de Sion; les lévites redisaient en chœur le cantique des degrés; les anciens d'Israël marchaient avec Salomon devant les tables de Moïse; le grand sacrificateur immolait des victimes sans nombre; les filles de Juda formaient des pas cadencés autour de l'arche d'alliance; leurs danses, aussi pieuses que leurs hymnes, étaient des louanges au Créateur.

Les concerts de la Jérusalem céleste retentissent surtout au tabernacle très-pur qu'habite dans la cité de Dieu l'adorable Mère du Sauveur. Environnée du chœur des veuves, des femmes fortes et des vierges sans tache, Marie est assise sur un trône de candeur. Tous les soupirs de la terre montent vers ce trône par des routes secrètes; la Consolatrice des affligés entend le cri de nos misères les plus cachées; elle porte aux pieds de son Fils, sur l'autel des parfums, l'offrande de nos pleurs; et, afin de rendre l'holocauste plus efficace, elle y mêle quelques-unes de ses larmes divines. Les esprits gardiens des hommes viennent sans cesse implorer, pour leurs amis mortels, la Reine des miséricordes. Les doux séraphins de la grâce et de la charité la servent à genoux; autour d'elle se réunissent encore les personnages touchants de la crèche, Gabriel, Anne et Joseph; les bergers de Bethléem, et les mages de l'Orient. On voit aussi s'empresser dans ce lieu les enfants morts en entrant à la vie, et qui, transformés en petits anges, semblent être devenus les compagnons du Messie au berceau. Ils balancent devant leur mère céleste des encensoirs d'or, qui s'élèvent et retombent avec un bruit harmonieux, et d'où s'échappent en vapeur légère les parfums d'amour et d'innocence.

Des tabernacles de Marie on passe au sanctuaire du Sauveur des hommes : c'est là que le Fils conserve par ses regards les mondes que le Père a créés : il est assis à une table mystique : vingt-quatre vieillards, vêtus de robes blanches et portant des couronnes d'or, sont placés sur des trônes à ses côtés. Près de lui est son char vivant, dont les roues lancent des foudres et des éclairs. Lorsque le Désiré des nations daigne se manifester aux élus dans une vision intime et complète, les élus tombent comme morts devant sa face; mais il étend sa droite et leur dit :

« Relevez-vous, ne craignez rien, vous êtes les bénis de mon Père; regar-
« dez-moi; je suis le Premier et le Dernier. »

Par delà le sanctuaire du Verbe s'étendent sans fin des espaces de feu et de lumière. Le Père habite au fond de ces abîmes de vie. Principe de tout ce qui fut, est et sera, le passé, le présent et l'avenir se confondent en lui. Là sont cachées les sources des vérités incompréhensibles au ciel même : la liberté de l'homme et la prescience de Dieu; l'être qui peut tomber dans le néant et le néant qui peut devenir l'être; là surtout s'accomplit, loin de l'œil des anges, le mystère de la Trinité. L'esprit qui remonte et descend sans cesse du Fils au Père, et du Père au Fils, s'unit avec eux dans ces profondeurs impénétrables. Un triangle de feu paraît alors à l'entrée du Saint des saints : les globes s'arrêtent de respect et de crainte, l'Hosanna des anges est suspendu, les milices immortelles ne savent quels seront les décrets de l'Unité vivante; elles ne savent si le trois fois Saint ne va point changer sur la terre et dans le ciel les formes matérielles et divines, ou si, rappelant à lui les principes des êtres, il ne forcera point les mondes à rentrer dans le sein de son éternité.

Les essences primitives se séparent, le triangle de feu disparaît : l'oracle s'entr'ouvre, et l'on aperçoit les trois Puissances. Porté sur un trône de nuées, le Père tient un compas à la main; un cercle est sous ses pieds; le Fils, armé de la foudre, est assis à sa droite; l'Esprit s'élève à sa gauche comme une colonne de lumière. Jéhovah fait un signe, et les temps rassurés reprennent leurs cours, et les frontières du chaos se retirent, et les astres poursuivent leurs chemins harmonieux. Les cieux prêtent alors une oreille attentive à la voix du Tout-Puissant, qui déclare quelques-uns de ses desseins sur l'univers.

A l'instant où la prière de Cyrille parvint au trône éternel, les trois Personnes se montraient ainsi aux yeux éblouis des anges. Dieu voulait couronner la vertu de Cyrille, mais le saint prélat n'était point la victime de prédilection désignée pour la persécution nouvelle; il avait déjà souffert au nom du Sauveur, et la justice du Tout-Puissant demandait une hostie entière.

A la voix de son vénérable martyr, le Christ s'inclina devant l'Arbitre des humains, et fit trembler dans l'immensité de l'espace tout ce qui n'était pas le marchepied de Dieu. Il ouvre ses lèvres, où respire la loi de clémence, pour présenter à l'Ancien des jours le sacrifice de l'évêque de Lacédémone. Les accents de sa voix sont plus doux que l'huile de justice dont Salomon fut sacré, plus purs que la fontaine de Samarie, plus aimables que le murmure des oliviers en fleur balancés au souffle du printemps, dans les jardins de Nazareth, ou dans les vallons du Thabor.

Imploré par le Dieu de mansuétude et de paix en faveur de l'Église menacée, le Dieu fort et terrible fit connaître aux cieux ses desseins sur les fidèles. Il ne prononça qu'une parole; mais une de ces paroles qui fécondent le néant, qui font naître la lumière, ou qui renferment la destinée des empires.

Cette parole dévoile soudain aux légions des anges, aux chœurs des vierges, des saints, des rois, des martyrs, le secret de la sagesse. Ils voient dans le mot du souverain Juge, ainsi que dans un rayon limpide du jour, les conceptions du passé, les préparations du présent et les événements de l'avenir.

Le moment est arrivé où les peuples, soumis aux lois du Messie, vont enfin goûter sans mélange la douceur de ces lois propices. Assez longtemps l'idolâtrie éleva ses temples auprès des autels du Fils de l'Homme; il faut qu'elle disparaisse du monde. Déjà est né le nouveau Cyrus qui brisera les derniers simulacres des esprits de ténèbres, et mettra le trône des Césars à l'ombre des saints tabernacles. Mais les chrétiens, invincibles sous le fer et dans les flammes, se sont laissé amollir aux délices de la paix. Afin de les mieux éprouver, la Providence a permis qu'ils connussent les richesses et les honneurs : ils n'ont pu résister à la persécution de la prospérité. Il faut, avant que le monde passe sous leur puissance, qu'ils soient dignes de leur gloire; ils ont allumé le feu de la colère du Seigneur, ils n'obtiendront point grâce à ses yeux qu'ils n'aient été purifiés. Satan sera déchaîné sur la terre; une dernière épreuve va commencer pour les fidèles : les chrétiens sont tombés; ils seront punis. Celui qui doit expier leurs crimes par un sacrifice volontaire est depuis longtemps marqué dans la pensée de l'Éternel.

Tels sont les premiers conseils que découvrent, dans la parole de Dieu, les habitants des demeures célestes. O parole divine! quelle longue et faible succession de temps et d'idées la parole humaine est obligée d'employer pour te rendre! Tu fais tout voir, tout comprendre aux élus dans un moment; et moi, ton indigne interprète, je développe péniblement dans un langage de mort les mystères contenus dans un langage de vie! Avec quelle sainte admiration, avec quelle piété sublime, les justes connaissent ensuite l'holocauste demandé et les conditions qui le rendent agréable au Très-Haut! Cette victime qui doit vaincre l'enfer par la vertu des souffrances et des mérites du sang de Jésus-Christ, cette victime qui marchera à la tête de mille autres victimes n'a point été choisie parmi les princes et les rois. Né dans un rang obscur pour mieux imiter le Sauveur du monde, cet homme, aimé du ciel, descend toutefois d'illustres aïeux. En lui la religion va triompher du sang des héros païens et des sages de l'idolâtrie; en lui seront honorés par un martyre oublié de l'histoire, ces pauvres ignorés du monde, qui vont souffrir pour la loi, ces humbles confesseurs qui, ne prononçant à la mort que le nom de Jésus-Christ, laisseront leurs propres noms inconnus aux hommes. Ame de tous les projets des fidèles, soutien du prince qui renversera les autels des faux dieux, il faut encore que ce chrétien appelé ait scandalisé l'Église, et qu'il ait pleuré ses erreurs, ainsi que le premier apôtre, afin d'encourager au repentir ses frères coupables. Déjà, pour lui donner les vertus nécessaires au jour du combat, l'ange du Seigneur l'a conduit par la main chez les nations de la terre; il a vu l'Évangile s'établissant de toutes parts. Dans le cours de ses voyages, utiles aux desseins de Dieu, les démons ont tenté le nouveau prédestiné, non encore rentré dans les voies du ciel. Une grande et dernière faute, en le jetant dans un grand malheur, l'a fait sortir des ombres de la mort. Les larmes de sa pénitence ont commencé à couler; alors un solitaire, inspiré de Dieu, lui a révélé une partie de ses fins. Bientôt il sera digne de la palme qu'on lui prépare. Telle est la victime dont l'immolation désarmera le courroux du Seigneur, et replongera Lucifer dans l'abîme.

Tandis que les saints et les anges pénètrent les desseins annoncés par la parole du Très-Haut, cette même parole découvre un autre miracle de la grâce aux chœurs des femmes bienheureuses. Les païens auront aussi leur hostie; car les chrétiens et les idolâtres vont se réunir à jamais au pied du Calvaire. Cette victime sera dérobée au troupeau innocent des vierges, afin d'expier l'impureté des mœurs païennes. Fille des beaux-arts qui séduisent les faibles mortels, elle fera passer sous le joug de la croix les charmes et le génie de la Grèce. Elle n'est point immédiatement demandée par un décret irrévocable; elle n'aura ni le mérite, ni l'éclat du premier holocauste; mais, épouse désignée du martyr, et par lui arrachée aux temples des idoles, elle augmentera l'efficacité du principal sacrifice, en multipliant les épreuves. Dieu cependant n'abandonnera pas sans secours ses serviteurs à la rage de Satan : il veut que les légions fidèles se revêtent de leurs armes, qu'elles soutiennent et consolent le chrétien persécuté; il leur confie l'exercice de sa miséricorde, en se réservant celui de sa justice : le Christ lui-même soutiendra le confesseur dévoué au salut de tous; et Marie prendra sous sa protection la vierge timide qui doit accroître les douleurs, les joies et la gloire du martyr.

Ces destinées de l'Église, divulguées aux élus par un seul mot du Tout-Puissant, interrompirent les concerts, et suspendirent les fonctions des anges; il se fit dans le ciel une demi-heure de silence, comme au moment redoutable où Jean vit briser le septième sceau du livre mystérieux; les milices divines, frappées du son de la parole éternelle, restaient dans un muet étonnement: ainsi, lorsque la foudre commence à gronder sur de nombreux bataillons, près de se livrer un combat furieux, le signal est suspendu : moitié dans la lumière du soleil, moitié sous l'ombre croissante, les cohortes demeurent immobiles; aucun souffle de l'air ne fait flotter les drapeaux, qui retombent affaissés sur la main qui les porte; les mèches embrasées fument inutiles auprès du bronze muet, et les guerriers sillonnés du feu de l'éclair, écoutent en silence la voix des orages.

L'Esprit, qui garde l'étendard de la croix, élevant tout à coup la bannière triomphante, fit cesser l'immobilité des armées du Seigneur. Tout le ciel abaisse aussitôt les yeux vers la terre; Marie, du haut du firmament, laisse tomber un premier regard d'amour sur la tendre victime confiée à ses soins. Les palmes des confesseurs reverdissent dans leurs mains, l'escadron ardent ouvre ses rangs glorieux pour faire place aux époux martyrs, entre Félicité et Perpétue, entre l'illustre Étienne et les grands Machabées. Le vainqueur de l'antique dragon, Michel, prépare sa lance redoutable; autour de lui ses immortels compagnons se couvrent de leurs cuirasses étincelantes. Les boucliers de diamant et d'or, le carquois du Seigneur, les épées flamboyantes, sont détachés des portiques éternels; le char d'Emmanuel s'ébranle sur son essieu de foudre et d'éclairs; les chérubins roulent leurs ailes impétueuses, et allument la fureur de leurs yeux. Le Christ redescend à la table des vieillards, qui présentent à sa bénédiction deux robes nouvellement blanchies dans le sang de l'Agneau ; le Père tout-puissant se renferme dans les profondeurs de son éternité, et l'Esprit-Saint verse tout à coup des flots d'une lumière si vive, que la création semble rentrer dans la nuit. Alors les chœurs des saints et des anges entonnent le cantique de gloire :

« Gloire à Dieu, dans les hauteurs du ciel !

« Goûtez sur la terre des jours pacifiques, vous qui marchez parmi les sen-
« tiers de la bonté et de la douceur ! Agneau de Dieu, vous effacez les péchés
« du monde ! O miracle de candeur et de modestie, vous permettez à des
« victimes sorties du néant de vous imiter, de se dévouer pour le salut des
« pécheurs ! Serviteurs du Christ que le monde persécute, ne vous troublez
« point à cause du bonheur des méchants : ils n'ont point, il est vrai, de
« langueurs qui les traînent à la mort; ils semblent ignorer les tribulations
« humaines; ils portent l'orgueil à leur cou comme un carcan d'or; ils s'e-
« nivrent à des tables sacriléges; ils rient, ils dorment, comme s'ils n'avaient
« point fait de mal; ils meurent tranquillement sur la couche qu'ils ont ravie
« à la veuve et à l'orphelin; mais où vont-ils ?

« L'insensé a dit dans son cœur : « Il n'y a point de Dieu ! » Que Dieu se
« lève ! que ses ennemis soient dissipés ! Il s'avance : les colonnes du ciel
« sont ébranlées; le fond des eaux et les entrailles de la terre sont mis à nu
« devant le Seigneur. Un feu dévorant sort de sa bouche; il prend son vol,
« monté sur les chérubins; il lance de toutes parts ses flèches embrasées !
« Où sont-ils les enfants des impies ? Sept générations se sont écoulées depuis
« l'iniquité des pères, et Dieu vint visiter les enfants dans sa fureur ; il vient
« au temps marqué punir un peuple coupable ; il vient réveiller les méchants
« dans leurs palais de cèdre et d'aloès, et confondre le fantôme de leur ra-
« pide félicité.

« Heureux celui qui, passant avec larmes dans les vallées, cherche Dieu
« comme la source des bénédictions ! Heureux celui à qui les iniquités sont
« pardonnées, et qui trouve la gloire dans la pénitence ! Heureux celui qui
« élève en silence l'édifice de ses bonnes œuvres, comme le temple de Salo-
« mon, où l'on n'entendait ni les coups de la cognée, ni le bruit du marteau,
« tandis que l'ouvrier respectueux bâtissait la maison du Seigneur. Vous tous
« qui mangez sur la terre le pain des larmes, répétez à la louange du Très-
« Haut le saint cantique :

« Gloire à Dieu, dans les hauteurs du ciel ! »

LIVRE QUATRIÈME.

SOMMAIRE. — Cyrille, la famille chrétienne, Démodocus et Cymodocée, se rassemblent dans une île au confluent du Ladon et de l'Alphée, pour entendre le fils de Lasthénès raconter ses aventures. Commencement du récit d'Eudore. Origine de la famille de Lasthénès. Elle s'oppose aux Romains lors de l'invasion de la Grèce. L'aîné de la famille de Lasthénès est obligé de se rendre en otage à Rome. La famille de Lasthénès embrasse le christianisme. Enfance d'Eudore. Il part à seize ans pour remplacer son père à Rome. Tempête. Description de l'Archipel. Arrivée d'Eudore en Italie. Description de Rome. Eudore contracte une étroite amitié avec Jérôme, Augustin et le prince Constantin, fils de Constance. Caractères de Jérôme, d'Augustin et de Constantin. Eudore est introduit à la cour. Dioclétien. Galérius. Cour de Dioclétien. Le sophiste Hiéroclès, proconsul d'Achaïe, et favori de Galérius. Inimitié d'Eudore et d'Hiéroclès. Eudore tombe dans tous les désordres de la jeunesse et oublie sa religion. Marcellin, évêque de Rome. Il menace Eudore de l'excommunier, s'il ne rentre dans le sein de l'Église. Excommunication lancée contre Eudore. Amphithéâtre de Titus. Pressentiment.

Eudore et Cymodocée, cachés dans un obscur vallon, au fond des bois de l'Arcadie, ignoraient qu'en ce moment les saints et les anges avaient les regards attachés sur eux, et que le Tout-Puissant lui-même s'occupait de leur destinée : ainsi les pasteurs de Chanaan étaient visités par le Dieu de Nachor, au milieu des troupeaux qui paissaient à l'occident de Bethel.

Aussitôt que le gazouillement des hirondelles eut annoncé à Lasthénès le lever du jour, il se hâte de quitter sa couche, il s'enveloppe dans un manteau filé par sa diligente épouse, et doublé d'une laine amie des vieillards. Il sort précédé de deux chiens de Laconie, sa garde fidèle, et s'avance vers le lieu où devait reposer l'évêque de Lacédémone ; mais il aperçoit le saint prélat au milieu de la campagne, offrant sa prière à l'Éternel. Les chiens de Lasthénès courent vers Cyrille ; et baissant la tête d'un air caressant, ils semblaient lui porter l'obéissance et le respect de leur maître. Les deux vénérables chrétiens se saluèrent avec gravité, et se promenèrent ensuite sur le penchant des monts, en s'entretenant de la sagesse antique : tel l'Arcadien Évandre conduisit Anchise aux bois de Phénée, lorsque Priam alors heureux, vint chercher sa sœur Hésione à Salamine ; ou tel le même Évandre, exilé au bord du Tibre, reçut l'illustre fils de son ancien hôte, quand la fortune eut rassasié de malheurs le monarque d'Ilion.

Démodocus ne tarda pas à paraître ; il était suivi de Cymodocée, plus belle que la lumière naissante sur les coteaux de l'orient.

Dans le flanc de la montagne qui dominait la demeure de Lasthénès s'ouvrait une grotte, retraite accoutumée des passereaux et des colombes : c'était là qu'à l'imitation des solitaires de la Thébaïde, Eudore se renfermait pour verser les larmes de la pénitence. On voyait suspendu au mur de cette grotte un crucifix, et au pied de ce crucifix, des armes, une couronne de chêne obtenue dans les combats, et des décorations triomphales. Eudore commençait à sentir renaître au fond de son cœur un trouble qu'il n'avait que trop connu. Effrayé de son nouveau péril, toute la nuit il avait poussé des cris vers le ciel. Quand l'aurore eut dissipé les ténèbres, il lava la trace de ses pleurs dans une source pure, et se préparant à quitter sa grotte, il chercha, par la simplicité de ses vêtements, à diminuer l'éclat de sa beauté : il attache à ses pieds des brodequins gaulois formés de la peau d'une chèvre sauvage ; il cache son cilice sous la tunique d'un chasseur ; il jette sur ses épaules et ramène sur sa poitrine la dépouille d'une biche blanche ; un pâtre cruel avait renversé d'un coup de fronde cette reine des bois, lorsqu'elle buvait avec son faon, au bord de l'Achéloüs. Eudore prend dans sa main gauche deux javelots de frêne ; il suspend à sa main droite une de ces couronnes de grains de corail dont les vierges martyres ornaient leurs cheveux en allant à la mort : couronnes innocentes, vous serviez ensuite à compter le nombre des prières que les cœurs simples répétaient au Seigneur ! Armé contre les bêtes des forêts et contre les attaques des esprits de ténèbres, Eudore descend du haut des rochers, comme un soldat chrétien de la légion thébaine qui rentre au camp après les veilles de la nuit. Il franchit les eaux d'un torrent, et vient se joindre à la petite troupe qui l'attendait au bas du verger. Il porte à ses lèvres le bord du manteau de Cyrille ; il reçoit la bénédiction paternelle, et s'incline, en baissant les yeux, devant Démodocus et Cymodocée. Toutes les roses du matin se répandirent sur le front de la fille d'Homère. Bientôt Séphora et ses trois filles sortirent modestement du gynécée. Alors l'évêque de Lacédémone s'adressant au fils de Lasthénès :

« Eudore, dit-il, vous êtes l'objet de la curiosité de la Grèce chrétienne. Qui n'a point entendu parler de vos malheurs et de votre repentir ? Je suis persuadé que vos hôtes de Messénie n'écouteront point eux-mêmes sans intérêt le récit de vos aventures. »

« Sage vieillard, dont l'habit annonce un pasteur des hommes, s'écria Démodocus, tu ne prononces pas une parole qu'elle ne soit dictée par Minerve. Il est vrai, comme mon aïeul le divin Homère, je passerais volontiers cinq et même six années à faire ou à écouter des récits. Y a-t-il rien de plus agréable que les paroles d'un homme qui a beaucoup voyagé, et qui, assis à la table de son hôte, tandis que la pluie et les vents murmurent au dehors, raconte, à l'abri de tout danger, les traverses de sa vie ! J'aime à sentir mes yeux mouillés de pleurs, en vidant la coupe d'Hercule : les libations mêlées de larmes sont plus sacrées ; la peinture des maux dont Jupiter accable les enfants de la terre tempère la folle ivresse des festins, et nous fait souvenir des dieux. Et toi-même, cher Eudore, tu trouveras quelque plaisir à te rappeler les tempêtes que tu supportas avec courage : le nautonnier, revenu aux champs de ses pères, contemple avec un charme secret son gouvernail et ses rames, suspendus pendant l'hiver au tranquille foyer du laboureur. »

Le Ladon et l'Alphée, en se réunissant au-dessous du verger, embrassaient une île qui semblait naître du mariage de leurs eaux : elle était plantée de ces vieux arbres que les peuples de l'Arcadie regardaient comme leurs aïeux. C'était là qu'Alcymédon coupait autrefois le bois de hêtre dont il faisait de si belles tasses aux bergers ; c'était là qu'on montrait aussi la fontaine Aréthuse, et le laurier qui retenait Daphné sous son écorce. On résolut de passer dans cette île solitaire, afin qu'Eudore ne fût point interrompu dans le récit de ses aventures. Les serviteurs de Lasthénès détachent aussitôt des rives de l'Alphée une longue nacelle, formée du seul tronc d'un pin; la famille et les étrangers s'abandonnent au cours du fleuve. Démodocus, remarquant l'adresse de ses conducteurs, disait avec un sentiment de tristesse :

« Arcadiens, qu'est devenu le temps où les Atrides étaient obligés de vous prêter des vaisseaux pour aller à Troie, et où vous preniez la rame d'Ulysse pour le van de la blonde Cérès? Aujourd'hui vous vous livrez sans pâlir aux fureurs de la mer immense. Hélas! le fils de Saturne veut que le danger charme les mortels, et qu'ils l'embrassent comme une idole! »

On touche bientôt à la pointe orientale de l'île, où s'élevaient deux autels à demi ruinés : l'un, sur le rivage de l'Alphée, était consacré à la Tempête; l'autre, au bord du Ladon, était dédié à la Tranquillité. La fontaine Aréthuse sortait de terre entre ces deux autels, et s'écoulait aussitôt dans le fleuve amoureux d'elle. La troupe, impatiente d'entendre le récit d'Eudore, s'arrête dans ce lieu, et s'assied sous des peupliers dont le soleil levant dorait la cime. Après avoir demandé le secours du ciel, le jeune chrétien parla de la sorte :

« Je suis obligé, seigneurs, de vous entretenir un moment de ma naissance, parce que cette naissance est la première origine de mes malheurs. Je descends, par ma mère, de cette pieuse femme de Mégare qui enterra les os de Phocion sous son foyer, en disant : « Cher foyer, garde fidèlement les restes « d'un homme de bien. »

« J'eus pour ancêtre paternel Philopœmen. Vous savez qu'il osa seul s'opposer aux Romains, quand ce peuple libre ravit la liberté à la Grèce. Mon aïeul succomba dans sa noble entreprise; mais qu'importe la mort et les revers, si notre nom, prononcé dans la postérité, va faire battre un cœur généreux deux mille ans après notre vie?

« Notre patrie expirante, pour ne point démentir son ingratitude, fit boire du poison au dernier de ses grands hommes. Le jeune Polybe (1), au milieu d'une pompe attendrissante, transporta de Messène à Mégalopolis la dépouille de Philopœmen. On eût dit que l'urne, chargée de couronnes et couverte de bandelettes, renfermait les cendres de la Grèce entière. Depuis ce moment, notre terre natale, comme un sol épuisé, cessa de porter des citoyens magnanimes. Elle a conservé son beau nom, mais elle ressemble à cette statue de Thémistocle, dont les Athéniens de nos jours ont coupé la tête, pour la remplacer par la tête d'un esclave.

« Le chef des Achéens ne reposa pas tranquille au fond de sa tombe : quelques années après sa mort, il fut accusé d'avoir été l'ennemi de Rome, et poursuivi criminellement devant le proconsul Mummius, destructeur de Co-

---

(1) C'est l'historien.

rinthe. Polybe, protégé par Scipion Nasica, parvint à sauver de la proscription les statues de Philopœmen; mais cette délation sacrilége réveilla la jalousie des Romains contre le sang du dernier des Grecs : ils exigèrent qu'à l'avenir le fils aîné de ma famille fût envoyé à Rome dès qu'il aurait atteint l'âge de seize ans, pour y servir d'otage entre les mains du sénat.

« Accablée sous le poids du malheur, et toujours privée de son chef, ma famille abandonna Mégalopolis, et se retira tantôt au milieu de ces montagnes, tantôt dans un autre héritage que nous possédons au pied du Taygète, le long du golfe de Messénie. Paul, le sublime apôtre des gentils, apporta bientôt à Corinthe le remède contre toutes les douleurs. Lorsque le christianisme éclata dans l'empire romain, tout était plein d'esclaves ou de princes abattus : le monde entier demandait des consolations ou des espérances.

« Disposée à la sagesse par les leçons de l'adversité et par la simplicité des mœurs arcadiennes, ma famille fut la première dans la Grèce à embrasser la loi de Jésus-Christ. Soumis à ce joug divin, je passai les jours de mon enfance au bord de l'Alphée et parmi les bois du Taygète. La religion tenant mon âme à l'ombre de ses ailes, l'empêchait, comme une fleur délicate, de s'épanouir trop tôt; et, prolongeant l'ignorance de mes jeunes années, elle semblait ajouter de l'innocence à l'innocence même.

« Le moment de mon exil arriva. J'étais l'aîné de ma famille, et j'avais atteint ma seizième année; nous habitions alors nos champs de la Messénie. Mon père, dont j'allais prendre la place, avait obtenu, par une faveur particulière, la permission de revenir en Grèce avant mon départ : il me donna sa bénédiction et ses conseils. Ma mère me conduisit au port de Phères, et m'accompagna jusqu'au vaisseau. Tandis qu'on déployait la voile, elle levait les mains au ciel en offrant à Dieu son sacrifice. Son cœur se brisait à la pensée de ces mers orageuses et de ce monde plus orageux encore que j'allais traverser, navigateur sans expérience. Déjà le navire s'avançait dans la haute mer, et Séphora restait encore avec moi afin d'encourager ma jeunesse, comme une colombe apprend à voler à son petit lorsqu'il sort pour la première fois du nid maternel. Mais il lui fallut me quitter; elle descendit dans l'esquif qui l'attendait attaché au flanc de notre trirème. Longtemps elle me fit des signes du bord de la barque qui la reportait au rivage : je poussais des cris douloureux; et quand il me devint impossible de distinguer cette tendre mère, mes yeux cherchaient encore à découvrir le toit où j'avais été nourri, et la cime des arbres de l'héritage paternel.

« Notre navigation fut longue : à peine avions-nous passé l'île de Théganuse, qu'un vent impétueux du couchant nous obligea de fuir dans les régions de l'aurore jusqu'à l'entrée de l'Hellespont. Après sept jours d'une tempête qui nous déroba la vue de toutes les terres, nous fûmes trop heureux de nous réfugier vers l'embouchure du Simoïs, à l'abri du tombeau d'Achille. Quand la tempête fut calmée, nous voulûmes remonter à l'occident; mais le constant zéphyr, que le Bélier céleste amène des bords de l'Hespérie, repoussa longtemps nos voiles : nous fûmes jetés tantôt sur les côtes de l'Éolide, tantôt dans les parages de la Thrace et de la Thessalie. Nous parcourûmes cet archipel de la Grèce, où l'aménité des rivages, l'éclat de la lumière, la douceur et les parfums de l'air, le disputent au charme des noms et des souvenirs. Nous vîmes tous ces promontoires marqués par des temples ou des tombeaux. Nous touchâmes à différents ports ; nous admirâmes ces cités, dont quelques-unes portent le nom d'une fleur brillante, comme la rose, la violette, l'hyacinthe, et qui, chargées de leurs peuples ainsi que d'une semence féconde, s'épanouissent au bord de la mer, sous les rayons du soleil. Quoiqu'à peine sorti de l'enfance, mon imagination était vive et mon cœur déjà susceptible d'émotions profondes. Il y avait sur notre vaisseau un Grec enthousiaste de sa patrie, comme tous les Grecs. Il me nommait les lieux que je voyais :

« Orphée entraîna les chênes de cette forêt au son de sa lyre ; cette montagne, dont l'ombre s'étend si loin, avait dû servir de statue à Alexandre ; « cette autre montagne, est l'Olympe, et son vallon, le vallon de Tempé ; voilà « Délos, qui fut flottante au milieu des eaux ; voilà Naxos, où Ariadne fut « abandonnée ; Cécrops descendit sur cette rive ; Platon enseigna sur la pointe « de ce cap ; Démosthène harangua ces vagues ; Phryné se baignait dans ces « flots lorsqu'on la prit pour Vénus ! Et cette patrie des dieux, des arts et de « la beauté, s'écriait l'Athénien en versant des pleurs de rage, est en proie aux « Barbares ! »

« Son désespoir redoubla lorsque nous traversâmes le golfe de Mégare. Devant nous était Égine ; à droite, le Pyrée ; à gauche, Corinthe. Ces villes, jadis si florissantes, n'offraient que des monceaux de ruines. Les matelots même parurent touchés de ce spectacle. La foule accourue sur le pont gardait le silence : chacun tenait ses regards attachés à ces débris ; chacun en tirait peut-être secrètement une consolation dans ses maux, en songeant combien nos propres douleurs sont peu de chose comparées à ces calamités qui frappent des nations entières, et qui avaient étendu sous nos yeux les cadavres de ces cités.

« Cette leçon semblait au-dessus de ma raison naissante : cependant je l'entendis ; mais d'autres jeunes gens qui se trouvaient avec moi sur le vaisseau y furent insensibles. D'où venait cette différence ? de nos religions : ils étaient païens ; j'étais chrétien. Le paganisme, qui développe les passions avant l'âge, retarde les progrès de la raison ; le christianisme, qui prolonge au contraire l'enfance du cœur, hâte la virilité de l'esprit. Dès les premiers jours de la vie, il nous entretient de pensées graves ; il respecte, jusque dans les langes, la dignité de l'homme ; il nous traite, même au berceau, comme des êtres sérieux et sublimes, puisqu'il reconnaît un ange dans l'enfant que la mère porte encore à sa mamelle. Mes jeunes compagnons n'avaient entendu parler que des métamorphoses de Jupiter, et ils ne comprirent rien aux débris qu'ils avaient sous les yeux ; moi je m'étais déjà assis avec le prophète sur les ruines des villes désolées, et Babylone m'enseignait Corinthe.

« Je dois toutefois marquer ici une séduction qui fut mon premier pas vers l'abîme ; et comme il arrive presque toujours, le piége où je me trouvai pris n'avait rien en apparence que de très-innocent. Tandis que nous méditions sur les révolutions des empires, nous vîmes tout à coup sortir une théorie du milieu de ces débris. O riant génie de la Grèce, qu'aucun malheur ne peut étouffer, ni peut-être aucune leçon instruire! C'était une députation des Athéniens aux fêtes de Délos. Le vaisseau déliaque, couvert de fleurs et de bandelettes, était orné des statues des dieux; les voiles blanches, teintes de pourpre par les rayons de l'aurore, s'enflaient aux haleines des zéphyrs, et les rames dorées fendaient le cristal des mers. Des théores penchés sur les flots répandaient des parfums et des libations; des vierges exécutaient sur la proue du vaisseau la danse des malheurs de Latone, tandis que des adolescents chantaient en chœur les vers de Pindare et de Simonide. Mon imagination fut enchantée par ce spectacle, qui fuyait comme un nuage du matin, ou comme le char d'une divinité sur les ailes des vents. Ce fut ainsi que, pour la première fois, j'assistai à une cérémonie païenne sans horreur.

« Enfin, nous revîmes les montagnes du Péloponèse, et je saluai de loin ma terre natale. Les côtes de l'Italie ne tardèrent pas à s'élever du sein des flots. De nouvelles émotions m'attendaient à Brindes. En mettant le pied sur cette terre d'où partent les décrets qui gouvernent le monde, je fus frappé d'un air de grandeur qui m'était jusqu'alors inconnu. Aux élégants édifices de la Grèce succédaient des monuments plus vastes, marqués de l'empreinte d'un autre génie. Ma surprise allait toujours croissant à mesure que je m'avançais sur la voie Appienne. Ce chemin, pavé de larges quartiers de roche, semble être fait pour résister au passage du genre humain : à travers les monts de l'Apulie, le long du golfe de Naples, au milieu des paysages d'Anxur, d'Albe et de la campagne romaine, il présente une avenue de plus de trois cents milles de longueur, bordée de temples, de palais et de tombeaux, et vient se terminer à la ville éternelle, métropole de l'univers et digne de l'être. A la vue de tant de prodiges, je tombai dans une sorte d'ivresse que je n'avais pu ni prévoir ni soupçonner.

« Ce fut en vain que les amis de mon père, auxquels j'étais recommandé, voulurent d'abord m'arracher à mon enchantement. J'errais sans cesse du Forum au Capitole, du quartier des Carènes au Champ de Mars; je courais au théâtre de Germanicus, au môle d'Adrien, au cirque de Néron, au Panthéon d'Agrippa; et pendant ces courses d'une curiosité dangereuse, l'humble église des chrétiens était oubliée.

« Je ne pouvais me lasser de voir le mouvement d'un peuple composé de tous les peuples de la terre, et la marche de ces troupes romaines, gauloises, germaniques, grecques, africaines, chacune différemment armée et vêtue. Un vieux Sabin passait, avec ses sandales d'écorce de bouleau, auprès d'un sénateur couvert de pourpre; la litière d'un consulaire était arrêtée par le char d'une courtisane; les grands bœufs du Clytume traînaient au Forum l'antique chariot du Volsque; l'équipage de chasse d'un chevalier romain embarrassait la voie Sacrée; des prêtres couraient encenser leurs dieux, et des rhéteurs ouvrir leurs écoles.

« Que de fois j'ai visité ces thermes ornés de bibliothèques, ces palais, les uns déjà croulants, les autres à moitié démolis pour servir à construire d'autres édifices ! La grandeur de l'horizon romain se mariant aux grandes lignes de l'architecture romaine ; ces aqueducs qui, comme des rayons aboutissants à un même centre, amènent les eaux au peuple-roi sur des arcs de triomphe ; le bruit sans fin des fontaines ; ces innombrables statues qui ressemblent à un peuple immobile au milieu d'un peuple agité ; ces monuments de tous les âges et de tous les pays ; ces travaux des rois, des consuls, des Césars, ces obélisques ravis à l'Égypte, ces tombeaux enlevés à la Grèce ; je ne sais quelle beauté dans la lumière, les vapeurs et le dessin des montagnes ; la rudesse même du cours du Tibre ; les troupeaux de cavales demi-sauvages qui viennent s'abreuver dans ses eaux ; cette campagne que le citoyen de Rome dédaigne maintenant de cultiver, se réservant à déclarer chaque année aux nations esclaves quelle partie de la terre aura l'honneur de le nourrir : que vous dirai-je enfin ? Tout porte à Rome l'empreinte de la domination et de la durée : j'ai vu la carte de la ville éternelle tracée sur des rochers de marbre au Capitole, afin que son image même ne pût s'effacer.

« Oh ! qu'elle a bien connu le cœur humain, cette religion qui cherche à nous maintenir dans la paix, et qui sait donner des bornes à notre curiosité, comme à nos affections sur la terre ! Cette vivacité d'imagination, à laquelle je m'abandonnai d'abord, fut la première cause de ma perte. Quand, enfin, je rentrai dans le cours ordinaire de mes occupations, je sentis que j'avais perdu le goût des choses graves, et j'enviai le sort des jeunes païens, qui pouvaient se livrer sans remords à tous les plaisirs de leur âge.

« Le rhéteur Eumènes tenait à Rome une chaire d'éloquence, qu'il a transportée depuis dans les Gaules. Il avait étudié dans son enfance sous le fils du plus célèbre disciple de Quintilien ; et tout ce qu'il y avait de jeunes gens illustres fréquentait alors son école. Je suivis les leçons de ce maître habile, et je ne tardai pas à former des liaisons avec les compagnons de mes études. Trois d'entre eux surtout s'attachèrent à moi par une agréable et sincère amitié : Augustin, Jérôme, et le prince Constantin, fils du César Constance.

« Jérôme, issu d'une noble famille pannonienne, annonça de bonne heure les plus beaux talents, mais les passions les plus vives. Son imagination impétueuse ne lui laissait pas un moment de repos. Il passait des excès de l'étude à ceux des plaisirs avec une facilité inconcevable. Irascible, inquiet, pardonnant difficilement une offense, d'un génie barbare ou sublime, il semble destiné à devenir l'exemple des plus grands désordres, ou le modèle des plus austères vertus : il faut à cette âme ardente Rome ou le désert.

« Un hameau du proconsulat de Carthage fut le berceau de mon second ami. Augustin est le plus aimable des hommes. Son caractère, aussi passionné que celui de Jérôme, a toutefois une douceur charmante, parce qu'il est tempéré par un penchant naturel à la contemplation : on pourrait cependant reprocher au jeune Augustin l'abus de l'esprit ; l'extrême tendresse de son âme le jette aussi quelquefois dans l'exaltation. Une foule de mots heureux, de sentiments profonds, revêtus d'images brillantes, lui échappent sans cesse. Né sous le soleil africain, il a trouvé dans les femmes, ainsi que Jérôme, l'écueil de ses vertus et la source de ses erreurs. Sensible jusqu'à l'excès au charme de l'éloquence, il n'attend peut-être qu'un orateur inspiré pour s'attacher à la vraie religion : si jamais Augustin entre dans le sein de l'Église, ce sera le Platon des chrétiens.

« Constantin, fils d'un César illustre, annonce lui-même toutes les qualités d'un grand homme. Avec la force de l'âme il a ces beaux dehors, si utiles aux princes, et qui rehaussent l'éclat des belles actions. Hélène, sa mère, eut le bonheur de naître sous la loi de Jésus-Christ; et Constantin, à l'exemple de son père, montre un penchant secret vers cette loi divine. A travers une extrême douceur, on voit percer chez lui un caractère héroïque, et je ne sais quoi de merveilleux que le ciel imprime aux hommes destinés à changer la face du monde. Heureux s'il ne se laisse pas emporter à ces éclats de colère, si terribles dans les caractères habituellement modérés! Ah! combien les princes sont à plaindre d'être si promptement obéis! Combien il faut avoir pour eux d'indulgence! Songeons toujours que nous voyons l'effet de leurs premiers mouvements, et que Dieu, pour leur apprendre à veiller sur leurs passions, ne leur laisse pas un moment entre la pensée et l'exécution d'un dessein coupable.

« Tels furent les trois amis avec lesquels je passais mes jours à Rome. Constantin était, ainsi que moi, une espèce d'otage entre les mains de Dioclétien. Cette conformité de position, encore plus que celle de l'âge, décida du penchant du jeune prince en ma faveur : rien ne prépare deux âmes à l'amitié comme la ressemblance des destinées, surtout quand ces destinées ne sont pas heureuses. Constantin voulut devenir l'instrument de ma fortune, et il m'introduisit à la cour.

« Lorsque j'arrivai à Rome, le pouvoir tombé aux mains de Dioclétien était partagé comme nous le voyons aujourd'hui : l'empereur s'était associé Maximien, sous le titre d'Auguste, et Galérius et Constance sous celui de César. Le monde ainsi divisé entre quatre chefs ne reconnaissait pourtant qu'un maître.

« C'est ici, seigneurs, que je dois vous peindre cette cour, dont vous avez le bonheur de vivre éloignés. Puissiez-vous n'entendre jamais gronder ses orages! Puissent vos jours inconnus couler obscurément comme ces fleuves au fond de cette vallée! Mais, hélas! une vie cachée ne nous sauve pas toujours de la puissance des princes! Le tourbillon qui déracine le rocher enlève aussi le grain de sable; souvent un roi avec son sceptre meurtrit une tête ignorée. Puisque rien ne peut mettre à l'abri des coups qui descendent du trône, il est utile et sage de connaître la main par laquelle nous pouvons être frappés.

« Dioclétien, qui s'appelait autrefois Dioclès, reçut le jour à Dancléa, petite ville de Dalmatie. Dans sa jeunesse il porta les armes sous Probus, et devint un général habile. Il occupa sous Carin et Numérien la place importante de comte des *Domestici*, et il fut lui-même successeur de Numérien, dont il avait vengé la mort.

« Aussitôt que les légions d'Orient eurent élevé Dioclétien à l'empire, il marcha contre Carinus, frère de Numérien, qui régnait en Occident : il remporta sur lui une victoire, et par cette victoire il resta seul maître du monde.

« Dioclétien a d'éminentes qualités. Son esprit est vaste, puissant, hardi; mais son caractère, trop souvent faible, ne soutient pas le poids de son génie:

tout ce qu'il fait de grand et de petit découle de l'une ou de l'autre de ces deux sources. Ainsi l'on remarque dans sa vie les actions les plus opposées : tantôt c'est un prince plein de fermeté, de lumière et de courage, qui brave la mort, qui connaît la dignité de son rang, qui force Galérius à suivre à pied le char impérial comme le dernier des soldats; tantôt c'est un homme timide, qui tremble devant ce même Galérius, qui flotte irrésolu entre mille projets, qui s'abandonne aux superstitions les plus déplorables, et qui ne se soustrait aux frayeurs du tombeau qu'en se faisant donner les titres impies de Dieu et d'Éternité. Réglé dans ses mœurs, patient dans ses entreprises, sans plaisirs et sans illusions, ne croyant point aux vertus, n'attendant rien de la reconnaissance, on verra peut-être ce chef de l'empire se dépouiller un jour de la pourpre, par mépris pour les hommes, et afin d'apprendre à la terre qu'il était aussi facile à Dioclétien de descendre du trône que d'y monter.

« Soit faiblesse, soit nécessité, soit calcul, Dioclétien a voulu partager sa puissance avec Maximien, Constance et Galérius. Par une politique dont il se repentira peut-être, il a pris soin que ces princes fussent inférieurs à lui, et qu'ils servissent seulement à rehausser son mérite. Constance seul lui donnait quelque ombrage, à cause de ses vertus. Il l'a relégué loin de la cour au fond des Gaules, et il a gardé près de lui Galérius. Je ne vous parlerai point de Maximien-Auguste, guerrier assez brave, mais prince ignorant et grossier, qui n'a aucune influence à la cour. Je passe à Galérius.

« Né dans les huttes des Daces, ce gardeur de troupeaux a nourri dès sa jeunesse, sous la ceinture du chevrier, une ambition effrénée. Tel est le malheur d'un État où les lois n'ont point fixé la succession au pouvoir : tous les cœurs sont enflés des plus vastes désirs; il n'est personne qui ne puisse prétendre à l'empire, et comme l'ambition ne suppose pas toujours le talent, pour un homme de génie qui s'élève, vous avez vingt tyrans médiocres qui fatiguent le monde.

« Galérius semble porter sur son front la marque ou plutôt la flétrissure de ses vices : c'est une espèce de géant dont la voix est effrayante et le regard horrible. Les pâles descendants des Romains croient se venger des frayeurs que leur inspire ce César, en lui donnant le surnom d'Armentarius. Comme un homme qui fut affamé la moitié de sa vie, Galérius passe les jours à table, et prolonge dans les ténèbres de la nuit de basses et crapuleuses orgies. Au milieu de ces saturnales de la grandeur, il fait tous ses efforts pour déguiser sa première nudité sous l'effronterie de son luxe ; mais plus il s'enveloppe dans les replis de la robe de César, plus on aperçoit le sayon du berger.

« Outre la soif insatiable du pouvoir et l'esprit de cruauté et de violence, Galérius apporte encore à la cour une autre disposition bien propre à troubler l'empire : c'est une fureur aveugle contre les chrétiens. La mère de ce César, paysanne grossière et superstitieuse offrait souvent dans son hameau des sacrifices aux divinités des montagnes. Indignée que les disciples de l'Évangile refusassent de partager son idolâtrie, elle avait inspiré à son fils l'aversion qu'elle sentait pour les fidèles. Galérius a déjà poussé le faible et barbare Maximien à persécuter l'Église ; mais il n'a pu vaincre encore la sage modération de l'empereur. Dioclétien nous estime au fond de l'âme ; il sait que nous composons aujourd'hui la meilleure partie des soldats de son armée, il compte sur notre parole quand nous l'avons une fois donnée ; il nous a même rapprochés de sa personne : Dorothée, premier officier de son palais, est un chrétien remarquable par ses vertus. Vous verrez bientôt que l'impératrice Prisca, et sa fille la princesse Valérie, ont embrassé secrètement la loi du Sauveur. Reconnaissants des bontés de Dioclétien, et vivement touchés de la confiance qu'il leur accorde, les fidèles forment autour de lui une barrière presque insurmontable. Galérius le sait, et sa rage en est plus animée ; car il voit que pour atteindre à l'empereur, dont l'ingrat envie peut-être la puissance, il faut perdre auparavant les adorateurs du vrai Dieu.

« Tels sont les deux princes qui, comme les génies du bien et du mal, répandent la prospérité ou la désolation dans l'empire, selon que l'un ou l'autre cède ou remporte la victoire. Comment Dioclétien, si habile dans la connaissance des hommes, a-t-il choisi un pareil César? C'est ce qu'on ne peut expliquer que par les arrêts de cette Providence qui rend vaines les pensées des princes, et dissipe les conseils des nations.

« Heureux Galérius s'il se fût renfermé dans l'enceinte des camps, et qu'il n'eût jamais entendu que les accents des soldats, le cri des dangers et la voix de la gloire ! Il n'aurait point rencontré au milieu des armes ces lâches courtisans qui se font une étude d'allumer le vice et d'éteindre la vertu. Il ne se fût point abandonné aux conseils d'un favori perfide qui ne cesse de le pousser au mal. Ce favori appartient, seigneurs, à une classe d'hommes que je dois vous faire connaître, parce qu'elle influera nécessairement sur les événements de ce siècle et sur le sort des chrétiens.

« Rome vieillie et dépravée nourrit dans son sein un troupeau de sophistes, Porphire, Jamblique, Libanius, Maxime, dont les mœurs et les opinions seraient un objet de risée, si nos folies n'étaient trop souvent le commencement de nos crimes. Ces disciples d'une science vaine attaquent les chrétiens, vantent la retraite, célèbrent la médiocrité, vivent aux pieds des grands, et demandent de l'or. Ceux-ci s'occupent sérieusement d'une ville à bâtir, toute peuplée de sages, qui, soumis aux lois de Platon, couleront doucement leurs jours en amis et en frères ; ceux-là rêvent profondément des secrets de la nature cachés sous les symboles égyptiens : les uns voient tout dans la pensée, les autres cherchent tout dans la matière ; d'autres prêchent la république dans le sein de la monarchie : ils prétendent qu'il faut renverser la société, afin de la reconstruire sur un plan nouveau ; d'autres, à l'imitation des fidèles, veulent enseigner la morale au peuple : ils rassemblent la foule dans les temples et au coin des rues, et vendent, sur des tréteaux, une vertu que ne soutiennent point les œuvres et les mœurs. Divisés pour le bien, réunis pour le mal, gonflés de vanité, se croyant des génies sublimes, au-dessus des doctrines vulgaires, il n'y a point d'insignes folies, d'idées bizarres, de systèmes monstrueux, que ces sophistes n'enfantent chaque jour. Hiéroclès marche à leur tête, et il est digne, en effet, de conduire un tel bataillon.

« Ce favori de Galérius, vous le savez trop, seigneurs, gouverne aujourd'hui l'Achaïe : c'est un de ces hommes que les révolutions introduisent au conseil des grands, et qui leur deviennent utiles par une sorte de talent pour les affaires communes, par une facilité peu désirable à parler promptement sur tous les sujets. Grec d'origine, on soupçonne Hiéroclès d'avoir été chrétien dans sa jeunesse; mais l'orgueil des lettres humaines ayant corrompu son esprit, il s'est jeté dans les sectes philosophiques. On ne reconnaît plus en lui de traces de sa religion première, si ce n'est à l'espèce de délire et de rage où le plonge le seul nom du Dieu qu'il a quitté. Il a pris la langue hypocrite et les affectations de l'école de la fausse sagesse. Les mots de liberté, de vertu, de science et de progrès des lumières, de bonheur du genre humain, sortent sans cesse de sa bouche; mais ce Brutus est un bas courtisan, ce Caton est dévoré de passions honteuses, cet apôtre de la tolérance est le plus intolérant des mortels, et cet adorateur de l'humanité est un sanglant persécuteur. Constantin le hait, Dioclétien le craint et le méprise, mais il a gagné la confiance intime de Galérius; il n'a d'autre rival auprès de ce prince que Publius, préfet de Rome. Hiéroclès essaie d'empoisonner l'esprit du malheureux César : il présente au monde le spectacle hideux d'un prétendu sage qui corrompt, au nom des lumières, un homme qui règne sur les hommes.

« Jérôme, Augustin et moi, nous avions rencontré Hiéroclès à l'école d'Eumènes. Son ton sentencieux et décisif, son air d'importance et d'orgueil, le rendaient odieux à notre simplicité et à notre franchise. Sa personne même semble repousser l'affection et la confiance : son front étroit et comprimé annonce l'obstination et l'esprit de système; ses yeux faux ont quelque chose d'inquiet comme ceux d'une bête sauvage; son regard est à la fois timide et féroce; ses lèvres épaisses sont presque toujours entr'ouvertes par un sourire vif et cruel; ses cheveux rares et inflexibles, qui pendent en désordre, semblent n'appartenir en rien à cette chevelure que Dieu jeta comme un voile sur les épaules du jeune homme, et comme une couronne sur la tête du vieillard. Je ne sais quoi de cynique et de honteux respire dans tous les traits du sophiste : on voit que ses ignobles mains porteraient mal l'épée du soldat, mais qu'elles tiendraient aisément la plume de l'athée ou le fer du bourreau.

« Telle est la laideur de l'homme, quand il est, pour ainsi dire, resté seul avec son corps, et qu'il renonce à son âme.

« Une offense que je reçus d'Hiéroclès, et que je repoussai de manière à le couvrir de confusion aux yeux de toute la cour, alluma contre moi dans son cœur une haine implacable. Il ne pouvait, d'ailleurs, me pardonner la bienveillance de Dioclétien et l'amitié du fils de Constance. L'amour-propre blessé, l'envie excitée, ne lui laissèrent pas un moment de repos qu'il n'eût trouvé l'occasion de me perdre, et cette occasion ne tarda pas à se présenter.

« Hélas! j'étais pourtant bien peu digne d'envie! trois ans passés à Rome dans les désordres de la jeunesse avaient suffi pour me faire presque entièrement oublier ma religion. J'en vins même à cette indifférence qu'on a tant de peine à guérir, et qui laisse moins de ressources que le crime. Toutefois les lettres de Séphora, et les remontrances des amis de mon père, troublaient souvent ma fausse sécurité.

« Parmi les hommes qui conservaient à Lasthénès un fidèle souvenir, était Marcellin, évêque de Rome et chef de l'Église universelle. Il habitait le cimetière des chrétiens, de l'autre côté du Tibre, dans un lieu désert, au tombeau de saint Pierre et de saint Paul. Sa demeure, composée de deux cellules, était appuyée contre le mur de la chapelle du cimetière. Une sonnette suspendue à l'entrée de l'asile du repos, annonçait à Marcellin l'arrivée des vivants ou des morts. On voyait à sa porte, qu'il ouvrait lui-même aux voyageurs, les bâtons et les sandales des évêques qui venaient de toutes les parties de la terre lui rendre compte du troupeau de Jésus-Christ. Là se rencontraient et Paphnuce de la haute Thébaïde, qui chassait les démons par sa parole; et Spyridion de l'île de Chypre, qui gardait les moutons et faisait des miracles; et Jacques de Nisibe, qui reçut le don de prophétie; et Osius, confesseur de Cordou; et Archéloüs de Caschares, qui confondit Manès; et Jean, qui répandit dans la Perse la lumière de la foi; et Frumentius, qui fonda l'Église d'Éthiopie; et Théophile, qui revenait de sa mission des Indes; et cette chrétienne esclave, qui, dans sa captivité, convertit la nation entière des Ibériens. La salle du conseil de Marcellin était une allée de vieux ifs qui régnait le long du cimetière. C'était là qu'en se promenant avec les évêques, il conférait des besoins de l'Église. Étouffer les hérésies de Donat, de Novatien, d'Arius; publier des canons, assembler des conciles, bâtir des hôpitaux, racheter des esclaves, secourir les pauvres, les orphelins, les étrangers; envoyer des apôtres aux Barbares : tel était l'objet des puissants entretiens de ces pasteurs. Souvent, au milieu des ténèbres, Marcellin, veillant seul pour le salut de tous, descendait de sa cellule au tombeau des saints apôtres. Prosterné sur les reliques, il priait la nuit entière, et ne se relevait qu'aux premiers rayons du jour. Alors, découvrant sa tête chenue, posant à terre sa tiare de laine blanche, le pontife ignoré étendait ses mains pacifiques, et bénissait la ville et le monde.

« Lorsque je passais de la cour de Dioclétien à cette cour chrétienne, je ne pouvais m'empêcher d'être frappé d'une chose étonnante. Au milieu de cette pauvreté évangélique, je retrouvais les traditions du palais d'Auguste et de Mécènes, une politesse antique, un enjouement grave, une élocution simple et noble, une instruction variée, un goût sain, un jugement solide. On eût dit que cette obscure demeure était destinée par le ciel à devenir le berceau d'une autre Rome et l'unique asile des arts, des lettres et de la civilisation.

« Marcellin essayait tous les moyens de me ramener à Dieu. Quelquefois, au soleil couchant, il me conduisait sur les bords du Tibre ou dans les jardins de Salluste. Il m'entretenait de la religion, et cherchait à m'éclairer sur mes fautes avec une bonté paternelle. Mais les mensonges de la jeunesse m'ôtaient le goût de la vérité. Loin de profiter de ces promenades salutaires, je redemandais secrètement les platanes de Fronton, le portique de Pompée, ou celui de Livie rempli d'antiques tableaux; et, puisqu'il le faut avouer à ma confusion éternelle, je regrettais les temples d'Isis et de Cybèle, les fêtes d'Adonis, le cirque, les théâtres, lieux d'où la pudeur s'est depuis longtemps envolée aux accents de la muse d'Ovide. Après avoir inutilement tenté près de moi les admonitions charitables, Marcellin employa les mesures sévères :

« Je serai forcé, me disait-il souvent, de vous séparer de la communion des fidèles, si vous continuez à vivre éloigné des sacrements de Jésus-Christ. »

« Je n'écoutai point ses conseils, je ris de ses menaces; ma vie devint un objet de scandale public: le pontife fut enfin obligé de lancer ses foudres.

« J'étais allé chez Marcellin; je sonne à la grille du cimetière : les deux battants de la grille se séparent et s'écartent l'un de l'autre en gémissant sur leurs gonds. J'aperçois le pontife debout, à l'entrée de la chapelle ouverte. Il tenait à la main un livre redoutable, image du livre scellé des sept sceaux que l'Agneau seul peut briser. Des diacres, des prêtres, des évêques en silence, immobiles, étaient rangés sur les tombeaux environnants, comme des justes ressuscités pour assister au jugement de Dieu. Les yeux de Marcellin lançaient des flammes. Ce n'était plus le bon pasteur qui rapporte au bercail la brebis égarée, c'était Moïse dénonçant la sentence mortelle à l'infidèle adorateur du veau d'or; c'était Jésus-Christ chassant les profanateurs du temple. Je veux avancer; un exorcisme me barre le chemin. Au même moment, les évêques étendent les bras et élèvent la main contre moi en détournant la tête; alors le pontife, d'une voix terrible :

« Qu'il soit anathème, celui qui souille par ses mœurs la pureté du nom
« chrétien! Qu'il soit anathème, celui qui n'approche plus de l'autel du vrai
« Dieu! qu'il soit anathème, celui qui voit avec indifférence l'abomination de
« l'idolâtrie! »

« Tous les évêques s'écrient : « Anathème! »

« Aussitôt Marcellin entre dans l'église: la porte sainte est fermée devant moi. La foule des élus se disperse en évitant ma rencontre; je parle, on ne me répond pas : on me fuit comme un homme attaqué d'un mal contagieux. Ainsi qu'Adam banni du paradis terrestre, je me trouve seul dans un monde couvert de ronces et d'épines, et maudit à cause de ma chute.

« Saisi d'une espèce de vertige, je monte en désordre sur mon char; je pousse au hasard mes coursiers, je rentre dans Rome, je m'égare, et, après de longs détours, j'arrive à l'amphithéâtre de Vespasien. Là j'arrête mes chevaux écumants. Je descends du char; je m'approche de la fontaine où les gladiateurs qui survivent se désaltèrent après le combat: je voulais aussi rafraîchir ma bouche brûlante. Il y avait eu la veille des jeux donnés par Aglaé (1), riche et célèbre Romaine; mais dans ce moment ces abominables lieux étaient déserts. La victime innocente que mes crimes ont derechef immolée me poursuit du haut du ciel. Nouveau Caïn, agité et vagabond, j'entre dans l'amphithéâtre; je m'enfonce dans les galeries obscures et solitaires. Nul bruit ne s'y faisait entendre, hors celui de quelques oiseaux effrayés qui frappaient les voûtes de leurs ailes. Après avoir parcouru les divers étages, je me repose, un

(1) Sainte Aglaé.

peu calmé, sur un siége au premier rang. Je veux oublier, par la vue de cet édifice païen, et la proscription divine, et la religion de mes pères. Vains efforts! Là même un Dieu vengeur se présente à mon souvenir. Je songe tout à coup que cet édifice est l'ouvrage d'une nation dispersée, selon la parole de Jésus-Christ. Étonnante destinée des enfants de Jacob! Israël, captif de Pharaon, éleva les palais de l'Égypte; Israël, captif de Vespasien, bâtit ce monument de la puissance romaine! Il faut que ce peuple, même au milieu de toutes ses misères, ait la main dans toutes les grandeurs.

« Tandis que je m'abandonnais à ces réflexions, les bêtes féroces, enfermées dans les loges souterraines de l'amphithéâtre, se mirent à rugir : je tressaillis; et jetant les yeux sur l'arène, j'aperçus encore le sang des infortunés déchirés dans les derniers jeux. Un grand trouble me saisit: je me figure que je suis exposé au milieu de cette arène, réduit à la nécessité de périr sous la dent des lions, ou de renier le Dieu qui est mort pour moi; je me dis : « Tu n'es « plus chrétien, mais si tu le redevenais un jour, que ferais tu? »

« Je me lève, je me précipite hors de l'édifice; je remonte sur mon char; je regagne ma demeure. Toute la nuit la terrible question de ma conscience retentit au fond de mon sein. Aujourd'hui même, cette scène se retrace souvent à ma mémoire, comme si j'y trouvais quelque avertissement du ciel. »

Après avoir prononcé ces mots, Eudore cesse tout à coup de parler. Les yeux fixes, l'air ému, il paraît frappé d'une vision surnaturelle. L'assemblée surprise garde le silence, et l'on n'entend plus que le murmure du Ladon et de l'Alphée, qui baignent le double rivage de l'île. La mère d'Eudore, effrayée, se lève. Le jeune chrétien, revenu à lui-même, s'empresse de calmer les inquiétudes maternelles en reprenant ainsi son discours.

LIVRE CINQUIÈME.

SOMMAIRE. — Suite du récit. La cour va passer l'été à Baïes. Naples. Maison d'Aglaé. Promenades d'Eudore, d'Augustin et de Jérôme. Leur entretien au tombeau de Scipion. Thraséas, ermite du Vésuve. Son histoire. Séparation des trois amis. Eudore retourne à Rome avec la cour. Les catacombes. Aventure de l'impératrice Prisca et de la princesse Valérie sa fille. Eudore, banni de la cour, est envoyé en exil à l'armée de Constance. Il quitte Rome, il traverse l'Italie et les Gaules. Il arrive à Agrippina sur les bords du Rhin. Il trouve l'armée romaine prête à porter la guerre chez les Francs. Il sert comme simple soldat parmi les archers crétois, qui composent, avec les Gaulois, l'avant-garde de l'armée de Constance.

« L'impression que laissa dans mon esprit ce jour fatal, à présent si vive et si profonde, fut alors promptement effacée. Mes jeunes amis m'entourèrent; ils se moquèrent de mes terreurs et de mes remords; ils riaient des anathèmes d'un obscur pontife sans crédit et sans pouvoir.

« La cour, qui dans ce moment se transporta de Rome à Baïes, en m'arrachant du théâtre de mes erreurs, m'enleva au souvenir de leur châtiment; et me croyant perdu sans retour auprès des chrétiens, je ne songeai qu'à m'abandonner aux plaisirs.

« Je compterais, seigneurs, parmi les beaux jours de ma vie l'été que je passai près de Naples, avec Augustin et Jérôme, s'il pouvait y avoir de beaux jours dans l'oubli de Dieu et les mensonges des passions.

« La cour était pompeuse et brillante : tous les princes, amis ou enfants des Césars, s'y trouvaient rassemblés. On y voyait Licinius (1) et Sévère (2), compagnons d'armes de Galérius; Daïa (3), nouvellement sorti de ses bois, et neveu du même César; Maxence (4), fils de Maximien-Auguste. Mais Constantin préférait notre société à celle de ces princes jaloux de sa vertu, de sa valeur, de sa haute renommée, et publiquement ou secrètement ses ennemis.

« Nous fréquentions surtout à Naples le palais d'Aglaé, dame romaine dont je vous ai déjà prononcé le nom. Elle était de race de sénateurs, et fille du proconsul Arsace. Ses richesses étaient immenses. Soixante-treize intendants gouvernaient son bien, et elle avait donné trois fois les jeux publics à ses dépens. Sa beauté égalait ses talents et ses grâces; elle réunissait autour d'elle tout ce qui conservait encore l'élégance des manières et le goût des lettres et des arts. Heureuse si, dans la décadence de Rome, elle eût mieux aimé devenir une seconde Cornélie, que de rappeler le souvenir des femmes trop célèbres chantées par Ovide, Properce et Tibulle !

« Sébastien (5) et Pacôme (6), centurions dans les gardes de Constantin; Génès (7), acteur fameux, héritier des talents de Roscius; Boniface (8), premier intendant du palais d'Aglaé, et peut-être trop cher à sa maîtresse, embellissaient de leur esprit et de leur gaieté les fêtes de la voluptueuse Romaine. Mais Boniface, homme abandonné aux délices, avait trois qualités excellentes : l'hospitalité, la libéralité, la compassion. En sortant des orgies et des festins, il allait par les places secourir les voyageurs, les étrangers et les pauvres. Aglaé elle-même, au milieu de ses désordres, portait un grand respect aux fidèles, et une foi simple aux reliques des martyrs. Génès, ennemi déclaré des chrétiens, la raillait de sa faiblesse.

« — Eh bien ! disait-elle, j'ai aussi mes superstitions. Je crois à la vertu des cendres d'un chrétien mort pour son Dieu, et je veux que Boniface m'aille chercher des reliques. »

« — Illustre patronne, répondait en riant Boniface, je prendrai de l'or et des parfums. J'irai chercher des reliques de martyrs; je vous les apporterai : mais si mes propres reliques vous viennent sous le nom de martyr, recevez-les. »

« Nous passions une partie des nuits au milieu de cette compagnie séduisante et dangereuse; j'habitais avec Augustin et Jérôme la ville de Constantin, bâtie sur le penchant du mont Pausilippe. Chaque matin, aussitôt que l'aurore commençait à paraître, je me rendais sous un portique qui s'étendait le long de la mer. Le soleil se levait devant moi sur le Vésuve : il illuminait de ses feux

---

(1) Devenu Auguste à la mort de Sévère. — (2) César à l'abdication de Dioclétien, et Auguste à la mort de Constance. — (3) César à l'abdication de Dioclétien. — (4) Le tyran qui prit la pourpre, et que Constantin vainquit aux portes de Rome. — (5) Le martyr militaire, surnommé le Défenseur de l'Église romaine. — (6) Le solitaire de la Thébaïde, qui porta d'abord les armes sous Constantin. — (7) Le martyr. — (8) Idem.

les plus doux la chaîne des montagnes de Salerne, l'azur de la mer parsemée des voiles blanches des pêcheurs, les îles de Caprée, d'OEnaria et de Prochyta (1), la mer, le cap Misène, et Baïes avec tous ses enchantements.

« Des fleurs et des fruits humides de rosée sont moins suaves et moins frais que le paysage de Naples sortant des ombres de la nuit. J'étais toujours surpris en arrivant au portique de me trouver au bord de la mer; car les vagues dans cet endroit faisaient à peine entendre le léger murmure d'une fontaine. En extase devant ce tableau, je m'appuyais contre une colonne, et sans pensée, sans désir, sans projet, je restais des heures entières à respirer un air délicieux. Le charme était si profond, qu'il me semblait que cet air divin transformait ma propre substance, et qu'avec un plaisir indicible je m'élevais vers le firmament comme un pur esprit. Dieu tout-puissant! que j'étais loin d'être cette intelligence céleste dégagée des chaînes des passions! Combien ce corps grossier m'attachait à la poussière du monde, et que j'étais misérable d'être si sensible aux charmes de la création, et de penser si peu au Créateur! Ah! tandis que libre en apparence, je croyais nager dans la lumière, quelque chrétien chargé de fers et plongé pour la foi dans les cachots, était celui qui abandonnait véritablement la terre, et montait glorieux dans les rayons du soleil éternel!

« Hélas! nous poursuivions nos faux plaisirs. Attendre ou chercher une beauté coupable, la voir s'avancer dans une nacelle, et nous sourire du milieu des flots; voguer avec elle sur la mer dont nous semions la surface de fleurs; suivre l'enchanteresse au fond de ce bois de myrtes dans les champs heureux où Virgile plaça l'Élysée : telle était l'occupation de nos jours, source intarissable de larmes et de repentir. Peut-être est-il des climats dangereux à la vertu par leur extrême volupté. Et n'est-ce point ce que voulut enseigner une fable ingénieuse, en racontant que Parthénope fut bâtie sur le tombeau d'une sirène? L'éclat velouté de la campagne, la tiède température de l'air, les contours arrondis des montagnes, les molles inflexions des fleuves et des vallées, sont à Naples autant de séductions pour les sens que tout repose, et que rien ne blesse. Le Napolitain demi-nu, content de se sentir vivre sous les influences d'un ciel propice, refuse de travailler aussitôt qu'il a gagné l'obole qui suffit au pain du jour. Il passe la moitié de sa vie immobile aux rayons du soleil, et l'autre à se faire traîner dans un char, en poussant des cris de joie; la nuit il se jette sur les marches d'un temple, et dort sans souci de l'avenir aux pieds des statues de ses dieux.

« Pourriez-vous croire, seigneurs, que nous étions assez insensés pour envier le sort de ces hommes, et que cette vie sans prévoyance et sans lendemain nous semblait le comble du bonheur? C'était souvent l'objet de nos entretiens, lorsque, pour éviter les ardeurs du midi, nous nous retirions dans la partie du palais bâtie sous la mer. Couchés sur des lits d'ivoire, nous entendions murmurer les vagues au-dessus de nos têtes. Si quelque orage nous surprenait au fond de ces retraites, les esclaves allumaient des lampes pleines du nard le plus précieux d'Arabie. Alors entraient de jeunes Napolitaines qui portaient des roses

(1) Ischia et Procida.

de Pœstum dans des vases de Nola; tandis que les flots mugissaient au dehors, elles chantaient, en formant devant nous des danses tranquilles qui me rappelaient les mœurs de la Grèce : ainsi se réalisaient pour nous les fictions des poëtes; on eût cru voir les jeux des néréides dans la grotte de Neptune.

« Aussitôt que le soleil, se retirant vers le tombeau de la nourrice d'Énée, mettait une partie du golfe de Naples à l'ombre du mont Pausilippe, les trois amis se séparaient. Jérôme, qu'entraînait l'amour de l'étude, allait consulter le rivage où Pline fut la victime du même amour, interroger les cendres d'Herculanum, chercher la cause des bruits menaçants de la solfatare. Augustin, un *Virgile* à la main, parcourait les bords que chanta ce poëte immortel, le lac Averne, la grotte de la Sibylle, l'Achéron, le Styx, l'Élysée; il se plaisait surtout à relire les malheurs de Didon, au tombeau du tendre et beau génie qui raconta la touchante histoire de cette reine infortunée.

« Plein de la noble ardeur de s'instruire, le prince Constantin m'invitait à le suivre aux monuments consacrés par les souvenirs de l'histoire. Nous faisions dans un esquif le tour du golfe de Baïes : nous retrouvions les ruines de la maison de Cicéron, nous reconnaissions le lieu du naufrage d'Agrippine, la plage où elle se sauva, le palais où son fils attendait le succès du parricide, et plus loin la demeure où cette mère tendit aux meurtriers les flancs qui avaient porté Néron. Nous visitions à Caprée les souterrains témoins de la honte de Tibère.

« Ah! qu'on est malheureux, disait Constantin, d'être le maître de l'univers, et d'être forcé, par la conscience de ses crimes, à s'exiler soi-même sur ce rocher! »

« Des sentiments si généreux dans l'héritier de Constance, et peut-être de l'empire romain, me rendaient plus cher le prince protecteur et compagnon de ma jeunesse. Aussi ne laissais-je échapper aucune occasion de réveiller les idées ambitieuses au fond de son cœur; car l'ambition de Constantin me semble être l'espérance du monde.

« Un bain voluptueux nous attendait après ces courses. Aglaé nous offrait au milieu de ses jardins un repas long et délicat. Le banquet du soir était préparé sur une terrasse au bord de la mer, parmi des orangers en fleurs. La lune nous prêtait son flambeau; elle paraissait sans voile au milieu des astres comme une reine au milieu de sa cour; sa vive clarté faisait pâlir la flamme qui brille au sommet du Vésuve, et, peignant d'azur la fumée rougie du volcan, elle dessinait un arc-en-ciel dans la nuit. Le beau phénomène, la face du paisible luminaire, les côtes de Surrentum (1), de Pompéia et d'Héraclée (2), se réfléchissaient dans les vagues, et l'on entendait au loin, sur la mer, la chanson du pêcheur napolitain.

« Nous remplissions alors nos coupes d'un vin exquis trouvé dans les celliers d'Horace, et nous buvions aux trois sœurs de l'Amour, filles de la Puissance et de la Beauté. Le front couronné d'ache toujours verte, et de roses qui durent si peu, nous nous excitions à jouir de la vie par la considération de sa brièveté :

---

(1) Sorrente. — (2) Ou Herculanum.

« Il faudra quitter cette terre, cette maison chérie, cette maîtresse adorée.
« De tous les arbres plantés de nos mains, nul, hormis l'odieux cyprès, ne
« suivra dans la tombe son maître d'un jour. »

« Nous chantions ensuite sur la lyre nos passions criminelles :

« Loin d'ici, bandelettes sacrées, ornements de la pudeur, et vous, longues
« robes, qui cachez les pieds des vierges, je veux célébrer les larcins et les
« heureux dons de Vénus! Qu'un autre traverse les mers, qu'il amasse les
« trésors de l'Hermus et du Gange, ou qu'il cherche de vains honneurs dans
« les périls de la guerre; pour moi, je mets toute ma renommée à vivre es-
« clave de la beauté qui m'enchante. Que j'aime le séjour des champs, les prés
« émaillés, le bord des fleuves! Qui me laissera passer ma vie sans gloire au
« fond des forêts! Quel plaisir de suivre Délie dans nos campagnes, de lui
« porter dans mes bras l'agneau qui vient de naître! Si pendant la nuit les
« vents ébranlent ma chaumière, si la pluie tombe en torrent sur mon toit... »

« Mais pourquoi, seigneurs, continuerais-je à vous peindre le désordre de
trois insensés? Ah! parlons plutôt des dégoûts attachés à ces choses si vides de
bonheur! Ne croyez pas que nous fussions heureux au milieu de ces voluptés
trompeuses. Une inquiétude indéfinissable nous tourmentait. Notre bonheur
eût été d'être aimés aussi bien que d'aimer; car on veut trouver la vie dans ce
qu'on aime. Mais, au lieu de vérité et de paix dans nos tendresses, nous ne
rencontrions qu'imposture, larmes, jalousie, indifférence. Tour à tour infidèles
ou trahis, la femme que nous devions bientôt aimer devrait être celle que nous
aimerions toujours. Il manquait à l'autre certaine grâce du corps ou de l'âme,
qui avait empêché notre attachement d'être durable. Et quand nous avions
trouvé l'idéal objet de nos songes, notre cœur se lassait de nouveau, nos yeux
s'ouvraient sur des défauts inattendus, et bientôt nous étions réduits à regretter
notre première victime. Tant de sentiments incomplets ne nous laissaient que
des images confuses, qui troublaient nos plaisirs du moment, en ramenant au
milieu de nos jouissances une foule de souvenirs qui les combattaient. C'est
ainsi qu'au milieu de nos félicités nous n'étions que misère, parce que nous
avions abandonné ces pensées vertueuses qui sont la vraie nourriture de
l'homme, et cette beauté céleste qui peut seule combler l'immensité de nos
désirs.

« La bonté de la Providence fit tout à coup briller un éclair de la grâce au
milieu des ténèbres de nos âmes : le ciel permit que la première pensée de religion nous vînt de l'excès même de nos plaisirs, tant les voies de Dieu sont
inexplicables !

« Un jour, errant aux environs de Baïes, nous nous trouvâmes auprès de
Literne (1). Le tombeau de Scipion l'Africain frappa tout à coup nos regards :
nous approchâmes avec respect. Le monument s'élève au bord de la mer. Une

(1) Patria.

tempête a renversé la statue qui le couronnait. On lit encore cette inscription sur la table du sarcophage :

« INGRATE PATRIE, TU N'AURAS PAS MES OS. »

« Nos yeux s'humectèrent de larmes au souvenir de la vertu et de l'exil du vainqueur d'Annibal. La grossièreté même du sépulcre, si frappante auprès des superbes mausolées de tant d'hommes inconnus qui couvrent l'Italie, servait à redoubler notre attendrissement. Nous n'osâmes pas nous reposer sur le tombeau même, mais nous nous assîmes à sa base, gardant un religieux silence, comme si nous eussions été au pied de l'autel. Après quelques moments de méditation, Jérôme éleva la voix et nous dit :

« Amis, les cendres du plus grand des Romains me font vivement sentir notre petitesse et l'inutilité d'une vie dont je commence à être accablé. Je sens qu'il me manque quelque chose. Depuis longtemps je ne sais quel instinct voyageur me poursuit : vingt fois le jour, je suis prêt à vous dire adieu, à porter mes pas errants sur la terre. Le principe de cette inquiétude ne serait-il point dans le vide de nos désirs? La vie entière de Scipion nous accuse. Ne versez-vous pas des pleurs d'admiration, ne sentez-vous pas qu'il est un bonheur différent de celui que nous cherchons, quand vous voyez l'Africain rendre une épouse à son époux, quand Cicéron vous peint ce grand homme parmi les esprits célestes, montrant à l'Émilien, dans un songe, qu'il existe une autre vie où la vertu est couronnée? »

— « Jérôme, répondit Augustin, vous avez fait ma propre histoire : comme vous, je suis tourmenté d'un mal dont j'ignore la cause ; je n'ai pas toutefois, comme vous, le besoin de m'agiter : je ne soupire au contraire qu'après le repos, et je voudrais, à l'exemple de Scipion, placer mes jours dans la suprême région de la tranquillité. Une langueur secrète me consume ; je ne sais de quel côté chercher le bonheur ; plus je considère la vie, moins je m'y attache. Ah! s'il était quelque vérité cachée, s'il existait quelque part une fontaine d'amour inépuisable, intarissable, sans cesse renouvelée, où l'on pût se plonger tout entier; Scipion, si ton songe n'était pas une erreur divine... »

— « Avec quel transport, s'écria impétueusement Jérôme, je m'élancerais vers cette source! Rivage du Jourdain, grotte de Bethléem, vous me verriez bientôt au nombre de vos anachorètes ! O montagnes de la Judée, l'avenir ne pourrait plus séparer l'idée de vos déserts et de ma pénitence ! »

« Jérôme prononça ces mots avec une véhémence qui nous surprit. Sa poitrine se soulevait ; il était comme un cerf altéré qui désire l'eau des fontaines.

— « Votre confession, ô mes amis, dis-je alors, a cela d'étrange qu'elle est aussi la mienne. Mais je réunis en moi seul les deux plaies qui vous tourmentent, l'instinct voyageur, et la soif du repos. Quelquefois ce mal bizarre me fait tourner les yeux avec regret vers la religion de mon enfance. »

— « Ma mère, qui est chrétienne, reprit Augustin, m'a souvent entretenu de la beauté de son culte, où je trouverais, disait-elle, le bonheur de ma vie. Hélas! cette tendre mère habite de l'autre côté de ces flots ; peut-être qu'en ce moment elle les contemple du rivage opposé, en songeant à son fils ! »

« Augustin avait à peine achevé de prononcer ces mots, qu'un homme vêtu de la robe des philosophes d'Épictète sortit du tombeau de Scipion. Il paraissait être dans l'âge mûr, mais plus près de la jeunesse que de la vieillesse. Un air de gaieté angélique était répandu sur son visage ; on eût dit que ses lèvres ne pouvaient s'ouvrir que pour prononcer les choses les plus aimables.

— « Jeunes seigneurs, dit-il en se hâtant de nous tirer de notre surprise, me le pardonnerez-vous ? J'étais assis dans ce monument lorsque vous êtes arrivés, et j'ai entendu malgré moi vos discours. Puisque je sais maintenant votre histoire, je veux vous raconter la mienne ; elle pourra vous être utile ; peut-être y trouverez-vous un remède aux maux dont vous vous plaignez. »

« Sans attendre notre réponse, l'étranger, avec une noble familiarité, prit place au milieu de nous, et parla de la sorte :

— « Je suis le solitaire chrétien du Vésuve, dont vous pouvez avoir entendu
« parler, puisque je suis l'unique habitant du sommet de cette montagne. Je
« viens quelquefois visiter le tombeau de l'Africain ; en voici la raison : lorsque
« ce grand homme, retiré à Literne, se consolait par la vertu de l'injustice de
« sa patrie, des pirates descendirent sur ce rivage ; ils attaquèrent la maison
« de l'illustre exilé, sans savoir quel en était le possesseur. Déjà ils avaient
« escaladé les murs, quand des esclaves accourus au bruit se mirent en devoir
« de défendre leur maître. « Comment, s'écrient-ils, vous osez violer la
« maison de Scipion! » A ce nom, les pirates, saisis de respect, jetèrent leurs
« armes ; et, demandant pour toute grâce qu'il leur fût permis de contempler
« le vainqueur d'Annibal, ils se retirèrent pleins d'admiration après l'avoir vu.
« Thraséas, mon aïeul, d'une noble famille de Sicyone, se trouvait avec
« ces pirates. Enlevé par eux dans son enfance, il avait été contraint de servir
« sur leurs vaisseaux. Il se cacha dans la maison de Scipion ; et quand les pi-
« rates se furent éloignés, il se jeta aux pieds de son hôte, et lui conta son
« aventure. L'Africain, touché de son sort, le renvoya dans sa patrie ; mais
« les parents de Thraséas étaient morts pendant sa captivité, et leur fortune
« avait été dissipée. Mon aïeul revint trouver son libérateur, qui lui donna une
« petite terre auprès de sa maison de campagne, et le maria à la fille d'un
« pauvre chevalier romain. Je suis descendu de cette famille : vous voyez que
« j'ai une raison légitime d'honorer le tombeau de Scipion.

« Ma jeunesse fut orageuse. J'essayai de tout, et je me dégoûtai de tout.

« J'étais éloquent, je fus célèbre, et je me dis : Qu'est-ce que cette gloire des
« lettres, disputée pendant la vie, incertaine après la mort, et que l'on partage
« souvent avec la médiocrité et le vice ? Je fus ambitieux, j'occupai un poste
« éminent, et je me dis : Cela valait-il la peine de quitter une vie paisible, et
« ce que je trouve remplace-t-il ce que je perds ? Il en fut ainsi du reste. Ras-
« sasié des plaisirs de mon âge, je ne voyais rien de mieux dans l'avenir, et
« mon imagination ardente me privait encore du peu que je possédais. Jeunes
« seigneurs, c'est un grand mal pour l'homme d'arriver trop tôt au bout de
« ses désirs, et de parcourir dans quelques années les illusions d'une longue vie.

« Un jour, plein des plus sombres pensées, je traversais un quartier de Rome
« peu fréquenté des grands, mais habité par un peuple pauvre et nombreux.
« Un édifice d'un caractère grave et d'une construction singulière frappa mes
« regards. Sous le portique, plusieurs hommes debout et immobiles parais-
« saient plongés dans la méditation.

« Tandis que je cherchais à deviner quel pouvait être ce monument, je vis
« passer à mes côtés un homme originaire de la Grèce, comme moi naturalisé
« Romain. C'était un descendant de Persée, dernier roi de Macédoine. Ses
« aïeux, après avoir été traînés au char de Paul-Émile, devinrent simples
« greffiers à Rome. On m'avait jadis fait remarquer au coin de la rue Sacrée,
« sous un chétif abri, cette grande dérision de la fortune : j'avais causé quel-
« quefois avec Perséus. Je l'arrêtai donc pour lui demander à quel usage
« était destiné le monument que je considérais. — C'est, me répondit-il, le
« lieu où je viens oublier le trône d'Alexandre : je suis chrétien. Perséus fran-
« chit les marches du portique, passa au milieu des catéchumènes, et pénétra
« dans l'enceinte du temple. Je l'y suivis plein d'émotion.

« Les mêmes disproportions qui régnaient au dehors de l'édifice se faisaient
« remarquer au dedans ; mais ces défauts étaient rachetés par le style hardi
« des voûtes et l'effet religieux de leurs ombres. Au lieu du sang des victimes
« et des orgies qui souillent l'autel des faux dieux, la pureté et le recueille-
« ment semblaient veiller au tabernacle des chrétiens. A peine le silence de
« l'assemblée était-il interrompu par la voix innocente de quelques enfants
« que des mères portaient dans leurs bras.

« La nuit approchait ; la lumière des lampes luttait avec celle du crépus-
« cule, répandue dans la nef et le sanctuaire. Des chrétiens priaient de toutes
« parts à des autels retirés : on respirait encore l'encens des cérémonies qui
« venaient de finir, et l'odeur de la cire parfumée des flambeaux que l'on ve-
« nait d'éteindre.

« Un prêtre, portant un livre et une lampe, sortit d'un lieu secret, et
« monta dans une chaire élevée. On entendit le bruit de l'assemblée qui se
« mettait à genoux. Le prêtre lut d'abord quelques oraisons sacrées ; puis il
« récita une prière à laquelle les chrétiens répondaient à demi-voix de toutes
« les parties de l'édifice. Ces réponses uniformes, revenant à des intervalles
« égaux, avaient quelque chose de touchant, surtout lorsqu'on faisait atten-
« tion aux paroles du pasteur et à la condition du troupeau.

« Consolation des affligés, disait le prêtre, ressource des infirmes... »

« Et tous les chrétiens persécutés, achevant le sens suspendu, ajoutaient :

« Priez pour nous ! Priez pour nous ! »

« Dans cette longue énumération des infirmités humaines, chacun, recon-
« naissant sa tribulation particulière, appliquait à ses propres besoins quel-
« ques-uns de ces cris vers le ciel. Mon tour ne tarda pas à venir. J'entendis
« le lévite prononcer distinctement ces paroles :

« Providence de Dieu, repos du cœur, calme dans la tempête... »

« Il s'arrêta : mes yeux se remplirent de larmes ; il me sembla que les regards
« se fixaient sur moi, et que la foule charitable s'écriait :

« Priez pour lui ! Priez pour lui ! »

« Le prêtre descendit de la chaire, et l'assemblée se retira. Touché jusques
« au fond du cœur, j'allai trouver Marcellin, pontife suprême de cette religion
« qui console de tout : je lui racontai les peines de ma vie : il m'instruisit des
« vérités de son culte : je me suis fait chrétien, et depuis ce moment mes cha-
« grins se sont évanouis. »

« L'histoire de l'anachorète, et l'aimable ingénuité de ce philosophe chrétien
nous charmèrent. Nous lui fîmes plusieurs questions auxquelles il répondit avec
une parfaite sincérité. Nous ne nous lassions point de l'entendre. Sa voix avait
une harmonie qui remuait doucement les entrailles. Une éloquence fleurie, et
pourtant d'un goût simple, découlait naturellement de ses lèvres ; il donnait
aux moindres choses un tour antique qui nous ravissait : il se répétait comme
les anciens ; mais cette répétition, qui eût été un défaut chez un autre, devenait, je ne sais comment, la grâce même de ses discours. Vous l'eussiez pris
pour un de ces législateurs de la Grèce qui donnaient jadis des lois aux hommes
en chantant sur une lyre d'or la beauté de la vertu et la toute-puissance des
dieux.

« Son départ mit un terme à cet entretien dans lequel trois jeunes hommes
sans religion avaient conclu que la religion était le seul remède à leurs maux.
Ce fut, sans doute, la tombe de l'Africain qui nous inspira cette pensée : les
cendres d'un grand homme persécuté élèvent les sentiments vers le ciel. Nous
quittâmes à regret le village de Literne ; nous nous embrassâmes : un secret
pressentiment attristait nos cœurs ; nous avions l'air de nous dire un dernier
adieu. De retour à Naples, nos plaisirs ne nous offrirent plus le même attrait.
Sébastien et Pacôme allaient partir pour l'armée ; Génès et Boniface semblaient
avoir perdu leur gaieté ; Aglaé paraissait mélancolique et comme troublée de
remords. La cour quitta Baïes : Jérôme et Augustin retournèrent à Rome, et
je suivis Constantin à son palais de Tibur. Ce fut là que je reçus une lettre
d'Augustin. Il me marquait que, vaincu par les larmes de sa mère, il l'allait

rejoindre à Carthage; que Jérôme se préparait à visiter les Gaules, la Pannonie et les déserts habités par les solitaires chrétiens.

« Je ne sais, ajoutait Augustin en finissant sa lettre, si nous nous reverrons
« jamais. Hélas! mon ami, telle est la vie : elle est pleine de courtes joies et
« de longues douleurs, de liaisons commencées et rompues. Par une étrange
« fatalité, ces liaisons ne sont jamais faites à l'heure où elles pourraient devenir
« durables : on rencontre l'ami avec qui l'on voudrait passer ses jours au mo-
« ment où le sort va le fixer loin de nous; on découvre le cœur que l'on cher-
« chait, la veille du jour où ce cœur va cesser de battre. Mille choses, mille
« accidents séparent les hommes qui s'aiment pendant la vie! puis vient cette
« séparation de la mort, qui renverse tous nos projets. Vous souvenez-vous de
« ce que nous disions un jour, en regardant le golfe de Naples? Nous compa-
« rions la vie à un port de mer, où l'on voit aborder et d'où l'on voit sortir des
« hommes de tous les langages et de tous les pays. Le rivage retentit des cris
« de ceux qui arrivent et de ceux qui partent : les uns versent des larmes de
« joie en recevant des amis; les autres, en se quittant, se disent un éternel
« adieu; car une fois sorti du port de la vie, on n'y rentre plus. Supportons
« donc, sans trop nous plaindre, mon cher Eudore, une séparation que les
« années auraient nécessairement produite, et à laquelle l'absence ne nous
« eût pas préparés. »

Comme Eudore allait continuer son récit, les serviteurs de Lasthénès revinrent avec le repas du matin : ils déposèrent sur le gazon du blé nouveau, légèrement grillé dans l'épi, des glands de phagus, et des laitages qui portaient encore l'empreinte des corbeilles. Les cœurs étaient diversement agités : Cyrille admirait, mais sans en rien montrer au dehors, le jeune homme qui, comme le roi-prophète, criait du fond de l'abîme :

« Seigneur, ayez pitié de moi, selon les grandeurs de votre miséricorde. »

Démodocus n'avait presque rien compris au récit d'Eudore : il ne trouvait là ni Polyphème, ni Circé, ni enchantements, ni naufrages; et, dans cette harmonie nouvelle, il avait à peine reconnu quelques sons de la lyre d'Homère. Cymodocée, au contraire, avait merveilleusement entendu le fils de Lasthénès; mais elle ne savait pourquoi elle se sentait si triste en pensant qu'Eudore avait beaucoup aimé, et qu'il se repentait d'avoir aimé. Penchée sur le sein de son père, elle lui disait tout bas :

« Mon père, je pleure comme si j'étais chrétienne! »

Le repas fini, Démodocus prit la parole :

« Fils de Lasthénès, ton récit m'enchante, bien que je n'en comprenne pas toute la sagesse. Il me semble que le langage des chrétiens est une espèce de poésie de la raison, dont Minerve ne m'a donné aucune intelligence. Achève de raconter ton histoire : si quelqu'un verse ici des larmes en l'écoutant, cela ne doit pas t'arrêter, car on a déjà vu de pareils exemples. Lorsqu'un fils d'Apollon chantait les malheurs de Troie à la table d'Alcinoüs, il y avait un étranger qui enveloppait sa tête dans son manteau, et qui pleurait. Laissons donc s'attendrir ma Cymodocée : Jupiter a confié à la pitié le cœur de la jeunesse. Nous autres vieillards, accablés du fardeau de Saturne, si nous avons pour nous la paix et la justice, nous sommes privés de cette compassion et de ces sentiments délicats, ornement des beaux jours de la vie. Les dieux ont fait la vieillesse semblable à ces sceptres héréditaires qui, passant du père au fils chez une antique race, paraissent tout chargés de la majesté des siècles, mais qui ne se couvrent plus de fleurs depuis qu'ils se sont desséchés loin du tronc maternel. »

Eudore reprit ainsi son discours :

« Privé de mes amis, Rome ne m'offrit plus qu'une vaste solitude. L'inquiétude régnait à la cour : Maximien avait été obligé de se transporter de Milan en Pannonie, menacée d'une invasion des Carpiens et des Goths; les Francs s'étaient emparés de la Batavie, défendue par Constance; en Afrique, les Quinquegentiens, peuple nouveau, venaient tout à coup de paraître en armes; on disait que Dioclétien lui-même passerait en Égypte, où la révolte du tyran Achillée demandait sa présence; enfin, Galérius se disposait à partir pour aller combattre Narsès. Cette guerre des Parthes effrayait surtout le vieil empereur, qui se souvenait du sort de Valérien. Galérius, se prévalant du besoin que l'empire avait de son bras, et toujours livré aux inspirations d'Hiéroclès, cherchait à s'emparer entièrement de l'esprit de Dioclétien; il ne craignait plus de laisser éclater sa jalousie contre Constance, dont le mérite et la belle naissance l'importunaient. Constantin se trouvait naturellement enveloppé dans cette jalousie; et moi, comme l'ami de ce jeune prince, comme le plus faible, et comme l'objet particulier de l'inimitié d'Hiéroclès, je portais tout le poids de la haine de Galérius.

« Un jour, tandis que Constantin assistait aux délibérations du sénat, j'étais allé visiter la fontaine Égérie. La nuit me surprit : pour regagner la voie Appienne, je me dirigeai sur le tombeau de Cécilia Métella, chef-d'œuvre de grandeur et d'élégance. En traversant des champs abandonnés, j'aperçus plusieurs personnes qui se glissaient dans l'ombre, et qui toutes, s'arrêtant au même endroit, disparaissaient subitement. Poussé par la curiosité, je m'avance, et j'entre hardiment dans la caverne où s'étaient plongés les mystérieux fantômes : je vis s'allonger devant moi des galeries souterraines, qu'à peine éclairaient, de loin à loin, quelques lampes suspendues. Les murs des corridors funèbres étaient bordés d'un triple rang de cercueils placés les uns au-dessus des autres. La lumière lugubre des lampes, rampant sur les parois des voûtes, et se mouvant avec lenteur le long des sépulcres, répandait une mobilité effrayante sur ces objets éternellement immobiles. En vain, prêtant une oreille attentive, je cherche à saisir quelques sons pour me diriger à travers un abîme de silence, je n'entends que le battement de mon cœur dans le repos absolu de ces lieux. Je voulus retourner en arrière, mais il n'était plus temps : je pris une fausse route, et au lieu de sortir du dédale, je m'y enfonçai. De nouvelles avenues, qui s'ouvrent et se croisent de toutes parts, augmentent à chaque instant mes perplexités. Plus je m'efforce de trouver un chemin, plus je m'égare; tantôt je m'avance avec lenteur, tantôt je passe avec vitesse : alors, par un effet des échos, qui répétaient le bruit de mes pas, je crois entendre marcher précipitamment derrière moi.

« Il y avait déjà longtemps que j'errais ainsi; mes forces commençaient à s'épuiser : je m'assis à un carrefour solitaire de la cité des morts. Je regardais avec inquiétude la lumière des lampes presque consumées qui menaçaient de s'éteindre. Tout à coup une harmonie semblable au chœur lointain des esprits célestes sort du fond de ces demeures sépulcrales : ces divins accents expiraient et renaissaient tour à tour; ils semblaient s'adoucir encore en s'égarant dans les routes tortueuses du souterrain. Je me lève, et je m'avance vers les lieux d'où s'échappent ces magiques concerts : je découvre une salle illuminée. Sur un tombeau paré de fleurs, Marcellin célébrait le mystère des chrétiens : des jeunes filles, couvertes de voiles blancs, chantaient au pied de l'autel; une nombreuse assemblée assistait au sacrifice. Je reconnais les catacombes (1)! Un mélange de honte, de repentir, de ravissement, s'empare de mon âme. Nouvelle surprise! Je crois voir l'impératrice et sa fille, entre Dorothée et Sébastien, à genoux au milieu de la foule. Jamais spectacle plus miraculeux n'a frappé l'œil d'un mortel; jamais Dieu ne fut plus dignement adoré, et ne manifesta plus ouvertement sa grandeur. O puissance d'une religion qui contraint l'épouse d'un empereur romain de quitter furtivement la couche impériale comme une femme adultère, pour courir au rendez-vous des infortunés, pour venir chercher Jésus-Christ à l'autel d'un obscur martyr, parmi des tombeaux et des hommes proscrits ou méprisés! Tandis que je m'abandonne à ces réflexions, un diacre se penche à l'oreille du pontife, dit quelques mots, fait un signe : soudain les chants cessent, les lampes s'éteignent, la brillante vision disparaît. Emporté par les flots du peuple saint, je me trouve à l'entrée des catacombes.

« Cette aventure fit prendre un cours nouveau à ma destinée. Sans avoir rien à me reprocher, je fus accusé de toutes parts : ainsi nos fautes ne sont pas toujours immédiatement punies; mais, afin de nous rendre le châtiment plus sensible, Dieu nous fait échouer dans quelque entreprise raisonnable, ou nous livre à l'injustice des hommes.

« J'ignorais que l'impératrice Prisca et sa fille Valérie étaient chrétiennes : les fidèles m'avaient caché cette importante victoire, à cause de mon impiété. Les deux princesses, craignant la fureur de Galérius, n'osaient paraître à l'église : elles venaient prier la nuit aux catacombes, accompagnées du vertueux Dorothée. Le hasard me conduisit au sanctuaire des morts : les prê-

---

(1) Les catacombes de Saint-Sébastien.

très qui m'y découvrirent crurent qu'un sacrilége exclu des lieux saints n'y pouvait être descendu que dans la vue de pénétrer un secret qu'il importait à l'Église de cacher. Ils éteignirent les lampes, afin de me dérober la vue de l'impératrice, que j'avais eu toutefois le temps de reconnaître.

« Galérius faisait surveiller l'impératrice, dont on soupçonnait le penchant à la nouvelle religion. Des émissaires, envoyés par Hiéroclès, avaient suivi les princesses jusqu'aux catacombes, d'où ils me virent sortir avec elles. Le sophiste n'eut pas plutôt entendu le rapport des espions, qu'il courut en instruire Galérius : Galérius vole chez Dioclétien.

« Eh bien ! s'écria-t-il, vous n'avez jamais voulu croire ce qui se passe sous vos yeux : l'impératrice et votre fille Valérie sont chrétiennes ! Cette nuit même elles se sont rendues à la caverne que la secte impie souille de ses exécrables mystères. Et savez-vous quel est le guide de ces princesses ? C'est ce Grec sorti d'une race rebelle au peuple romain ; ce traître qui, pour mieux masquer ses projets, feint d'avoir abandonné la religion des séditieux, qu'il sert en secret ; ce perfide qui ne cesse d'empoisonner l'esprit du prince Constantin. Reconnaissez un vaste complot dirigé contre vous par les chrétiens, et dans lequel on cherche à faire entrer votre famille même. Ordonnez que l'on saisisse Eudore, et que la force des tourments lui arrache l'aveu de ses crimes, et le nom de ses complices.

« Il le faut avouer, les apparences me condamnaient. En horreur à tous les partis, je passais parmi les chrétiens pour un apostat et pour un traître. Hiéroclès, qui les voyait dans cette erreur, disait hautement que j'avais dénoncé l'impératrice. Les païens, de l'autre côté, me regardaient comme l'apôtre de ma religion, et le corrupteur de la famille impériale. Quand je passais dans les salles du palais, je voyais les courtisans sourire d'un air de mépris ; les plus vils étaient les plus sévères : le peuple même me poursuivait dans les rues avec des insultes ou des menaces. Enfin, ma position devint si pénible, que, sans l'amitié de Constantin, je crois que j'aurais attenté à ma vie. Mais ce généreux prince ne m'abandonna point dans mon malheur ; il se déclara hautement mon ami ; il affecta de se montrer avec moi en public ; il me défendit courageusement contre César devant Auguste, et publia partout que j'étais victime de la jalousie d'un sophiste attaché à Galérius.

« Rome et la cour n'étaient occupées que de cette affaire, qui, compromettant les chrétiens et le nom de l'impératrice, semblait de la plus haute importance. On attendait avec anxiété la décision de l'empereur ; mais il n'était pas dans le caractère de Dioclétien de prendre une résolution violente. Le vieil empereur eut recours à un moyen qui peint admirablement son génie politique. Il déclara tout à coup que les bruits répandus dans Rome n'étaient qu'un mensonge ; que les princesses n'étaient pas sorties du palais la nuit même où on prétendait les avoir vues aux catacombes ; que Prisca et Valérie, loin d'être chrétiennes, venaient de sacrifier aux dieux de l'empire ; qu'enfin il punirait sévèrement les auteurs de ces faux rapports, et qu'il défendait de parler plus longtemps d'une histoire aussi ridicule que scandaleuse.

« Mais, comme il fallait bien qu'un seul fût sacrifié pour tous, selon l'usage des cours, je reçus ordre de quitter Rome, et de me rendre à l'armée de Constance, campée sur les bords du Rhin.

« Je me préparai à passer dans les Gaules, content d'embrasser le parti des armes et d'abandonner une vie incompatible avec mon caractère. Cependant, telle est la force de l'habitude, et peut-être le charme attaché à des lieux célèbres, que je ne pus quitter Rome sans quelques regrets. Je partis au milieu de la nuit, après avoir reçu les derniers embrassements de Constantin. Je traversai des rues désertes, je passai au pied de la maison abandonnée que j'avais naguère habitée avec Augustin et Jérôme. Sur le Forum tout était silencieux et solitaire : les nombreux monuments qui le couvrent, les Rostres, le temple de la Paix, ceux de Jupiter Stator et de la Fortune, les arcs de Titus et de Sévère se dessinaient à demi dans les ombres, comme les ruines d'une ville puissante dont le peuple aurait depuis longtemps disparu. Quand je fus à quelque distance de Rome, je tournai la tête : j'aperçus, à la clarté des étoiles, le Tibre qui s'enfonçait parmi les monuments confus de la cité, et j'entrevis le faîte du Capitole qui semblait s'incliner sous le poids des dépouilles du monde.

La voie Cassia, qui me conduisait vers l'Étrurie, perd bientôt le peu de monuments dont elle est ornée, et, passant entre une antique forêt et le lac de Volsinium, elle pénètre dans des montagnes noires, couvertes de nuages et toujours infestées de brigands. Un mont de qui le sommet est planté de roches aiguës, un torrent qui se replie vingt-deux fois sur lui-même, et déchire son lit en s'écoulant, forment de ce côté la barrière de l'Étrurie. A la grandeur de la campagne romaine succèdent ensuite des vallons étroits et des monticules tapissés de bruyères, dont la pâle verdure se confond avec celle des oliviers. J'abandonnai les Apennins pour descendre dans la Gaule Cisalpine. Le ciel devint d'un bleu plus pur, et je cherchai vainement sur les montagnes cette espèce de pluie de lumière qui enveloppe les monts de la Grèce et de la haute Italie. J'aperçus de loin la cime blanchie des Alpes ; je gravis bientôt leurs vastes flancs. Tout ce qui vient de la nature dans ces montagnes me parut grand et indestructible ; tout ce qui appartient à l'homme me sembla fragile et misérable : d'une part, des arbres centenaires, des cascades qui tombent depuis des siècles, des rochers vainqueurs du temps et d'Annibal ; de l'autre, des ponts de bois, des parcs de brebis, des huttes de terre. Serait-ce qu'à la vue des masses éternelles qui l'environnent, le chevrier des Alpes, vivement frappé de la brièveté de sa vie, ne s'est pas donné la peine d'élever des monuments plus durables que lui ?

« Je sortis des Alpes à travers une espèce de portique creusé sous un énorme rocher. Je franchis cette partie de la Viennoise habitée par les Voconces (1) ; et je descendis à la colonie de Lucius (2). Avec quel respect ne verrais-je point aujourd'hui le siége de Pothin et d'Irénée, et les eaux du Rhône teintes du sang des martyrs ! Je remontai l'Arar (3), rivière bordée de coteaux charmants ; sa fuite est si lente, que l'on ne saurait dire de quel côté coulent ses flots.

---

(1) Le Dauphiné. — (2) Lyon. — (3) La Saône.

Elle tient son nom d'un jeune Gaulois qui s'y précipita de désespoir après avoir perdu son frère. De là je passai chez les Treveri (1), dont la cité est la plus belle et la plus grande des trois Gaules; et, m'abandonnant au cours de la Moselle et du Rhin, j'arrivai bientôt à Agrippina (2).

« Constance me reçut avec bonté :

« Eudore, me dit-il, dès demain les légions se mettent en marche; nous
« allons chercher les Francs. Vous servirez d'abord comme simple archer
« parmi les Crétois; ils campent à l'avant-garde de l'autre côté du Rhin. Allez
« les rejoindre; distinguez-vous par votre conduite et par votre courage ; si
« vous vous montrez digne de l'amitié de mon fils, je ne tarderai pas à vous
« élever aux premières charges de l'armée. »

« C'est ici, seigneurs, qu'il faut remarquer la seconde de ces révolutions soudaines qui ont continuellement changé la face de mes jours. Des paisibles vallons de l'Arcadie j'avais été transporté à la cour orageuse d'un empereur romain ; et maintenant, du sein de la mollesse et de la société civilisée, je passais à une vie dure et périlleuse, au milieu d'un peuple barbare. »

LIVRE SIXIÈME.

SOMMAIRE. — Suite du récit. Marche de l'armée romaine en Batavie. Elle rencontre l'armée des Francs. Champ de bataille. Ordre et dénombrement de l'armée romaine. Ordre et dénombrement de l'armée des Francs. Pharamond, Clodion, Mérovée. Chants guerriers. Bardits des Francs. L'action s'engage. Attaque des Gaulois contre les Francs. Combat de cavalerie. Combat singulier de Vercingétorix, chef des Gaulois, et de Mérovée, fils du roi des Francs. Vercingétorix est vaincu. Les Romains plient. La légion chrétienne descend d'une colline et rétablit le combat. Mêlée. Les Francs se retirent dans leur camp. Eudore obtient la couronne civique, et est nommé chef des Grecs par Constance. Le combat recommence au lever du jour. Attaque du camp des Francs par les Romains. Soulèvement des flots. Les Romains fuient devant la mer. Eudore, après avoir combattu longtemps, tombe percé de plusieurs coups. Il est secouru par un esclave des Francs, qui le porte dans une caverne.

« La France est une contrée sauvage et couverte de forêts, qui commence au delà du Rhin, et occupe l'espace compris entre la Batavie à l'occident, le pays des Scandinaves au nord, la Germanie à l'orient, et les Gaules au midi. Les peuples qui habitent ce désert sont les plus féroces des Barbares; ils ne se nourrissent que de la chair des bêtes sauvages; ils ont toujours le fer à la main; ils regardent la paix comme la servitude la plus dure dont on puisse leur imposer le joug. Les vents, la neige, les frimas, font leurs délices; ils bravent la mer, ils se rient des tempêtes, et l'on dirait qu'ils ont vu le fond de l'Océan à découvert, tant ils connaissent et méprisent ses écueils. Cette nation inquiète ne cesse de désoler les frontières de l'empire. Ce fut sous le règne de Gordien le Pieux qu'elle se montra pour la première fois aux Gaules épouvantées. Les deux Décius périrent dans une expédition contre elle; Probus, qui ne fit que la repousser, en prit le titre glorieux de Francique. Elle a paru à la fois si noble et

---

(1) Le pays de Trèves. — (2) Cologne.

si redoutable, qu'on a fait en sa faveur une exception à la loi qui défend à la famille impériale de s'allier au sang des Barbares ; enfin, ces terribles Francs venaient de s'emparer de l'île de Batavie, et Constance avait rassemblé son armée, afin de les chasser de leur conquête.

« Après quelques jours de marche, nous entrâmes sur le sol marécageux des Bataves, qui n'est qu'une mince écorce de terre flottant sur un amas d'eau. Le pays, coupé par les bras du Rhin, baigné et souvent inondé par l'Océan, embarrassé par des forêts de pins et de bouleaux, nous présentait à chaque pas des difficultés insurmontables.

« Épuisé par les travaux de la journée, je n'avais durant la nuit que quelques heures pour délasser mes membres fatigués. Souvent il m'arrivait, pendant ce court repos, d'oublier ma nouvelle fortune ; et lorsqu'aux premières blancheurs de l'aube les trompettes du camp venaient à sonner l'air de Diane, j'étais étonné d'ouvrir les yeux au milieu des bois. Il y avait pourtant un charme à ce réveil du guerrier échappé aux périls de la nuit. Je n'ai jamais entendu sans une certaine joie belliqueuse la fanfare du clairon, répétée par l'écho des rochers, et les premiers hennissements des chevaux qui saluaient l'aurore. J'aimais à voir le camp plongé dans le sommeil, les tentes encore fermées d'où sortaient quelques soldats à moitié vêtus, le centurion qui se promenait devant les faisceaux d'armes en balançant son cep de vigne, la sentinelle immobile qui, pour résister au sommeil, tenait un doigt levé dans l'attitude du silence ; le cavalier qui traversait le fleuve coloré des feux du matin, le victimaire qui puisait l'eau du sacrifice, et souvent un berger appuyé sur sa houlette, qui regardait boire son troupeau.

« Cette vie des camps ne me fit point tourner les yeux avec regret vers les délices de Naples et de Rome, mais elle réveilla en moi une autre espèce de souvenirs. Plusieurs fois, pendant les longues nuits de l'automne, je me suis trouvé seul, placé en sentinelle, comme un simple soldat, aux avant-postes de l'armée. Tandis que je contemplais les feux réguliers des lignes romaines, et les feux épars des hordes des Francs ; tandis que, l'arc à demi tendu, je prêtais l'oreille au murmure de l'armée ennemie, au bruit de la mer et aux cris des oiseaux sauvages qui volaient dans l'obscurité, je réfléchissais sur ma bizarre destinée. Je songeais que j'étais là, combattant pour des Barbares, tyrans de la Grèce, contre d'autres Barbares dont je n'avais reçu aucune injure. L'amour de la patrie se ranimait au fond de mon cœur ; l'Arcadie se montrait à moi dans tous ses charmes. Que de fois durant les marches pénibles, sous les pluies et dans les fanges de la Batavie ; que de fois à l'abri des huttes des bergers où nous passions la nuit ; que de fois autour du feu que nous allumions pour nos veilles à la tête du camp ; que de fois, dis-je, avec de jeunes Grecs exilés comme moi, je me suis entretenu de notre cher pays ! Nous racontions les jeux de notre enfance, les aventures de notre jeunesse, les histoires de nos familles. Un Athénien vantait les arts et la politesse d'Athènes, un Spartiate demandait la préférence pour Lacédémone, un Macédonien mettait la phalange bien au-dessus de la légion, et ne pouvait souffrir que l'on comparât César à Alexandre.

« C'est à ma patrie que vous devez Homère, » s'écriait un soldat de Smyrne, et à l'instant même il chantait ou le dénombrement des vaisseaux, ou le combat d'Ajax et d'Hector: ainsi les Athéniens, prisonniers à Syracuse, redisaient autrefois les vers d'Euripide, pour se consoler de leur captivité.

« Mais lorsque, jetant les yeux autour de nous, nous apercevions les horizons noirs et plats de la Germanie, ce ciel sans lumières qui semble vous écraser sous sa voûte abaissée, ce soleil impuissant qui ne peint les objets d'aucune couleur; quand nous venions à nous rappeler les paysages éclatants de la Grèce, la haute et riche bordure de leurs horizons, le parfum de nos orangers, la beauté de nos fleurs, l'azur velouté d'un ciel où se joue une lumière dorée, alors il nous prenait un désir si violent de revoir notre terre natale, que nous étions près d'abandonner les aigles. Il n'y avait qu'un Grec parmi nous qui blâmât ces sentiments, qui nous exhortât à remplir nos devoirs, et à nous soumettre à notre destinée. Nous le prenions pour un lâche : quelque temps après il combattit et mourut en héros, et nous apprîmes qu'il était chrétien.

« Les Francs avaient été surpris par Constance : ils évitèrent d'abord le combat; mais aussitôt qu'ils eurent rassemblé leurs guerriers, ils vinrent audacieusement au-devant de nous, et nous offrirent la bataille sur le rivage de la mer. On passa la nuit à se préparer de part et d'autre, et le lendemain, au lever du jour, les armées se trouvèrent en présence.

« La légion de Fer et la Foudroyante occupaient le centre de l'armée de Constance.

« En avant de la première ligne paraissaient les vexillaires, distingués par une peau de lion qui leur couvrait la tête et les épaules. Ils tenaient levés les signes militaires des cohortes, l'aigle, le dragon, le loup, le minotaure. Ces signes étaient parfumés et ornés de branches de pin, au défaut de fleurs.

« Les hastati, chargés de lances et de boucliers, formaient la première ligne après les vexillaires.

« Les princes, armés de l'épée, occupaient le second rang, et les triarii venaient au troisième. Ceux-ci balançaient le pilum de la main gauche; leurs boucliers étaient suspendus à leurs piques plantées devant eux, et ils tenaient le genou droit en terre, en attendant le signal du combat.

« Des intervalles ménagés dans la ligne des légions étaient remplis par des machines de guerre.

« A l'aile gauche de ces légions, la cavalerie des alliés déployait son rideau mobile. Sur des coursiers tachetés comme des tigres, et prompts comme des aigles, se balançaient avec grâce les cavaliers de Numance, de Sagonte et des bords enchantés du Bétis. Un léger chapeau de plume ombrageait leur front, un petit manteau de laine noire flottait sur leurs épaules, une épée recourbée retentissait à leur côté. La tête penchée sur le cou de leurs chevaux, les rênes entre les dents, deux courts javelots à la main, ils volaient à l'ennemi. Le jeune Viriate entraînait après lui la fureur de ces cavaliers rapides. Des Germains d'une taille gigantesque étaient entremêlés çà et là, comme des tours, dans le brillant escadron. Ces Barbares avaient la tête enveloppée d'un bonnet; ils maniaient d'une main une massue de chêne, et montaient à cru des étalons sauvages. Auprès d'eux, quelques cavaliers numides, n'ayant pour toute arme qu'un arc, pour tout vêtement qu'une chlamyde, frissonnaient sous un ciel rigoureux.

« A l'aile opposée de l'armée se tenait immobile la troupe superbe des chevaliers romains : leur casque était d'argent, surmonté d'une louve de vermeil; leur cuirasse étincelait d'or, et un large baudrier d'azur suspendait à leur flanc une lourde épée ibérienne. Sous leurs selles ornées d'ivoire s'étendait une housse de pourpre, et leurs mains, couvertes de gantelets, tenaient les rênes de soie qui leur servaient à guider de hautes cavales plus noires que la nuit.

« Les archers crétois, les vélites romains et les différents corps des Gaulois étaient répandus sur le front de l'armée. L'instinct de la guerre est si naturel chez ces derniers, que souvent, dans la mêlée, les soldats deviennent des généraux, rallient leurs compagnons dispersés, ouvrent un avis salutaire, indiquent le poste qu'il faut prendre. Rien n'égale l'impétuosité de leurs attaques : tandis que le Germain délibère, ils ont franchi les torrents et les monts: vous les croyez au pied de la citadelle, et ils sont au haut du retranchement emporté. En vain les cavaliers les plus légers voudraient les devancer à la charge, les Gaulois rient de leurs efforts, voltigent à la tête des chevaux, et semblent leur dire : « Vous saisiriez plutôt les vents sur la plaine, « ou les oiseaux dans les airs. »

« Tous ces Barbares avaient la tête élevée, les couleurs vives, les yeux bleus, le regard farouche et menaçant; ils portaient de larges braies, et leur tunique était chamarrée de morceaux de pourpre; un ceinturon de cuir pressait à leur côté leur fidèle épée. L'épée du Gaulois ne le quitte jamais : mariée, pour ainsi dire, à son maître, elle l'accompagne pendant la vie, elle le suit sur le bûcher funèbre, et descend avec lui au tombeau. Tel était le sort qu'avaient jadis les épouses dans les Gaules, tel est aussi celui qu'elles ont encore au rivage de l'Indus.

« Enfin, arrêtée comme un nuage menaçant sur le penchant d'une colline, une légion chrétienne, surnommée la Pudique, formait derrière l'armée le corps de réserve et la garde de César. Elle remplaçait auprès de Constance la légion thébaine égorgée par Maximien. Victor (1), illustre guerrier de Marseille, conduisait au combat les milices de cette religion, qui porte aussi noblement la casaque du vétéran que le cilice de l'anachorète.

« Cependant l'œil était frappé d'un mouvement universel : on voyait les signaux du porte-étendard qui plantait le jalon des lignes, la course impétueuse du cavalier, les ondulations des soldats qui se nivelaient sous le cep du centurion. On entendait de toutes parts les grêles hennissements des coursiers, le cliquetis des chaînes, les sourds roulements des balistes et des catapultes, les pas réguliers de l'infanterie, la voix des chefs qui répétaient l'ordre, le bruit des piques qui s'élevaient et s'abaissaient au commandement des tribuns. Les Romains se formaient en bataille aux éclats de la trompette, de la corne et du lituus; et nous Crétois, fidèles à la Grèce au milieu de ces peuples barbares, nous prenions nos rangs au son de la lyre.

(1) Le martyr.

« Mais tout l'appareil de l'armée romaine ne servait qu'à rendre l'armée des ennemis plus formidable, par le contraste d'une sauvage simplicité.

« Parés de la dépouille des ours, des veaux marins, des urochs et des sangliers, les Francs se montraient de loin comme un troupeau de bêtes féroces. Une tunique courte et serrée laissait voir toute la hauteur de leur taille, et ne leur cachait pas le genou. Les yeux de ces Barbares ont la couleur d'une mer orageuse; leur chevelure blonde, ramenée en avant sur leur poitrine, et teinte d'une liqueur rouge, est semblable à du sang et à du feu. La plupart ne laissent croître leur barbe qu'au-dessus de la bouche, afin de donner à leurs lèvres plus de ressemblance avec le mufle des dogues et des loups. Les uns chargent leur main droite d'une longue framée, et leur main gauche d'un bouclier qu'ils tournent comme une roue rapide; d'autres, au lieu de ce bouclier, tiennent une espèce de javelot, nommé angon, où s'enfoncent deux fers recourbés; mais tous ont à la ceinture la redoutable francisque, espèce de hache à deux tranchants, dont le manche est recouvert d'un dur acier; arme funeste que le Franc jette en poussant un cri de mort, et qui manque rarement de frapper le but qu'un œil intrépide a marqué.

« Ces Barbares, fidèles aux usages des anciens Germains, s'étaient formés en coin, leur ordre accoutumé de bataille. Le formidable triangle, où l'on ne distinguait qu'une forêt de framées, des peaux de bêtes et des corps demi-nus, s'avançait avec impétuosité, mais d'un mouvement égal, pour percer la ligne romaine. A la pointe de ce triangle étaient placés des braves qui conservaient une barbe longue et hérissée, et qui portaient au bras un anneau de fer. Ils avaient juré de ne quitter ces marques de servitude qu'après avoir sacrifié un Romain. Chaque chef, dans ce vaste corps, était environné des guerriers de sa famille, afin que, plus ferme dans le choc, il remportât la victoire ou mourût avec ses amis. Chaque tribu se ralliait sous un symbole : la plus noble d'entre elles se distinguait par des abeilles ou trois fers de lance. Le vieux roi des Sicambres, Pharamond, conduisait l'armée entière, et laissait une partie du commandement à son petit-fils Mérovée. Les cavaliers francs, en face de la cavalerie romaine, couvraient les deux côtés de leur infanterie : à leurs casques en forme de gueules ouvertes ombragées de deux ailes de vautour, à leurs corselets de fer, à leurs boucliers blancs, on les eût pris pour des fantômes ou pour ces figures bizarres que l'on aperçoit au milieu des nuages pendant une tempête. Clodion, fils de Pharamond et père de Mérovée, brillait à la tête de ces cavaliers menaçants.

« Sur une grève, derrière cet essaim d'ennemis, on apercevait leur camp, semblable à un marché de laboureurs et de pêcheurs; il était rempli de femmes et d'enfants, et retranché avec des bateaux de cuir et des chariots attelés de grands bœufs. Non loin de ce camp champêtre, trois sorcières en lambeaux faisaient sortir de jeunes poulains d'un bois sacré, afin de découvrir par leur course à quel parti Tuiston promettait la victoire. La mer d'un côté, des forêts de l'autre, formaient le cadre de ce grand tableau.

« Le soleil du matin, s'échappant des replis d'un nuage d'or, verse tout à coup sa lumière sur les bois, l'Océan et les armées. La terre paraît embrasée du feu des casques et des lances, les instruments guerriers sonnent l'air antique de Jules César partant pour les Gaules. La rage s'empare de tous les cœurs, les yeux roulent du sang, la main frémit sur l'épée. Les chevaux se cabrent, creusent l'arène, secouent leur crinière, frappent de leur bouche écumante leur poitrine enflammée, ou lèvent vers le ciel leurs naseaux brûlants, pour respirer les sons belliqueux. Les Romains commencent le chant de Probus :

« Quand nous aurons vaincu mille guerriers francs, combien ne vaincrons-
« nous pas de millions de Perses ! »

« Les Grecs répètent en chœur le Pœan, et les Gaulois l'hymne des Druides. Les Francs répondent à ces cantiques de mort : ils serrent leurs boucliers contre leur bouche, et font entendre un mugissement semblable au bruit de la mer que le vent brise contre un rocher ; puis tout à coup poussant un cri aigu, ils entonnent le bardit à la louange de leurs héros :

« Pharamond ! Pharamond ! nous avons combattu avec l'épée.
« Nous avons lancé la francisque à deux tranchants ; la sueur tombait du
« front des guerriers et ruisselait le long de leurs bras. Les aigles et les
« oiseaux aux pieds jaunes poussaient des cris de joie ; le corbeau nageait dans
« le sang des morts ; tout l'Océan n'était qu'une plaie : les vierges ont pleuré
« longtemps !

« Pharamond ! Pharamond ! nous avons combattu avec l'épée.
« Nos pères sont morts dans les batailles, tous les vautours en ont gémi :
« nos pères les rassasiaient de carnage ! Choisissons des épouses, dont le lait
« soit du sang, et qui remplissent de valeur le cœur de nos fils. Pharamond,
« le bardit est achevé, les heures de la vie s'écoulent, nous sourirons quand
« il faudra mourir ! »

« Ainsi chantaient quarante mille Barbares. Leurs cavaliers haussaient et baissaient leurs boucliers blancs en cadence ; et à chaque refrain, ils frappaient du fer d'un javelot leur poitrine couverte de fer.

« Déjà les Francs sont à la portée du trait de nos troupes légères. Les deux armées s'arrêtent. Il se fait un profond silence. César, du milieu de la légion chrétienne, ordonne d'élever la cotte d'armes de pourpre, signal du combat ; les archers tendent leurs arcs, les fantassins baissent leurs piques, les cavaliers tirent tous à la fois leurs épées, dont les éclairs se croisent dans les airs. Un cri s'élève du fond des légions : « Victoire à l'empereur ! » Les Barbares repoussent ce cri par un affreux mugissement : la foudre éclate avec moins de rage sur les sommets de l'Apennin, l'Etna gronde avec moins de violence lorsqu'il verse au sein des mers des torrents de feu, l'Océan bat ses rivages avec moins de fracas quand un tourbillon, descendu par l'ordre de l'Éternel, a déchaîné les cataractes de l'abîme.

« Les Gaulois lancent les premiers leurs javelots contre les Francs, mettent l'épée à la main et courent à l'ennemi. L'ennemi les reçoit avec intrépidité. Trois fois ils retournent à la charge; trois fois ils viennent se briser contre le vaste corps qui les repousse : tel un grand vaisseau, voguant par un vent contraire, rejette de ses deux bords les vagues qui fuient et murmurent le long de ses flancs. Non moins braves, et plus habiles que les Gaulois, les Grecs font pleuvoir sur les Sicambres une grêle de flèches; et reculant peu à peu, sans rompre nos rangs, nous fatiguons les deux lignes du triangle de l'ennemi. Comme un taureau vainqueur dans cent pâturages, fier de sa corne mutilée et des cicatrices de sa large poitrine, supporte avec impatience la piqûre du taon, sous les ardeurs du midi, ainsi les Francs, percés de nos dards, deviennent furieux à ces blessures sans vengeance et sans gloire. Transportés d'une aveugle rage, ils brisent le trait dans leur sein, se roulent par terre et se débattent dans les angoisses de la douleur.

« La cavalerie romaine s'ébranle pour enfoncer les Barbares. Clodion se précipite à sa rencontre. Le roi chevelu pressait une cavale stérile, moitié blanche, moitié noire, élevée parmi des troupeaux de rennes et de chevreuils, dans les haras de Pharamond. Les Barbares prétendaient qu'elle était de la race de Rinfax, cheval de la Nuit, à la crinière gelée, et de Skinfax, cheval du Jour, à la crinière lumineuse. Lorsque, pendant l'hiver, elle emportait son maître sur son char d'écorce sans essieu et sans roues, jamais ses pieds ne s'enfonçaient dans les frimas; et plus légère que la feuille de bouleau roulée par le vent, elle effleurait à peine la cime des neiges nouvellement tombées.

« Un combat violent s'engage entre les cavaliers sur les deux ailes des armées.

« Cependant la masse effrayante de l'infanterie des Barbares vient toujours roulant vers les légions. Les légions s'ouvrent, changent leur front de bataille, attaquent à grands coups de piques les deux côtés du triangle de l'ennemi. Les vélites, les Grecs et les Gaulois se portent sur le troisième côté. Les Francs sont assiégés comme une vaste forteresse. La mêlée s'échauffe; un tourbillon de poussière rougie s'élève et s'arrête au milieu des combattants. Le sang coule comme les torrents grossis par les pluies de l'hiver, comme les flots de l'Euripe dans le détroit de l'Eubée. Le Franc, fier de ses larges blessures, qui paraissent avec plus d'éclat sur la blancheur d'un corps demi-nu, est un spectre déchaîné du monument, et rugissant au milieu des morts. Au brillant éclat des armes a succédé la sombre couleur de la poussière et du carnage. Les casques sont brisés, les panaches abattus, les boucliers fendus, les cuirasses percées. L'haleine enflammée de cent mille combattants, le souffle épais des chevaux, la vapeur des sueurs et du sang, forment sur le champ de bataille une espèce de météore que traverse de temps en temps la lueur d'un glaive, comme le trait brillant du foudre dans la livide clarté d'un orage. Au milieu des cris, des insultes, des menaces, du bruit des épées, des coups des javelots, du sifflement des flèches et des dards, du gémissement des machines de guerre, on n'entend plus la voix des chefs.

« Mérovée avait fait un massacre épouvantable des Romains. On le voyait debout sur un immense chariot, avec douze compagnons d'armes, appelés ses douze pairs, qu'il surpassait de toute la tête. Au-dessus du chariot flottait une enseigne guerrière, surnommée l'Oriflamme. Le chariot, chargé d'horribles dépouilles, était traîné par trois taureaux dont les genoux dégouttaient de sang, et dont les cornes portaient des lambeaux affreux. L'héritier de l'épée de Pharamond avait l'âge, la beauté et la fureur de ce démon de la Thrace, qui n'allume le feu de ses autels qu'au feu des villes embrasées. Mérovée passait parmi les Francs pour être le fruit merveilleux du commerce secret de l'épouse de Clodion et d'un monstre marin ; les cheveux blonds du jeune Sicambre, ornés d'une couronne de lis, ressemblaient au lin moelleux et doré qu'une bandelette virginale rattache à la quenouille d'une reine des Barbares. On eût dit que ses joues étaient peintes du vermillon de ces baies d'églantiers qui brillent au milieu des neiges, dans les forêts de la Germanie. Sa mère avait noué autour de son cou un collier de coquillages, comme les Gaulois suspendent des reliques aux rameaux du plus beau rejeton d'un bois sacré. Quand de sa main droite Mérovée agitant un drapeau blanc appelait les fiers Sicambres au champ de l'honneur, ils ne pouvaient s'empêcher de pousser des cris de guerre et d'amour ; ils ne se lassaient point d'admirer à leur tête trois générations de héros : l'aïeul, le père et le fils.

« Mérovée, rassasié de meurtres, contemplait, immobile, du haut de son char de victoire, les cadavres dont il avait jonché la plaine. Ainsi se repose un lion de Numidie, après avoir déchiré un troupeau de brebis ; sa faim est apaisée, sa poitrine exhale l'odeur du carnage ; il ouvre et ferme tour à tour sa gueule fatiguée qu'embarrassent des flocons de laine ; enfin il se couche au milieu des agneaux égorgés ; sa crinière, humectée d'une rosée de sang, retombe des deux côtés de son cou ; il croise ses griffes puissantes ; il allonge la tête sur ses ongles ; et, les yeux à demi fermés, il lèche encore les molles toisons étendues autour de lui.

« Le chef des Gaulois aperçut Mérovée dans ce repos insultant et superbe. Sa fureur s'allume ; il s'avance vers le fils de Pharamond ; il lui crie d'un ton ironique :

« Chef à la longue chevelure, je vais t'asseoir autrement sur le trône d'Hercule le Gaulois. Jeune brave, tu mérites d'emporter la marque du fer au palais de Teutatès. Je ne veux point te laisser languir dans une honteuse vieillesse. »

— « Qui es-tu ? répondit Mérovée avec un sourire amer : es-tu d'une race noble et antique ? Esclave romain, ne crains-tu point ma framée ? »

— « Je ne crains qu'une chose, repartit le Gaulois frémissant de courroux, c'est que le ciel tombe sur ma tête. »

— « Cède-moi la terre, » dit l'orgueilleux Sicambre.

— « La terre que je te cèderai, s'écria le Gaulois, tu la garderas éternellement. »

« A ces mots, Mérovée, s'appuyant sur sa framée, s'élance du char par-dessus les taureaux, tombe à leurs têtes, et se présente au Gaulois qui venait à lui.

« Toute l'armée s'arrête pour regarder le combat des deux chefs. Le Gaulois fond l'épée à la main sur le jeune Franc, le presse, le frappe, le blesse à l'épaule, et le contraint de reculer jusque sous les cornes des taureaux. Mérovée à son tour lance son angon, qui, par ses deux fers recourbés, s'engage dans le bouclier du Gaulois. Au même instant le fils de Clodion bondit comme un léopard, met le pied sur le javelot, le presse de son poids, le fait descendre vers la terre, et abaisse avec lui le bouclier de son ennemi. Ainsi forcé de se découvrir, l'infortuné Gaulois montre la tête. La hache de Mérovée part, siffle, vole et s'enfonce dans le front du Gaulois, comme la cognée d'un bûcheron dans la cime d'un pin. La tête du guerrier se partage; sa cervelle se répand des deux côtés, ses yeux roulent à terre. Son corps reste encore un moment debout, étendant des mains convulsives, objet d'épouvante et de pitié.

« A ce spectacle les Gaulois poussent un cri de douleur. Leur chef était le dernier descendant de ce Vercingétorix qui balança si longtemps la fortune de Jules. Il semblait que par cette mort l'empire des Gaules, en échappant aux Romains, passait aux Francs : ceux-ci, pleins de joie, entourent Mérovée, l'élèvent sur un bouclier, et le proclament roi avec ses pères, comme le plus brave des Sicambres. L'épouvante commence à s'emparer des légions. Constance, qui, du milieu du corps de réserve, suivait de l'œil les mouvements des troupes, aperçoit le découragement des cohortes. Il se tourne vers la légion chrétienne : « Braves soldats, la fortune de Rome est entre vos mains. Mar« chons à l'ennemi. »

« Aussitôt les fidèles abaissent devant César leurs aigles surmontées de l'étendard du salut. Victor commande : la légion s'ébranle et descend en silence de la colline. Chaque soldat porte sur son bouclier une croix entourée de ces mots : « Tu vaincras par ce signe. » Tous les centurions étaient des martyrs couverts des cicatrices du fer et du feu. Que pouvait contre de tels hommes la crainte des blessures et de la mort ! O touchante fidélité ! Ces guerriers allaient répandre pour leurs princes les restes d'un sang dont ces princes avaient presque tari la source ! Aucune frayeur, mais aussi aucune joie ne paraissait sur le visage des héros chrétiens. Leur valeur tranquille était pareille à un lis sans tache. Lorsque la légion s'avança dans la plaine, les Francs se sentirent arrêtés au milieu de leur victoire. Ils ont conté qu'ils voyaient à la tête de cette légion une colonne de feu et de nuées, et un cavalier vêtu de blanc, armé d'une lance et d'un bouclier d'or. Les Romains qui fuyaient tournent le visage; l'espérance revient au cœur du plus faible et du moins courageux : ainsi, après un orage de nuit, quand le soleil du matin paraît dans l'orient, le laboureur rassuré admire l'astre qui répand un doux éclat sur la nature ; sous les lierres de la cabane antique, le jeune passereau pousse des cris de joie; le vieillard vient s'asseoir sur le seuil de la porte : il entend des bruits charmants au-dessus de sa tête, et il bénit l'Éternel.

« A l'approche des soldats du Christ, les Barbares serrent leurs rangs, les Romains se rallient. Parvenue sur le champ de bataille, la légion s'arrête, met un genou en terre, et reçoit de la main d'un ministre de paix la bénédiction du Dieu des armées. Constance lui-même ôte sa couronne de laurier et s'incline. La troupe sainte se relève, et sans jeter ses javelots, elle marche l'épée haute à l'ennemi. Le combat recommence de toutes parts. La légion chrétienne ouvre une large brèche dans les rangs des Barbares; Romains, Grecs et Gaulois, nous entrons tous à la suite de Victor dans l'enceinte des Francs rompus. Aux attaques d'une armée disciplinée, succèdent des combats à la manière des héros d'Ilion. Mille groupes de guerriers se heurtent, se choquent, se pressent, se repoussent; partout règne la douleur, le désespoir, la fuite. Filles des Francs, c'est en vain que vous préparez le baume pour des plaies que vous ne pourrez guérir! L'un est frappé au cœur du fer d'une javeline, et sent s'échapper de ce cœur les images chères et sacrées de la patrie; l'autre a les deux bras brisés du coup d'une massue, et ne pressera plus sur son sein le fils qu'une épouse porte encore à la mamelle. Celui-ci regrette son palais, celui-là sa chaumière; le premier ses plaisirs, le second ses douleurs; car l'homme s'attache à la vie par ses misères autant que par ses prospérités. Ici, environné de ses compagnons, un soldat païen expire en vomissant des imprécations contre César et contre les dieux. Là, un soldat chrétien meurt isolé, d'une main retenant ses entrailles, de l'autre pressant un crucifix, et priant Dieu pour son empereur. Les Sicambres, tous frappés par devant et couchés sur le dos, conservaient dans la mort un air si farouche, que le plus intrépide osait à peine les regarder.

« Je ne vous oublierai pas, couple généreux, jeunes Francs que je rencontrai au milieu du champ du carnage! Ces fidèles amis, plus tendres que prudents, afin d'avoir dans le combat la même destinée, s'étaient attachés ensemble par une chaîne de fer. L'un était tombé mort sous la flèche d'un Crétois; l'autre, atteint d'une blessure cruelle, mais encore vivant, se tenait à demi soulevé auprès de son frère d'armes. Il lui disait : « Guerrier, tu dors « après les fatigues de la bataille. Tu n'ouvriras plus les yeux à ma voix, « mais la chaîne de notre amitié n'est point rompue; elle me retient à tes « côtés. »

« En achevant ces mots, le jeune Franc s'incline et meurt sur le corps de son ami. Leurs belles chevelures se mêlent et se confondent comme les flammes ondoyantes d'un double trépied qui s'éteint sur un autel, comme les rayons humides et tremblants de l'étoile des Gémeaux qui se couche dans la mer. Le trépas ajoute ses chaînes indestructibles aux liens qui unissaient les deux amis.

« Cependant les bras fatigués portent des coups ralentis; les clameurs deviennent plus déchirantes et plus plaintives. Tantôt une grande partie des blessés, expirant à la fois, laisse régner un affreux silence; tantôt la voix de la douleur se ranime et monte en longs accents vers le ciel. On voit errer des chevaux sans maîtres, qui bondissent ou s'abattent sur des cadavres; quelques machines de guerre abandonnées brûlent çà et là comme les torches de ces immenses funérailles.

« La nuit vint couvrir de son obscurité ce théâtre des fureurs humaines. Les Francs vaincus, mais toujours redoutables, se retirèrent dans l'enceinte de leurs chariots. Cette nuit, si nécessaire à notre repos, ne fut pour nous qu'une nuit d'alarmes : à chaque instant nous craignions d'être attaqués. Les Barbares jetaient des cris qui ressemblaient aux hurlements des bêtes féroces : ils pleuraient les braves qu'ils avaient perdus, et se préparaient eux-mêmes à mourir. Nous n'osions ni quitter nos armes, ni allumer des feux. Les soldats romains frémissaient, se cherchaient dans les ténèbres; ils s'appelaient, ils se demandaient un peu de pain ou d'eau; ils pansaient leurs blessures avec leurs vêtements déchirés. Les sentinelles se répondaient en se renvoyant de l'une à l'autre le cri des veilles.

« Tous les chefs des Crétois avaient été tués. Le sang de Philopœmen paraissant à mes compagnons d'un favorable augure, ils m'avaient nommé leur commandant. En attirant sur moi les efforts de l'ennemi, j'avais eu le bonheur de sauver la légion de Fer d'une entière destruction. La confirmation de mon grade, une couronne de chêne et les éloges de Constance avaient été le prix de ce hasard heureux. A la tête des troupes légères, je touchais presque au camp des Barbares, et j'attendais avec impatience le retour de l'aurore; mais cette aurore nous découvrit un spectacle qui surpassait en horreur tout ce que nous avions vu jusqu'alors.

« Les Francs, pendant la nuit, avaient coupé les têtes des cadavres romains, et les avaient plantées sur des piques devant leur camp, le visage tourné vers nous. Un énorme bûcher, composé de selles de chevaux et de boucliers brisés, s'élevait au milieu du camp. Le vieux Pharamond, roulant des yeux terribles, et livrant au souffle du matin sa longue chevelure blanche, était assis au haut du bûcher. Au bas paraissaient Clodion et Mérovée: ils tenaient à la main, en guise de torches, l'hast enflammé de deux piques rompues, prêts à mettre le feu au trône funèbre de leur père, si les Romains parvenaient à forcer le retranchement des chariots.

« Nous restons muets d'étonnement et de douleur; les vainqueurs semblent vaincus par tant de barbarie et tant de magnanimité! Les larmes coulent de nos yeux à la vue des têtes sanglantes de nos compagnons d'armes : chacun se rappelle que ces bouches muettes et décolorées prononçaient encore la veille les paroles de l'amitié! Bientôt à ce mouvement de regret succède la soif de la vengeance. On n'attend point le signal de l'assaut; rien ne peut résister à la fureur du soldat: les chariots sont brisés, le camp est ouvert, on s'y précipite. Alors se présente un nouvel ennemi : les femmes des Barbares, vêtues de robes noires, s'élancent au-devant de nous, se percent de nos armes ou cherchent à les arracher de nos mains : les unes arrêtent par la barbe le Sicambre qui fuit, et le ramènent au combat; les autres, comme des bacchantes enivrées, déchirent leurs époux et leurs pères; plusieurs étouffent leurs enfants et les jettent sous les pieds des hommes et des chevaux; plusieurs, se passant au cou un lacet fatal, s'attachent aux cornes des bœufs, et s'étranglent en se faisant traîner misérablement. Une d'entre elles s'écrie du milieu de ses compagnes : « Romains, tous vos présents n'ont point été funestes ! Si vous « nous avez apporté le fer qui enchaîne, vous nous avez donné le fer qui dé- « livre ! » Et elle se frappe d'un poignard.

« C'en était fait des peuples de Pharamond, si le ciel, qui leur garde peut-être de grandes destinées, n'eût sauvé le reste de leurs guerriers. Un vent impétueux se lève entre le nord et le couchant; les flots s'avancent sur les grèves; on voit venir, écumante et limoneuse, une de ces marées de l'équinoxe, qui, dans ces climats, semblent jeter l'Océan tout entier hors de son lit. La mer, comme un puissant allié des Barbares, entre dans le camp des Francs pour en chasser les Romains. Les Romains reculent devant l'armée des flots; les Francs reprennent courage; ils croient que le monstre marin, père de leur jeune prince, est sorti de ses grottes azurées pour les secourir. Ils profitent de notre désordre, ils nous repoussent, ils nous pressent, ils secondent les efforts de la mer. Une scène extraordinaire frappe les yeux de toutes parts : là, les bœufs épouvantés nagent avec les chariots qu'ils entraînent; ils ne laissent voir au-dessus des vagues que leurs cornes recourbées, et ressemblent à une multitude de fleuves qui auraient apporté eux-mêmes leurs tributs à l'Océan; ici, les Saliens mettent à flot leurs bateaux de cuir, et nous frappent à coups de rames et d'avirons. Mérovée s'était fait une nacelle d'un large bouclier d'osier : porté sur cette conque guerrière, il nous poursuivait escorté de ses pairs, qui bondissaient autour de lui comme des tritons. Pleines d'une joie insensée, les femmes battaient des mains et bénissaient les flots libérateurs. Partout la lame croissante se brise et jaillit contre les armes : partout disparaît le cavalier qui se noie, le fantassin qui n'a plus que son épée hors de l'eau; des cadavres qui paraissent se ranimer roulent avec les algues, le sable et le limon. Séparé du reste des légions, et réuni à quelques soldats, je combattis longtemps une multitude de Barbares; mais enfin, accablé par le nombre, je tombai, percé de coups, au milieu de mes compagnons étendus morts à mes côtés.

« Je demeurai plusieurs heures évanoui. Quand je rouvris les yeux à la lumière, je n'aperçus plus qu'une grève humide abandonnée par les flots, des corps noyés, à moitié ensevelis dans le sable, la mer retirée dans un lointain immense, et traçant à peine une ligne bleuâtre à l'horizon. Je voulus me soulever, mais je ne pus y parvenir, et je fus contraint de rester couché sur le dos, les regards attachés au ciel. Tandis que mon âme flottait entre la mort et la vie, j'entendis une voix prononcer en latin ces mots : « Si quelqu'un respire encore ici, qu'il parle. » Je tournai la tête avec effort, et j'entrevis un Franc, que je reconnus pour esclave à sa saye d'écorce de bouleau. Il aperçut mon mouvement, accourut vers moi, et reconnaissant ma patrie à mon vêtement : « Jeune Grec, me dit-il, prenez courage. » Et il se mit à genoux à mes côtés, se pencha sur moi, examina mes blessures. « Je ne les crois pas « mortelles, » s'écria-t-il après un moment de silence. Aussitôt il tira d'un sac de peau de chevreuil du baume, des simples, un vase plein d'une eau pure. Il lava mes plaies, les essuya légèrement, les banda avec de longues feuilles de roseaux. Je ne pouvais lui témoigner ma reconnaissance que par un mouvement de tête et par l'admiration qu'il devait lire dans mes yeux presque éteints. Quand il fallut me transporter, son embarras devint extrême. Il regardait avec inquiétude autour de nous : il craignait, comme il me l'a dit depuis, d'être découvert par quelque parti de Barbares. L'heure du flux approchait; mon libérateur tira du danger même le moyen de mon salut : il aperçut une nacelle des Francs échouée sur le sable; il commença par me soulever à moitié; puis, se couchant presque à terre devant moi, il m'attira doucement à lui, me chargea sur ses épaules, se leva, et me porta avec peine au bateau voisin; car il était déjà sur l'âge. La mer ne tarda pas à couvrir ses grèves. L'esclave arracha du sable une pique dont le fer était rompu, et lorsque les flots soulevèrent la nacelle, il la dirigea, avec son arme brisée, comme aurait fait le pilote le plus habile. Chassés par le flux, nous entrâmes bien avant dans les terres, sur les rives d'un fleuve bordé de forêts.

« Ces lieux étaient connus du Franc. Il descendit dans l'eau, et me prenant de nouveau sur ses épaules, il me déposa dans une espèce de souterrain où les Barbares ont coutume de cacher leur blé pendant la guerre. Là il me fit un lit de mousse, et me donna un peu de vin pour me ranimer.

« Pauvre infortuné, me dit-il en me parlant dans ma propre langue, il faut que je vous quitte, et vous serez obligé de passer la nuit seul ici. J'espère vous apporter demain matin de bonnes nouvelles : en attendant, tâchez de goûter un peu de sommeil. »

« En disant ces mots, il étendit sur moi sa misérable saye, dont il se dépouilla pour me couvrir, et il s'enfuit dans les bois. »

LIVRE SEPTIÈME.

SOMMAIRE. — Suite du récit. Eudore devient esclave de Pharamond. Histoire de Zacharie. Clothilde, femme de Pharamond. Commencement du christianisme chez les Francs. Mœurs des Francs. Retour du printemps. Chasse. Barbares du Nord. Tombeau d'Ovide. Eudore sauve la vie à Mérovée. Mérovée promet la liberté à Eudore. Retour des chasseurs au camp de Pharamond. La déesse Hertha. Festin des Francs. On délibère sur la paix et sur la guerre avec les Romains. Dispute de Camulogènes et de Chlodéric. Les Francs se décident à demander la paix. Eudore, devenu libre, est chargé par les Francs d'aller proposer la paix à Constance. Zacharie conduit Eudore jusque sur la frontière de la Gaule. Leurs adieux.

« Par Hercule, s'écria Démodocus en interrompant le récit d'Eudore, j'ai toujours aimé les enfants d'Esculape ! ils sont pieux envers les hommes, et connaissent les choses cachées. On les trouve parmi les dieux, les centaures, les héros et les bergers. Mon fils, quel était le nom de ce divin Barbare, pour qui Jupiter, hélas ! ne me semble pas avoir puisé dans l'urne des biens? Le maître des nuées dispose à son gré du sort des mortels : il donne à l'un la prospérité, il fait tomber l'autre dans toute sorte de malheurs. Le roi d'Ithaque fut réduit à sentir un mouvement de joie en se couchant sur un lit de feuilles séchées qu'il avait amoncelées de ses propres mains. Jadis, chez les hommes plus vertueux, un favori du dieu d'Épidaure eût été l'ami et le compagnon des guerriers; aujourd'hui il est esclave chez une nation inhospitalière. Mais hâte-toi, fils de Lasthénès, de m'apprendre le nom de ton libérateur; car je veux l'honorer comme Nestor honorait Machaon. »

— « Son nom, parmi les Francs, était Harold, reprit Eudore en souriant. Il vint me retrouver aux premiers rayons du jour, selon sa promesse. Il était accompagné d'une femme vêtue d'une robe de fil teinte de pourpre; elle avait le haut de la gorge et les bras découverts, à la manière des Francs. Ses traits offraient, au premier coup d'œil, un mélange inexplicable de barbarie et d'humanité : c'était une expression de physionomie naturellement forte et sauvage, corrigée par je ne sais quelle habitude étrangère de pitié et de douceur. »

« Jeune Grec, me dit l'esclave, remerciez Clothilde, femme de Pharamond mon maître. Elle a obtenu votre grâce de son époux : elle vient elle-même vous chercher pour vous mettre à l'abri des Francs. Quand vous serez guéri de vos blessures, vous vous montrerez sans doute esclave reconnaissant et fidèle. »

« Plusieurs serfs entrèrent alors dans la caverne. Ils m'étendirent sur des branches d'arbres entrelacées, et me portèrent au camp de mon maître.

« Les Francs, malgré leur valeur et le soulèvement des flots, avaient été obligés de céder la victoire à la discipline des légions ; heureux d'échapper à une entière défaite, ils se retiraient devant les vainqueurs. Je fus jeté dans les chariots avec les autres blessés. On marcha quinze jours et quinze nuits en s'enfonçant vers le Nord, et l'on ne s'arrêta que quand on se crut à l'abri de l'armée de Constance.

« Jusqu'alors j'avais à peine senti l'horreur de ma situation ; mais aussitôt que le repos commença à cicatriser mes plaies, je jetai les yeux autour de moi avec épouvante. Je me vis au milieu des forêts, esclave chez des Barbares, et prisonnier dans une hutte qu'entourait, comme un rempart, un cercle de jeunes arbres qui devaient s'entrelacer en croissant. Une boisson grossière, faite de froment, un peu d'orge écrasée entre deux pierres, des lambeaux de daims et de chevreuils qu'on me jetait quelquefois par pitié, telle était ma nourriture. La moitié du jour j'étais abandonné seul sur mon lit d'herbes fanées ; mais je souffrais encore beaucoup plus de la présence que de l'absence des Barbares. L'odeur des graisses mêlées de cendres de frêne dont ils frottent leurs cheveux, la vapeur des chairs grillées, le peu d'air de la hutte, et le nuage de fumée qui la remplissait sans cesse, me suffoquaient. Ainsi une juste Providence me faisait payer les délices de Naples, les parfums et les voluptés dont je m'étais enivré.

« Le vieil esclave occupé de ses devoirs, ne pouvait donner que quelques moments à mes peines. J'étais toujours étonné de la sérénité de son visage, au milieu des travaux dont il était accablé.

« Eudore, me dit-il un soir, vos blessures sont presque guéries. Demain vous commencerez à remplir vos nouveaux devoirs. Je sais que l'on doit vous envoyer avec quelques serfs chercher du bois au fond de la forêt. Allons, mon fils et mon compagnon, rappelez votre vertu. Le ciel vous aidera si vous l'implorez. »

« A ces mots, l'esclave s'éloigna, et me laissa plongé dans le désespoir. Je passai la nuit dans une agitation horrible, formant et rejetant tour à tour mille projets. Tantôt je voulais attenter à mes jours, tantôt je songeais à la fuite. Mais comment fuir, faible et sans secours ? Comment trouver un chemin à travers ces bois ? Hélas ! j'avais une ressource contre mes maux, la religion ; et c'était le seul moyen de délivrance auquel je ne songeais pas ! Le jour me surprit au milieu de ces angoisses, et j'entendis tout à coup une voix qui me cria :

« Esclave romain, lève-toi ! »

« On me donna une peau de sanglier pour me couvrir, une corne de bœuf pour puiser de l'eau, un poisson sec pour ma nourriture, et je suivis les serfs qui me montraient le chemin.

« Lorsqu'ils furent arrivés à la forêt, ils commencèrent par ramasser parmi la neige et les feuilles flétries les branches d'arbres brisées par les vents. Ils en formaient çà et là des monceaux qu'ils liaient avec des écorces. Ils me firent quelques signes pour m'engager à les imiter ; et voyant que j'ignorais leur ouvrage, ils se contentèrent de mettre sur mes épaules un paquet de rameaux desséchés. Mon front orgueilleux fut forcé de s'humilier sous le joug de la servitude ; mes pieds nus foulaient la neige, mes cheveux étaient hérissés par le givre, et la bise glaçait les larmes dans mes yeux. J'appuyais mes pas chancelants sur une branche arrachée de mon fardeau ; et, courbé comme un vieillard, je cheminais lentement entre les arbres de la forêt.

« J'étais prêt à succomber à ma douleur, lorsque je vis tout à coup auprès de moi le vieil esclave, chargé d'un poids plus pesant que le mien, et me souriant de cet air paisible qui ne l'abandonnait jamais. Je ne pus me défendre d'un mouvement de honte.

« Quoi ! me dis-je en moi-même, cet homme, accablé par les ans, sourit sous un fardeau triple du mien ; et moi, jeune et fort, je pleure !

« Eudore, me dit mon libérateur en m'abordant, ne trouvez-vous pas que le premier fardeau est bien lourd ? Mon jeune compagnon, l'habitude et surtout la résignation rendront les autres plus légers. Voyez quel poids je suis venu à bout de porter à mon âge. »

— « Ah ! m'écriai-je, chargez-moi de ce poids qui fait plier vos genoux. Puissé-je expirer en vous délivrant de vos peines ! »

— « Eh ! mon fils, repartit le vieillard, je n'ai point de peines. Pourquoi désirer la mort ? Allons, je veux vous réconcilier avec la vie. Venez vous reposer à quelques pas d'ici ; nous allumerons du feu et nous causerons ensemble. »

« Nous gravîmes des monticules irréguliers, formés, comme je le vis bientôt, par les débris d'un ouvrage romain. De grands chênes croissaient dans ce lieu, sur une autre génération de chênes tombés à leurs pieds. Lorsque nous fûmes arrivés au sommet des monticules, je découvris l'enceinte d'un camp abandonné.

« Voilà, me dit l'esclave, le bois de Teuteberg et le camp de Varus. La pyramide de terre que vous apercevez au milieu est la tombe où Germanicus fit renfermer les restes des légions massacrées. Mais elle a été rouverte par les Barbares ; les os des Romains ont été de nouveau semés sur la terre, comme l'attestent ces crânes blanchis, cloués aux troncs des arbres. Un peu plus loin vous pouvez remarquer les autels sur lesquels on égorgea les centurions des premières compagnies, et le tribunal de gazon d'où Arminius harangua les Germains. »

« A ces mots le vieillard jeta sa ramée sur la neige. Il en tira quelques branches dont il fit un peu de feu ; puis m'invitant à m'asseoir auprès de lui et à réchauffer mes mains glacées, il me raconta son histoire :

« Mon fils, vous plaindrez-vous encore de vos malheurs? Oseriez-vous
« parler de vos peines à la vue du camp de Varus ? Ou plutôt ne reconnaissez-
« vous pas quel est le sort de tous les hommes, et combien il est inutile de
« se révolter contre des maux inséparables de la condition humaine? Je vous
« offre moi-même un exemple frappant de ce qu'une fausse sagesse appelle
« les coups de la fortune. Vous gémissez de votre servitude! Et que direz-
« vous donc quand vous verrez en moi un descendant de Cassius, esclave, et
« esclave volontaire?

« Lorsque mes ancêtres furent bannis de Rome pour avoir défendu la li-
« berté, et qu'on n'osa même plus porter leurs images aux funérailles,
« ma famille se réfugia dans le christianisme, asile de la véritable indé-
« pendance.

« Nourri des préceptes d'une loi divine, je servis longtemps comme simple
« soldat dans la légion thébaine, où je portais le nom de Zacharie. Cette légion
« chrétienne ayant refusé de sacrifier aux faux dieux, Maximien la fit mas-
« sacrer près d'Agaune dans les Alpes. On vit alors un exemple à jamais mé-
« morable de l'esprit de douceur de l'Évangile. Quatre mille vétérans, blan-
« chis dans le métier des armes, pleins de force, et ayant à la main la pique
« et l'épée, tendirent, comme des agneaux paisibles, la gorge aux bourreaux.
« La pensée de se défendre ne se présenta pas même à leur esprit, tant
« ils avaient gravées au fond du cœur les paroles de leur Maître, qui ordonne
« d'obéir et défend de se venger! Maurice, qui commandait la légion, tomba le
« premier. La plupart des soldats périrent par le fer. On m'avait attaché les
« mains derrière le dos. Assis parmi la foule des victimes, j'attendais le coup
« fatal; mais je ne sais par quel dessein de la Providence je fus oublié dans
« ce grand massacre. Les corps entassés autour de moi me dérobèrent à la vue
« des centurions; et Maximien, ayant accompli son œuvre, s'éloigna avec
« l'armée.

« Vers la seconde veille de la nuit, n'entendant plus que le bruit d'un tor-
« rent dans les montagnes, je levai la tête et je fus à l'instant frappé d'un pro-
« dige. Les corps de mes compagnons semblaient jeter une vive lumière, et
« répandre une agréable odeur. J'adorai le Dieu des miracles, qui n'avait pas
« voulu accepter le sacrifice de mes jours; et comme je ne pouvais donner
« la sépulture à tant de saints, je cherchai du moins le grand Maurice. Je le
« trouvai à demi recouvert de la neige tombée pendant la nuit. Animé d'une
« force surnaturelle, je me dégageai de mes liens, et avec le fer d'une lance
« je creusai à mon général une fosse profonde. J'y réunis le tronc et le chef
« de Maurice, en priant le nouveau Machabée d'obtenir bientôt pour son
« soldat une place dans la milice céleste. Ensuite je quittai ce champ de triom-
« phe et de larmes; je pris le chemin des Gaules, et me retirai vers Denis,
« premier évêque de Lutèce.

« Ce saint prélat me reçut avec des pleurs de joie, et m'admit au nombre de
« ses disciples. Quand il me crut capable de le seconder dans son ministère,
« il m'imposa les mains, et, me créant prêtre de Jésus-Christ, il me dit:
« Humble Zacharie, soyez charitable; voilà toutes les instructions que j'ai à

« vous donner. » Hélas! j'étais toujours destiné à perdre mes amis, et toujours
« par la même main! Maximien fit trancher la tête à Denis et à ses compa-
« gnons, Rustique et Éleuthère. Ce fut son dernier exploit dans les Gaules,
« qu'il céda bientôt après à Constance.

« J'avais sans cesse devant les yeux le précepte de mon saint évêque. Je me
« sentis pressé du désir de rendre quelque service à des misérables, et j'allais
« souvent prier Denis de m'obtenir cette faveur, par son intercession auprès
« du Fils de Marie.

« Les chrétiens de Lutèce avaient enseveli leur évêque dans une grotte, au
« pied de la colline sur laquelle il avait été décapité. Cette colline s'appelait
« le Mont de Mars, et elle était séparée de la Sequana par des marais. Un
« jour, comme je traversais ces marais, je vis venir à moi une femme chrétienne
« tout éplorée, qui s'écria : O Zacharie ! je suis la plus infortunée des fem-
« mes! Mon époux a été pris par les Francs; il me laisse avec trois enfants
« en bas âge, et sans aucun moyen de les nourrir! « Une rougeur subite cou-
« vrit mon front; je compris que Dieu m'envoyait cette grâce par les prières
« du généreux martyr que j'allais implorer. Je cachai cependant ma joie, et
« je dis à cette femme : « Ayez bon courage, Dieu aura pitié de vous. » Et,
« sans m'arrêter, je me mis en route pour la colonie d'Agrippina.

« Je connaissais le soldat prisonnier. Il était chrétien, et j'avais été quelque
« temps son frère d'armes. C'était un homme simple et craignant Dieu pen-
« dant la prospérité; mais les revers le décourageaient aisément, et il était à
« craindre qu'il ne perdît la foi dans le malheur. J'appris à Agrippina qu'il
« était tombé entre les mains du chef des Saliens. Les Romains venaient de
« conclure une trêve avec les Francs. Je passai chez ces Barbares. Je me
« présentai à Pharamond et m'offris en échange du chrétien : je ne pouvais
« payer autrement sa rançon, car je ne possédais rien au monde. Comme
« j'étais fort et vigoureux, et que l'autre esclave était faible, ma proposition
« fut acceptée. J'y mis pour seule condition que mon maître renverrait son
« prisonnier sans lui dire par quel moyen il était racheté. Cela fut fait ainsi, et
« ce pauvre père de famille rentra plein de joie dans ses foyers, pour nourrir
« ses enfants et consoler son épouse.

« Depuis ce temps, je suis demeuré esclave ici. Dieu m'a bien récom-
« pensé; car, en habitant parmi ces peuples, j'ai eu le bonheur d'y semer la
« parole de Jésus-Christ. Je vais surtout le long des fleuves réparer, autant
« qu'il est en moi, le malheur d'une expérience funeste : les Barbares, afin
« d'éprouver si leurs enfants seront vaillants un jour, ont coutume de les ex-
« poser aux flots sur un bouclier. Ils ne conservent que ceux qui surnagent, et
« laissent périr les autres. Quand je puis réussir à sauver des eaux ces petits
« anges, je les baptise au nom du Père, du Fils et du Saint-Esprit, pour leur
« ouvrir le ciel.

« Les lieux où se livrent les batailles m'offrent encore une abondante mois-
« son. Je rôde comme un loup ravissant, dans les ténèbres, au milieu du
« carnage et des morts. J'appelle les mourants, qui croient que je les viens
« dépouiller; je leur parle d'une meilleure vie; je tâche de les envoyer dans

« le repos d'Abraham. S'ils ne sont pas mortellement blessés, je m'empresse
« de les secourir, espérant les gagner par la charité au Dieu des pauvres et des
« misérables.

« Jusqu'à présent ma plus belle conquête est la jeune femme de mon vieux
« maître Pharamond. Clothilde a ouvert son cœur à Jésus-Christ. De violente
« et cruelle qu'elle était, elle est devenue douce et compatissante. Elle m'aide
« à sauver tous les jours quelques infortunés. C'est à elle que vous devez la
« vie. Lorsque je courus lui apprendre que je vous avais trouvé parmi les
« morts, elle songea d'abord à vous tenir caché dans la grotte, afin de vous
« soustraire à l'esclavage. Elle découvrit ensuite que les Francs allaient con-
« tinuer leur retraite. Alors il ne lui resta plus qu'à révéler le secret à son
« époux, et à obtenir votre grâce de Pharamond; car si les Barbares aiment
« les esclaves sains et vigoureux, leur impatience naturelle et le mépris qu'ils
« ont eux-mêmes pour la vie leur font presque toujours sacrifier les blessés.

« Mon fils, telle est l'histoire de Zacharie. Si vous trouvez qu'il a fait
« quelque chose pour vous, il ne vous demande en récompense que de ne
« pas vous laisser abattre par les chagrins et de souffrir qu'il sauve votre âme
« après avoir sauvé votre corps. Eudore, vous êtes né dans ce doux climat
« voisin de la terre des miracles, chez ces peuples polis qui ont civilisé les
« hommes, dans cette Grèce où le sublime Paul a porté la lumière de la foi :
« que d'avantages n'avez-vous donc pas sur les hommes du Nord, dont l'es-
« prit est grossier et les mœurs féroces ! Seriez-vous moins sensible qu'eux à
« la charité évangélique ? »

« Les dernières paroles de Zacharie entrèrent dans mon cœur comme un aiguillon. L'indigne secret de ma vie m'accablait. Je n'osais lever les yeux sur mon libérateur. Moi qui avais soutenu sans trouble les regards des maîtres du monde, j'étais anéanti devant la majesté d'un vieux prêtre chrétien esclave chez les Barbares ! Retenu par la honte de confesser l'oubli que j'avais fait de ma religion, poussé par le désir de tout avouer, mon désordre était extrême. Zacharie s'en aperçut. Il crut que mes blessures étaient rouvertes. Il me demanda la cause de mon agitation avec inquiétude. Vaincu par tant de bonté, et les larmes malgré moi se faisant un passage, je me jetai aux pieds du vieillard :

« O mon père ! ce ne sont pas les blessures de mon corps qui saignent ; c'est une plaie plus profonde et plus mortelle ! Vous qui faites tant d'actes sublimes au nom de votre religion, pourrez-vous croire, en voyant entre nous si peu de ressemblance, que j'ai la même religion que vous ? »

— « Jésus-Christ ! s'écria le saint levant les mains vers le ciel ; Jésus-Christ ! mon divin maître, quoi ! vous auriez ici un autre serviteur que moi ! »

— « Je suis chrétien, » répondis-je.

« L'homme de charité me prend dans ses bras, m'arrose de ses larmes, me presse contre ses cheveux blancs, en disant avec des sanglots de joie :

« Mon frère ! mon cher frère ! J'ai trouvé un frère ! »

« Et je répétais :

« Je suis chrétien, je suis chrétien.

« Pendant cette conversation, la nuit était descendue. Nous reprîmes nos fardeaux, et nous retournâmes à la hutte de Pharamond. Le lendemain Zacharie vint me chercher à la pointe du jour. Il me conduisit au fond d'une forêt. Dans le tronc d'un vieux hêtre, où Ségovia, prophétesse des Germains, avait jadis rendu ses oracles, je vis une petite image qui représentait Marie, mère du Sauveur. Elle était ornée d'une branche de lierre chargée de ses fruits mûrs, et nouvellement placée aux pieds de la Mère et de l'Enfant, car la neige ne l'avait point encore recouverte.

« Cette nuit même, me dit Zacharie, j'ai appris à l'épouse de notre maître que nous avions un frère parmi nous. Pleine de joie, elle a voulu venir au milieu des ténèbres parer notre autel, et offrir cette branche à Marie en signe d'allégresse. »

« Zacharie avait à peine achevé de prononcer ces mots, que nous vîmes accourir Clothilde. Elle se mit à genoux sur la neige, au pied du hêtre. Nous nous plaçâmes à ses côtés, et elle prononça à haute voix l'oraison du Seigneur dans un idiome sauvage. Ainsi je vis commencer le christianisme chez les Francs. Religion céleste, qui dira les charmes de votre berceau? Combien il parut divin dans Bethléem aux pasteurs de la Judée! Qu'il me sembla miraculeux dans les catacombes, lorsque je vis s'humilier devant lui une puissante impératrice! Et qui n'eût versé des larmes en le retrouvant sous un arbre de la Germanie, entouré, pour tout adorateur, d'un Romain esclave, d'un prisonnier grec, et d'une reine barbare!

« Qu'attendais-je pour retourner au bercail? Les dégoûts avaient commencé à m'avertir de la vanité des plaisirs; l'ermite du Vésuve avait ébranlé mon esprit, Zacharie subjuguait mon cœur; mais il était écrit que je ne reviendrais à la vérité que par une suite de malheurs et d'expériences.

« Zacharie redoubla de zèle et de soins auprès de moi. Je croyais, en l'écoutant, entendre une voix sortie du ciel. Quelle leçon n'offrait point la seule vue de l'héritier chrétien de Cassius et de Brutus! Le stoïque meurtrier de César, après une vie courte, libre, puissante et glorieuse, déclare que la vertu n'est qu'un fantôme; le charitable disciple de Jésus-Christ, esclave, vieux, pauvre, ignoré, proclame qu'il n'y a rien de réel ici-bas que la vertu. Ce prêtre, qui ne paraissait savoir que la charité, avait toutefois l'esprit de science, et un goût pur des arts et des lettres. Il possédait les antiquités grecques, hébraïques et latines. C'était un charme de l'entendre parler des hommes des anciens jours en gardant les troupeaux des Barbares. Il m'entretenait souvent des coutumes de nos maîtres; il me disait :

« Quand vous serez retourné dans la Grèce, mon cher Eudore, on s'as« semblera autour de vous pour vous ouïr conter les mœurs des rois à la
« longue chevelure. Vos malheurs présents vous deviendront une source d'a« gréables souvenirs. Vous serez parmi ces peuples ingénieux un nouvel Héro« dote, arrivé d'une contrée lointaine pour les enchanter de vos merveilleux
« récits. Vous leur direz qu'il existe dans les forêts de la Germanie un peuple

« qui prétend descendre des Troyens (car tous les hommes, ravis des belles
« fables de vos Hellènes, veulent y tenir par quelque côté); que ce peuple,
« formé de diverses tribus de Germains, les Sicambres, les Bructères, les Sa-
« liens, les Cattes, a pris le nom de Franc, qui veut dire libre, et qu'il est
« digne de porter ce nom.

« Son gouvernement est pourtant essentiellement monarchique. Le pouvoir
« partagé entre différents rois se réunit dans la main d'un seul lorsque le
« danger est pressant. La tribu des Saliens, dont Pharamond est le chef,
« a presque toujours l'honneur de commander, parce qu'elle passe parmi
« les Barbares pour la plus noble. Elle doit cette renommée à l'usage qui
« exclut chez elle les femmes de la puissance, et ne confie le sceptre qu'à un
« guerrier.

« Les Francs s'assemblent une fois l'année, au mois de mars, pour délibérer
« sur les affaires de la nation. Ils viennent au rendez-vous tout armés. Le roi
« s'assied sous un chêne. On lui apporte des présents qu'il reçoit avec beau-
« coup de joie. Il écoute la plainte de ses sujets, ou plutôt de ses compagnons,
« et rend la justice avec équité.

« Les propriétés sont annuelles. Une famille cultive chaque année le ter-
« rain qui lui est assigné par le prince, et après la récolte le champ mois-
« sonné rentre dans la possession commune.

« Le reste des mœurs se ressent de cette simplicité. Vous voyez que nous
« partageons avec nos maîtres la saye, le lait, le fromage, la maison de terre,
« la couche de peaux.

« Vous fûtes hier témoin du mariage de Mérovée. Un bouclier, une fran-
« cisque, un canot d'osier, un cheval bridé, deux bœufs accouplés, ont été les
« présents de noces de l'héritier de la couronne des Francs. Si, dans les jeux
« de son âge, il saute mieux qu'un autre au milieu des lances et des épées
« nues, s'il est brave à la guerre, juste pendant la paix, il peut espérer après
« sa mort un bûcher funèbre et même une pyramide de gazon pour couvrir
« son tombeau. »

« Ainsi me parlait Zacharie.

« Le printemps vint enfin ranimer les forêts du Nord. Bientôt tout changea
de face dans les bois et dans les vallées : les angles noircis des rochers se montrèrent les premiers sur l'uniforme blancheur des frimas; les flèches rougeâtres des sapins parurent ensuite, et de précoces arbrisseaux remplacèrent par
des festons de fleurs les cristaux glacés qui pendaient à leurs cimes. Les
beaux jours ramenèrent la saison des combats.

« Une partie des Francs reprend les armes, une autre se prépare à aller
chasser l'uroch et les ours dans les contrées lointaines. Mérovée se mit à la
tête des chasseurs, et je fus compris au nombre des esclaves qui devaient l'accompagner. Je dis adieu à Zacharie, et me séparai pour quelque temps du plus
vertueux des hommes.

« Nous parcourûmes avec une rapidité incroyable les régions qui s'étendent depuis la mer de Scandie jusqu'aux grèves du Pont-Euxin. Ces forêts

servent de passage à cent peuples barbares qui roulent tour à tour leurs torrents vers l'empire romain. On dirait qu'ils ont entendu quelque chose au midi qui les appelle du septentrion et de l'aurore. Quel est leur nom, leur race, leur pays? Demandez-le au ciel qui les conduit, car ils sont aussi inconnus aux hommes que les lieux d'où ils sortent et où ils passent. Ils viennent; tout est préparé pour eux : les arbres sont leurs tentes, les déserts sont leurs voies. Voulez-vous savoir où ils ont campé? Voyez ces ossements de troupeaux égorgés, ces pins brisés comme par la foudre, ces forêts en feu, et ces plaines couvertes de cendres.

« Nous eûmes le bonheur de ne rencontrer aucune de ces grandes migrations; mais nous trouvâmes quelques familles errantes auprès desquelles les Francs sont un peuple policé. Ces infortunés, sans abri, sans vêtement, souvent même sans nourriture, n'ont, pour consoler leurs maux, qu'une liberté inutile et quelques danses dans le désert. Mais, lorsque ces danses sont exécutées au bord d'un fleuve, dans la profondeur des bois; que l'écho répète pour la première fois les accents d'une voix humaine; que l'ours regarde du haut de son rocher ces jeux de l'homme sauvage, on ne peut s'empêcher de trouver quelque chose de grand dans la rudesse même du tableau, de s'attendrir sur la destinée de cet enfant de la solitude, qui naît inconnu du monde, foule un moment des vallées où il ne repassera plus, et bientôt cache sa tombe sous la mousse des déserts, qui n'a pas même conservé l'empreinte de ses pas.

« Un jour, ayant passé l'Ister vers son embouchure, et m'étant un peu écarté de la troupe des chasseurs, je me trouvai à la vue des flots du Pont-Euxin. Je découvris un tombeau de pierre sur lequel croissait un laurier. J'arrachai les herbes qui couvraient quelques lettres latines, et bientôt je parvins à lire ce premier vers des élégies d'un poëte infortuné :

« Mon livre, vous irez à Rome, et vous irez à Rome sans moi. »

« Je ne saurais vous peindre ce que j'éprouvai en retrouvant au fond de ce désert le tombeau d'Ovide. Quelles tristes réflexions ne fis-je point sur les peines de l'exil, qui étaient aussi les miennes, et sur l'inutilité des talents pour le bonheur? Rome, qui jouit aujourd'hui des tableaux du plus ingénieux de ses poëtes, Rome a vu couler vingt ans d'un œil sec les larmes d'Ovide. Ah! moins ingrats que les peuples de l'Ausonie, les sauvages habitants des bords de l'Ister se souviennent encore de l'Orphée qui parut dans leurs forêts! Ils viennent danser autour de ses cendres; ils ont même retenu quelque chose de son langage : tant leur est douce la mémoire de ce Romain, qui s'accusait d'être le Barbare, parce qu'il n'était pas entendu du Sarmate !

« Les Francs n'avaient traversé de si vastes contrées qu'afin de visiter quelques tribus de leur nation transportées autrefois par Probus au bord du Pont-Euxin. Nous apprîmes, en arrivant, que ces tribus avaient disparu depuis plusieurs mois, et qu'on ignorait ce qu'elles étaient devenues. Mérovée prit à l'instant la résolution de retourner au camp de Pharamond.

« La Providence avait ordonné que je retrouverais la liberté au tombeau d'Ovide. Lorsque nous repassâmes auprès de ce monument, une louve, qui s'y était cachée pour y déposer ses petits, s'élança sur Mérovée. Je tuai cet animal furieux. Dès ce moment, mon jeune maître me promit de demander ma liberté à son père. Je devins son compagnon pendant le reste de la chasse. Il me faisait dormir à ses côtés. Quelquefois je lui parlais de la bataille sanglante où je l'avais vu traîné par trois taureaux indomptés, et il tressaillait de joie au souvenir de sa gloire. Quelquefois aussi je l'entretenais des coutumes et des traditions de mon pays; mais de tout ce que je lui racontais, il n'écoutait avec plaisir que l'histoire des travaux d'Hercule et de Thésée. Quand j'essayais de lui faire comprendre nos arts, il brandissait sa framée, et me disait avec impatience : « Grec, Grec, je suis ton maître. »

« Après une absence de plusieurs mois, nous arrivâmes au camp de Pharamond. La hutte royale était déserte. Le chef à la longue chevelure avait eu des hôtes : après avoir prodigué en leur honneur tout ce qu'il possédait de richesses, il était allé vivre dans la cabane d'un chef voisin, qui, ruiné à son tour par le monarque barbare, s'était établi avec lui chez un autre chef. Nous trouvâmes enfin Pharamond goûtant, assis à un grand repas, les charmes de cette hospitalité naïve, et il nous apprit le sujet de ces fêtes.

« Au milieu de la mer des Suèves se voit une île appelée Chaste, consacrée à la déesse Hertha. La statue de cette divinité est placée sur un char toujours couvert d'un voile. Ce char, traîné par des génisses blanches, se promène à des temps marqués au milieu des nations germaniques. Les inimitiés sont alors suspendues, et pour un moment les forêts du Nord cessent de retentir du bruit des armes. La déesse mystérieuse venait de passer chez les Barbares, et nous étions arrivés au milieu des réjouissances que cause son apparition. Zacharie eut à peine un moment pour me serrer dans ses bras. Tous les chefs étaient convoqués au banquet solennel : on devait y traiter de la conclusion de la paix, ou de la continuation de la guerre avec les Romains. Je fus chargé du rôle d'échanson, et Mérovée prit sa place au milieu des guerriers.

« Ils étaient rangés en demi-cercle, ayant au centre le foyer où s'apprêtaient les viandes du festin. Chaque chef, armé comme pour la guerre, était assis sur un faisceau d'herbes, ou sur un rouleau de peaux; il avait devant lui une petite table séparée des autres, sur laquelle on lui servait une portion de la victime, selon sa vaillance ou sa noblesse. Le guerrier reconnu pour le plus brave (et c'était Mérovée) occupait la première place. Des affranchis, armés de lances et de boucliers, portaient çà et là des trépieds chargés de viande, et des cornes d'uroch pleines de liqueur de froment.

« Vers la fin du repas, on commença à délibérer. Il y avait dans la ligne des Francs un Gaulois appelé Camulogènes, descendant du fameux vieillard qui défendit Lutèce contre Labiénus, lieutenant de Jules. Élevé parmi les quarante mille disciples des écoles d'Augustodunum (1), il avait perfectionné une éducation brillante sous les rhéteurs les plus célèbres de Marseille et de Burdigalie (2); mais l'inconstance naturelle aux Gaulois et un caractère sauvage l'avaient jeté d'abord dans la révolte des Bagaudes. Ces paysans soulevés furent

(1) Autun. — (2) Bordeaux.

domptés par Maximien, et Camulogènes passa chez les Francs, qui l'adoptèrent à cause de sa valeur et de ses richesses. Les prêtres du banquet de Pharamond ayant fait faire silence, le Gaulois se leva, et, peut-être lassé secrètement d'un long exil, il proposa d'envoyer des députés à César. Il vanta la discipline des légions romaines, les vertus de Constance, les charmes de la paix, et la douceur de la société.

« Qu'un Gaulois nous parle de la sorte, répondit Chlodéric, chef d'une tribu des Francs, cela ne doit pas nous surprendre: il attend quelques récompenses de ses anciens maîtres. J'avoue que le cep de vigne d'un centurion est plus facile à manier que ma framée, et qu'il est moins périlleux d'adorer César sur la pourpre au Capitole, que de le mépriser dans cette hutte sur une peau de loup. Je les ai vus dans Rome même, ces avides possesseurs de tant de palais, qui sont assez à plaindre pour désirer encore une cabane dans nos forêts : croyez-moi, ils ne sont pas si redoutables que la frayeur d'un Gaulois vous les représente. Conquis par cette nation de femmes, les Gaulois peuvent demander la paix s'ils le veulent; pour Chlodéric, il sent en lui quelque chose qui le porte à brûler le Capitole, et à effacer le nom romain de la terre.

« L'assemblée applaudit à ce discours, en agitant les lances et en frappant sur les boucliers.

« Allez, allez donc à Rome, repartit le Gaulois avec impétuosité. Que faites-vous ici cachés dans vos forêts? Quoi! braves, vous parlez de passer le Tibre, et vous n'avez pu encore franchir le Rhin! Les serfs gaulois, conquis par une nation de femmes, n'étaient pas assis tranquillement à un repas lorsqu'ils ravageaient cette ville que vous menacez de loin. Ignorez-vous que l'épée de fer d'un Gaulois a seule servi de contre-poids à l'empire du monde? Partout où il s'est remué quelque chose de grand, vous trouverez mes ancêtres. Les Gaulois seuls ne furent point étonnés à la vue d'Alexandre. César les combattit dix ans pour les soumettre, et Vercingétorix aurait soumis César si les Gaulois n'eussent été divisés. Les lieux les plus célèbres dans l'univers ont été assujettis à mes pères. Ils ont ravagé la Grèce, occupé Byzance, campé sur les ruines de Troie, possédé le royaume de Mithridate, et vaincu au delà du Taurus ces Scythes qui n'avaient été vaincus par personne. Le destin de la terre paraît attaché à mes ancêtres, comme à une nation fatale et marquée d'un sceau mystérieux. Tous les peuples semblent avoir ouï successivement cette voix qui annonça l'arrivée de Brennus à Rome, et qui disait à Céditius, au milieu de la nuit : « Céditius, va dire aux tribuns que les Gaulois seront demain ici. »

« Camulogènes allait continuer, lorsque Chlodéric l'interrompant par de bruyants éclats de rire, frappant du pommeau de son épée la table du festin, et renversant son vase à boire, s'écria :

« Rois chevelus, avez-vous compris quelque chose aux longs propos de cette prophétesse des Gaulois? Qui de vous a entendu parler de cet Alexandre, de ce Mithridate? Camulogènes, si tu sais faire de grands discours dans la langue de tes maîtres, épargne-toi la peine de les prononcer devant nous. Nous défendons à nos enfants d'apprendre à lire et à écrire, cet art de la servitude : nous ne voulons que du fer, des combats, du sang. »

« Des cris tumultueux s'élevèrent dans le conseil des Barbares. Le Gaulois, se vengeant de l'insulte par le mépris :

« Puisque le fameux Chlodéric ne connaît pas Alexandre et n'aime pas les longs discours, je ne lui dirai qu'un mot : Si les Francs n'ont pas d'autres guerriers que lui pour porter la flamme au Capitole, je leur conseille d'accepter la paix à quelque prix que ce puisse être. »

— « Traître, s'écria le Sicambre écumant de rage, avant que peu d'années se soient écoulées, j'espère que ta nation changera de maître. Tu reconnaîtras, en cultivant la terre pour les Francs, quelle est la valeur des rois chevelus. »

— « Si je n'ai que la tienne à craindre, repartit ironiquement le Gaulois, je ne me donnerai pas la peine de recueillir l'œuf du serpent à la lune nouvelle, afin de me mettre à l'abri des malheurs que me prépare Teutatès. »

« A ces mots Chlodéric furieux tendit à Camulogènes la pointe de sa framée, en lui disant d'une voix étouffée par la colère :

« Tu n'oserais seulement y porter la vue. »

— « Tu mens, repartit le Gaulois tirant son épée et se précipitant sur le Franc. »

« On se jeta entre les deux guerriers. Les prêtres firent cesser ce nouveau festin des Centaures et des Lapithes. Le lendemain, jour où la lune avait acquis toute sa splendeur, on décida dans le calme ce qu'on avait discuté dans l'ivresse, alors que le cœur ne peut feindre, et qu'il est ouvert aux entreprises généreuses. »

« On se détermina à faire des propositions de paix aux Romains ; et comme Mérovée, fidèle à sa parole, avait déjà obtenu ma liberté de son père, il fut résolu que j'irais à l'instant porter les paroles du conseil à Constance. Zacharie et Clothilde vinrent m'annoncer ma délivrance. Ils me conjurèrent de me mettre en route sur-le-champ, pour éviter l'inconstance naturelle aux Barbares. Je fus obligé de céder à leurs inquiétudes. Zacharie m'accompagna jusqu'à la frontière des Gaules. Le bonheur de recouvrer ma liberté était balancé par le chagrin de me séparer de ce vieillard. En vain je le pressai de me suivre, en vain je m'attendris sur les maux dont il était accablé. Il cueillit en marchant une plante de lis sauvage, dont la cime commençait à percer la neige, et il me dit :

« Cette fleur est le symbole du chef des Saliens et de sa tribu ; elle croît naturellement plus belle parmi ces bois que dans un sol moins exposé aux glaces de l'hiver ; elle efface la blancheur des frimas qui la couvrent, et qui ne font que la conserver dans leur sein, au lieu de la flétrir. J'espère que cette rude saison de ma vie, passée auprès de la famille de mon maître, me rendra un jour comme ce lis aux yeux de Dieu : l'âme a besoin, pour se développer dans toute sa force, d'être ensevelie quelque temps sous les rigueurs de l'adversité. »

« En achevant ces mots, Zacharie s'arrêta, me montra le ciel, où nous devions nous retrouver un jour ; et, sans me laisser le temps de me jeter à ses pieds, il me quitta après m'avoir donné sa dernière leçon. C'est ainsi que Jésus-Christ, dont il imite l'exemple, se plaisait à instruire ses disciples en se promenant au bord du lac de Génésareth, et faisait parler l'herbe des champs et les lis de la vallée. »

LIVRE HUITIÈME.

SOMMAIRE. — Interruption du récit. Commencement de l'amour d'Eudore pour Cymodocée, et de Cymodocée pour Eudore. Satan veut profiter de cet amour pour troubler l'Église. L'enfer. Assemblée des démons. Discours du démon de l'homicide. Discours du démon de la fausse sagesse. Discours du démon de la volupté. Discours de Satan. Les démons se répandent sur la terre.

Déjà le récit d'Eudore s'était prolongé jusqu'à la neuvième heure du jour. Le soleil dardait ses rayons brûlants sur les montagnes de l'Arcadie, et les oiseaux muets étaient retirés dans les roseaux du Ladon. Lasthénès invita les étrangers à prendre un nouveau repas, et leur proposa de remettre au jour suivant la fin de l'histoire de son fils. On quitta l'île et les deux autels, et l'on regagna en silence le toit hospitalier.

A peine quelques mots interrompus se firent entendre le reste de la journée. L'évêque de Lacédémone paraissait profondément occupé de l'histoire du fils de Lasthénès. Il admirait la peinture de l'état de l'Église et de ses progrès dans tout le monde. Il voyait figurer au milieu de ce tableau les hommes que les fidèles avaient à craindre, et dont les caractères tracés par Eudore ne promettaient qu'un sombre avenir. Cyrille reçut même de Rome des nouvelles alarmantes, qu'il ne crut pas devoir communiquer à la vertueuse famille.

Eudore à son tour était loin d'être tranquille. Il portait au pied de la croix des tribulations intérieures; il ignorait encore qu'elles étaient une suite des desseins de Dieu. Il redoublait de prières et d'austérités; mais au travers des pleurs de la pénitence, ses yeux apercevaient malgré lui les beaux cheveux, les mains d'albâtre, la taille élégante et les grâces ingénues de la fille d'Homère. Il voyait sans cesse ses doux et timides regards attachés sur lui, ses traits charmants où se venaient peindre tous les sentiments qu'il exprimait et même ceux qu'il n'exprimait point encore. Quelle naïve pudeur embellissait la vierge innocente, lorsqu'il racontait les coupables plaisirs de Rome et de Baïes ! Quelle pâleur mortelle couvrait ses joues, lorsqu'il décrivait des combats, ou qu'il parlait de blessures et d'esclavage !

La prêtresse des Muses éprouvait de son côté des sentiments confus et une émotion nouvelle. Son esprit et son cœur sortaient en même temps de leur double enfance. L'ignorance de son esprit s'évanouissait devant la raison du christianisme; l'ignorance de son cœur cédait à cette lumière qu'apportent toujours les passions. Chose extraordinaire, cette jeune fille ressentait à la fois le trouble et les délices de la sagesse et de l'amour!

« Mon père, disait-elle à Démodocus, quel divin étranger nous a conviés à ses banquets ! combien le fils de Lasthénès est grand par le cœur et par les armes ! N'est-ce point un de ces premiers habitants du monde que Jupiter a transformés en dieux favorables aux mortels ? Jouet des cruelles destinées, que de combats il a livrés ! que de maux il a soufferts ! O Muses chastes et puissantes ! ô mes divinités tutélaires ! où étiez-vous lorsque d'indignes chaînes pressaient de si nobles mains ? Ne pouviez-vous faire tomber les liens de ce jeune héros au son de vos lyres ? Mais, prêtre d'Homère, toi qui sais toutes choses et qui as la sage retenue des vieillards, dis : quelle est cette religion dont parle Eudore? Elle est belle, cette religion! elle approche le cœur de la justice, elle apaise les folles amours. Celui qui la suit est toujours prêt à secourir le malheur, comme un voisin généreux, sans se donner le temps de prendre sa ceinture. Allons dans les temples immoler des brebis à Cérès qui porte des lois, au Soleil qui voit l'avenir. La robe traînante, la coupe des libations à la main, faisons le tour des autels arrosés de sang, pétrissons les gâteaux sacrés, et tâchons de découvrir quel est le génie inconnu qui protége Eudore.... Je sens qu'une divinité mystérieuse parle à mon cœur.... Mais une vierge doit-elle pénétrer les secrets des jeunes hommes, et chercher à connaître leurs dieux? La pudeur lèvera-t-elle son voile pour interroger les oracles? »

En achevant ces mots, Cymodocée remplit son sein des larmes qui coulaient de ses yeux.

Ainsi le ciel rapprochait deux cœurs dont l'union devait amener le triomphe de la croix. Satan allait profiter de l'amour du couple prédestiné, pour faire naître de violents orages, et tout marchait à l'accomplissement des décrets de l'Éternel. Le prince des ténèbres achevait dans ce moment même la revue des temples de la terre. Il avait visité les sanctuaires du mensonge et de l'imposture, l'antre de Trophonius, les soupiraux de la sibylle, les trépieds de Delphes, la pierre de Teutatès, les souterrains d'Isis, de Mitra, de Wishnou. Partout les sacrifices étaient suspendus, les oracles abandonnés, et les prestiges de l'idolâtrie près de s'évanouir devant la vérité du Christ. Satan gémit de la perte de sa puissance, mais du moins il ne cédera pas la victoire sans combat. Il jure, par l'éternité de l'enfer, d'anéantir les adorateurs du vrai Dieu, oubliant que les portes du lieu de douleur ne prévaudront pas contre la bien-aimée du Fils de l'Homme. L'archange rebelle ignore les desseins de l'Éternel, qui va punir son Église coupable; mais il sent que la domination sur les fidèles lui est un moment accordée, et que le ciel le laisse libre d'accomplir ses noirs projets. Aussitôt il quitte la terre et descend vers le sombre empire.

Tel qu'on voit au sommet du Vésuve une roche calcinée suspendue au milieu des cendres; si le soufre et le bitume rallumés dans la montagne obscurcissent le soleil, font bouillonner la mer et chanceler Parthénope comme une bacchante enivrée, alors la cime du volcan change sa forme mobile, la lave s'affaisse, la pierre roule et rentre en grondant au fond des entrailles brûlantes qui l'avaient rejetée : ainsi Satan, vomi par l'enfer, se replonge dans le gouffre béant. Plus rapide que la pensée, il franchit tout l'espace qui doit s'anéantir un jour; par delà les restes mugissants du chaos, il arrive à la frontière de ces régions impérissables comme la vengeance qui les forma; régions maudites, tombe et berceau de la mort, où le temps ne fait point la règle, et qui resteront encore quand l'univers aura été enlevé ainsi qu'une tente dressée pour un jour. Une larme involontaire mouille les yeux de l'esprit pervers, au moment où il s'enfonce dans les royaumes de la nuit. Sa lance de feu éclaire à peine autour de lui l'épaisseur des ombres. Il ne suit aucune route à travers les ténèbres; mais, entraîné par le poids de ses crimes, il descend naturellement vers l'enfer. Il ne voit pas encore la lueur lointaine de ces flammes qui brûlent sans aliments, et pourtant sans jamais s'éteindre, et déjà les gémissements des réprouvés parviennent à son oreille. Il s'arrête, il frémit à ce premier soupir des éternelles douleurs. L'enfer étonne encore son monarque. Un mouvement de remords et de pitié saisit le cœur de l'archange rebelle.

« C'est donc moi, s'écrie-t-il, qui ai creusé ces prisons et rassemblé tous
« ces maux ! Sans moi le mal eût été inconnu dans les œuvres du Tout-Puis-
« sant. Que m'avait fait l'homme, cette belle et noble créature ?.... »

Satan allait prolonger les plaintes d'un repentir inutile, quand la bouche embrasée de l'abîme venant à s'ouvrir le rappela tout à coup à d'autres pensées.

Un fantôme s'élance sur le seuil des portes inexorables : c'est la Mort. Elle se montre comme une tache obscure sur les flammes des cachots qui brûlent derrière elle ; son squelette laisse passer les rayons livides de la lumière infernale entre les creux de ses ossements. Sa tête est ornée d'une couronne changeante, dont elle dérobe les joyaux aux peuples et aux rois de la terre. Quelquefois elle se pare des lambeaux de la pourpre ou de la bure, dont elle a dépouillé le riche et l'indigent. Tantôt elle vole, tantôt elle se traîne ; elle prend toutes les formes, même celles de la beauté. On la croirait sourde, et toutefois elle entend le plus petit bruit qui décèle la vie ; elle paraît aveugle, et pourtant elle découvre le moindre insecte rampant sous l'herbe. D'une main elle tient une faux comme un moissonneur ; de l'autre elle cache la seule blessure qu'elle ait jamais reçue, et que le Christ vainqueur lui porta dans le sein, au sommet du Golgotha.

C'est le Crime qui ouvre les portes de l'enfer, et c'est la Mort qui les referme. Ces deux monstres, par un certain amour affreux, avaient été avertis de l'approche de leur père. Aussitôt que la Mort reconnaît de loin l'ennemi des hommes, elle vole pleine de joie à sa rencontre :

« O mon père ! s'écrie-t-elle, j'incline devant toi cette tête qui ne s'abaissa
« jamais devant personne. Viens-tu rassasier la faim insatiable de ta fille ? je
« suis fatiguée des mêmes festins, et j'attends de toi quelque nouveau monde
« à dévorer. »

Satan, saisi d'horreur, détourna la tête pour éviter les embrassements du squelette. Il l'écarte avec sa lance, et lui répond en passant :

« O Mort ! tu seras satisfaite et vengée : je vais livrer à ta rage le peuple
« nombreux de ton unique vainqueur. »

En prononçant ces mots, le chef des démons entre au séjour où pleurent à jamais ses victimes ; il s'avance dans les campagnes ardentes. L'abîme s'émeut à la vue de son roi ; les bûchers jettent une flamme plus éclatante ; le réprouvé, qui pensait être au comble de la douleur, est percé d'un aiguillon plus aigu : ainsi, dans le désert de Zaara, accablé par l'ardeur d'un orage sans pluie, le noir Africain se couche sur les sables, au milieu des serpents et des lions altérés comme lui ; il se croit parvenu au dernier degré du supplice : un soleil troublé, se montrant entre des nuées arides, lui fait sentir des tourments nouveaux.

Qui pourrait peindre l'horreur de ces lieux, où sont rassemblées, agrandies et perpétuées sans fin toutes les tribulations de la vie ? Lié par cent nœuds de diamant sur un trône de bronze, le démon du désespoir domine l'empire des chagrins. Satan, accoutumé aux clameurs infernales, distingue à chaque cri et la faute punie et la douleur éprouvée. Il reconnaît la voix du premier homicide ; il entend le mauvais riche qui demande une goutte d'eau ; il rit des lamentations du pauvre qui réclame, au nom de ses haillons, les royaumes du ciel.

« Insensé, lui dit-il, tu croyais donc que l'indigence suppléait à toutes les
« vertus ? Tu pensais que tous les rois étaient dans mon empire, et tous tes
« frères autour de mon rival ? Vile et chétive créature, tu fus insolent, men-
« teur, lâche, envieux du bien d'autrui, ennemi de tout ce qui était au-dessus
« de toi par l'éducation, l'honneur et la naissance, et tu demandes des cou-
« ronnes ! Brûle ici avec l'opulence impitoyable, qui fit bien de t'éloigner d'elle,
« mais qui te devait un habit et du pain. »

Du milieu de leurs supplices, une foule de malheureux criaient à Satan :
« Nous t'avons adoré, Jupiter, et c'est pour cela, maudit, que tu nous retiens
« dans les flammes ! »

Et l'archange orgueilleux, souriant avec ironie, répondait :
« Tu m'as préféré au Christ, partage mes honneurs et mes joies ! »

La peine du feu n'est pas le tourment le plus affreux qu'éprouvent les âmes condamnées : elles conservent la mémoire de leur divine origine ; elles portent en elles-mêmes l'image ineffaçable de la beauté de Dieu, et regrettent à jamais le souverain bien qu'elles ont perdu : ce regret est sans cesse excité par la vue des âmes dont la demeure touche à l'enfer, et qui, après avoir expié leurs erreurs, s'envolent aux régions célestes. A tous ces maux les réprouvés joignent encore les afflictions morales et la honte des crimes qu'ils ont commis sur la terre : les douleurs de l'hypocrite s'augmentent de la vénération que ses fausses vertus continuent d'inspirer au monde. Les titres magnifiques que le siècle déçu donne à des morts renommés font le tourment de ces morts dans les flammes de la vérité et de la vengeance. Les vœux qu'une tendre amitié offre au ciel pour des âmes perdues désolent, au fond de l'abîme, ces âmes inconsolables. C'est alors qu'on voit sortir du sépulcre ces coupables qui viennent révéler à la terre les châtiments de la justice divine, et dire aux hommes : « Ne priez pas pour
« moi ; je suis jugé. »

Au centre de l'abîme, au milieu d'un océan qui roule du sang et des larmes, s'élève parmi des rochers un noir château, ouvrage du Désespoir et de la Mort. Une tempête éternelle gronde autour de ses créneaux menaçants, un arbre stérile est planté devant sa porte, et sur le donjon de ses tristes murs, repliés neuf fois sur eux-mêmes, flotte l'étendard de l'Orgueil à demi consumé par la foudre. Les démons, que les païens appellent les Parques, veillent à la barrière de ce palais ténébreux. Satan arrive au pied de sa royale demeure. Les trois gardes du palais se lèvent, et laissent le marteau d'airain retomber avec un bruit lugubre sur la porte d'airain. Trois autres démons, adorés sous le nom de Furies, ouvrent le guichet ardent : on aperçoit alors une longue suite de portiques désolés, semblables à ces galeries souterraines où les prêtres de l'Égypte cachaient les monstres qu'ils faisaient adorer aux hommes. Les dômes du fatal édifice retentissent des sourds mugissements d'un incendie ; une pâle lueur descend des voûtes embrasées. A l'entrée du premier vestibule, l'Éternité des douleurs est couchée sur un lit de fer : elle est immobile; son cœur même n'a aucun mouvement : elle tient à la main un sablier inépuisable. Elle ne sait et ne prononce que ce mot :

« Jamais ! »

Aussitôt que le souverain des hiérarchies maudites est entré dans son habitacle impur, il ordonne aux quatre chefs des légions rebelles de convoquer le sénat des enfers. Les démons s'empressent d'obéir aux ordres de leur monarque. Ils remplissent en foule la vaste salle du conseil de Satan; ils se placent sur les gradins brûlants du sombre amphithéâtre; ils viennent tels que les adorent les mortels, avec les attributs d'un pouvoir qui n'est qu'imposture. Celui-là porte le trident dont il frappe en vain les mers, qui n'obéissent qu'à Dieu; celui-ci, couronné des rayons d'une fausse gloire, veut imiter, astre menteur, ce géant superbe que l'Éternel fait sortir chaque matin du lieu où se lève l'aurore. Là raisonne le génie de la fausse sagesse, là rugit l'esprit de la guerre, là sourit le démon de la volupté : les hommes l'appellent Vénus; l'enfer le connaît sous le nom d'Astarté; ses yeux sont remplis d'une molle langueur, sa voix porte le trouble dans les âmes, et la brillante ceinture qui se rattache autour de ses flancs est l'ouvrage le plus dangereux des puissances de l'abîme. Enfin, on voit réunis dans ce conseil tous les faux dieux des nations, et Mitra, et Baal, et Moloch, Anubis, Brama, Teutatès, Odin, Erminsul, et mille autres fantômes de nos passions et de nos caprices.

Filles du ciel, les passions nous furent données avec la vie : tant qu'elles restent pures dans notre sein, elles sont sous la garde des anges; mais aussitôt qu'elles se corrompent, elles passent sous l'empire des démons. C'est ainsi qu'il y a un amour légitime et un amour coupable, une colère pernicieuse et une sainte colère, un orgueil criminel et une noble fierté, un courage brutal et une valeur éclairée. O grandeur de l'homme! nos vices et nos vertus font l'occupation et une partie de la puissance de l'enfer et du ciel.

Non plus comme cet astre du matin qui nous apporte la lumière, mais semblable à une comète effrayante, Lucifer s'assied sur son trône, au milieu de ce peuple d'esprits. Tel qu'on voit pendant une tempête une vague s'élever au-dessus des autres flots, et menacer les nautoniers de sa cime écumante; ou tel que, dans une ville embrasée, on remarque, au milieu des édifices fumants, une haute tour dont les flammes couronnent le sommet : tel paraît l'archange tombé au milieu de ses compagnons. Il soulève le sceptre de l'enfer, où, par un feu subtil, tous les maux sont attachés. Dissimulant les chagrins qui le dévorent, Satan parle ainsi à l'assemblée :

« Dieux des nations, trônes, ardeurs, guerriers généreux, milices invin-
« cibles, race noble et indépendante, magnanimes enfants de cette forte patrie,
« le jour de gloire est arrivé; nous allons recueillir le fruit de notre constance
« et de nos combats. Depuis que j'ai brisé le joug du tyran, j'ai tâché de me
« rendre digne du pouvoir que vous m'avez confié. Je vous ai soumis l'uni-
« vers; vous entendez ici les plaintes des descendants de cet homme qui de-
« vait vous remplacer au séjour des béatitudes. Pour sauver cette race miséra-
« ble, notre persécuteur fut obligé d'envoyer son Fils sur la terre. Il a paru,

« ce Messie; il a osé pénétrer dans nos royaumes; et, si vous eussiez secondé
« mon audace, nous l'aurions chargé de fers et retenu au fond de ces abîmes :
« la guerre alors était à jamais terminée entre nous et l'Éternel. Mais cette
« occasion favorable est perdue, et c'est ce qui nous oblige à reprendre les
« armes. Les sectateurs du Christ se multiplient. Trop sûrs de la justice de
« nos droits, nous avons négligé de défendre nos autels : faisons donc tous
« ensemble un nouvel effort, afin de renverser cette croix qui nous menace,
« et délibérons sur les moyens les plus prompts de parvenir à cette victoire. »

Ainsi parle le blasphémateur vaincu du Christ dans la nuit éternelle, cet archange qui vit le Sauveur briser avec sa croix les portes de l'enfer, et délivrer la troupe des justes d'Israël; les démons éperdus fuyaient à l'aspect de la lumière divine; et Satan lui-même, renversé au milieu des ruines de son empire, avait la tête écrasée sous le pied d'une femme.

Lorsque le père du mal eut fini son discours, le démon de l'homicide se leva. Des bras teints de sang, des gestes furieux, une voix effrayante, tout annonce en cet esprit révolté les crimes qui le souillent et la violence des sentiments qui l'agitent. Il ne peut supporter la pensée qu'un seul chrétien échappe à ses fureurs : ainsi, dans l'Océan qui baigne les rivages du Nouveau Monde, on voit un monstre marin poursuivre sa proie au milieu des flots : si la proie brillante déploie tout à coup des ailes argentées, et trouve, oiseau d'un moment, sa sûreté dans les airs, le monstre trompé bondit sur les vagues, et, vomissant des tourbillons d'écume et de fumée, il effraie les matelots de sa rage impuissante.

« Qu'est-il besoin de délibérer? s'écrie l'ange atroce. Faut-il, pour dé-
« truire les peuples du Christ, d'autres moyens que des bourreaux et des
« flammes? Dieux des nations, laissez-moi le soin de rétablir vos temples. Le
« prince qui va bientôt régner sur l'empire romain est dévoué à ma puissance.
« J'exciterai la cruauté de Galérius. Qu'un immense et dernier massacre fasse
« nager les autels de notre ennemi dans le sang de ses adorateurs. Satan aura
« commencé la victoire en perdant le premier homme, moi je l'aurai cou-
« ronnée en exterminant les chrétiens. »

Il dit, et tout à coup les angoisses de l'enfer se font sentir à cet esprit féroce; il pousse un cri comme un coupable frappé du glaive des bourreaux, comme un assassin percé de la pointe des remords. Une sueur ardente paraît sur son front; quelque chose de semblable à du sang distille de sa bouche : il se débat en vain sous le poids de la réprobation.

Alors le démon de la fausse sagesse se lève avec une gravité qui ressemble à une triste folie. La feinte sévérité de sa voix, le calme apparent de ses esprits, trompent la multitude éblouie : tel qu'une belle fleur portée sur une tige empoisonnée, il séduit les hommes et leur donne la mort. Il affecte la forme d'un vieillard, chef d'une de ces écoles répandues dans Athènes et dans Alexandrie. Des cheveux blancs couronnés d'une branche d'olivier, un front à moitié chauve, préviennent d'abord en sa faveur; mais quand on le considère de plus près, on découvre en lui un abîme de bassesse et d'hypocrisie, et une haine monstrueuse de la véritable raison. Son crime commença dans le ciel avec la création des mondes, aussitôt que ces mondes eurent été livrés à ses vaines disputes. Il blâma les ouvrages du Tout-Puissant ; il voulait, dans son orgueil, établir un autre ordre parmi les anges et dans l'empire de la souveraine sagesse : c'est lui qui fut le père de l'Athéisme, exécrable fantôme que Satan même n'avait point enfanté, et qui devint amoureux de la Mort, lorsqu'elle parut aux enfers. Mais, quoique le démon des doctrines funestes s'applaudisse de ses lumières, il sait pourtant combien elles sont pernicieuses aux mortels, et il triomphe des maux qu'elles font à la terre. Plus coupable que tous les anges rebelles, il connaît sa propre perversité, et il s'en fait un titre de gloire. Cette fausse sagesse, née après les temps, parla de cette sorte à l'assemblée des démons :

« Monarques de l'enfer, vous le savez, j'ai toujours été opposé à la violence.
« Nous n'obtiendrons la victoire que par le raisonnement, la douceur et la
« persuasion. Laissez-moi répandre parmi nos adorateurs, et chez les chré-
« tiens eux-mêmes, ces principes qui dissolvent les liens de la société, et mi-
« nent les fondements des empires. Déjà Hiéroclès, ministre chéri de Galérius,
« s'est jeté dans mes bras. Les sectes se multiplient. Je livrerai les hommes à
« leur propre raison ; je leur enverrai mon fils, l'Athéisme, amant de la Mort
« et ennemi de l'Espérance. Ils en viendront jusqu'à nier l'existence de celui
« qui les créa. Vous n'aurez point à livrer de combats, dont l'issue est toujours
« incertaine : je saurai forcer l'Éternel à détruire une seconde fois son ou-
« vrage. »

A ce discours de l'esprit le plus profondément corrompu de l'abîme, les démons applaudirent en tumulte. Le bruit de cette lamentable joie se prolongea sous les voûtes infernales. Les réprouvés crurent que leurs persécuteurs venaient d'inventer de nouveaux tourments. Aussitôt ces âmes, qui n'étaient plus gardées dans leurs bûchers, s'échappèrent des flammes, et accoururent au conseil : elles traînaient avec elles quelque partie de leurs supplices : l'une son suaire embrasé, l'autre sa chape de plomb, celle-ci les glaçons qui pendaient à ses yeux remplis de larmes, celle-là les serpents dont elle était dévorée. Les affreux spectateurs d'un affreux sénat prennent leurs rangs dans les tribunes brûlantes. Satan lui-même, effrayé, appelle les spectres gardiens des ombres, les vaines Chimères, les Songes funestes, les Harpies aux sales griffes, l'Épouvante au visage étonné, la Vengeance à l'œil hagard, les Remords qui ne dorment jamais, l'inconcevable Folie, les pâles Douleurs et le Trépas.

« Remettez, s'écrie-t-il, ces coupables dans les fers, ou craignez que Satan
« ne vous enchaîne avec eux. »

Inutiles menaces ! Les fantômes se mêlent aux réprouvés, et veulent, à leur exemple, assister au conseil de leurs rois. On aurait vu peut-être un combat horrible, si Dieu, qui maintient sa justice, et qui seul est auteur de l'ordre, même aux enfers, n'eût fait cesser le tumulte. Il étendit son bras, et l'ombre de sa main se dessina sur le mur de la salle maudite. Aussitôt une terreur profonde s'empare des âmes perdues et des esprits rebelles : les premières retournent à leurs tourments ; les seconds, après que la main divine s'est retirée, recommencent à délibérer.

Le démon de la volupté, essayant de sourire sur le siége où il était à demi couché, fait un effort et relève la tête. Le plus beau des anges tombés après l'archange rebelle, il a conservé une partie des grâces dont l'avait orné le Créateur; mais au fond de ses regards si doux, à travers le charme de sa voix et de son sourire, on découvre je ne sais quoi de perfide et d'empoisonné. Né pour l'amour, éternel habitant du séjour de la haine, il supporte impatiemment son malheur; trop délicat pour pousser des cris de rage, il pleure seulement, et prononce ces paroles avec de profonds soupirs :

« Dieux de l'Olympe, et vous que je connais moins, divinités du brahmane
« et du druide, je n'essaierai point de le cacher; oui, l'enfer me pèse! Vous
« ne l'ignorez pas : je ne nourrissais contre l'Éternel aucun sujet de haine, et
« j'ai seulement suivi, dans sa rébellion et dans sa chute, un ange que j'ai-
« mais. Mais, puisque je suis tombé du ciel avec vous, je veux du moins vivre
« longtemps au milieu des mortels, et je ne me laisserai point bannir de la
« terre. Tyr, Héliopolis, Paphos, Amathonte, m'appellent. Mon étoile brille
« encore sur le mont Liban : là, j'ai des temples enchantés, des fêtes gra-
« cieuses, des signes qui m'entraînent au milieu des airs, des fleurs, de l'en-
« cens, des parfums, de frais gazons, des danses voluptueuses et de riants
« sacrifices! Et les chrétiens m'arracheraient ce léger dédommagement des joies
« célestes! le myrte de mes bosquets, qui donne à l'enfer tant de victimes,
« serait transformé en croix sauvage, qui multiplie les habitants du ciel! Non,
« je ferai connaître aujourd'hui ma puissance. Pour vaincre les disciples d'une
« loi sévère, il ne faut ni violence, ni sagesse : j'armerai contre eux les tendres
« passions; cette ceinture vous répond de la victoire. Bientôt mes caresses au-
« ront amolli ces durs serviteurs d'un Dieu chaste. Je dompterai les vierges
« rigides, et j'irai troubler, jusque dans leur désert, ces anachorètes qui pensent
« échapper à mes enchantements. L'ange de la sagesse s'applaudit d'avoir en-
« levé Hiéroclès à notre ennemi; mais Hiéroclès est aussi fidèle à mon culte :
« déjà j'ai allumé dans son sein une flamme criminelle; je saurai maintenir
« mon ouvrage, faire naître des rivalités, bouleverser le monde en me jouant,
« et, par les délices, amener les hommes à partager vos douleurs. »

En achevant ces mots, Astarté se laisse tomber sur sa couche. Il veut sourire, mais le serpent qu'il porte caché sous sa ceinture le frappe secrètement au cœur : le faible démon pâlit, et les chefs expérimentés des bandes infernales devinèrent sa blessure.

Cependant les trois avis partageaient l'horrible sanhédrin. Satan impose silence à l'assemblée :

« Compagnons, vos conseils sont dignes de vous; mais, au lieu de choi-
« sir entre des avis également sages, suivons-les tous pour obtenir un succès
« éclatant. Appelons encore à notre aide l'Idolâtrie et l'Orgueil. Moi-même je
« réveillerai la Superstition dans le cœur de Dioclétien, et l'Ambition dans
« l'âme de Galérius. Vous tous, dieux des nations, secondez mes efforts :
« allez, volez, excitez le zèle du peuple et des prêtres. Remontez sur
« l'Olympe, faites revivre les fables des poëtes. Que les bois de Dodone et
« de Daphné rendent de nouveaux oracles; que le monde soit partagé entre
« des fanatiques et des athées; que les doux poisons de la volupté allument des

« passions féroces; et de tous ces maux réunis faisons naître contre les chré-
« tiens une épouvantable persécution. »

Ainsi parle Lucifer : trois fois il frappe son trône de son sceptre; trois fois le creux de l'abîme renvoie un long mugissement. Le chaos, unique et sombre voisin de l'enfer, ressent le contre-coup, s'entr'ouvre et laisse passer au travers de son sein un faible rayon de lumière qui descend jusque dans la nuit des réprouvés. Jamais Satan n'avait paru plus formidable depuis le jour où, renonçant à l'obéissance, il se déclara l'ennemi de l'Éternel. Aussitôt les légions s'élèvent, sortent du conseil, traversent la mer de larmes, la région des supplices, et volent vers la porte gardée par le Crime et la Mort. On voit passer la troupe immonde à la lueur des fournaises ardentes, comme, dans une grotte souterraine, voltigent à la lumière d'un flambeau ces oiseaux douteux dont un insecte impur semble avoir tissu les ailes.

Sous le vestibule du palais des enfers, devant le lit de fer où repose l'Éternité des douleurs, est suspendue une lampe : là brûle la flamme primitive de la colère céleste, qui alluma les brasiers éternels. Satan prend une étincelle de ce feu. Il part : du premier bond il touche à la ceinture étoilée; du second pas il arrive au séjour des hommes. Il porte l'étincelle fatale dans tous les temples, rallume les feux éteints sur les autels des idoles : aussitôt Pallas remue sa lance, Bacchus agite son thyrse, Apollon tend son arc, l'Amour secoue son flambeau, les vieux pénates d'Énée prononcent des paroles mystérieuses, et les dieux d'Ilion prophétisent au Capitole. Le père du mensonge place un esprit d'illusion à chaque simulacre des divinités païennes; et, réglant les mouvements de ses invisibles cohortes, il fait agir de concert, contre l'Église de Jésus-Christ, l'armée entière des démons.

LIVRE NEUVIÈME.

SOMMAIRE. — Reprise du récit d'Eudore. Eudore à la cour de Constance. Il passe dans l'île des Bretons. Il obtient les honneurs du triomphe. Il revient dans les Gaules. Il est nommé commandant de l'Armorique. Les Gaules. L'Armorique. Épisode de Velléda.

Trop fidèle à ses promesses, le démon des voluptés est descendu sous les lambris dorés qu'habite le disciple des faux sages. Il réveille dans son cœur une flamme assoupie; il présente à ses désirs l'image de la fille d'Homère; il le perce d'une flèche trempée dans les eaux qui recouvrent les ruines fumantes de Gomorrhe. Si Hiéroclès avait pu voir, en ce moment même, la prêtresse des Muses atteinte des traits d'un autre amour; s'il l'avait pu voir les yeux attachés sur Eudore, qui s'apprête à continuer le récit de ses aventures, quelle jalousie n'eût point embrasé l'âme de l'ennemi des chrétiens! Hélas! les ravages de cette jalousie ne sont suspendus que pour quelques jours. La famille de Lasthénès jouit avec ses hôtes des derniers moments de paix que le ciel lui laisse ici-bas. Rassemblés, comme la veille, au lever de l'aurore, Lasthénès, ses filles et son épouse, Cyrille, Démodocus et Cymodocée, sont assis à la porte du verger, et prêtent une oreille attentive au guerrier repentant, qui recommence à parler en ces mots :

« Je vous ai dit, seigneurs, que Zacharie m'avait laissé sur la frontière des Gaules. Constance se trouvait alors à Lutèce. Après plusieurs jours de fatigue, j'arrivai chez les Belges (1) de la Sequana. Le premier objet qui me frappa dans les marais des Parisii, ce fut une tour octogone, consacrée à huit dieux gaulois. Du côté du midi, à deux mille pas de Lutèce, et par delà le fleuve qui l'embrasse, on découvrait le temple d'Hésus; plus près, dans une prairie au bord du fleuve, s'élevait un second temple dédié à Isis; et vers le nord, sur une colline, on voyait les ruines d'un troisième temple, jadis bâti en l'honneur de Teutatès. Cette colline était le Mont de Mars, où Denis avait reçu la palme du martyre.

« En approchant de la Sequana, j'aperçus, à travers un rideau de saules et de noyers, ses eaux claires, transparentes, d'un goût excellent, et qui rarement croissent ou diminuent. Des jardins plantés de quelques figuiers qu'on avait entourés de paille pour les préserver de la gelée étaient le seul ornement de ses rives. J'eus quelque peine à découvrir le village que je cherchais, et qui porte le nom de Lutèce, c'est-à-dire la belle pierre ou la belle colonne. Un berger me le montra enfin au milieu de la Sequana, dans une île qui s'allonge en forme de vaisseau. Deux ponts de bois, défendus par deux châteaux, où l'on paie le tribut à César, joignent ce misérable hameau aux deux rives opposées du fleuve.

« J'entrai dans la capitale des Parisii par le pont du septentrion, et je ne vis dans l'intérieur du village que des huttes de bois et de terre, recouvertes de paille et échauffées par des fourneaux. Je n'y remarquai qu'un seul monument : c'était un autel élevé à Jupiter par la compagnie des Nautes. Mais hors de l'île, de l'autre côté du bras méridional de la Sequana, on voyait sur la colline Lucotitius, un aqueduc romain, un cirque, un amphithéâtre, et le palais des Thermes habité par Constance.

« Aussitôt que César eut appris que j'étais à la porte de son palais, il s'écria : « Qu'on laisse entrer l'ami de mon fils ! »

« Je me jetai aux pieds du prince; il me releva avec douceur, m'honora de ses éloges devant sa cour, et me prenant par la main, me fit passer avec lui dans la salle du conseil. Je lui racontai ce qui m'était arrivé chez les Francs. Constance parut charmé que ces peuples consentissent enfin à poser les armes, et il fit partir à l'heure même un centurion pour traiter de la paix avec eux. Je remarquai avec douleur que la pâleur et la faiblesse de Constance étaient augmentées.

« Je trouvai réunis dans le palais de ce prince les fidèles les plus illustres de la Gaule et de l'Italie. Là brillaient Donatien et Rogatien, aimables frères; Gervais et Protais, l'Oreste et le Pylade des chrétiens; Procula de Marseille; Just de Lugdunum; enfin, le fils du préfet des Gaules, Ambroise, modèle de science, de fermeté et de candeur. Ainsi que Xénophon, on racontait qu'il

---

() Les habitants de l'Île de France.

avait été nourri par des abeilles : l'Église attendait en lui un orateur et un grand homme.

« J'avais un désir extrême d'apprendre de la bouche de Constance les changements survenus à la cour de Dioclétien depuis ma captivité. Il me fit bientôt appeler dans les jardins du palais, qui descendent en amphithéâtre sur la colline Lucotitius, jusqu'à la prairie où s'élève le temple d'Isis, au bord de la Sequana.

« Eudore, me dit-il, nous allons combattre Carrausius, et délivrer la Bretagne (1) de ce tyran, usurpateur de la pourpre impériale. Mais, avant de partir pour cette province, il est bon que vous connaissiez l'état des affaires à Rome, afin de régler votre conduite sur ce que je vais vous apprendre. Vous vous souvenez peut-être que lorsque vous vîntes me trouver dans les Gaules, Dioclétien allait pacifier l'Égypte, et Galérius combattre les Perses. Ce dernier a obtenu la victoire : depuis ce moment son orgueil et son ambition n'ont plus connu de bornes. Il a épousé Valérie, fille de Dioclétien, et il manifeste ouvertement le désir de parvenir à l'empire en forçant son beau-père à abdiquer. Dioclétien, qui commence à vieillir, et dont l'esprit est affaibli par une maladie, ne peut presque plus résister à un ingrat. Les créatures de Galérius triomphent. Hiéroclès, votre ennemi, jouit d'une haute faveur ; il a été nommé proconsul du Péloponèse, votre patrie. Mon fils est exposé à mille dangers. Galérius a cherché à le faire périr, en l'obligeant une fois à combattre un lion, une autre fois en le chargeant d'une entreprise dangereuse contre les Sarmates. Enfin, Galérius favorise Maxence, fils de Maximien, quoiqu'au fond il ne l'aime pas, mais seulement parce qu'il voit en lui un rival de Constantin. Ainsi, Eudore, tout annonce que nous touchons à une révolution. Mais tandis qu'il me reste un souffle de vie, je ne crains point la jalousie de Galérius. Que mon fils échappe à ses gardes, qu'il vienne retrouver son père, on apprendra, si l'on ose m'attaquer, que l'amour des peuples est pour les princes un rempart inexpugnable. »

« Quelques jours après cet entretien, nous partîmes pour l'île des Bretons, que l'Océan sépare du reste du monde. Les Pictes avaient attaqué la muraille d'Agricola, immortalisée par Tacite. D'une autre part, Carrausius, afin de résister à Constance, avait soulevé le reste des anciennes factions de Caractacus et de la reine Boudicée. Ainsi nous fûmes plongés à la fois dans les troubles des discordes civiles et dans les horreurs d'une guerre étrangère. Un peu de courage naturel au sang dont je sors, et une suite d'actions heureuses, me conduisirent de grade en grade jusqu'au rang de premier tribun de la légion britannique. Bientôt je fus créé maître de la cavalerie, et je commandais l'armée lorsque les Pictes furent vaincus sous les murs de Petuaria (2), colonie que les Parisii des Gaules ont plantée au bord de l'Abus (3). J'attaquai Carrausius sur le Thamésis (4), fleuve couvert de roseaux, qui baigne le village marécageux de Londinum (5). L'usurpateur avait choisi ce champ de bataille parce que les Bretons s'y croyaient invincibles. Là s'élevait une vieille

(1) L'Angleterre. — (2) Beverley, dans le comté d'York, en Angleterre. — (3) L'Humbler. — (4) La Tamise. — (5) Londres.

tour, du haut de laquelle un barde annonçait, dans ses chants prophétiques, je ne sais quels tombeaux chrétiens qui devaient illustrer le lieu (1). Carrausius fut vaincu, et ses soldats l'assassinèrent. Constance me laissa toute la gloire de ce succès. Il envoya à l'empereur mes lettres couronnées de lauriers. Il sollicita et obtint pour moi la statue et les honneurs qui ont remplacé le triomphe. Bientôt après, nous repassâmes dans les Gaules, et César, voulant me donner une nouvelle preuve de sa puissante amitié, me créa commandant des contrées armoricaines. Je me disposai à partir pour ces provinces, où florissait encore la religion des druides, et dont les rivages étaient souvent insultés par les flottes des Barbares du Nord.

« Quand les préparatifs de mon voyage furent achevés, Rogatien, Sébastien, Gervais, Protais, et tous les chrétiens du palais de César, accoururent pour me dire adieu.

« Nous nous retrouverons peut-être à Rome, s'écrièrent-ils, au milieu des persécutions et des épreuves. Puisse un jour la religion nous réunir à la mort comme de vieux amis et de dignes chrétiens ! »

« J'employai plusieurs mois à visiter les Gaules avant de me rendre à ma province. Jamais pays n'offrira un pareil mélange de mœurs, de religions, de civilisation, de barbarie. Partagé entre les Grecs, les Romains et les Gaulois, entre les chrétiens et les adorateurs de Jupiter et de Teutatès, il présente tous les contrastes.

« De longues voies romaines se déroulent à travers les forêts des druides. Dans les colonies des vainqueurs, au milieu des bois sauvages, vous apercevez les plus beaux monuments de l'architecture grecque et romaine : des aqueducs à trois galeries suspendus sur des torrents, des amphithéâtres, des capitoles, des temples d'une élégance parfaite ; et non loin de ces colonies, vous trouvez les huttes arrondies des Gaulois, leurs forteresses de solives et de pierres, à la porte desquelles sont cloués des pieds de louves, des carcasses de hiboux, des os de morts. A Lugdunum, à Narbonne, à Marseille, à Burdigalie, la jeunesse gauloise s'exerce avec succès dans l'art de Démosthènes et de Cicéron ; à quelques pas plus loin, dans la montagne, vous n'entendez plus qu'un langage grossier, semblable au croassement des corbeaux. Un château romain se montre sur la cime d'un roc ; une chapelle de chrétiens s'élève au fond d'une vallée près de l'autel où l'eubage égorge la victime humaine. J'ai vu le soldat légionnaire veiller au milieu d'un désert sur les remparts d'un camp, et le Gaulois devenu sénateur embarrasser sa toge romaine dans les halliers de ses bois. J'ai vu les vignes de Falerne mûrir sur les coteaux d'Augustodunum, l'olivier de Corinthe fleurir à Marseille, et l'abeille de l'Attique parfumer Narbonne.

« Mais ce que l'on admire partout dans les Gaules, ce qui fait le principal caractère de ce pays, ce sont les forêts. On voit çà et là dans leur vaste enceinte quelques camps romains abandonnés. On y trouve ensevelis sous l'herbe les squelettes du cheval et du cavalier. Les graines que les soldats y semèrent jadis

---

(1) Westminster.

pour leur nourriture forment des espèces de colonies étrangères et civilisées, au milieu des plantes natives et sauvages des Gaules. Je ne pouvais reconnaître sans une sorte d'attendrissement ces végétaux domestiques, dont quelques-uns étaient originaires de la Grèce. Ils s'étaient répandus sur les collines et le long des vallées, selon les habitudes qu'ils avaient apportées de leur sol natal. Ainsi des familles exilées choisissent de préférence les sites qui leur rappellent la patrie.

« Je me souviens encore aujourd'hui d'avoir rencontré un homme parmi les ruines d'un de ces camps romains : c'était un pâtre des Barbares. Tandis que ses porcs affamés achevaient de renverser l'ouvrage des maîtres du monde, en fouillant les racines qui croissaient sous les murs, lui, tranquillement assis sur les débris d'une porte décumane, pressait sous son bras une outre gonflée de vent; il animait ainsi une espèce de flûte dont les sons avaient une douceur selon son goût. En voyant avec quelle profonde indifférence ce berger foulait le camp des Césars, combien il préférait à de pompeux souvenirs son instrument grossier et son sayon de peau de chèvre, j'aurais dû sentir qu'il faut peu de chose pour passer la vie, et qu'après tout, dans un terme aussi court, il est assez indifférent d'avoir épouvanté la terre par le son du clairon, ou charmé les bois par les soupirs d'une musette.

« J'arrivai enfin chez les Rhédons (1). L'Armorique ne m'offrit que des bruyères, des bois, des vallées étroites et profondes traversées de petites rivières que ne remonte point le navigateur, et qui portent à la mer des eaux inconnues : région solitaire, triste, orageuse, enveloppée de brouillards, retentissante du bruit des vents, et dont les côtes hérissées de rochers sont battues d'un océan sauvage.

« Le château où je commandais, situé à quelques milles de la mer, était une ancienne forteresse des Gaulois, agrandie par Jules César, lorsqu'il porta la guerre chez les Vénètes (2) et les Curiosolites (3). Il était bâti sur un roc, appuyé contre une forêt, et baigné par un lac.

« Là, séparé du reste du monde, je vécus plusieurs mois dans la solitude. Cette retraite me fut utile. Je descendis dans ma conscience; je sondai des plaies que je n'avais encore osé toucher depuis que j'avais quitté Zacharie; je m'occupai de l'étude de ma religion. Je perdais chaque jour un peu de cette inquiétude si amère que nourrit le commerce des hommes. Je comptais déjà sur une victoire qui aurait demandé des forces supérieures aux miennes. Mon âme était encore tout affaiblie par ma première insouciance et mes criminelles habitudes; je trouvais même dans les anciens doutes de mon esprit et la mollesse de mes sentiments, un certain charme qui m'arrêtait : mes passions étaient comme des femmes séduisantes qui m'enchaînaient par leurs caresses.

« Un événement interrompit tout à coup des recherches dont le résultat devait avoir pour moi tant d'importance.

« Les soldats m'avertirent que depuis quelques jours une femme sortait des

---

(1) Les peuples de Rennes, etc. — (2) Les habitants de Vannes. — (3) Peuples des environs de Dinan.

bois à l'entrée de la nuit, montait seule dans une barque, traversait le lac, descendait sur la rive opposée, et disparaissait.

« Je n'ignorais pas que les Gaulois confient aux femmes les secrets les plus importants; que souvent ils soumettent à un conseil de leurs filles et de leurs épouses les affaires qu'ils n'ont pu régler entre eux. Les habitants de l'Armorique avaient conservé leurs mœurs primitives, et portaient avec impatience le joug romain. Braves, comme tous les Gaulois, jusqu'à la témérité, ils se distinguaient par une franchise de caractère qui leur est particulière, par des haines et des amours violentes, et par une opiniâtreté de sentiments que rien ne peut changer ni vaincre.

« Une circonstance particulière aurait pu me rassurer : il y avait beaucoup de chrétiens dans l'Armorique, et les chrétiens sont sujets fidèles; mais Clair, pasteur de l'Église des Rhédons, homme plein de vertus, était alors à Condivincum (1), et lui seul pouvait me donner les lumières qui me manquaient. La moindre négligence pouvait me perdre auprès de Dioclétien, et compromettre Constance, mon protecteur. Je crus donc ne devoir pas mépriser le rapport des soldats. Mais comme je connaissais la brutalité de ces hommes, je résolus de prendre sur moi-même le soin d'observer la Gauloise.

« Vers le soir, je me revêtis de mes armes, que je recouvris d'une saye, et sortant secrètement du château, j'allai me placer sur le rivage du lac, dans l'endroit que les soldats m'avaient indiqué.

« Caché parmi les rochers, j'attendis quelque temps sans voir rien paraître. Tout à coup mon oreille est frappée des sons que le vent m'apporte du milieu du lac. J'écoute et je distingue les accents d'une voix humaine; en même temps je découvre un esquif suspendu au sommet d'une vague; il redescend, disparaît entre deux flots, puis se montre encore sur la cime d'une lame élevée ; il approche du rivage. Une femme le conduisait : elle chantait en luttant contre la tempête, et semblait se jouer dans les vents : on eût dit qu'ils étaient sous sa puissance, tant elle paraissait les braver. Je la voyais jeter tour à tour en sacrifice, dans le lac, des pièces de toile, des toisons de brebis, des pains de cire et de petites meules d'or et d'argent.

« Bientôt elle touche à la rive, s'élance à terre, attache sa nacelle au tronc d'un saule, et s'enfonce dans le bois en s'appuyant sur la rame de peuplier qu'elle tenait à la main. Elle passa tout près de moi sans me voir. Sa taille était haute; une tunique noire, courte et sans manches, servait à peine de voile à sa nudité. Elle portait une faucille d'or suspendue à une ceinture d'airain, et elle était couronnée d'une branche de chêne. La blancheur de ses bras et de son teint, ses yeux bleus, ses lèvres de rose, ses longs cheveux blonds, qui flottaient épars, annonçaient la fille des Gaulois, et contrastaient par leur douceur, avec sa démarche fière et sauvage. Elle chantait d'une voix mélodieuse des paroles terribles, et son sein découvert s'abaissait et s'élevait comme l'écume des flots.

« Je la suivis à quelque distance. Elle traversa d'abord une châtaigneraie

(1) Nantes.

dont les arbres, vieux comme le temps, étaient presque tous desséchés par la cime. Nous marchâmes ensuite plus d'une heure sur une lande couverte de mousse et de fougère. Au bout de cette lande, nous trouvâmes un bois, et au milieu de ce bois une autre bruyère de plusieurs milles de tour. Jamais le sol n'en avait été défriché, et l'on y avait semé des pierres, pour qu'il restât inaccessible à la faux et à la charrue. A l'extrémité de cette arène s'élevait une de ces roches isolées que les Gaulois appellent dolmin, et qui marquent le tombeau de quelque guerrier. Un jour le laboureur, au milieu de ses sillons, contemplera ces informes pyramides : effrayé de la grandeur du monument, il attribuera peut-être à des puissances invisibles et funestes ce qui ne sera que le témoignage de la force et de la rudesse de ses aïeux.

« La nuit était descendue. La jeune fille s'arrêta non loin de la pierre, frappa trois fois des mains, en prononçant à haute voix ce mot mystérieux :

« Au-gui-l'an-neuf! »

« A l'instant, je vis briller dans la profondeur du bois mille lumières; chaque chêne enfanta pour ainsi dire un Gaulois ; les Barbares sortirent en foule de leur retraite : les uns étaient complétement armés; les autres portaient une branche de chêne dans la main droite, et un flambeau dans la gauche. A la faveur de mon déguisement, je me mêle à leur troupe : au premier désordre de l'assemblée succède bientôt l'ordre et le recueillement, et l'on commence une procession solennelle.

« Des eubages marchaient à la tête, conduisant deux taureaux blancs qui devaient servir de victimes ; les bardes suivaient en chantant sur une espèce de guitare les louanges de Teutatès; après eux venaient les disciples; ils étaient accompagnés d'un héraut d'armes vêtu de blanc, couvert d'un chapeau surmonté de deux ailes, et tenant à sa main une branche de verveine entourée de deux serpents. Trois sénanis (1), représentant trois druides, s'avançaient à la suite du héraut d'armes : l'un portait un pain, l'autre un vase plein d'eau, le troisième une main d'ivoire. Enfin, la druidesse (je reconnus alors sa profession) venait la dernière. Elle tenait la place de l'archidruide dont elle était descendue.

« On s'avança vers le chêne de trente ans, où l'on avait découvert le gui sacré. On dressa au pied de l'arbre un autel de gazon. Les sénanis y brûlèrent un peu de pain, et y répandirent quelques gouttes d'un vin pur. Ensuite un eubage vêtu de blanc monta sur le chêne, et coupa le gui avec la faucille d'or de la druidesse ; une saye blanche étendue sous l'arbre reçut la plante bénite ; les autres eubages frappèrent les victimes, et le gui, divisé en égales parties, fut distribué à l'assemblée.

« Cette cérémonie achevée, on retourna à la pierre du tombeau ; on planta une épée nue pour indiquer le centre du mallus ou du conseil : au pied du dolmin étaient appuyées deux autres pierres qui en soutenaient une troisième couchée horizontalement. La druidesse monte à cette tribune. Les Gaulois debout et armés l'environnent, tandis que les sénanis et les eubages élèvent des

(1) Philosophes gaulois qui succédèrent aux druides.

flambeaux : les cœurs étaient secrètement attendris par cette scène qui leur rappelait l'ancienne liberté. Quelques guerriers en cheveux blancs laissaient tomber de grosses larmes qui roulaient sur leurs boucliers. Tous penchés en avant et appuyés sur leurs lances, ils semblaient déjà prêter l'oreille aux paroles de la druidesse.

« Elle promena quelque temps ses regards sur ces guerriers représentants d'un peuple qui le premier osa dire aux hommes : « Malheur aux vaincus ! » mot impie retombé maintenant sur sa tête ! On lisait sur le visage de la druidesse l'émotion que lui causait cet exemple des vicissitudes de la fortune. Elle sortit bientôt de ses réflexions, et prononça ce discours :

« Fidèles enfants de Teutatès, vous qui, au milieu de l'esclavage de votre patrie, avez conservé la religion et les lois de vos pères, je ne puis vous contempler ici sans verser des larmes ! Est-ce là le reste de cette nation qui donnait des lois au monde? Où sont ces États florissants de la Gaule, ce conseil des femmes auquel se soumit le grand Annibal? Où sont ces druides qui élevaient dans leurs colléges sacrés une nombreuse jeunesse? Proscrits par les tyrans, à peine quelques-uns d'entre eux vivent inconnus dans des antres sauvages. Velléda, une faible druidesse, voilà donc tout ce qui vous reste aujourd'hui pour accomplir vos sacrifices! O île de Sayne, île vénérable et sacrée! je suis demeurée seule des neuf vierges qui desservaient votre sanctuaire! Bientôt Teutatès n'aura plus ni prêtres ni autels. Mais pourquoi perdrions-nous l'espérance? J'ai à vous annoncer les secours d'un allié puissant : auriez-vous besoin qu'on vous retraçât le tableau de vos souffrances pour vous faire courir aux armes? Esclaves en naissant, à peine avez-vous passé le premier âge, que des Romains vous enlèvent. Que devenez-vous? Je l'ignore. Parvenus à l'âge d'homme, vous allez mourir sur la frontière pour la défense de vos tyrans, ou creuser le sillon qui les nourrit. Condamnés aux plus rudes travaux, vous abattez vos forêts, vous tracez avec des fatigues inouïes les routes qui introduisent l'esclavage jusque dans le cœur de votre pays : la servitude, l'oppression et la mort accourent sur ces chemins en poussant des cris d'allégresse, aussitôt que le passage est ouvert. Enfin, si vous survivez à tant d'outrages, vous serez conduits à Rome : là, renfermés dans un amphithéâtre, on vous forcera de vous entre-tuer, pour amuser par votre agonie une populace féroce. Gaulois, il est une manière plus digne de vous de visiter Rome! Souvenez-vous que votre nom veut dire voyageur. Apparaissez tout à coup au Capitole, comme ces terribles voyageurs vos aïeux et vos devanciers. On vous demande à l'amphithéâtre de Titus? Partez : obéissez aux illustres spectateurs qui vous appellent. Allez apprendre aux Romains à mourir, mais d'une tout autre façon qu'en répandant votre sang dans leurs fêtes : assez longtemps ils ont étudié la leçon, faites-la-leur pratiquer. Ce que je vous propose n'est point impossible. Les tribus des Francs qui s'étaient établis en Espagne retournent maintenant dans leur pays; leur flotte est à la vue de vos côtes; ils n'attendent qu'un signal pour vous secourir. Mais si le ciel ne couronne pas vos efforts, si la fortune des Césars doit l'emporter encore, eh bien! nous irons chercher avec les Francs un coin du monde où l'esclavage soit inconnu! Que les peuples étrangers nous accordent ou nous refusent une patrie, terre ne peut nous manquer pour y vivre ou pour y mourir. »

« Je ne puis vous peindre, seigneurs, l'effet de ce discours prononcé à la lueur des flambeaux, sur une bruyère, près d'une tombe, dans le sang des taureaux mal égorgés, qui mêlaient leurs derniers mugissements aux sifflements de la tempête : ainsi l'on représente ces assemblées des esprits de ténèbres que des magiciennes convoquent la nuit dans les lieux sauvages. Les imaginations échauffées ne laissèrent aucune autorité à la raison. On résolut, sans délibérer, de se réunir aux Francs. Trois fois un guerrier voulut ouvrir un avis contraire, trois fois on le força au silence, et à la troisième fois le héraut d'armes lui coupa un pan de son manteau.

« Ce n'était là que le prélude d'une scène épouvantable. La foule demande à grands cris le sacrifice d'une victime humaine, afin de mieux connaître la volonté du ciel. Les druides réservaient autrefois pour ces sacrifices quelque malfaiteur déjà condamné par les lois. La druidesse fut obligée de déclarer que, puisqu'il n'y avait point de victime désignée, la religion demandait un vieillard, comme l'holocauste le plus agréable à Teutatès.

« Aussitôt on apporte un bassin de fer sur lequel Velléda devait égorger le vieillard. On place le bassin à terre devant elle. Elle n'était point descendue de la tribune funèbre d'où elle avait harangué le peuple; mais elle s'était assise sur un triangle de bronze, les vêtements en désordre, la tête échevelée, tenant un poignard à la main, et une torche flamboyante sous ses pieds. Je ne sais comment aurait fini cette scène : j'aurais peut-être succombé sous le fer des Barbares en essayant d'interrompre le sacrifice; le ciel, dans sa bonté ou dans sa colère, mit fin à mes perplexités. Les astres penchaient vers leur couchant. Les Gaulois craignirent d'être surpris par la lumière. Ils résolurent d'attendre, pour offrir l'hostie abominable, que Dis, père des ombres, eût ramené une autre nuit dans les cieux. La foule se dispersa sur les bruyères, et les flambeaux s'éteignirent; seulement quelques torches agitées par le vent brillaient encore çà et là dans la profondeur des bois, et l'on entendait le chœur lointain des bardes qui chantaient en se retirant ces paroles lugubres :

« Teutatès veut du sang ; il a parlé dans le chêne des druides. Le gui sacré
« a été coupé avec une faucille d'or, au sixième jour de la lune, au premier
« jour du siècle. Teutatès veut du sang ; il a parlé dans le chêne des druides ! »

« Je me hâtai de retourner au château. Je convoquai les tribus gauloises. Lorsqu'elles furent réunies au pied de la forteresse, je leur déclarai que je connaissais leur assemblée séditieuse, et les complots qu'on tramait contre César.

« Les Barbares furent glacés d'effroi. Environnés de soldats romains, ils crurent toucher à leur dernier moment. Tout à coup des gémissements se font entendre : une troupe de femmes se précipite dans l'assemblée. Elles étaient chrétiennes et portaient dans leurs bras leurs enfants nouvellement baptisés. Elles tombent à mes genoux, me demandent grâce pour leurs époux, leurs fils et leurs frères; elles me présentent leurs nouveau-nés, et me supplient, au nom de cette génération pacifique, d'être doux et charitable.

« Eh ! comment aurais-je pu résister à leurs prières ? Comment aurais-je pu mettre en oubli la charité de Zacharie ? Je relevai ces femmes.

« Mes sœurs, leur dis-je, je vous accorde la grâce que vous me demandez au nom de Jésus-Christ, notre commun maître. Vous me répondrez de vos époux, et je serai tranquille quand vous m'aurez promis qu'ils resteront fidèles à César.

« Les Armoricains poussèrent des cris de joie, et ils élevèrent jusqu'aux nues une clémence qui me coûtait bien peu. Avant de les congédier, j'arrachai d'eux la promesse qu'ils renonceraient à des sacrifices affreux sans doute, puisqu'ils avaient été proscrits par Tibère même et par Claude. J'exigeai toutefois qu'on me livrât la druidesse Velléda et son père Ségenax, le premier magistrat des Rhédons. Dès le soir même, on m'amena les deux otages ; je leur donnai le château pour asile. Je fis sortir une flotte qui rencontra celle des Francs, et l'obligea de s'éloigner des côtes de l'Armorique. Tout rentra dans l'ordre. Cette aventure eut pour moi seul des suites dont il me reste à vous entretenir. »

Ici Eudore s'interrompit tout à coup. Il parut embarrassé, baissa les yeux, les reporta malgré lui sur Cymodocée, qui rougit comme si elle eût pénétré la pensée d'Eudore. Cyrille s'aperçut de leur trouble, et s'adressant aussitôt à l'épouse de Lasthénès :

« Séphora, dit-il, je veux offrir le saint sacrifice pour Eudore, quand il aura fini de raconter son histoire. Me pourriez-vous faire préparer l'autel ? »

Séphora se leva, et ses filles la suivirent. La timide Cymodocée n'osa rester seule avec les vieillards : elle accompagna les femmes, non sans éprouver un mortel regret.

Démodocus qui la voyait passer comme une biche légère sur le gazon du verger, s'écria plein de joie :

« Quelle gloire peut égaler celle d'un père qui voit son enfant croître et s'embellir sous ses yeux ! Jupiter même aima tendrement son fils Hercule : tout immortel qu'il est, il ressentit des craintes et des angoisses mortelles, parce qu'il avait pris le cœur d'un père. Cher Eudore, tu causes les mêmes alarmes et les mêmes plaisirs à tes parents ! Continue ton histoire. J'aime, je l'avouerai, tes chrétiens : enfants des Prières, ils viennent partout, comme leurs mères, à la suite de l'Injure, pour réparer le mal qu'elle a fait. Ils sont courageux comme des lions et tendres comme des colombes ; ils ont un cœur paisible et intelligent ; c'est bien dommage qu'ils ne connaissent pas Jupiter ! Mais, Eudore, je parle encore, malgré le désir que j'ai de t'entendre. Mon fils, tels sont les vieillards : lorsqu'ils ont commencé un discours, ils s'enchantent de leur propre sagesse ; un dieu les pousse, et ils ne peuvent plus s'arrêter. »

Eudore reprit la parole :

LIVRE DIXIÈME.

SOMMAIRE. — Suite du récit. Fin de l'épisode de Velléda.

« Je vous ai dit, seigneurs, que Velléda habitait le château avec son père. Le chagrin et l'inquiétude plongèrent d'abord Ségenax dans une fièvre ardente, pendant laquelle je lui prodiguai les secours qu'exigeait l'humanité. J'allais chaque jour visiter le père et la fille dans la tour où je les avais fait transporter. Cette conduite, différente de celle des autres commandants romains, charma les deux infortunés : le vieillard revint à la vie, et la druidesse, qui avait montré un grand abattement, parut bientôt plus contente. Je la rencontrais se promenant seule, avec un air de joie, dans les cours du château, dans les salles, dans les galeries, les passages secrets, les escaliers tournants qui conduisaient au haut de la forteresse; elle se multipliait sous mes pas, et quand je la croyais auprès de son père, elle se montrait tout à coup au fond d'un corridor obscur, comme une apparition.

« Cette femme était extraordinaire. Elle avait, ainsi que toutes les Gauloises, quelque chose de capricieux et d'attirant. Son regard était prompt, sa bouche un peu dédaigneuse, et son sourire singulièrement doux et spirituel. Ses manières étaient tantôt hautaines, tantôt voluptueuses ; il y avait dans toute sa personne de l'abandon et de la dignité, de l'innocence et de l'art. J'aurais été étonné de trouver dans une espèce de Sauvage une connaissance approfondie des lettres grecques et de l'histoire de son pays, si je n'avais su que Velléda descendait de la famille de l'archidruide, et qu'elle avait été élevée par un sénani, pour être attachée à l'ordre savant des prêtres gaulois. L'orgueil dominait chez cette Barbare, et l'exaltation de ses sentiments allait souvent jusqu'au désordre.

« Une nuit, je veillais seul dans une salle d'armes, où l'on ne découvrait le ciel que par d'étroites et longues ouvertures pratiquées dans l'épaisseur des pierres. Quelques rayons des étoiles, descendant à travers ces ouvertures, faisaient briller les lances et les aigles rangées en ordre le long des murailles. Je n'avais point allumé de flambeau, et je me promenais au milieu des ténèbres.

« Tout à coup, à l'une des extrémités de la galerie, un pâle crépuscule blanchit les ombres. La clarté augmente par degrés, et bientôt je vois paraître Velléda. Elle tenait à la main une de ces lampes romaines qui pendent au bout d'une chaîne d'or. Ses cheveux blonds, relevés à la grecque sur le sommet de sa tête, étaient ornés d'une couronne de verveine, plante sacrée parmi les druides. Elle portait pour tout vêtement une tunique blanche : fille de roi a moins de beauté, de noblesse et de grandeur.

« Elle suspendit sa lampe aux courroies d'un bouclier, et venant à moi elle me dit :

« Mon père dort; assieds-toi, écoute. »

« Je détachai du mur un trophée de piques et de javelots, que je couchai par terre, et nous nous assîmes sur cette pile d'armes, en face de la lampe.

« Sais-tu, me dit alors la jeune Barbare, que je suis fée? »

« Je lui demandai l'explication de ce mot.

« Les fées gauloises, répondit-elle, ont le pouvoir d'exciter les tempêtes, de les conjurer, de se rendre invisibles, de prendre la forme de différents animaux. »

— « Je ne reconnais pas ce pouvoir, répondis-je avec gravité. Comment pourriez-vous croire raisonnablement posséder une puissance que vous n'avez jamais exercée? Ma religion s'offense de ces superstitions. Les orages n'obéissent qu'à Dieu. »

— « Je ne te parle pas de ton Dieu, reprit-elle avec impatience. Dis-moi, as-tu entendu la dernière nuit le gémissement d'une fontaine dans les bois, et la plainte de la brise dans l'herbe qui croît sur ta fenêtre? Eh bien! c'était moi qui soupirais dans cette fontaine et dans cette brise! Je me suis aperçue que tu aimais le murmure des eaux et des vents. »

« J'eus pitié de cette insensée : elle lut ce sentiment sur mon visage.

« Je te fais pitié, me dit-elle. Mais si tu me crois atteinte de folie, ne t'en prends qu'à toi. Pourquoi as-tu sauvé mon père avec tant de bonté? Pourquoi m'as-tu traitée avec tant de douceur? Je suis vierge, vierge de l'île de Sayne : que je garde ou que je viole mes vœux, j'en mourrai. Tu en seras la cause. Voilà ce que je voulais te dire. Adieu. »

« Elle se leva, prit sa lampe et disparut.

« Jamais, seigneurs, je n'ai éprouvé une douleur pareille. Rien n'est affreux comme le malheur de troubler l'innocence. Je m'étais endormi au milieu des dangers, content de trouver en moi la résolution du bien et la volonté de revenir un jour au bercail. Cette tiédeur devait être punie : j'avais bercé dans mon cœur les passions avec complaisance, et il était juste que je subisse le châtiment des passions!

« Aussi le ciel m'ôta-t-il dans ce moment tout moyen d'écarter le danger. Clair, le pasteur chrétien, était absent; Ségenax était encore trop faible pour sortir du château, et je ne pouvais sans inhumanité séparer la fille du père. Je fus donc obligé de garder l'ennemi en dedans, et de m'exposer, malgré moi, à ses attaques. En vain je cessai de visiter le vieillard, en vain je me dérobai à la vue de Velléda : je la retrouvais partout; elle m'attendait des journées entières dans les lieux où je ne pouvais éviter de passer, et là elle m'entretenait de son amour.

« Je sentais, il est vrai, que Velléda ne m'inspirerait jamais un attachement véritable : elle manquait pour moi de ce charme secret qui fait le destin de notre vie; mais la fille de Ségenax était jeune, elle était belle, passionnée, et quand des paroles brûlantes sortaient de ses lèvres, tous mes sens étaient bouleversés.

« A quelque distance du château, dans un de ces bois appelés chastes par les druides, on voyait un arbre mort que le fer avait dépouillé de son écorce. Cette espèce de fantôme se faisait distinguer par sa pâleur au milieu des noirs enfoncements de la forêt. Adoré sous le nom d'Irminsul, il était devenu une divinité formidable pour les Barbares, qui, dans leurs joies comme dans leurs peines, ne savent invoquer que la mort. Autour de ce simulacre, quelques chênes, dont les racines avaient été arrosées de sang humain, portaient suspendues à leurs branches les armes et les enseignes de guerre des Gaulois; le vent les agitait sur les rameaux, et elles rendaient, en s'entre-choquant, des murmures sinistres.

« J'allais souvent visiter ce sanctuaire plein du souvenir de l'antique race des Celtes. Un soir je rêvais dans ce lieu. L'aquilon mugissait au loin, et arrachait du tronc des arbres des touffes de lierre et de mousse. Velléda parut tout à coup.

« Tu me fuis, me dit-elle ; tu cherches les endroits les plus déserts pour te dérober à ma présence ; mais c'est en vain : l'orage t'apporte Velléda, comme cette mousse flétrie qui tombe à tes pieds. »

« Elle se plaça debout devant moi, croisa les bras, me regarda fixement, et me dit :

« J'ai bien des choses à t'apprendre ; je voudrais causer longtemps avec toi. Je sais que mes plaintes t'importunent, je sais qu'elles ne te donneront pas de l'amour ; mais, cruel, je m'enivre de mes aveux, j'aime à me nourrir de ma flamme, à t'en faire connaître toute la violence ! Ah ! si tu m'aimais, quelle serait notre félicité ! Nous trouverions pour nous exprimer un langage digne du ciel : à présent il y a des mots qui me manquent, parce que ton âme ne répond pas à la mienne. »

« Un coup de vent ébranla la forêt, et une plainte sortit des boucliers d'airain. Velléda effrayée leva la tête, et regardant les trophées suspendus :

« Ce sont les armes de mon père qui gémissent ; elles m'annoncent quelque malheur. »

« Après un moment de silence, elle ajouta :

« Il faut pourtant qu'il y ait quelque raison à ton indifférence. Tant d'amour aurait dû t'en inspirer. Cette froideur est trop extraordinaire. »

« Elle s'interrompit de nouveau. Sortant tout à coup comme d'une reflexion profonde, elle s'écria :

« Voilà la raison que je cherchais ! Tu ne peux me souffrir, parce que je n'ai rien à t'offrir qui soit digne de toi ! »

« Alors s'approchant de moi comme en délire, et mettant la main sur mon cœur :

« Guerrier, ton cœur reste tranquille sous la main de l'amour ; mais peut-être qu'un trône le ferait palpiter. Parle : veux-tu l'empire ? Une Gauloise l'avait promis à Dioclétien, une Gauloise te le propose ; elle n'était que prophétesse, moi je suis prophétesse et amante. Je peux tout pour toi. Tu le sais : nous avons souvent disposé de la pourpre. J'armerai secrètement nos guerriers. Teutatès te sera favorable, et, par mon art, je forcerai le ciel à seconder tes vœux. Je ferai sortir les druides de leurs forêts. Je marcherai moi-même aux combats, portant à la main une branche de chêne. Et si le sort nous était contraire, il est encore des antres dans les Gaules, où, nouvelle Éponine, je pourrais cacher mon époux. Ah ! malheureuse Velléda ! tu parles d'époux, et tu ne seras jamais aimée ! »

« La voix de la jeune Barbare expire ; la main qu'elle tenait sur mon cœur retombe ; elle penche la tête, et son ardeur s'éteint dans des torrents de larmes.

« Cette conversation me remplit d'effroi. Je commençai à craindre que ma résistance ne fût inutile. Mon attendrissement était extrême quand Velléda cessa de parler, et je sentis tout le reste du jour la place brûlante de sa main sur mon cœur. Voulant du moins faire un dernier effort pour me sauver, je pris une résolution qui devait prévenir le mal, et qui ne fit que l'aggraver : car lorsque Dieu veut nous punir, il tourne contre nous notre propre sagesse, et ne nous tient point compte d'une prudence qui vient trop tard.

« Je vous ai dit que je n'avais pu d'abord faire sortir Ségenax du château à cause de son extrême faiblesse ; mais le vieillard reprenant peu à peu ses forces, et le danger croissant pour moi tous les jours, je supposai des lettres de César qui m'ordonnaient de renvoyer les prisonniers. Velléda voulut me parler avant son départ ; je refusai de la voir, afin de nous épargner à tous deux une scène douloureuse : sa piété filiale ne lui permit pas d'abandonner son père, et elle le suivit, comme je l'avais prévu. Dès le lendemain, elle parut aux portes du château ; on lui dit que j'étais parti pour un voyage ; elle baissa la tête et rentra dans le bois en silence. Elle se présenta ainsi pendant plusieurs jours, et reçut la même réponse. La dernière fois elle resta longtemps appuyée contre un arbre à regarder les murs de la forteresse. Je la voyais par une fenêtre, et je ne pouvais retenir mes pleurs : elle s'éloigna à pas lents et ne revint plus.

« Je commençais à retrouver un peu de repos : j'espérais que Velléda s'était enfin guérie de son fatal amour. Fatigué de la prison où je m'étais tenu renfermé, je voulus respirer l'air de la campagne. Je jetai une peau d'ours sur mes épaules, j'armai mon bras de l'épieu d'un chasseur, et, sortant du château, j'allai m'asseoir sur une haute colline d'où l'on apercevait le détroit britannique.

« Comme Ulysse regrettant son Ithaque, ou comme les Troyennes exilées aux champs de la Sicile, je regardais la vaste étendue des flots, et je pleurais.

« Né au pied du mont Taygète, me disais-je, le triste murmure de la mer est le premier son qui ait frappé mon oreille en venant à la vie. A combien de rivages n'ai-je pas vu depuis se briser les mêmes flots que je contemple ici ! Qui m'eût dit, il y a quelques années, que j'entendrais gémir sur les côtes d'Italie, sur les grèves des Bataves, des Bretons, des Gaulois, ces vagues que je voyais se dérouler sur les beaux sables de la Messénie ? Quel sera le terme de mes pèlerinages ? Heureux si la mort m'eût surpris avant d'avoir commencé mes courses sur la terre, et lorsque je n'avais d'aventures à conter à personne ! »

« Telles étaient mes réflexions, lorsque j'entendis assez près de moi les sons d'une voix et d'une guitare. Ces sons, entrecoupés par des silences, par le murmure de la forêt et de la mer, par le cri du courlis et de l'alouette marine, avaient quelque chose d'enchanté et de sauvage. Je découvris aussitôt Velléda assise sur la bruyère. Sa parure annonçait le désordre de son esprit : elle portait un collier de baies d'églantier ; sa guitare était suspendue à son sein par une tresse de lierre et de fougère flétrie ; un voile blanc jeté sur sa tête descendait jusqu'à ses pieds. Dans ce singulier appareil, pâle, et les yeux fatigués de pleurs, elle était encore d'une beauté frappante. On l'apercevait derrière un buisson à demi dépouillé : ainsi le poëte représente l'ombre de Didon, se montrant à travers un bois de myrtes, comme la lune nouvelle qui se lève dans un nuage.

« Le mouvement que je fis en reconnaissant la fille de Ségenax attira ses regards. A mon aspect une joie troublée éclate sur son visage. Elle me fait un signe mystérieux, et me dit :

« Je savais bien que je t'attirerais ici ; rien ne résiste à la force de mes accents. »

« Et elle se met à chanter :

« Hercule, tu descendis dans la verte Aquitaine. Pyrène, qui donna son
« nom aux montagnes de l'Ibérie ; Pyrène, fille du roi Bébrycius, épousa le
« héros grec; car les Grecs ont toujours ravi le cœur des femmes. »

« Velléda se lève, s'avance vers moi, et me dit :

« Je ne sais quel enchantement m'entraîne sur tes pas ; j'erre autour de ton
château, et je suis triste de ne pouvoir y pénétrer. Mais j'ai préparé des charmes ;
j'irai chercher le sélago : j'offrirai d'abord une oblation de pain et de vin ; je
serai vêtue de blanc ; mes pieds seront nus, ma main droite cachée sous ma tunique arrachera la plante, et ma main gauche la dérobera à ma main droite.
Alors rien ne pourra me résister. Je me glisserai chez toi sur les rayons de
la lune ; je prendrai la forme d'un ramier, et je volerai sur le haut de la tour
que tu habites. Si je savais ce que tu préfères !.... je pourrais.... Mais non, je
veux être aimée pour moi : ce serait m'être infidèle que de m'aimer sous une
forme empruntée. »

« A ces mots, Velléda pousse des cris de désespoir.

« Bientôt, changeant d'idée et cherchant à lire dans mes yeux, comme pour
pénétrer mes secrets :

«Oh ! oui, c'est cela, s'écria-t-elle, les Romaines auront épuisé ton cœur ! Tu
les auras trop aimées ! Ont-elles donc tant d'avantages sur moi ? Les cygnes
sont moins blancs que les filles des Gaules ; nos yeux ont la couleur et l'éclat
du ciel ; nos cheveux sont si beaux que tes Romaines nous les empruntent pour
en ombrager leurs têtes ; mais le feuillage n'a de grâces que sur la cime de
l'arbre où il est né. Vois-tu la chevelure que je porte ? Eh bien ! si j'avais voulu
la céder, elle serait maintenant sur le front de l'impératrice : c'est mon diadème,
et je l'ai gardé pour toi ! Ne sais-tu pas que nos pères, nos frères, nos époux,
trouvent en nous quelque chose de divin ? Une voix mensongère t'aura peut-être
raconté que les Gauloises sont capricieuses, légères, infidèles : ne crois pas ces
discours. Chez les enfants des druides, les passions sont sérieuses et leurs conséquences terribles. »

« Je pris les mains de cette infortunée entre les deux miennes : je les serrai
tendrement.

« Velléda, dis-je, si vous m'aimez, il est un moyen de me le prouver : re-
tournez chez votre père, il a besoin de votre appui. Ne vous abandonnez plus
à une douleur qui trouble votre raison et qui me fera mourir. »

« Je descendis de la colline, et Velléda me suivit. Nous nous avançâmes
dans la campagne par des chemins peu fréquentés où croissait le gazon.

« Si tu m'avais aimée, disait Velléda, avec quelles délices nous aurions parcouru ces champs ! Quel bonheur d'errer avec toi dans ces routes solitaires,
comme la brebis dont les flocons de laine sont restés suspendus à ces ronces ! »

« Elle s'interrompit, regarda ses bras amaigris, et dit avec un sourire :

« Et moi aussi j'ai été déchirée par les épines de ce désert, et j'y laisse chaque
jour quelque partie de ma dépouille. »

« Revenant à ses rêveries :

« Au bord du ruisseau, dit-elle, au pied de l'arbre, le long de cette haie, de ces sillons où rit la première verdure des blés que je ne verrai pas mûrir, nous aurions admiré le coucher du soleil. Souvent, pendant les tempêtes, cachés dans quelque grange isolée ou parmi les ruines d'une cabane, nous eussions entendu gémir le vent sous le chaume abandonné. Tu croyais peut-être que, dans mes songes de félicité, je désirais des trésors, des palais, des pompes? Hélas! mes vœux étaient plus modestes, et ils n'ont point été exaucés! Je n'ai jamais aperçu au coin d'un bois la hutte roulante d'un berger, sans songer qu'elle me suffirait avec toi. Plus heureux que ces Scythes dont les druides m'ont conté l'histoire, nous promènerions aujourd'hui notre cabane de solitude en solitude, et notre demeure ne tiendrait pas plus à la terre que notre vie. »

« Nous arrivâmes à l'entrée d'un bois de sapins et de mélèzes. La fille de Ségenax s'arrêta, et me dit :

« Mon père habite ce bois, je ne veux pas que tu entres dans sa demeure : il t'accuse de lui avoir ravi sa fille. Tu peux, sans être trop malheureux, me voir au milieu de mes chagrins, parce que je suis jeune et pleine de force; mais les larmes d'un vieillard brisent le cœur. Je t'irai chercher au château. »

« En prononçant ces mots, elle me quitta brusquement.

« Cette rencontre imprévue porta le dernier coup à ma raison. Tel est le danger des passions, que, même sans les partager, vous respirez dans leur atmosphère quelque chose d'empoisonné qui vous enivre. Vingt fois, tandis que Velléda m'exprimait des sentiments si tristes et si tendres, vingt fois je fus prêt à me jeter à ses pieds, à l'étonner de sa victoire, à la ravir par l'aveu de ma défaite. Au moment de succomber, je ne dus mon salut qu'à la pitié même que m'inspirait cette infortunée. Mais cette pitié, qui me sauva d'abord, fut en effet ce qui me perdit; car elle m'ôta le reste de mes forces. Je ne me sentis plus aucune fermeté contre Velléda; je m'accusai d'être la cause de l'égarement de son esprit par trop de sévérité. Un si triste essai de courage me dégoûta du courage même; je retombai dans ma faiblesse accoutumée, et, ne comptant plus sur moi, je mis tout mon espoir dans le retour de Clair.

« Quelques jours s'écoulèrent : Velléda ne reparaissant point au château selon sa promesse, je commençai à craindre quelque accident fatal. Plein d'inquiétude, je sortais pour me rendre à la demeure de Ségenax, lorsqu'un soldat, accouru du bord de la mer, vint m'avertir que la flotte des Francs reparaissait à la vue de l'Armorique. Je fus obligé de partir sur-le-champ. Le temps était sombre, et tout annonçait une tempête. Comme les Barbares choisissent presque toujours pour débarquer le moment des orages, je redoublai de vigilance. Je fis mettre partout les soldats sous les armes, et fortifier les lieux les plus exposés. La journée entière se passa dans ces travaux, et la nuit, en faisant éclater la tempête, nous apporta de nouvelles inquiétudes.

« A l'extrémité d'une côte dangereuse, sur une grève où croissent à peine quelques herbes dans un sable stérile, s'élève une longue suite de pierres druidiques, semblables à ce tombeau où j'avais jadis rencontré Velléda. Battues des vents, des pluies et des flots, elles sont là solitaires entre la mer, la terre et le ciel. Leur origine et leur destination sont également inconnues. Monuments de la science des druides, retracent-elles quelques secrets de l'astronomie, ou quelques mystères de la Divinité? On l'ignore. Mais les Gaulois n'approchent point de ces pierres sans une profonde terreur. Ils disent qu'on y voit des feux errants, et qu'on y entend la voix des fantômes.

« La solitude de ce lieu et la frayeur qu'il inspire me parurent propres à favoriser une descente des Barbares. Je crus donc devoir placer une garde sur cette côte, et je résolus moi-même d'y passer la nuit.

« Un esclave que j'avais envoyé porter une lettre à Velléda était revenu avec cette lettre. Il n'avait point trouvé la druidesse; elle avait quitté son père vers la troisième heure du jour, et l'on ne savait ce qu'elle était devenue. Cette nouvelle ne fit qu'augmenter mes alarmes. Dévoré de chagrins, je m'étais assis, loin des soldats, dans un endroit écarté. Tout à coup j'entends du bruit, et crois entrevoir quelque chose dans l'ombre. Je mets l'épée à la main; je me lève et cours vers le fantôme qui fuyait. Quelle fut ma surprise lorsque je saisis Velléda!

« Quoi! me dit-elle à voix basse, c'est toi! Tu as donc su que j'étais ici? »

— « Non, lui répondis-je; mais vous, trahissez-vous les Romains? »

— « Trahir! repartit-elle indignée. Ne t'ai-je pas juré de ne rien entreprendre contre toi? Suis-moi, tu vas voir ce que je fais ici. »

« Elle me prit par la main, et me conduisit sur la pointe la plus élevée du dernier rocher druidique.

« La mer se brisait au-dessous de nous parmi des écueils avec un bruit horrible. Ses tourbillons, poussés par le vent, s'élançaient contre le rocher, et nous couvraient d'écume et d'étincelles de feu. Des nuages volaient dans le ciel sur la face de la lune, qui semblait courir rapidement à travers ce chaos.

« Écoute bien ce que je vais t'apprendre, me dit Velléda. Sur cette côte demeurent des pêcheurs qui te sont inconnus. Lorsque la moitié de la nuit sera écoulée, ils entendront quelqu'un frapper à leurs portes, et les appeler à voix basse. Alors ils courront au rivage sans connaître le pouvoir qui les entraîne. Ils y trouveront des bateaux vides, et pourtant ces bateaux seront si chargés des âmes des morts, qu'ils s'élèveront à peine au-dessus des flots. En moins d'une heure les pêcheurs achèveront une navigation d'une journée, et conduiront les âmes à l'île des Bretons. Ils ne verront personne, ni pendant le trajet ni pendant le débarquement; mais ils entendront une voix qui comptera les nouveaux passagers au gardien des âmes. S'il se trouve quelques femmes dans les barques, la voix déclarera le nom de leurs époux. Tu sais, cruel, si l'on pourra nommer le mien. »

« Je voulus combattre les superstitions de Velléda.

« Tais-toi, me dit-elle, comme si j'eusse été coupable d'impiété. Tu verras bientôt le tourbillon de feu qui annonce le passage des âmes. N'entends-tu pas déjà leurs cris! »

« Velléda se tut, et prêta une oreille attentive.

« Après quelques moments de silence elle me dit :

« Quand je ne serai plus, promets-moi de me donner des nouvelles de mon père. Lorsque quelqu'un sera mort, tu m'écriras des lettres que tu jetteras dans le bûcher funèbre ; elles me parviendront au *Séjour des Souvenirs ;* je les lirai avec délices, et nous causerons ainsi des deux côtés du tombeau. »

« Dans ce moment une vague furieuse vient roulant contre le rocher, qu'elle ébranle dans ses fondements. Un coup de vent déchire les nuages, et la lune laisse tomber un pâle rayon sur la surface des flots. Des bruits sinistres s'élèvent sur le rivage. Le triste oiseau des écueils, le lumb, fait entendre sa plainte, semblable au cri de détresse d'un homme qui se noie : la sentinelle effrayée appelle aux armes. Velléda tressaille, étend les bras, s'écrie :

« On m'attend ! »

« Et elle s'élançait dans les flots. Je la retins par son voile...

« O Cyrille ! comment continuer ce récit ? Je rougis de honte et de confusion ; mais je vous dois l'entier aveu de mes fautes : je les soumets, sans en rien dérober, au saint tribunal de votre vieillesse. Hélas ! après mon naufrage, je me réfugie dans votre charité, comme dans un port de miséricorde !

« Épuisé par les combats que j'avais soutenus contre moi-même, je ne pus résister au dernier témoignage de l'amour de Velléda ! Tant de beauté, tant de passion, tant de désespoir, m'ôtèrent à mon tour la raison : je fus vaincu.

« Non, dis-je au milieu de la nuit et de la tempête, je ne suis pas assez fort pour être chrétien ! »

« Je tombe aux pieds de Velléda.... L'enfer donne le signal de cet hymen funeste ; les esprits des ténèbres hurlent dans l'abîme, les chastes épouses des patriarches détournent la tête, et mon ange protecteur, se voilant de ses ailes, remonte vers les cieux !

« La fille de Ségenax consentit à vivre, ou plutôt elle n'eut pas la force de mourir. Elle restait muette dans une sorte de stupeur, qui était à la fois un supplice affreux et une ineffable volupté. L'amour, le remords, la honte, la crainte, et surtout l'étonnement, agitaient le cœur de Velléda : elle ne pouvait croire que je fusse ce même Eudore jusque-là si insensible ; elle ne savait si elle n'était point abusée par quelque fantôme de la nuit, et elle me touchait les mains et les cheveux pour s'assurer de la réalité de mon existence. Mon bonheur à moi ressemblait au désespoir, et quiconque nous eût vus au milieu de notre félicité nous eût pris pour deux coupables à qui l'on vient de prononcer l'arrêt fatal.

« Dans ce moment, je me sentis marqué du sceau de la réprobation divine : je doutai de la possibilité de mon salut et de la toute-puissance de la miséricorde de Dieu. D'épaisses ténèbres, comme une fumée, s'élevèrent dans mon âme, dont il me sembla qu'une légion d'esprits rebelles prenait tout à coup possession. Je me trouvai des idées inconnues, le langage de l'enfer s'échappa naturellement de ma bouche, et je fis entendre les blasphèmes de ces lieux où il y aura des gémissements et des pleurs éternels.

« Pleurant et souriant tour à tour, la plus heureuse et la plus infortunée des créatures, Velléda gardait le silence. L'aube commençait à blanchir les cieux. L'ennemi ne parut point. Je retournai au château, ma victime m'y suivit. Deux fois l'étoile qui marque les derniers pas du jour cacha notre rougeur dans les ombres, et deux fois l'étoile qui rapporte la lumière nous ramena la honte et le remords. A la troisième aurore, Velléda monta sur mon char pour aller chercher Ségenax. Elle avait à peine disparu dans les bois de chênes, que je vis s'élever au-dessus des forêts une colonne de feu et de fumée. A l'instant où je découvrais ces signaux, un centurion vint m'apprendre qu'on entendait retentir de village en village les cris que poussent les Gaulois quand ils veulent se communiquer une nouvelle. Je crus que les Francs avaient attaqué quelque partie du rivage, et je me hâtai de sortir avec mes soldats.

« Bientôt j'aperçois des paysans qui courent de toutes parts. Ils se réunissent à une grande troupe qui s'avance vers moi.

« Je marche à la tête des Romains vers les bataillons rustiques. Arrivé à la portée du javelot, j'arrête mes soldats, et m'avançant seul, la tête nue, entre les deux armées :

« Gaulois, quel sujet vous rassemble? Les Francs sont-ils descendus dans les Armoriques? Venez-vous m'offrir votre secours, ou vous présentez-vous ici comme ennemis de César? »

« Un vieillard sort des rangs. Ses épaules tremblaient sous le poids de sa cuirasse, et son bras était chargé d'un fer inutile. O surprise! je crois reconnaître une de ces armures que j'avais vues suspendues au bois des druides. O confusion! ô douleur! ce vénérable guerrier était Ségenax!

« Gaulois, s'écrie-t-il, j'en atteste ces armes de ma jeunesse, que j'ai reprises au tronc d'Irminsul, où je les avais consacrées; voilà celui qui a déshonoré mes cheveux blancs. Un eubage avait suivi ma fille, dont la raison est égarée : il a vu dans l'ombre le crime d'un Romain. La vierge de Sayne a été outragée. Vengez vos filles et vos épouses; vengez les Gaulois et vos dieux! »

« Il dit, et me lance un javelot d'une main impuissante. Le dard, sans force, vient tomber à mes pieds; je l'aurais béni s'il m'eût percé le cœur. Les Gaulois, poussant un cri, se précipitent sur moi; mes soldats s'avancent pour me secourir. En vain je veux arrêter les combattants. Ce n'est plus un tumulte passager, c'est un véritable combat, dont les clameurs s'élèvent jusqu'au ciel. On eût cru que les divinités des druides étaient sorties de leurs forêts, et que du faîte de quelque bergerie, elles animaient les Gaulois au carnage, tant ces laboureurs montraient d'audace! Indifférent sur les coups qui menacent ma tête, je ne songe qu'à sauver Ségenax; mais, tandis que je l'arrache aux mains des soldats, et que je cherche à lui faire un abri du tronc d'un chêne, une javeline, lancée du milieu de la foule vient avec un affreux sifflement s'enfoncer dans les entrailles du vieillard; il tombe sous l'arbre de ses aïeux, comme l'antique Priam sous le laurier qui ombrageait ses autels domestiques.

« Dans ce moment, un char paraît à l'extrémité de la plaine. Penchée sur les coursiers, une femme échevelée excite leur ardeur, et semble vouloir leur donner des ailes. Velléda n'avait point trouvé son père. Elle avait appris qu'il assemblait les Gaulois pour venger l'honneur de sa fille. La druidesse voit qu'elle est trahie, et connaît toute l'étendue de sa faute. Elle vole sur les traces du vieillard, arrive dans la plaine où se donnait le combat fatal, pousse ses chevaux à travers les rangs, et me découvre gémissant sur son père étendu mort à mes pieds. Transportée de douleur, Velléda arrête ses coursiers, et s'écrie du haut de son char :

« Gaulois, suspendez vos coups. C'est moi qui ai causé vos maux, c'est moi qui ai tué mon père. Cessez d'exposer vos jours pour une fille criminelle. Le Romain est innocent. La vierge de Sayne n'a point été outragée : elle s'est livrée elle-même, elle a violé volontairement ses vœux. Puisse ma mort rendre la paix à ma patrie ! »

« Alors, arrachant de son front sa couronne de verveine, et prenant à sa ceinture sa faucille d'or, comme si elle allait faire un sacrifice à ses dieux :

« Je ne souillerai plus, dit-elle, ces ornements d'une vestale ! »

« Aussitôt elle porte à sa gorge l'instrument sacré : le sang jaillit. Comme une moissonneuse qui a fini son ouvrage, et qui s'endort fatiguée au bout du sillon, Velléda s'affaisse sur le char ; la faucille d'or échappe à sa main défaillante, et sa tête se penche doucement sur son épaule. Elle veut prononcer encore le nom de celui qu'elle aime, mais sa bouche ne fait entendre qu'un murmure confus : déjà je n'étais plus que dans les songes de la fille des Gaules, et un invincible sommeil avait fermé ses yeux. »

LIVRE ONZIÈME.

SOMMAIRE. — Suite du récit. Repentir d'Eudore. Sa pénitence publique. Il quitte l'armée. Il passe en Égypte pour demander sa retraite à Dioclétien. Navigation. Alexandrie. Le Nil. L'Égypte. Eudore obtient sa retraite de Dioclétien. La Thébaïde. Retour d'Eudore chez son père. Fin du récit.

« Pardonnez, seigneurs, aux larmes qui coulent encore de mes yeux ! Je ne vous dirai point que les centurions m'avaient retenu au milieu d'eux, tandis que Velléda s'arrachait la vie. Trop juste châtiment du ciel, je ne devais plus revoir celle que j'avais séduite, que pour l'ensevelir dans la tombe !

« La grande époque de ma vie, ô Cyrille ! doit être comptée de ce moment, puisque c'est l'époque de mon retour à la religion. Jusqu'alors, les fautes qui m'avaient été personnelles, et qui n'étaient retombées que sur moi, m'avaient peu frappé ; mais quand je me trouvai la cause du malheur d'autrui, mon cœur se révolta contre moi. Je ne balançai plus. Clair arriva : je tombai à ses genoux ; je lui fis la confession des iniquités de ma vie. Il m'embrassa avec des transports de joie, et m'imposa une partie de cette pénitence, non assez rigoureuse, dont vous voyez la suite aujourd'hui.

« Les fièvres de l'âme sont semblables à celles du corps : pour les guérir, il faut surtout changer de lieux. Je résolus de quitter l'Armorique, de renoncer au monde, et d'aller pleurer mes erreurs sous le toit de mes pères. Je renvoyai à Constance les marques de mon pouvoir, en le priant de me permettre d'abandonner le siècle et les armes. César essaya de me retenir par toutes sortes de moyens : il me nomma préfet du prétoire des Gaules, dignité suprême dont l'autorité s'étend sur l'Espagne et sur les îles des Bretons. Mais Constance, s'apercevant que j'étais ferme dans mes projets, m'écrivit ces mots pleins de sa douceur accoutumée :

« Je ne puis vous accorder moi-même la grâce que vous me demandez,
« parce que vous appartenez au peuple romain. L'empereur seul a le droit de
« prononcer sur votre sort. Rendez-vous donc auprès de lui, sollicitez votre
« retraite, et si Auguste vous refuse, revenez trouver César. »

« Je remis le commandement de l'Armorique au tribun qui me devait remplacer; j'embrassai Clair, et, plein d'attendrissement et de remords, j'abandonnai les bois et les bruyères qu'avait habités Velléda. Je m'embarquai au port de Nîmes, j'arrivai à Ostie, et je revis cette Rome, théâtre de mes premières erreurs. En vain quelques jeunes amis voulurent me rappeler à leurs fêtes, ma tristesse corrompait la joie du banquet; en affectant de sourire, je tenais longtemps la coupe à mes lèvres pour cacher les pleurs qui tombaient de mes yeux. Prosterné devant le chef des chrétiens, qui m'avait retranché de la communion des fidèles, je le suppliai de me réunir au troupeau. Marcellin m'admit au repentir; il me fit même espérer que mon épreuve serait abrégée, et que la maison du Seigneur me serait rouverte après cinq ans, si je persévérais dans la pénitence.

« Il ne me restait plus qu'à porter mes prières aux pieds de Dioclétien : il était encore en Égypte. Je ne voulus point attendre son retour, et je me déterminai à passer en Orient.

« Il y avait au môle de Marc-Aurèle un de ces vaisseaux chrétiens que les évêques d'Alexandrie envoient, dans les temps de disette, porter du blé destiné au soulagement des pauvres. Ce vaisseau était prêt à faire voile pour l'Égypte : je m'y embarquai. La saison était favorable. Nous levâmes l'ancre, et nous nous éloignâmes rapidement des côtes de l'Italie.

« Hélas! j'avais déjà traversé cette mer, en sortant pour la première fois de mon Arcadie! J'étais jeune alors, plein d'espérance; je rêvais gloire, fortune, honneurs; je ne connaissais le monde que par les songes de mon imagination.

« Aujourd'hui, me disais-je, quelle différence! je reviens de ce monde, et qu'ai-je appris dans ce triste pèlerinage? »

« L'équipage était chrétien : les devoirs de notre religion accomplis sur le vaisseau semblaient augmenter la majesté de la scène. Si tous ces hommes revenus à la raison ne voyaient plus Vénus sortir d'une mer brillante, et s'envoler au ciel sur l'aile des Heures, ils admiraient la main de celui qui creusa l'abîme, et qui répandit à volonté la terreur ou la beauté sur les flots. Avions-nous besoin des fables d'Alcyon et de Céix pour trouver des rapports attendrissants entre les oiseaux qui passent sur les mers et nos destinées? En voyant se suspendre à nos mâts des hirondelles fatiguées, nous étions tentés de les interroger touchant notre patrie. Elles avaient peut-être voltigé autour de notre demeure, et suspendu leurs nids à notre toit. Reconnaissez ici, Démodocus, cette simplicité des chrétiens qui les rend semblables à des enfants. Un cœur couronné d'innocence vaut mieux pour le marinier qu'une poupe ornée de fleurs; et les sentiments que répand une âme pure sont plus agréables au souverain des mers que le vin qui coule d'une coupe d'or.

« La nuit, au lieu d'adresser aux astres des invocations coupables et vaines, nous regardions en silence ce firmament où les étoiles se plaisent à luire pour le Dieu qui les a créées, ce beau ciel, ces demeures paisibles, que j'avais pour toujours fermées à Velléda!

« Nous passâmes non loin d'Utique et de Carthage : Marius et Caton ne me rappelèrent dans le crime et dans la vertu qu'un peu de gloire et beaucoup de malheur. J'aurais voulu embrasser Augustin sur ces bords. A la vue de la colline où fut le palais de Didon, je fondis tout à coup en larmes. Une colonne de fumée qui s'élevait du rivage sembla m'annoncer, ainsi qu'au fils d'Anchise, l'embrasement du bûcher funèbre. Dans le destin de la reine de Carthage, je retrouvai celui de la prêtresse des Gaulois. Cachant ma tête dans mes deux mains, je me mis à pousser des sanglots. Je fuyais aussi sur les mers après avoir causé la mort d'une femme ; et pourtant, homme sans gloire et sans avenir, je n'étais pas comme Énée le dernier héritier d'Ilion et d'Hector ; je n'avais pas comme lui pour excuse l'ordre du ciel et les destinées de l'empire romain.

« Nous franchîmes le promontoire de Mercure, et le cap où Scipion, saluant la fortune de Rome, voulut aborder avec son armée. Poussés par les vents vers la petite sirte, nous vîmes la tour qui servit de retraite au grand Annibal, lorsqu'il s'embarqua furtivement pour échapper à l'ingratitude de sa patrie : à quelque terre que l'on aborde, on est sûr d'y rencontrer les traces de l'injustice et du malheur. C'est ainsi qu'au rivage opposé de la Sicile, je croyais voir ces victimes de Verrès, qui, du haut de l'instrument de leur supplice, tournaient inutilement vers Rome leurs regards mourants. Ah ! le chrétien sur sa croix n'implorera point en vain sa patrie !

« Déjà nous avions laissé à notre droite l'île délicieuse des Lotophages, les autels des Philènes, et Leptis, patrie de Sévère. Nous ne tardâmes pas à traverser le golfe de Cyrène. La treizième aurore embellissait les cieux, lorsque nous vîmes se former à l'horizon, le long des flots, une rive basse et désolée. Par delà une vaste plaine de sable, une haute colonne attira bientôt nos regards. Les marins reconnurent la colonne de Pompée, consacrée aujourd'hui à Dioclétien par Pollion, préfet d'Égypte. Nous nous dirigeâmes sur ce monument, qui annonce si bien aux voyageurs cette cité fille d'Alexandre, bâtie par le vainqueur d'Arbelles, pour être le tombeau du vaincu de Pharsale. Nous vînmes jeter l'ancre à l'occident du phare, dans le grand port d'Alexandrie. Pierre (1), évêque de cette ville fameuse, m'accueillit avec une bonté paternelle. Il m'offrit un asile dans les bâtiments des serviteurs de l'autel ; mais des liens de parenté me firent choisir la maison de la belle et pieuse Aecaterine (2).

« Avant de rejoindre Dioclétien dans la Haute-Égypte, je passai quelques jours à Alexandrie pour en visiter les merveilles. La bibliothèque excita mon admiration. Elle était gouvernée par le savant Didyme, digne successeur d'Aristarque. Là, je rencontrai des philosophes de tous les pays, et les hommes les plus illustres des Églises de l'Afrique et de l'Asie : Arnobe (3) de Carthage, Athanase (4) d'Alexandrie, Eusèbe (5) de Césarée, Timothée, Pamphile (6),

---

(1) Le martyr. Il nous reste une lettre apostolique de lui. — (2) Aecaterine, qui résista à l'amour de Maximin. — (3) L'apologiste, dont nous avons les ouvrages. — (4) Le patriarche. — (5) L'historien. — (6) Le martyr, maître d'Eusèbe.

tous apologistes, docteurs ou confesseurs de Jésus-Christ. Le faible séducteur de Velléda osait à peine lever les yeux dans la société de ces hommes forts qui avaient vaincu et détrôné les passions, comme ces conquérants envoyés du ciel pour frapper les princes de la verge, et mettre le pied sur le cou des rois.

« Un soir, j'étais resté presque seul dans le dépôt des remèdes et des poisons de l'âme. Du haut d'une galerie de marbre, je regardais Alexandrie éclairée des derniers rayons du jour. Je contemplais cette ville habitée par un million d'hommes, et située entre trois déserts : la mer, les sables de la Libye et Nécropolis, cité des morts aussi grande que celle des vivants. Mes yeux erraient sur tant de monuments, le Phare, le Timonium, l'Hippodrome, le palais des Ptolémées, les aiguilles de Cléopâtre ; je considérais ces deux ports couverts de navires, ces flots, témoins de la magnanimité du premier des Césars et de la douleur de Cornélie. La forme même de la cité frappait mes regards : elle se dessine comme une cuirasse macédonienne sur les sables de la Libye, soit pour rappeler le souvenir de son fondateur, soit pour dire aux voyageurs que les armes du héros grec étaient fécondes, et que la pique d'Alexandre faisait éclore des cités au désert, comme la lance de Minerve fit sortir l'olivier fleuri du sein de la terre.

« Pardonnez, seigneurs, à cette image empruntée d'une source impure. Plein d'admiration pour Alexandre, je rentrai dans l'intérieur de la bibliothèque ; je découvris une salle que je n'avais point encore parcourue. A l'extrémité de cette salle, je vis un petit monument de verre qui réfléchissait les feux du soleil couchant. Je m'en approchai ; c'était un cercueil : le cristal transparent me laissa voir au fond du cercueil un roi mort à la fleur de l'âge, le front ceint d'une couronne d'or, et environné de toutes les marques de la puissance. Ses traits immobiles conservaient encore des traces de la grandeur de l'âme qui les anima ; il semblait dormir du sommeil de ces vaillants qui sont tombés morts, et qui ont mis leurs épées sous leur tête.

« Un homme était assis près du cercueil : il paraissait profondément occupé d'une lecture. Je jetai les yeux sur son livre : je reconnus la Bible des Septante qu'on m'avait déjà montrée. Il la tenait déroulée à ce verset des Machabées :

« Lorsque Alexandre eut vaincu Darius, il passa jusqu'à l'extrémité du
« monde, et la terre se tut devant lui. Après cela il connut qu'il devait bien-
« tôt mourir. Les grands de sa cour prirent tous le diadème après sa mort,
« et les maux se multiplièrent sur la terre. »

« Dans ce moment je reportai mes regards sur le cercueil : le fantôme qu'il renfermait me parut avoir quelque ressemblance avec les bustes d'Alexandre.... Celui devant qui la terre se taisait, réduit à un éternel silence ! Un obscur chrétien assis près du cercueil du plus fameux des conquérants, et lisant dans la Bible l'histoire et les destinées de ce conquérant ! Quel vaste sujet de réflexions ! Ah ! si l'homme, quelque grand qu'il soit, est si peu de chose, qu'est-ce donc que ses œuvres ! disais-je en moi-même. Cette superbe Alexandrie périra à son tour comme son fondateur. Un jour, dévorée par les trois déserts qui la pressent, la mer, les sables et la mort la reprendront comme un bien envahi sur eux, et l'Arabe reviendra planter sa tente sur ses ruines ensevelies !

« Le lendemain de cette journée, je m'embarquai pour Memphis. Nous nous trouvâmes bientôt au milieu de la mer, dans les eaux rougissantes du Nil. Quelques palmiers qui semblaient plantés dans les flots nous annoncèrent ensuite une terre que l'on ne voyait point encore. Le sol qui les portait s'éleva peu à peu au-dessus de l'horizon. On découvrit par degrés les sommets confus des édifices de Canope ; et l'Égypte enfin, toute brillante d'une inondation nouvelle, se montre à nos yeux comme une génisse féconde qui vient de se baigner dans les flots du Nil.

« Nous entrâmes à pleines voiles dans le fleuve. Les mariniers le saluèrent de leurs cris, et portèrent à leur bouche son onde sacrée. Un paysage à fleur d'eau s'étendait sur l'une et l'autre rive. Ce fertile marais était à peine ombragé par des sycomores chargés de figues, et par des palmiers qui semblent être les roseaux du Nil. Quelquefois le désert, comme un ennemi, se glisse dans la verte plaine ; il pousse ses sables en longs serpents d'or, et dessine, au sein de la fécondité, des méandres stériles. Les hommes ont multiplié sur cette terre, l'obélisque la colonne et la pyramide, sorte d'architecture isolée, qui remplace par l'art les troncs des vieux chênes que la nature a refusés à un sol rajeuni tous les ans.

« Cependant nous commencions à découvrir à notre droite les premières sinuosités de la montagne de Libye, et à notre gauche la crête des monts de la mer Érythrée. Bientôt, dans l'espace vide que laissait l'écartement de ces deux chaînes de montagnes, nous vîmes paraître le sommet des deux grandes pyramides. Placées à l'entrée de la vallée du Nil, elles ressemblent aux portes funèbres de l'Égypte, ou plutôt à quelque monument triomphal élevé à la mort pour ses victoires : Pharaon est là avec tout son peuple, et ses sépulcres sont autour de lui.

« Non loin et comme à l'ombre de ces demeures du néant, Memphis s'élève entourée de cercueils. Baignée par le lac Acherus, où Caron passait les morts ; voisine de la plaine des tombeaux, elle semble n'avoir qu'un pas à franchir pour descendre aux enfers avec ses générations. Je ne m'arrêtai pas longtemps dans cette ville déchue de sa première grandeur. Cherchant toujours Dioclétien, je remontai jusque dans la Haute-Égypte. Je visitai Thèbes aux cent portes, Tentyra aux ruines magnifiques, et quelques-unes des quatre mille cités que le Nil arrose dans son cours.

« Ce fut en vain que je cherchai cette sage et sérieuse Égypte qui donna Cécrops et Inachus à la Grèce, qui fut visitée par Homère, Lycurgue et Pythagore, et par Jacob, Joseph et Moïse ; cette Égypte où le peuple jugeait ses rois après leur mort, où l'on empruntait en livrant pour gage le corps d'un père, où le père qui avait tué son fils était obligé de tenir pendant trois jours le corps de ce fils embrassé, où l'on promenait un cercueil autour de la table du festin, où les maisons s'appelaient des hôtelleries, et les tombeaux des maisons. J'interrogeai les prêtres si renommés dans la science des choses du ciel et des traditions de la terre. Je ne trouvai que des fourbes qui entourent la vérité de bandelettes comme leurs momies, et la rangent au nombre des morts dans leurs puits funèbres. Retombés dans une grossière ignorance, ils n'entendent plus la langue hiéroglyphique; leurs symboles bizarres ou effrontés sont muets pour eux comme pour l'avenir : ainsi la plupart de leurs monuments, les obélisques, les sphinx, les colosses, ont perdu leurs rapports avec l'histoire et les mœurs. Tout est changé sur ces bords, hors la superstition consacrée par le souvenir des ancêtres : elle ressemble à ces monstres d'airain que le temps ne peut faire entièrement disparaître dans ce climat conservateur : leurs croupes et leurs dos sont ensevelis dans le sable, mais ils lèvent encore une tête hideuse du milieu des tombeaux.

« Enfin, je rencontrai Dioclétien auprès des grandes cataractes, où il venait de conclure un traité avec les peuples de Nubie. L'empereur me daigna parler des honneurs militaires que j'avais obtenus, et me témoigner quelque regret de la résolution que j'avais prise.

« Toutefois, dit-il, si vous persistez dans votre projet, vous pouvez retourner dans votre patrie. J'accorde cette grâce à vos services : vous serez le premier de votre famille qui soit rentré sous le toit de ses pères avant d'avoir laissé un fils en otage au peuple romain. »

« Plein de joie de me trouver libre, il me restait à voir en Égypte une autre espèce d'antiquités, plus d'accord avec mes sentiments, ma patience et mes remords. Je touchais au désert témoin de la fuite des Hébreux, et consacré par les miracles du Dieu d'Israël : je résolus de le traverser en prenant la route de Syrie.

« Je redescendis le fleuve de l'Égypte. A deux journées au-dessus de Memphis, je pris un guide pour me conduire au rivage de la mer Rouge; de là je devais passer à Arsinoé (1) pour me rendre à Gaza avec les marchands de Syrie. Quelques dattes et des outres remplies d'eau furent les seules provisions du voyage. Le guide marchait devant moi, monté sur un dromadaire : je le suivais sur une cavale arabe. Nous franchîmes la première chaîne des montagnes qui bordent la rive orientale du Nil; et, perdant de vue les humides campagnes, nous entrâmes dans une plaine aride : rien ne représente mieux le passage de la vie à la mort.

« Figurez-vous, seigneurs, des plages sablonneuses, labourées par les pluies de l'hiver, brûlées par les feux de l'été, d'un aspect rougeâtre, et d'une nudité affreuse. Quelquefois seulement des nopals épineux couvrent une petite partie de l'arène sans bornes; le vent traverse ces forêts armées, sans pouvoir courber leurs inflexibles rameaux : çà et là des débris de vaisseaux pétrifiés étonnent les regards, et des monceaux de pierre élevés de loin à loin servent à marquer le chemin aux caravanes.

« Nous marchâmes tout un jour dans cette plaine. Nous franchîmes une autre chaîne de montagnes, et nous découvrîmes une seconde plaine plus vaste et plus désolée que la première.

« La nuit vint. La lune éclairait le désert vide : on n'apercevait, sur une

---

(1) Suez.

solitude sans ombre, que l'ombre immobile de notre dromadaire, et l'ombre errante de quelques troupeaux de gazelles. Le silence n'était interrompu que par le bruit des sangliers qui broyaient des racines flétries, ou par le chant du grillon, qui demandait en vain dans ce sable inculte le foyer du laboureur.

« Nous reprîmes notre route avant le retour de la lumière. Le soleil se leva dépouillé de ses rayons, et semblable à une meule de fer rougie. La chaleur augmentait à chaque instant. Vers la troisième heure du jour, le dromadaire commença à donner des signes d'inquiétude : il enfonçait ses naseaux dans le sable et soufflait avec violence. Par intervalle, l'autruche poussait des sons lugubres. Les serpents et les caméléons se hâtaient de rentrer dans le sein de la terre. Je vis le guide regarder le ciel et pâlir. Je lui demandai la cause de son trouble :

« Je crains, dit-il, le vent du midi ; sauvons-nous, »

« Tournant le visage au nord, il se mit à fuir de toute la vitesse de son dromadaire. Je le suivis : l'horrible vent qui nous menaçait était plus léger que nous.

« Soudain, de l'extrémité du désert accourt un tourbillon. Le sol emporté devant nous manque à nos pas, tandis que d'autres colonnes de sable, enlevées derrière nous, roulent sur nos têtes. Égaré dans un labyrinthe de tertres mouvants et semblables entre eux, le guide déclare qu'il ne reconnaît plus sa route : pour dernière calamité, dans la rapidité de notre course, les outres remplies d'eau s'écoulent. Haletants, dévorés d'une soif ardente, retenant fortement notre haleine dans la crainte d'aspirer des flammes, la sueur ruisselle à grands flots de nos membres abattus. L'ouragan redouble de rage : il creuse jusqu'aux antiques fondements de la terre, et répand dans le ciel les entrailles brûlantes du désert. Enseveli dans une atmosphère de sable embrasé, le guide échappe à ma vue. Tout à coup j'entends son cri ; je vole à sa voix : l'infortuné, foudroyé par le vent de feu, était tombé mort sur l'arène, et son dromadaire avait disparu.

« En vain j'essayai de ranimer mon malheureux compagnon. Mes efforts furent inutiles. Je m'assis à quelque distance, tenant mon cheval en main, et n'espérant plus que dans celui qui changea les feux de la fournaise d'Azarias en un vent frais et une douce rosée. Un acacia qui croissait dans ce lieu me servit d'abri. Derrière ce frêle rempart, j'attendis la fin de la tempête. Vers le soir, le vent du nord reprit son cours : l'air perdit sa chaleur cuisante, les sables tombèrent du ciel et me laissèrent voir les étoiles : inutiles flambeaux qui me montrèrent seulement l'immensité du désert !

« Toutes les bornes avaient disparu, tous les sentiers étaient effacés. Des paysages de sable formés par les vents offraient de toutes parts leurs nouveaux aspects et leurs créations nouvelles. Épuisée de soif, de faim et de fatigue, ma cavale ne pouvait plus porter son fardeau : elle se coucha mourante à mes pieds. Le jour vint achever mon supplice. Le soleil m'ôta le peu de force qui me restait : j'essayai de faire quelques pas ; mais bientôt incapable d'aller plus avant, je me précipitai la tête dans un buisson, et j'attendis, ou plutôt j'appelai la mort.

« Déjà le soleil avait passé le milieu de son cours : tout à coup le rugissement d'un lion se fait entendre. Je me soulève avec peine, et j'aperçois l'animal terrible courant à travers les sables. Il me vint alors en pensée qu'il se rendait peut-être à quelque fontaine connue des bêtes de ces solitudes. Je me recommandai à la puissance qui protégea Daniel, et louant Dieu, je me levai et suivis de loin mon étrange conducteur. Nous ne tardâmes pas d'arriver à une petite vallée. Là se voyait un puits d'eau fraîche environné d'une mousse verdoyante. Un dattier s'élevait auprès ; ses fruits mûrs pendaient sous ses palmes recourbées. Ce secours inespéré me rendit la vie. Le lion but à la fontaine, et s'éloigna doucement comme pour me céder sa place au banquet de la Providence : ainsi renaissaient pour moi ces jours du berceau du monde, alors que le premier homme, exempt de souillure, voyait les bêtes de la création se jouer autour de leur roi, et lui demander le nom qu'elles porteraient au désert.

« De la vallée du palmier on apercevait à l'orient une haute montagne. Je me dirigeai sur cette espèce de phare, qui semblait m'appeler à un port à travers les flots fixes et les ondes épaisses d'un océan de sable. J'arrivai au pied de cette montagne ; je commençai à gravir des rocs noircis et calcinés qui fermaient l'horizon de toutes parts. La nuit était descendue ; je n'entendais que les pas d'une bête sauvage qui marchait devant moi, et qui brisait, en passant dans l'ombre, quelques plantes desséchées. Je crus reconnaître le lion de la fontaine. Tout à coup il se mit à rugir : les échos de ces montagnes inconnues semblèrent s'éveiller pour la première fois, et répondirent par un murmure sauvage aux accents du lion. Il s'était arrêté devant une caverne dont l'entrée était fermée par une pierre. J'entrevois une faible lumière à travers les fentes du rocher. Le cœur palpitant de surprise et d'espoir, je m'approche, je regarde : ô miracle ! je découvre réellement une lumière au fond de cette grotte !

« Qui que vous soyez, m'écriai-je, vous qui apprivoisez les bêtes farouches, prenez pitié d'un voyageur égaré. »

« A peine avais-je prononcé ces mots, que j'entendis la voix d'un vieillard qui chantait un cantique de l'Écriture.

« O chrétien ! m'écriai-je de nouveau, recevez votre frère ! »

« A l'instant même je vis paraître un homme cassé de vieillesse, et qui semblait réunir sur sa tête autant d'années que Jacob. Il était vêtu d'une robe de feuilles de palmier :

« Étranger, me dit-il, soyez le bien venu ! Vous voyez un homme qui est sur le point d'être réduit en poussière. L'heure de mon heureux sommeil est arrivée ; mais je puis encore vous donner l'hospitalité pour quelques moments. Entrez, mon frère, dans la grotte de Paul. »

« Je suivis, en tremblant de respect, ce fondateur du christianisme dans les sables de la Thébaïde.

« Au fond de la grotte, un palmier, étendant et entrelaçant ses branches de toutes parts, formait une espèce de vestibule. Une fontaine très-claire coulait auprès. De cette fontaine sortait un petit ruisseau qui, à peine échappé de sa source, rentrait dans le sein de la terre. Paul s'assit avec moi au bord de l'eau, et le lion qui m'avait montré le puits de l'Arabe se vint coucher à nos pieds.

« Étranger, me dit l'anachorète avec une bienheureuse simplicité, comment vont les choses du monde! Bâtit-on encore des villes? Quel est le maître qui règne aujourd'hui? Il y a cent treize ans que j'habite cette grotte : depuis cent ans je n'ai vu que deux hommes, vous aujourd'hui, et Antoine, l'héritier de mon désert, qui vint frapper hier à ma porte, et qui reviendra demain pour m'ensevelir. »

« En achevant ces mots, Paul alla chercher dans le trou d'un rocher un pain du plus pur froment. Il me dit que la Providence lui fournissait chaque jour une pareille nourriture. Il m'invita à rompre avec lui le don céleste. Nous bûmes un peu d'eau dans le creux de notre main; et après ce repas frugal, l'homme saint me demanda quels événements m'avaient conduit dans cette retraite inaccessible. Après avoir entendu la déplorable histoire de ma vie :

« Eudore, me dit-il, vos fautes ont été grandes; mais il n'est rien que ne puissent effacer des larmes sincères. Ce n'est pas sans dessein sur vous que la Providence vous a fait voir le christianisme naissant par toute la terre. Vous le retrouvez encore dans cette solitude, parmi les lions, sous les feux du tropique, comme vous l'avez rencontré au milieu des ours et des glaces du pôle. Soldat de Jésus-Christ, vous êtes destiné à combattre et à vaincre pour la foi. O Dieu! dont les voies sont incompréhensibles, c'est toi qui as conduit ce jeune confesseur dans cette grotte, afin que je lui dévoile l'avenir, et qu'en achevant de lui faire connaître sa religion, je complète en lui, par la grâce, l'œuvre que la nature a commencée! Eudore, reposez-vous ici toute cette journée; demain, au lever du soleil, nous irons prier Dieu sur la montagne, et je vous parlerai avant de mourir. »

« L'anachorète m'entretint encore longtemps de la beauté de la religion et des bienfaits qu'elle doit répandre un jour sur le genre humain. Ce vieillard présentait dans ses discours un contraste extraordinaire : aussi naïf qu'un enfant, quand il était abandonné à la seule nature, il semblait avoir tout oublié, ou ne rien connaître du monde, de ses grandeurs, de ses peines, de ses plaisirs; mais, quand Dieu descendait dans son âme, Paul devenait un génie inspiré, rempli de l'expérience du présent et des visions de l'avenir. Deux hommes se trouvaient ainsi réunis dans le même homme : on ne pouvait dire lequel était le plus admirable, ou de Paul l'ignorant, ou de Paul le prophète, puisque c'était à la simplicité du premier qu'était accordée la sublimité du second.

« Après m'avoir donné des leçons pleines d'une douceur grave et d'une agréable sagesse, Paul m'invite à faire un sacrifice de louanges à l'Éternel; il se lève, et, debout sous le palmier, il chante :

« Béni soyez-vous, Dieu de nos pères, qui n'avez pas méprisé ma bassesse !
« Solitude, ô mon épouse! vous allez perdre celui qui trouvait en vous des
« douceurs!
« Le solitaire doit avoir le corps chaste, la bouche pure, l'esprit éclairé
« d'une lumière divine.
« Sainte tristesse de la pénitence, percez mon âme comme un aiguillon d'or,
« et remplissez-la d'une douleur céleste !

« Les larmes sont mères des vertus, et le malheur est un marchepied
« pour s'élever vers le ciel. »

« La prière du saint était à peine achevée qu'un doux et profond sommeil
me saisit. Je m'endormis sur le lit de cendre que Paul préférait à la couche
des rois. Le soleil était prêt à finir son tour quand je rouvris les yeux à la lumière. L'ermite me dit :

« Levez-vous, priez, mangez, et allons sur la montagne. »

« Je lui obéis; nous partîmes. Pendant plus de six heures nous gravîmes
des rochers escarpés, et au lever du jour nous atteignîmes la pointe la plus
élevée du mont Colzim.

« Un horizon immense s'étendait en cercle autour de nous. On découvrait,
à l'orient, les sommets d'Horeb et de Sinaï, le désert de Sur et la mer Rouge;
au midi, les chaînes des montagnes de la Thébaïde; au nord, les plaines stériles où Pharaon poursuivit les Hébreux; et à l'occident, par delà les sables
où je m'étais égaré, la vallée féconde de l'Égypte.

« L'aurore, entr'ouvrant le ciel de l'Arabie Heureuse, éclaira quelque temps
ce tableau. L'onagre, la gazelle et l'autruche, couraient rapidement dans le
désert, tandis que les chameaux d'une caravane passaient lentement à la
file, menés par l'âne intelligent qui leur servait de conducteur. On voyait fuir,
sur la mer Rouge, des vaisseaux chargés de parfums et de soie, ou qui portaient quelque sage aux rives indiennes. Couronnant enfin de splendeur cette
frontière des deux mondes, le soleil se leva : il parut éclatant de lumière au
sommet du Sinaï; faible et pourtant brillante image du Dieu que Moïse contempla sur la cime de ce mont sacré!

« Le solitaire prit la parole :

« Confesseur de la foi, jetez les yeux autour de vous. Voilà cet Orient d'où
sont sortis toutes les religions et toutes les révolutions de la terre; voilà cette
Égypte qui a donné des dieux élégants à votre Grèce, et des dieux informes à
l'Inde; voilà ce désert de Sur où Moïse reçut la loi; Jésus-Christ a paru dans
ces mêmes régions, et un jour viendra qu'un descendant d'Ismaël rétablira
l'erreur sous la tente de l'Arabe. La morale écrite est pareillement un fruit
de ce sol fécond. Or, remarquez que les peuples de l'Orient, comme en punition de quelque grande rébellion tentée par leurs pères, ont presque toujours
été soumis à des tyrans : ainsi (merveilleux contre-poids!) la morale est née
auprès de l'esclavage, et la religion nous est venue de la contrée du malheur.
Enfin, ces mêmes déserts ont vu marcher les armées de Sésostris, de Cambyse, d'Alexandre, de César. Siècles à venir, vous y ramènerez des armées non
moins nombreuses, des guerriers non moins célèbres! Tous les grands mouvements imprimés à l'espèce humaine sont partis d'ici, ou sont venus s'y perdre.
Une énergie surnaturelle s'est conservée aux bords où le premier homme a
reçu la vie; quelque chose de merveilleux semble encore attaché au berceau
de la création et aux sources de la lumière.

« Sans nous arrêter à ces grandeurs humaines qui tour à tour ont trébuché
dans la tombe; sans considérer ces siècles fameux qu'une pelletée de terre

sépare, et qu'un peu de poussière recouvre, c'est surtout pour les chrétiens que l'Orient est le pays des merveilles.

« Vous avez vu le christianisme pénétrer, à l'aide de la morale, chez les nations civilisées de l'Italie et de la Grèce ; vous l'avez vu s'introduire par la charité au milieu des peuples barbares de la Gaule et de la Germanie ; ici, sous l'influence d'une nature qui affaiblit l'âme en rendant l'esprit obstiné, chez un peuple grave par ses institutions politiques, et léger par son climat, la charité et la morale seraient insuffisantes. La religion de Jésus-Christ ne peut entrer dans les temples d'Isis et d'Ammon que sous les voiles de la pénitence. Il faut qu'elle offre à la mollesse le spectacle de toutes les privations ; il faut qu'elle oppose aux fourberies des prêtres et aux mensonges des faux dieux, des miracles certains et de vrais oracles ; des scènes extraordinaires de vertu peuvent seules arracher la foule enchantée aux jeux du cirque et du théâtre : tandis que, d'une part, les hommes commettent de grands crimes, les grandes expiations sont nécessaires, afin que la renommée de ces dernières étouffe la célébrité des premiers.

« Voilà la raison de l'établissement de ces missionnaires qui commencent en moi, et qui se perpétueront dans ces solitudes. Admirez notre divin chef, qui sait dresser sa milice selon les lieux et les obstacles qu'elle a à combattre. Contemplez les deux religions qui vont lutter ici corps à corps, jusqu'à ce que l'une ait terrassé l'autre. L'antique culte d'Osiris qui se perd dans la nuit des temps, fier de ses traditions, de ses mystères, de ses pompes, se croit sûr de la victoire. Le grand dragon d'Égypte se couche au milieu de ses eaux, et dit : « Le fleuve est à moi. » Il croit que le crocodile recevra toujours l'encens des mortels, que le bœuf qu'on assomme à la crèche sera toujours le plus grand des dieux. Non, mon fils, une armée va se former dans le désert, et marcher à la vérité. Elle s'avance de la Thébaïde et de la solitude de Scété ; elle est composée de saints vieillards qui ne portent que des bâtons blancs pour assiéger les prêtres de l'erreur dans leurs temples. Ces derniers occupent des champs fertiles, et sont plongés dans le luxe et les plaisirs ; les premiers habitent un sable brûlant parmi toutes les rigueurs de la vie. L'enfer, qui presse sa ruine, tente tous les moyens de victoire : les démons de la volupté, de l'or, de l'ambition, cherchent à corrompre la milice fidèle. Le ciel vient au secours de ses enfants ; il prodigue en leur faveur les miracles. Qui pourrait dire les noms de tant d'illustres solitaires, les Antoine, les Sérapion, les Macaire, les Pacôme ! La victoire se déclare pour eux : le Seigneur se revêt de l'Égypte, comme un berger de son manteau. Partout où l'erreur avait parlé, la vérité s'est fait entendre ; partout où les faux dieux avaient placé un mystère, Jésus-Christ a placé un saint. Les grottes de la Thébaïde sont envahies ; les catacombes des morts sont occupées par les vivants morts aux passions de la terre. Les dieux, forcés dans leurs temples, retournent au fleuve ou à la charrue. Un cri de triomphe s'élève depuis la pyramide de Chéops jusqu'au tombeau d'Osymandué. La postérité de Joseph rentre dans la terre de Gessen ; et cette conquête, due aux larmes des vainqueurs, ne coûte pas une larme aux vaincus ! »

« Paul suspendit un moment son discours ; ensuite, reprenant la parole :
« Eudore, dit-il, vous n'abandonnerez plus les rangs des soldats de Jésus-

Christ. Si vous n'êtes pas rebelle à la voix du ciel, quelle couronne vous attend! Quelle gloire sera répandue sur vous! Eh! mon fils, que chercheriez-vous à présent parmi les hommes? Le monde pourrait-il vous toucher? Voudriez-vous, ainsi que l'infidèle Israélite, mener des danses autour du veau d'or? Savez-vous quelle fin menace cet empire, qui depuis longtemps écrase le genre humain? Les crimes des maîtres du monde amèneront bientôt le jour de la vengeance. Ils ont persécuté les fidèles, ils se sont remplis du sang des martyrs, comme les coupes et les cornes de l'autel.... »

« Paul s'interrompit de nouveau. Il étendit ses bras vers le mont Horeb, ses yeux s'animèrent, une flamme parut sur sa tête, son front ridé brilla tout à coup d'une jeunesse divine; le nouvel Élie s'écria :

« D'où viennent ces familles fugitives qui cherchent un abri dans l'antre du solitaire! qui sont ces peuples sortis des quatre régions de la terre? Voyez-vous ces hideux cadavres, enfants impurs des démons et des sorcières de la Scythie (1)? Le fléau de Dieu les conduit (2). Leurs chevaux sont plus légers que les léopards; ils assemblent des troupes de captifs comme des monceaux de sable! Que veulent ces rois vêtus de peaux de bêtes, la tête couverte d'un chapeau barbare (3), ou les joues peintes d'une couleur verte (4)? Pourquoi ces hommes nus égorgent-ils les prisonniers autour de la ville assiégée? Arrêtez (5) : ce monstre a bu le sang du Romain qu'il avait abattu (6)! Tous viennent du désert d'une terre affreuse; tous marchent vers la nouvelle Babylone. Es-tu tombée, reine des cités? Ton Capitole est-il caché dans la poussière? Que tes campagnes sont désertes! Quelle solitude autour de toi!.... Mais, ô prodige! la croix paraît au milieu de ce tourbillon de poussière! Elle s'élève sur Rome ressuscitée! Elle en marque les édifices. Père des anachorètes, Paul, réjouis-toi avant de mourir! tes enfants occupent les ruines du palais des Césars; les portiques où la mort des chrétiens fut jurée sont changés en cloîtres pieux (7), et la pénitence habite où régna le crime triomphant! »

« Paul laissa retomber ses mains à ses côtés. Le feu qui l'avait animé s'éteignit. Redevenu mortel, il en reprit le langage.

« Eudore, me dit-il, il faut nous séparer. Je ne dois plus descendre de la montagne. Celui qui me doit ensevelir approche; il vient couvrir ce pauvre corps et rendre la terre à la terre. Vous le trouverez au bas du rocher; vous attendrez son retour; il vous montrera le chemin. »

« Alors l'étonnant vieillard me força de le quitter. Triste, et plongé dans les plus sérieuses pensées, je m'éloignai en silence. J'entendais la voix de Paul, qui chantait son dernier cantique. Prêt à se brûler sur l'autel, le vieux phénix saluait par des concerts sa jeunesse renaissante. Au bas de la montagne je rencontrai un autre vieillard qui hâtait ses pas. Il tenait à la main la tunique d'Athanase, que Paul lui avait demandée pour lui servir de linceul. C'était le grand Antoine, éprouvé par tant de combats contre l'enfer. Je voulus lui parler; mais lui, toujours marchant, s'écriait :

---

(1) Les Huns. — (2) Attila. — (3) Les Goths. — (4) Les Lombards. — (5) Les Francs et les Vandales. — (6) Le Sarrasin. — (7) Les Thermes de Dioclétien, habités par les chartreux.

« J'ai vu Élie, j'ai vu Jean dans le désert, j'ai vu Paul dans un paradis! »

« Il passa, et j'attendis son retour toute la journée. Il ne revint que le jour suivant. Des pleurs coulaient de ses yeux.

« Mon fils, s'écria-t-il en s'approchant de moi, le séraphin n'est plus sur la terre. A peine hier m'étais-je éloigné de vous que je vis, au milieu d'un chœur d'anges et de prophètes, Paul, tout éclatant d'une blancheur pure, monter au ciel. Je courus au haut de la montagne, j'aperçus le saint, les genoux en terre, la tête levée et les bras étendus vers le ciel; il semblait encore prier, et il n'était plus! Deux lions qui sortirent des rochers voisins m'ont aidé à lui creuser un tombeau, et sa tunique de feuilles de palmier est devenue mon héritage. »

« Ce fut ainsi qu'Antoine me raconta la mort du premier des anachorètes. Nous nous mîmes en route, et nous arrivâmes au monastère où déjà se formait, sous la direction d'Antoine, cette milice dont Paul m'avait annoncé les conquêtes. Un solitaire me conduisit à Arsinoé. J'en partis bientôt avec les marchands de Ptolémaïs. En traversant l'Asie, je m'arrêtai aux Saints Lieux, où je connus la pieuse Hélène, épouse de Constance, mon généreux protecteur, et mère de Constantin, mon illustre ami. Je vis ensuite les sept Églises instruites par le prophète de Patmos, la patiente Éphèse, Smyrne l'affligée, Pergame remplie de foi, la charitable Thyatire, Sardes, mise au rang des morts; Laodicée, qui doit acheter des habits blancs; et Philadelphie, aimée de celui qui possède la clef de David. J'eus le bonheur de rencontrer à Byzance le jeune prince Constantin, qui daigna me presser dans ses bras, et me confier ses vastes projets. Je vous revis enfin, ô mes parents! après dix années d'absence et de malheurs! Si le ciel exauçait mes vœux, je ne quitterais plus les vallons de l'Arcadie : heureux d'y passer mes jours dans la pénitence, et d'y dormir après ma mort dans le tombeau de mes pères! »

Ces dernières paroles mirent fin au récit d'Eudore : les vieillards qui l'écoutaient demeurèrent quelque temps en silence. Lasthénès remerciait Dieu au fond du cœur de lui avoir donné un tel fils; Cyrille n'avait plus rien à dire à un jeune homme qui avouait ses fautes avec tant de candeur; il le regardait même avec un mélange de respect et d'admiration, comme un confesseur appelé par le ciel aux plus hautes destinées. Démodocus était presque effrayé du langage inconnu et des vertus incompréhensibles d'Eudore. Les trois vieillards se lèvent avec majesté, comme trois rois, et rentrent au foyer de Lasthénès. Cyrille, après avoir offert pour Eudore le redoutable sacrifice, prend congé de ses hôtes et retourne à Lacédémone. Eudore se retire dans la grotte témoin de sa pénitence. Démodocus, resté seul avec sa fille, la serre tendrement dans ses bras, et lui dit avec un pressentiment triste :

« Fille de Démodocus, tu seras peut-être aussi malheureuse à ton tour; car Jupiter dispose de nos destinées. Mais tu imiteras Eudore. L'adversité a augmenté les vertus de ce jeune homme. Les vertus les plus rares ne sont pas toujours le résultat de cette lente maturité que l'âge amène : la grappe encore verte, tordue par la main du vigneron, et flétrie sur le cep avant l'automne, donne le plus doux vin aux bords de l'Alphée et sur les coteaux de l'Érymanthe. »

LIVRE DOUZIÈME.

SOMMAIRE. — Invocation à l'Esprit-Saint. Conjuration des démons contre l'Église. Dioclétien ordonne de faire le dénombrement des chrétiens. Hiéroclès part pour l'Achaïe. Amour d'Eudore et de Cymodocée.

Esprit-Saint, qui fécondas le vaste abîme en le couvrant de tes ailes, c'est à présent que j'ai besoin de ton secours ! Du haut de la montagne qui voit s'abaisser à ses pieds les sommets d'Aonie, tu contemples ce mouvement perpétuel des choses de la terre, cette société humaine où tout change, même les principes, où le bien devient le mal, où le mal devient le bien ; tu regardes en pitié les dignités qui nous enflent le cœur, les vains honneurs qui le corrompent ; tu menaces le pouvoir acquis par des crimes ; tu consoles le malheur acheté par des vertus ; tu vois les diverses passions des hommes, leurs craintes honteuses, leurs haines basses, leurs vœux intéressés, leurs joies si courtes, leurs ennuis si longs ; tu pénètres toutes ces misères, ô Esprit créateur ! Anime et vivifie ma parole dans le récit que je vais faire : heureux si je puis adoucir l'horreur du tableau, en y peignant les miracles de ton amour !

Placés aux postes désignés par leur chef, les esprits des ténèbres soufflent de toutes parts la discorde et l'horreur du nom chrétien. Ils déchaînent dans Rome même les passions des chefs et des ministres de l'empire. Astarté présente sans cesse à Hiéroclès l'image de la fille d'Homère. Il donne à ce fantôme séduisant toutes les grâces qu'ajoutent à la beauté l'absence et le souvenir. Satan réveille secrètement l'ambition de Galérius : il lui peint les fidèles attachés à Dioclétien, comme le seul appui qui soutient le vieil empereur sur son trône. Le préfet d'Achaïe, déserteur de la loi évangélique et livré au démon de la fausse sagesse, confirme le fougueux César dans sa haine contre les adorateurs du vrai Dieu. La mère de Galérius se plaint de ce que les disciples de la Croix insultent à ses sacrifices, et refusent de prier pour son fils les divinités champêtres. Lorsqu'un vautour, sauvage enfant de la montagne, va fondre sur une colombe qui se désaltère dans un courant d'eau ; à l'instant où il se précipite, d'autres vautours arrêtés sur un rocher poussent des cris cruels, et l'excitent à dévorer sa proie : ainsi Galérius, qui veut anéantir la religion de Jésus-Christ, est encore animé au carnage par sa mère et par l'impie Hiéroclès. Enivré de ses victoires sur les Parthes ; traînant à sa suite le luxe et la corruption de l'Asie ; nourrissant les projets les plus ambitieux, il fatigue Dioclétien de ses plaintes et de ses menaces.

« Qu'attendez-vous, lui dit-il, pour punir une race odieuse que votre dangereuse clémence laisse multiplier dans l'empire ? Nos temples sont déserts, ma mère est insultée, votre épouse séduite. Osez frapper des sujets rebelles : vous trouverez dans leurs richesses des ressources qui vous manquent, et vous ferez un acte de justice agréable aux dieux. »

Dioclétien était un prince orné de modération et de sagesse ; son âge le faisait encore pencher vers la douceur en faveur des peuples : tel un vieil arbre, en abaissant ses rameaux, rapproche ses fruits de la terre. Mais l'avarice qui resserre le cœur, et la superstition qui le trouble, gâtaient les grandes qualités de Dioclétien. Il se laissa séduire par l'espoir de trouver des trésors chez les fidèles. Marcellin, évêque de Rome, reçut l'ordre de livrer aux temples des idoles les richesses du nouveau culte. L'empereur se rendit lui-même à l'église où ces trésors devaient avoir été rassemblés. Les portes s'ouvrent : il aperçoit une troupe innombrable de pauvres, d'infirmes, d'orphelins !

« Prince, lui dit le pasteur des hommes, voilà les trésors de l'Église, les joyaux, les vases précieux, les couronnes d'or de Jésus-Christ. »

Cette austère et touchante leçon fit monter la rougeur au front du prince. Un monarque est terrible quand il est vaincu en magnanimité : la puissance, par un instinct sublime, prétend à la vertu, comme une mâle jeunesse se croit faite pour la beauté : malheur à celui qui ose lui faire sentir les qualités ou les grâces qui lui manquent !

Satan profite de ce moment de faiblesse pour augmenter le ressentiment de Dioclétien de toutes les frayeurs de la superstition. Tantôt les sacrifices sont tout à coup suspendus, et les prêtres déclarent que la présence des chrétiens éloigne les dieux de la patrie; tantôt le foie des victimes immolées paraît sans tête; leurs entrailles, parsemées de taches livides, n'offrent que des signes funestes; les divinités couchées sur leurs lits, dans les places publiques, détournent les yeux; les portes des temples se referment d'elles-mêmes; des bruits confus font retentir les antres sacrés : chaque moment apporte à Rome la nouvelle d'un nouveau prodige : le Nil a retenu le produit de ses eaux; la foudre gronde, la terre tremble, les volcans vomissent des flammes; la peste et la famine ravagent les provinces de l'Orient; l'Occident est troublé par des séditions dangereuses et des guerres étrangères : tout est attribué à l'impiété des chrétiens.

Dans la vaste enceinte du palais de Dioclétien, au milieu du jardin des Thermes, s'élevait un cyprès qu'arrosait une fontaine. Au pied de ce cyprès était un autel consacré à Romulus. Tout à coup un serpent, le dos marqué de taches sanglantes, sort en sifflant de dessous l'autel; il embrasse le tronc du cyprès. Parmi le feuillage, sur le rameau le plus élevé, trois passereaux étaient cachés dans leur nid : l'horrible dragon les dévore; la mère vole à l'entour en gémissant; l'impitoyable reptile la saisit bientôt par les ailes, et l'enveloppe malgré ses cris. Dioclétien, effrayé de ce prodige, fait appeler Tagès, chef des aruspices. Gagné secrètement par Galérius, et fanatique adorateur des idoles, Tagès s'écrie :

« O prince, le dragon représente la religion nouvelle prête à dévorer les deux Césars et le chef de l'empire ! Hâtez-vous de détourner les effets de la colère céleste, en punissant les ennemis des dieux. »

Alors le Tout-Puissant prend dans sa main les balances d'or où sont pesées les destinées des rois et des empires : le sort de Dioclétien fut trouvé léger. A l'instant l'empereur rejeté sent en lui quelque chose d'extraordinaire : il lui semble que son bonheur l'abandonne, et que les Parques, fausses divinités qu'il adore, filent plus rapidement ses jours. Une partie de sa prudence accoutumée lui échappe. Il ne voit plus aussi clairement les hommes et leurs passions; il se laisse entraîner aux siennes : il veut que les officiers chrétiens de son palais sacrifient aux dieux, et il ordonne qu'il soit fait un dénombrement exact des fidèles dans tout l'empire.

Galérius est transporté de joie. Comme un vigneron, possesseur d'un terrain fameux dans les vallons du Tmolus, se promène entre les ceps de sa vigne en fleur, et compte déjà les flots du vin pur qui rempliront la coupe des rois ou le calice des autels : ainsi Galérius voit couler en espérance les torrents du sang précieux que lui promet le christianisme florissant. Les proconsuls, les préfets, les gouverneurs des provinces quittent la cour pour exécuter les ordres de Dioclétien. Hiéroclès baise humblement le bas de la toge de Galérius, et faisant un effort, comme un homme qui va s'immoler à la vertu, il ose lever un regard humilié vers César :

« Fils de Jupiter, lui dit-il, prince sublime, amateur de la sagesse, je pars pour l'Achaïe. Je vais commencer à punir ces factieux qui blasphèment ton Éternité. Mais, César, toi qui es ma fortune et mes dieux, permets que je m'explique avec franchise. Un sage, même au péril de ses jours, doit la vérité tout entière à son prince. Le divin empereur ne montre point encore assez de fermeté contre des hommes odieux. Oserai-je le dire sans attirer sur moi ta colère? Si des mains affaiblies par l'âge laissent échapper les rênes de l'État, Galérius, vainqueur des Parthes, n'est-il pas digne de monter sur le trône de l'univers? Mais, ô mon héros ! garde-toi des ennemis qui t'environnent ! Dorothée, chef du palais, est chrétien. Depuis qu'un Arcadien rebelle fut introduit à la cour, l'impératrice même favorise les impies. Le jeune prince Constantin, ô honte ! ô douleur !... »

Hiéroclès s'interrompit brusquement, versa des pleurs, et parut profondément alarmé des périls de César. Il rallume ainsi dans le cœur du tyran ses deux passions dominantes, l'ambition et la cruauté. Il jette en même temps les fondements de sa grandeur future : car Hiéroclès n'était point aimé de l'empereur, ennemi des sophistes, et il savait qu'il n'obtiendrait jamais sous Dioclétien les honneurs qu'il espérait de Galérius.

Il vole à Tarente, et monte sur la flotte qui le doit porter en Messénie. Il brûle de revoir le rivage de la Grèce : c'est là que respire la fille d'Homère ; c'est là qu'il pourra satisfaire à la fois et son amour pour Cymodocée, et sa haine contre les chrétiens. Cependant il cache ses sentiments au fond de son cœur; et, couvrant ses vices du masque des vertus, les mots de sagesse et d'humanité sortent incessamment de sa bouche : telle une eau profonde qui recèle dans son sein des écueils et des abîmes, embellit souvent sa surface de l'image et de la lumière des cieux.

Cependant les démons, qui veulent hâter la ruine de l'Église, envoient au proconsul d'Achaïe un vent favorable. Il franchit rapidement cette mer qui vit passer Alcibiade, lorsque l'Italie charmée accourut pour contempler le plus beau des Grecs. Déjà Hiéroclès a vu fuir les jardins d'Alcinoüs et les hauteurs de Buthrotum, lieux voisins immortalisés par les deux maîtres de la lyre. Leucate, où respirent encore les feux de la fille de Lesbos; Ithaque, hérissée de rochers; Zacynthe, couverte de forêts; Céphallénie, aimée des colombes, attirent tour à tour les regards du proconsul romain. Il découvre les

Strophades, demeure impure de Céléno, et bientôt il salue les monts lointains de l'Élide. Il ordonne de tourner la proue vers l'orient. Il rase le sablonneux rivage où Nestor offrait une hécatombe à Neptune, quand Télémaque vint lui demander des nouvelles d'Ulysse, égal aux dieux pour sa sagesse. Il laisse à sa gauche Pylos, Sphactérie, Mothone; il s'enfonce dans le golfe de Messénie; et son vaisseau rapide, abandonnant les flots amers, vient enfin arrêter sa course dans les eaux tranquilles du Pamysus.

Tandis que, semblable à un sombre nuage levé sur les mers, Hiéroclès s'approche de la patrie des dieux et des héros, l'ange des saintes amours était descendu dans la grotte du fils de Lasthénès : ainsi le fils supposé d'Ananias s'offrit au jeune Tobie pour le conduire auprès de la fille de Raguel. Lorsque Dieu veut mettre dans le cœur de l'homme ces chastes ardeurs d'où sortent des miracles de vertu, c'est au plus beau des esprits du ciel que ce soin important est confié. Uriel est son nom; d'une main il tient une flèche d'or tirée du carquois du Seigneur, de l'autre un flambeau allumé au foudre éternel. Sa naissance ne précéda point celle de l'univers : il naquit avec Ève, au moment même où la première femme ouvrit les yeux à la lumière récente. La puissance créatrice répandit sur le Chérubin ardent un mélange des grâces séduisantes de la mère des humains, et des beautés mâles du père des hommes : il a le sourire de la pudeur et le regard du génie. Quiconque est frappé de son trait divin, ou brûlé de son flambeau céleste, embrasse avec transport les dévouements les plus héroïques, les entreprises les plus périlleuses, les sacrifices les plus douloureux. Le cœur ainsi blessé connaît toutes les délicatesses des sentiments; sa tendresse s'accroît dans les larmes et survit aux désirs satisfaits. L'amour n'est point pour ce cœur un penchant borné et frivole, mais une passion grande et sévère, dont la noble fin est de donner la vie à des êtres immortels.

L'ange des saintes amours allume dans le cœur du fils de Lasthénès une flamme irrésistible : le chrétien repentant se sent brûler sous le cilice, et l'objet de ses vœux est une infidèle! Le souvenir de ses erreurs passées alarme Eudore : il craint de retomber dans les fautes de sa première jeunesse; il songe à fuir, à se dérober au péril qui le menace : ainsi, lorsque la tempête n'a point encore éclaté, que tout paraît tranquille sur le rivage, que des vaisseaux imprudents osent déployer leurs voiles et sortir du port, le pêcheur expérimenté secoue la tête au fond de sa barque, et appuyant sur la rame une main robuste, il se hâte de quitter la haute mer, afin de se mettre à l'abri derrière un rocher. Cependant un véritable amour s'est glissé pour la première fois dans le sein d'Eudore. Le fils de Lasthénès s'étonne de la timidité de ses sentiments, de la gravité de ses projets, si différents de cette hardiesse de désirs, de cette légèreté de pensées qu'il portait jadis dans ses attachements. Ah! s'il pouvait convertir à Jésus-Christ cette femme idolâtre; si, la prenant pour son épouse, il lui ouvrait à la fois les portes du ciel et les portes de la chambre nuptiale! Quel bonheur pour un chrétien!

Le soleil se plongeait dans la mer des Atlantides, et dorait de ses derniers rayons les îles Fortunées, lorsque Démodocus voulut quitter la famille chrétienne; mais Lasthénès lui représenta que la nuit était pleine d'embûches et de périls. Le prêtre d'Homère consentit à attendre chez son hôte le retour de l'aurore. Retirée à son appartement, Cymodocée repassait dans son esprit ce qu'elle savait de l'histoire d'Eudore ; ses joues étaient colorées, ses yeux brillaient d'un feu inconnu. La brûlante insomnie chasse enfin de sa couche la prêtresse des Muses. Elle se lève : elle veut respirer la fraîcheur de la nuit, et descend dans les jardins, sur la pente de la montagne.

Suspendue au milieu du ciel de l'Arcadie, la lune était presque, comme le soleil, un astre solitaire : l'éclat de ses rayons avait fait disparaître les constellations autour d'elle ; quelques-unes se montraient çà et là dans l'immensité : le firmament, d'un bleu tendre, ainsi parsemé de quelques étoiles, ressemblait à un lit d'azur chargé des perles de la rosée. Les hauts sommets du Cyllène, les croupes du Pholoé et du Thelphusse, les forêts d'Anémose et de Phalante, formaient de toutes parts un horizon confus et vaporeux. On entendait le concert lointain des torrents et des sources qui descendent des monts de l'Arcadie. Dans le vallon où l'on voyait briller ses eaux, Alphée semblait suivre encore les pas d'Aréthuse, Zéphyre soupirait dans les roseaux de Syrinx, et Philomèle chantait dans les lauriers de Daphné au bord du Ladon.

Cette belle nuit rappelle à la mémoire de Cymodocée cette autre nuit qui la conduisit auprès du jeune homme semblable au chasseur Endymion. A ce souvenir, le cœur de la fille d'Homère palpite avec plus de vitesse. Elle se retrace vivement la beauté, le courage, la noblesse du fils de Lasthénès ; elle se souvient que Démodocus a prononcé quelquefois le nom d'époux en parlant d'Eudore. Quoi ! pour échapper à Hiéroclès, se priver des douceurs de l'hyménée, ceindre pour toujours son front des bandelettes glacées de la vestale ! Aucun mortel, il est vrai, n'avait été jusqu'alors assez puissant pour oser unir son sort au sort d'une vierge désirée d'un gouverneur impie ; mais Eudore triomphateur et revêtu des dignités de l'empire ; Eudore, estimé de Dioclétien, adoré des soldats, chéri du prince héritier de la pourpre, n'est-il pas le glorieux époux qui peut défendre et protéger Cymodocée ? Ah ! c'est Jupiter, c'est Vénus, c'est l'Amour, qui ont conduit eux-mêmes le jeune héros aux rivages de la Messénie !

Cymodocée s'avançait involontairement vers le lieu où le fils de Lasthénès avait achevé de conter son histoire. Lorsqu'une chevrette des Pyrénées s'est reposée pendant le jour avec le pasteur au fond d'un vallon, si la nuit, s'échappant de la crèche, elle vient chercher le pâturage accoutumé, le berger la retrouve le matin sous le cytise en fleur qu'il a choisi pour abri : ainsi la fille d'Homère monte peu à peu vers la grotte habitée par le chasseur arcadien. Tout à coup elle entrevoit comme une ombre immobile à l'entrée de cette grotte ; elle croit reconnaître Eudore. Elle s'arrête ; ses genoux tremblent sous elle ; elle ne peut ni fuir ni avancer. C'était le fils de Lasthénès lui-même ; il priait environné des marques de sa pénitence : le cilice, la cendre, la tête blanchie d'un martyr, excitaient ses larmes et animaient sa foi. Il entend les pas de Cymodocée, il voit cette vierge charmante prête à tomber sur la terre, il vole à son secours, il la soutient dans ses bras, il se défend à peine de la presser sur son cœur. Ce n'est plus ce chrétien si grave, si rigide : c'est un homme plein d'indulgence et de tendresse, qui veut attirer une âme à Dieu, et obtenir une épouse divine.

Comme un laboureur porte doucement à la bergerie l'agneau que la ronce a déchiré, ainsi le fils de Lasthénès enlève dans ses bras Cymodocée, et la dépose sur un banc de mousse à l'entrée de la grotte. Alors la fille de Démodocus, d'une voix tremblante :

« Me pardonneras-tu d'avoir encore troublé tes mystères? Un dieu, je ne sais quel dieu, m'a égarée comme la première nuit. »

— « Cymodocée, répondit Eudore aussi tremblant que la prêtresse des Muses, ce Dieu qui vous a égarée est mon Dieu, mon Dieu qui vous cherche et qui veut peut-être vous donner à moi. »

La fille d'Homère répliqua :

« Ta religion défend aux jeunes hommes de s'attacher aux jeunes filles, et aux jeunes filles de suivre les pas des jeunes hommes : tu n'as aimé que lorsque tu étais infidèle à ton Dieu. »

Cymodocée rougit. Eudore s'écria :

« Ah! je n'ai jamais aimé quand j'offensais ma religion. Je le sens à présent, que j'aime par la volonté de mon Dieu. »

Le baume que l'on verse sur la blessure, l'eau fraîche qui désaltère le voyageur fatigué, ont moins de charmes que ces paroles échappées au fils de Lasthénès. Elles pénètrent de joie le cœur de Cymodocée. Comme deux peupliers s'élèvent silencieux au bord d'une source, pendant le calme d'une nuit d'été, ainsi les deux époux désignés par le ciel demeuraient immobiles et muets à l'entrée de la grotte. Cymodocée rompit la première le silence :

« Guerrier, pardonne aux demandes importunes d'une Messénienne ignorante. Nul ne peut savoir quelque chose s'il n'a été instruit par un maître habile, ou si les dieux eux-mêmes n'ont pris soin d'orner son esprit. Une jeune fille surtout ne sait rien, à moins qu'elle ne soit allée broder des voiles chez ses compagnes, ou qu'elle n'ait visité les temples ou les théâtres. Pour moi, je n'ai jamais quitté mon père, prêtre chéri des immortels. Dis-moi, puisqu'on peut aimer dans ton culte, il y a donc une Vénus chrétienne? A-t-elle un char et des colombes? Les désirs, les querelles amoureuses, les entretiens secrets, les tromperies innocentes, le doux badinage qui surprend le cœur de l'homme le plus sensé, sont-ils cachés dans sa ceinture, ainsi que le raconte mon divin aïeul? La colère de cette déesse est-elle redoutable? Force-t-elle la jeune fille à chercher le jeune homme dans la palestre, à l'introduire furtivement sous le toit paternel? Ta Vénus rend-elle la langue embarrassée? Répand-elle un feu brûlant, un froid mortel dans les veines? Oblige-t-elle à recourir à des philtres pour ramener un amant volage, à chanter la lune, à conjurer le seuil de la porte? Toi, chrétien, tu ignores peut-être que l'Amour est fils de Vénus, qu'il fut nourri dans les bois du lait des bêtes féroces; que son premier arc était de frêne, ses premières flèches de cyprès; qu'il s'assied sur le dos du lion, sur la croupe du centaure, sur les épaules d'Hercule; qu'il porte des ailes et un bandeau, et qu'il accompagne Mars et Mercure, l'éloquence et la valeur? »

— « Infidèle, répondit Eudore, ma religion ne favorise point les passions funestes, mais elle sait donner par la sagesse même une exaltation aux sentiments de l'âme que votre Vénus n'inspirera jamais. Quelle religion est la vôtre, Cymodocée ! Rien n'est plus chaste que votre âme, plus innocent que votre pensée, et pourtant à vous entendre parler de vos dieux, qui ne vous croirait trop habile dans les plus dangereux mystères ! Prêtre des idoles, votre père a cru faire un acte de piété en vous instruisant du culte, des effets et des attributs des passions divinisées. Un chrétien craindrait de blesser l'amour même par des peintures trop libres. Cymodocée, si j'avais pu mériter votre tendresse, si je devais être l'époux choisi de votre innocence, je voudrais aimer en vous moins une femme accomplie que le Dieu même qui vous fit à son image. Lorsque le Tout-Puissant eut formé le premier homme du limon de la terre, il le plaça dans un jardin plus délicieux que les bois de l'Arcadie. Bientôt l'homme trouva sa solitude trop profonde, et pria le Créateur de lui donner une compagne. L'Éternel tira du côté d'Adam une créature divine ; il l'appela la femme ; elle devint l'épouse de celui dont elle était la chair et le sang. Adam était formé pour la puissance et la valeur, Ève pour la soumission et les grâces ; la grandeur de l'âme, la dignité du caractère, l'autorité de la raison furent le partage du premier ; la seconde eut la beauté, la tendresse et des séductions invincibles. Tel est, Cymodocée, le modèle de la femme chrétienne. Si vous consentiez à l'imiter, je tâcherais de vous gagner à moi, au nom de tous les attraits qui gagnent les cœurs ; je vous rendrais mon épouse par une alliance de justice, de compassion et de miséricorde ; je régnerais sur vous, Cymodocée, parce que l'homme est fait pour l'empire, mais je vous aimerais comme une grappe de raisin que l'on trouve dans un désert brûlant. Semblables aux patriarches, nous serions unis dans la vue de laisser après nous une famille héritière des bénédictions de Jacob : ainsi le fils d'Abraham prit dans sa tente la fille de Bathuel ; il en eut tant de joie qu'il oublia la mort de sa mère. »

A ces mots Cymodocée verse des larmes de honte et de tendresse.

« Guerrier, dit-elle, tes paroles sont douces comme du miel et perçantes comme des flèches. Je vois bien que les chrétiens savent parler le langage du cœur. J'avais dans l'âme tout ce que tu viens de dire. Que ta religion soit la mienne, puisqu'elle enseigne à mieux aimer ! »

Eudore n'écoutant plus que son amour et sa foi :

« Quoi ! Cymodocée, vous voudriez devenir chrétienne ! je donnerais un pareil ange au ciel, une pareille compagne à mes jours ! »

Cymodocée baissa la tête et répondit :

« Je n'ose plus parler avant que tu n'aies achevé de m'enseigner la pudeur : elle avait quitté la terre avec Némésis ; les chrétiens l'auront fait descendre du ciel. »

Un mouvement du fils de Lasthénès fit alors rouler à terre un crucifix ; la jeune Messénienne poussa un cri de surprise mêlé d'une sorte de frayeur.

« C'est l'image de mon Dieu, dit Eudore en relevant avec respect le bois sacré, de ce Dieu descendu au tombeau, et ressuscité plein de gloire. »

— « C'est donc, repartit la fille d'Homère, comme le beau jeune homme de l'Arabie, pleuré des femmes de Byblos, et rendu à la lumière des cieux par la volonté de Jupiter ? »

— « Cymodocée, répliqua Eudore avec une douce sévérité, vous connaîtrez quelque jour combien cette comparaison est impie et sacrilége : au lieu des mystères de honte et de plaisir, vous voyez ici des miracles de modestie et de douleur; vous voyez le fils du Tout-Puissant attaché à une croix pour nous ouvrir le ciel, et pour mettre en honneur sur la terre l'infortune, la simplicité et l'innocence. Mais au bord du Ladon, sous les ombrages de l'Arcadie, au milieu d'une nuit enchantée, dans ce pays où l'imagination des poëtes a placé l'amour et le bonheur, comment arrêter l'esprit d'une prêtresse des Muses sur un objet aussi grave? Toutefois, fille de Démodocus, les austères méditations fortifient dans le cœur du chrétien les attachements légitimes; et en le rendant capable de toutes les vertus, elles le rendent plus digne d'être aimé. »

Cymodocée prêtait une oreille attentive à ce discours : je ne sais quoi d'étonnant se passait au fond de son cœur. Il lui semblait qu'un bandeau tombait tout à coup de ses yeux, et qu'elle découvrait une lumière lointaine et divine. La sagesse, la raison, la pudeur et l'amour s'offraient pour la première fois à ses regards dans une alliance inconnue. Cette tristesse évangélique que le chrétien mêle à tous les sentiments de la vie, cette voix douloureuse qu'il fait sortir du sein des plaisirs, achevaient d'étonner et de confondre la fille d'Homère. Eudore lui présentant le crucifix :

« Voilà, lui dit-il, le Dieu de charité, de paix, de miséricorde, et pourtant le Dieu persécuté ! O Cymodocée, c'est sur cette image auguste que je pourrais seulement recevoir votre foi, si vous me jugiez digne de devenir votre époux. Jamais l'autel de vos idoles, jamais le carquois de votre Amour, ne verront l'adorateur du Christ uni à la prêtresse des Muses. »

Quel moment pour la fille d'Homère ! Passer tout à coup des idées voluptueuses de la mythologie à un amour juré sur un crucifix ! Ces mains qui n'avaient jamais porté que les guirlandes des Muses et les bandelettes des sacrifices, sont chargées pour la première fois du signe redoutable du salut des hommes. Cymodocée, que l'ange des saintes amours a blessée comme Eudore, et qu'un charme irrésistible entraîne, promet aisément de se faire instruire dans la religion du maître de son cœur.

« Et d'être mon épouse ! » dit Eudore en pressant les mains de la vierge timide.

« Et d'être ton épouse ! » répéta jeune la fille tremblante.

Doux serment qu'elle prononce devant le Dieu des larmes et du malheur.

Alors on entend sur le sommet des montagnes un chœur qui commençait la fête des Lupercales. Il chantait le dieu protecteur de l'Arcadie, Pan, aux pieds de chèvre, l'effroi des nymphes, l'inventeur de la flûte à sept tuyaux. Ces chants étaient le signal du lever de l'aurore; elle éclairait de son premier rayon la tombe d'Épaminondas, et la cime du bois Pelagus dans les champs de Mantinée. Cymodocée se hâte de retourner auprès de son père; Eudore va réveiller Lasthénès.

LIVRE TREIZIÈME.

SOMMAIRE. — Cymodocée déclare à son père qu'elle veut embrasser la religion des chrétiens pour devenir l'épouse d'Eudore. Irrésolution de Démodocus. On apprend l'arrivée d'Hiéroclès en Achaïe. Astarté attaque Eudore, et est vaincu par l'ange des saintes amours. Démodocus consent à donner sa fille à Eudore pour éviter les persécutions d'Hiéroclès. Jalousie d'Hiéroclès. Dénombrement des chrétiens en Arcadie. Hiéroclès accuse Eudore auprès de Dioclétien. Cymodocée et Démodocus partent pour Lacédémone.

Déjà le prêtre d'Homère offrait une libation au soleil sortant de l'onde. Il saluait cet astre dont la lumière éclaire les pas du voyageur, et, touchant d'une main la terre humide de rosée, il se préparait à quitter le toit de Lasthénès. Tout à coup Cymodocée, tremblante de crainte et d'amour, se présente devant son père. Elle se jette dans les bras du vieillard. Démodocus avait aisément deviné la raison du trouble qui commençait à tourmenter la prêtresse des Muses. Mais comme il ne savait point encore que le fils de Lasthénès partageait le même amour, il cherche à consoler Cymodocée.

« Ma fille, lui dit-il, quelle divinité t'a frappée? Tu pleures, toi dont l'âge ne devrait connaître que les ris innocents. Quelque peine cachée se serait-elle glissée dans ton sein? O mon enfant! ayons recours aux autels des dieux préservateurs, à la compagnie des sages, qui rend à notre âme sa tranquillité première. Le temple de Junon-Lacinienne est ouvert de tous côtés, et toutefois les vents ne dispersent point dans son enceinte les cendres du sacrifice : tel doit être notre cœur : si les souffles des passions y pénètrent, il faut du moins qu'ils ne troublent jamais l'inaltérable paix de son sanctuaire. »

— « Père de Cymodocée, répond la jeune Messénienne, tu ne sais pas notre bonheur! Eudore aime ta fille; il veut, dit-il, suspendre à ma porte les couronnes d'hyménée. »

— « Dieu des ingénieux mensonges, s'écria Démodocus, ne m'as-tu point abusé? Dois-je te croire, ô ma fille, et la vérité aurait-elle cessé de veiller à tes lèvres? Mais pourquoi m'étonnerais-je de te voir aimée d'un héros? tu disputerais le prix de la beauté aux nymphes du Ménale, et Mercure t'aurait choisie sur le mont Chélydorée. Apprends-moi donc comment le chasseur arcadien t'a fait connaître qu'il était blessé par le fils de Vénus. »

— « Cette nuit même, répondit Cymodocée, je voulais chanter les Muses, pour écarter je ne sais quel souci de mon cœur. Eudore, comme un de ces songes brillants qui s'échappent par les portes de l'Élysée, m'a rencontrée dans l'ombre. Il a pris ma main; il m'a dit : « Vierge, je veux que les enfants de tes « enfants soient assis pendant sept générations sur les genoux de Démodocus. » Mais il m'a dit tout cela dans son langage chrétien, bien mieux que je ne te le puis raconter. Il m'a parlé de son Dieu. C'est un Dieu qui aime ceux qui pleurent, et qui bénit les infortunés. Mon père, ce Dieu m'a charmée : nous n'avons point parmi les nôtres de divinités si douces et si secourables. Il faut que j'apprenne à connaître et à pratiquer la religion des chrétiens, car le fils de Lasthénès ne peut me recevoir qu'à ce prix. »

Lorsque le serein Borée et le vent nébuleux du midi se disputent l'empire des mers, les matelots se fatiguent à présenter tour à tour la voile oblique à la tempête : ainsi Démodocus cède ou résiste aux sentiments contraires qui l'agitent. Il pense avec joie que Cymodocée déposera sur l'autel de l'hymen le rameau stérile de la vestale; que la famille d'Homère, prête à s'éteindre, verra refleurir autour d'elle de nombreux rejetons. Démodocus aperçoit encore dans le fils de Lasthénès un gendre illustre et honoré, et surtout un protecteur puissant contre le favori de Galérius; mais bientôt il frémit en songeant que sa fille abandonnera ses dieux paternels, qu'elle sera parjure aux neuf Sœurs, au culte de son divin aïeul.

« Ah! ma fille! s'écriait-il en la serrant contre son cœur, quel mélange de bonheur et de larmes! Que m'as-tu dit? Comment te refuser, et comment consentir à ce que tu demandes? Tu quitterais ton père pour suivre un Dieu étranger à nos ancêtres! Quoi! nous pourrions avoir deux religions! nous pourrions demander au ciel des faveurs différentes! Quand nos cœurs ne font qu'un même cœur, nous cesserions d'avoir un seul et même sacrifice! »

— « Mon père, dit Cymodocée en l'interrompant, je ne te délaisserai jamais! Jamais mes vœux ne seront différents des tiens! Chrétienne, je vivrai avec toi près de ton temple, et je redirai avec toi les vers de mon divin aïeul. »

Le prêtre d'Homère poussant des sanglots, et pressant dans sa main sa barbe vénérable, échappe aux caresses de sa fille. Il va seul errer autour de la demeure de Lasthénès, et demander conseil aux dieux sur la montagne : tel autrefois l'aigle des Alpes s'envolait au milieu des nuées pendant un orage, et, noble augure des destinées romaines, allait apprendre, au sein de la foudre, les desseins cachés du ciel. A la vue de tous ces sommets de l'Arcadie, marqués par le culte de quelque divinité, Démodocus verse des larmes, et la superstition est prête à l'emporter dans son cœur. Mais comment refuser Eudore à l'amour de Cymodocée? Comment rendre sa fille éternellement malheureuse? Dieu, qui poursuit ses desseins, achève de subjuguer Démodocus, et fait servir à la gloire de ses futurs élus la faiblesse paternelle. Par un effet de sa puissance, il termine les incertitudes du prêtre d'Homère; il dissipe ses craintes, il lui présente le mariage de Cymodocée et d'Eudore sous les auspices les plus prospères. Démodocus rentre aux foyers de Lasthénès; il retrouve sa fille affligée; il s'écrie :

« Ne pleure point, ô vierge digne de toutes les prospérités! Que jamais Démodocus ne coûte une larme à des yeux qu'il chérit plus que la lumière du jour! Deviens l'épouse d'Eudore, et puisse seulement ton nouveau Dieu ne t'arracher jamais à ton père! »

Eudore, dans ce moment même, révélait pareillement à Lasthénès le secret de son cœur.

« Mon fils, dit l'époux de Séphora, que Cymodocée soit chrétienne! Apportez-lui le royaume du ciel en héritage, et souvenez-vous d'être complaisant envers votre épouse. »

Eudore, pressé par l'ange des saintes amours, vole auprès de Démodocus. Il croyait trouver seul le prêtre d'Homère : il voit la fille et le père dans les bras l'un de l'autre. Il ne sait si son sort est décidé : il s'arrête. Démodocus l'aperçoit.

« Voilà ton épouse ! » s'écrie-t-il.

Des larmes d'attendrissement étouffent la voix du vieillard. Eudore se précipite aux pieds de son nouveau père, et tient en même temps embrassés les genoux de Cymodocée. Lasthénès, son épouse et ses filles, surviennent alors. Les jeunes chrétiennes se jettent au cou de la prêtresse des Muses. Elles la comblent de caresses, elles l'appellent deux fois leur sœur, et comme servante de Jésus-Christ et comme épouse de leur frère.

Cyrille fut choisi d'un commun accord pour répandre les premières semences de la foi dans le cœur de la future catéchumène. Les deux familles résolurent de se rendre à Sparte, afin que le saint évêque pût multiplier ses leçons, et hâter l'hymen de Cymodocée.

Mais tandis que le ciel poursuit ses desseins, l'enfer accomplit ses menaces. Démodocus et Lasthénès s'étaient à peine liés par des serments, que la nouvelle de l'arrivée d'Hiéroclès vint consterner les habitants de la Messénie. Vous eussiez vu les mères presser leurs filles dans leurs bras, les jeux suspendus comme dans une calamité publique, l'Église en deuil, les païens même effrayés : tel est l'effet de l'apparition du méchant.

Précédé de ses licteurs, le proconsul entre dans les murs de Messène. Il fait publier aussitôt l'ordre du dénombrement des chrétiens. Lorsqu'un loup ravissant rôde autour d'une bergerie, son œil s'enflamme à l'aspect du troupeau nombreux nourri dans un gras pâturage ; la vue de la brebis excite sa faim ; et sa langue, sortant de sa gueule béante, semble déjà teinte du sang dont il brûle de s'abreuver : ainsi Hiéroclès, en proie à sa haine contre les fidèles, s'émeut à la pensée des vierges sans défense, des faibles enfants et de la foule des chrétiens qu'il va bientôt rassembler au pied de son tribunal.

Cependant, poussé par le plus dangereux des esprits de l'abîme, il monte au sommet de l'Ithome. Il cherche des yeux, dans la forêt d'oliviers, les colonnes du temple d'Homère. O surprise ! il ne trouve point au sanctuaire le gardien de l'autel. Il apprend que Démodocus et sa fille sont allés visiter Lasthénès, dont le fils a rencontré Cymodocée au milieu des bois du Taygète.

A cette nouvelle inattendue, Hiéroclès change de visage : mille pensées confuses s'élèvent dans son sein. Lasthénès est le chrétien le plus riche de la Grèce ; il est le père d'Eudore, ennemi puissant d'Hiéroclès. Comment Eudore a-t-il quitté l'armée de Constance ? Quelle fatalité l'a ramené sur ces rivages pour traverser encore les desseins du proconsul d'Achaïe ? Aurait-il touché le cœur de Cymodocée ?... Hiéroclès brûle d'éclaircir ses soupçons, et l'inquiétude qui le dévore ne lui permet aucun retard.

Non loin de la retraite de Lasthénès, près des ruines d'un temple qu'Oreste avait consacré aux Grâces et aux Furies, on voyait s'élever un magnifique palais. Hiéroclès l'avait fait bâtir par un des descendants d'Ictinus et de Phidias, lorsqu'il espérait ravir Cymodocée à son père, et cacher ensuite sa victime dans cette délicieuse demeure. Rappelé à la cour des empereurs, il n'avait point eu le temps d'exécuter son noir projet. Aujourd'hui il veut se rendre à ce palais ; il ordonne que les chrétiens de l'Arcadie viennent de toutes parts y porter leurs noms. Voisin de la demeure de Lasthénès, il espère ainsi revoir plus tôt Cymodocée, et découvrir quel dessein a pu conduire la prêtresse des Muses chez l'adorateur du Christ.

Plus prompte que l'éclair, la Renommée a bientôt publié la nouvelle de l'arrivée d'Hiéroclès, depuis les sommets d'Apesante, montagne respectée des peuples de l'Argolide, jusqu'au promontoire de Malée, qui voit les astres fatigués se reposer sur sa cime. Elle raconte en même temps les maux qui menacent les chrétiens; Démodocus en frémit. Souffrira-t-il que sa fille embrasse une religion qu'environnent les périls? Mais peut-il violer ses serments? Peut-il désoler Cymodocée, qui s'obstine à vouloir Eudore pour époux?

Des pensées tumultueuses s'élèvent également au fond du cœur d'Eudore; les démons lui livrent un secret combat. Dans l'espoir de le séduire, ils arment contre lui la générosité de ses propres sentiments. Amener une âme à Dieu en dépit de tous les dangers et de tous les obstacles, est le plus grand bonheur du chrétien; mais Eudore ne se sent point encore ce zèle ardent et ce courage sublime. L'enfer, qui veut faire naître des rivalités funestes, mais qui craint de voir Cymodocée passer sous le joug de la croix, cherche à obscurcir la foi du fils de Lasthénès. Satan appelle Astarté, lui ordonne d'attaquer le jeune chrétien qu'il a si souvent vaincu, et de l'arracher à la puissance de l'ange des saintes amours.

Aussitôt le démon de la volupté se revêt de tous ses charmes. Il prend à la main une torche odorante, et traverse les bois de l'Arcadie. Les Zéphyrs agitent doucement la lumière du flambeau. Le fantôme magique fait naître sur ses pas une foule de prestiges. La nature semble se ranimer à sa présence, la colombe gémit, le rossignol soupire, le cerf suit en bramant sa légère compagne. Les esprits séducteurs qui enchantent les forêts de l'Alphée entr'ouvrent les chênes amollis, et montrent çà et là leurs têtes de nymphes. On entend des voix mystérieuses dans la cime des arbres, tandis que les divinités champêtres dansent avec des chaînes de fleurs autour du démon de la volupté.

Astarté entre dans la grotte d'Eudore, et commence à lui souffler les pensées d'un amour purement humain.

« Tu peux, lui dit-il tout bas, tu peux mourir pour ton Dieu, si ton Dieu
« t'appelle; mais comment précipiter Cymodocée dans tes malheurs? Regarde
« ces yeux qui lancent des flammes, ce sein qui fait naître les désirs; veux-tu
« donc courber les grâces sous le poids des chaînes? Ah! qu'il serait plus sage
« d'adoucir ta farouche vertu! Laisse à Cymodocée ses fables ingénieuses: le
« ciel prendra-t-il sa foudre, parce que ton épouse, ou, si tu le voulais, ton
« amante, couvrira de quelques fleurs les autels élégants des Muses, et chan-
« tera les poétiques songes d'Homère? Aie pitié de la jeunesse et de la beauté.
« Tu n'as pas toujours été aussi barbare. »

Telles sont les inspirations dangereuses de l'esprit de ténèbres. En même temps, d'un air enjoué, avec un sourire perfide, il lance contre Eudore les mêmes dards dont il perça jadis le plus sage des rois. Mais l'ange des saintes amours défend le fils de Lasthénès. Aux feux des sens, il oppose les feux de l'âme; à une tendresse d'un moment, une tendresse éternelle. Il détourne d'un souffle pur les traits du démon de la volupté, et les flèches impuissantes au désert, et le Parnasse des poëtes est aussi une montagne solitaire. Bourdaloue suppliait le chef de son ordre de lui permettre de se retirer du monde. « Je sens que mon corps s'affaiblit et tend vers sa fin, écrivait-il. J'ai achevé « ma course : et plût à Dieu que je pusse ajouter, J'ai été fidèle ! . . . . . . « Qu'il me soit permis d'employer uniquement pour Dieu et pour moi-même « ce qui me reste de vie. . . . . . . Là, oubliant les choses du monde, je « passerai devant Dieu toutes les années de ma vie dans l'amertume de mon « âme. » Si Bossuet, vivant au milieu des pompes de Versailles, a su pourtant répandre dans ses écrits une sainte et majestueuse tristesse, c'est qu'il avait trouvé dans la religion toute une solitude; c'est que son corps était dans le monde et son esprit dans le désert; c'est qu'il avait mis son cœur à l'abri sous les voiles secrets du tabernacle; c'est, comme il l'a dit lui-même de Marie-Thérèse d'Autriche, « qu'on *le* voyait courir aux autels, pour y goûter avec David un « humble repos, et s'enfoncer dans son oratoire, où, malgré le tumulte de la « cour, *il* trouvait le Carmel d'Élie, le désert de Jean, et la montagne si sou-« vent témoin des gémissements de Jésus. »

Le docteur Johnson, après avoir sévèrement critiqué les *Nuits* d'Young, finit par les comparer à un jardin chinois. Pour moi, tout ce que j'ai voulu dire, c'est que, si nous jugeons avec impartialité les ouvrages étrangers et les nôtres, nous trouverons toujours une immense supériorité du côté de la littérature française : au moins égaux par la force de la pensée, nous l'emportons toujours par le goût. Or, on ne doit jamais perdre de vue que si le génie enfante, c'est le goût qui conserve. Le goût est le bon sens du génie; sans le goût, le génie n'est qu'une sublime folie. Mais c'est une chose étrange que ce toucher sûr, par qui une chose ne rend jamais que le son qu'elle doit rendre, soit encore plus rare que la faculté qui crée. L'esprit et le génie sont répandus en portions assez égales dans les siècles; mais il n'y a dans ces siècles que de certaines nations, et chez ces nations qu'un certain moment, où le goût se montre dans toute sa pureté : avant ce moment, après ce moment, tout pèche par défaut ou par excès. Voilà pourquoi les ouvrages parfaits sont si rares; car il faut qu'ils soient produits dans ces heureux jours de l'union du goût et du génie. Or, cette grande rencontre, comme celle de certains astres, semble n'arriver qu'après la révolution de plusieurs siècles, et ne durer qu'un moment.

SHAKSPERE OU SHAKESPEARE.

Avril 1801.

Après avoir parlé d'Young dans notre premier extrait, je viens à un homme qui a fait schisme en littérature, à un homme divinisé par le pays qui l'a vu naître, admiré dans tout le nord de l'Europe, et mis par quelques Français au-dessus de Corneille et de Racine.

C'est Voltaire qui a fait connaître Shakespeare à la France. Le jugement qu'il porta d'abord du tragique anglais fut, comme la plupart de ses premiers jugements, plein de mesure, de goût et d'impartialité. Il écrivait à mylord Bolingbroke vers 1730 :

« Avec quel plaisir n'ai-je pas vu à Londres votre tragédie de *Jules César*, qui depuis « cent cinquante années, fait les délices de votre nation ! »

Il dit ailleurs :

« Shakespeare créa le théâtre anglais. Il avait un génie plein de force et de fécondité, de « naturel et de sublime, sans la moindre étincelle de bon goût, et sans la moindre con- « naissance des règles. Je vais vous dire une chose hasardée, mais vraie : c'est que le « mérite de cet auteur a perdu le théâtre anglais. Il y a de si belles scènes, des morceaux « si grands et si terribles répandus dans ces farces monstrueuses qu'on appelle *tragédies*, « que ces pièces ont toujours été jouées avec un grand succès. »

Telles furent les premières opinions de Voltaire sur Shakespeare. Mais lorsqu'on eut voulu faire passer ce grand génie pour un modèle de perfection, lorsqu'on ne rougit point d'abaisser devant lui les chefs-d'œuvre de la scène grecque et française, alors l'auteur de *Mérope* sentit le danger. Il vit qu'en relevant les beautés des Barbares, il avait séduit des hommes qui, comme lui, ne sauraient pas séparer l'alliage de l'or. Il voulut revenir sur ses pas; il attaqua l'idole qu'il avait encensée : mais il était déjà trop tard, et en vain il se repentit d'avoir *ouvert la porte à la médiocrité*, d'avoir aidé, comme il le disait lui-même, *à placer le monstre sur l'autel*. Voltaire avait fait de l'Angleterre, alors assez peu connue, une espèce de pays merveilleux, où il plaçait les héros, les opinions et les idées dont il pouvait avoir besoin. Sur la fin de sa vie, il se reprochait ses fausses admirations, dont il ne s'était servi que pour appuyer ses systèmes. Il commençait à en découvrir les funestes conséquences; malheureusement il pouvait se dire : *Et quorum pars magna fui.*

Un excellent critique, M. de La Harpe, en analysant *la tempête* dans la traduction de Le Tourneur, présenta dans tout leur jour les grossières irrégularités de Shakespeare, et vengea la scène française. Deux auteurs modernes, madame de Staël et M. de Rivarol, ont aussi jugé le tragique anglais. Mais il me semble que, malgré tout ce qu'on a écrit sur ce sujet, on peut encore faire quelques remarques intéressantes.

Quant aux critiques anglais, ils ont rarement dit la vérité sur leur poëte favori. Ben-Johnson, qui fut le disciple et ensuite le rival de Shakespeare, partagea d'abord les suffrages. On vantait le savoir du premier pour ravaler le génie du second, et on élevait au ciel le génie du second pour déprécier le savoir du premier. Ben-Johnson n'est plus connu aujourd'hui que par sa comédie du *Fox* et par celle de l'*Alchimiste*.

Pope montra plus d'impartialité dans sa critique.

Of all English poets, dit-il, *Shakspeare must be confessed to be the fair est and fullest subject fort criticism, and to afford the most numerous instances, both of beauties and faults of all sorts.*

« Il faut avouer que de tous les poëtes anglais, Shakespeare présente à la critique le
« sujet le plus agréable et le plus dégoûtant, et qu'il fournit d'innombrables exemples de
« beautés et de défauts de toute espèce. »

Si Pope s'en était tenu à ce jugement, il faudrait louer sa modération. Mais bientôt, emporté par les préjugés de son pays, il place Shakespeare au-dessus de tous les génies antiques et modernes. Il va jusqu'à excuser la bassesse de quelques-uns des *caractères* du tragique anglais, par cette ingénieuse comparaison :

« Dans ces cas-là, dit-il, son génie est comme un héros de roman déguisé sous l'habit
« d'un berger : une certaine grandeur perce de temps en temps, et révèle une plus haute
« extraction et de plus puissantes destinées. »

MM. Théobald et Hanmer viennent ensuite. Leur admiration est sans bornes. Ils attaquent Pope, qui s'était permis de corriger quelques trivialités du grand homme. Le célèbre docteur Warburton, prenant la défense de son ami, nous apprend que M. Théobald était un *pauvre homme*, et M. Hanmer, un *pauvre critique*; qu'au premier il donna de l'argent, et au second, des notes.
Le bon sens et l'esprit du docteur Johnson semblent l'abandonner à son tour quand il parle de Shakespeare. Il reproche à Rymer et à Voltaire d'avoir dit que le tragique anglais ne conserve pas assez *la vraisemblance des mœurs*.

« Ce sont là, dit-il, les petites chicanes de petits esprits : un poëte néglige la distinction
« accidentelle du pays et de la condition, comme un peintre satisfait de la figure, s'occupe
« peu de la draperie. »

Il est inutile de relever le mauvais ton et la fausseté de cette critique. La *vraisemblance des mœurs*, loin d'être la *draperie*, est le *fond* même du tableau. Tous ces critiques qui s'appuient sans cesse sur la *nature*, et qui regardent comme des préjugés de l'art *la distinction accidentelle du pays et de la condition*, sont comme ces politiques qui replongent les États dans la barbarie, en voulant anéantir les distinctions sociales.
Je ne citerai point les opinions de MM. Rowe, Steevens, Gildon, Dennis, Peck, Garrick, etc. Madame de Montague les a tous surpassés en enthousiasme. Hume et le docteur Blair ont seuls gardé quelque mesure. Sherlock a osé dire (et c'est avoir du courage pour un Anglais), il a osé dire : *Qu'il n'y a rien de médiocre dans Shakespeare, que tout ce qu'il a écrit est excellent ou détestable; que jamais il ne suivit ni même ne conçut un plan, excepté peut-être celui des* Merry wives of Windsor; *mais qu'il fait souvent fort bien une scène.* Cela approche beaucoup de la vérité. M. Masson, dans son *Elfrida* et dans son *Caractacus*, a essayé, mais sans succès, de donner la tragédie grecque à l'Angleterre. On ne joue presque plus le *Caton* d'Addison. On ne se délasse au théâtre anglais des monstruosités de Shakespeare que par les horreurs d'Otway.
Si l'on se contente de parler vaguement de Shakespeare sans poser les bases de la question, et sans réduire toute la critique à quelques points principaux,

on ne parviendra jamais à s'entendre ; parce que, confondant le siècle, le génie et l'art, chacun peut louer et blâmer à volonté le père du théâtre anglais. Il nous semble donc que Shakespeare doit être considéré sous trois rapports :

1° Par rapport à son siècle ;

2° Par rapport à ses talents naturels ou à son génie ;

3° Par rapport à l'art dramatique.

Sous le premier point de vue, on ne peut jamais trop admirer Shakespeare. Peut-être supérieur à Lopez de Vega, son contemporain, on ne le peut comparer en aucune manière aux Garnier et aux Hardy, qui balbutiaient alors parmi nous les premiers accents de la Melpomène française. Il est vrai que le prélat Trissino, dans sa *Sophonisbe*, avait déjà fait renaître en Italie la tragédie régulière. On a recherché curieusement les traductions des auteurs anciens qui pouvaient exister du temps de Shakespeare. Je ne remarque comme pièces dramatiques dans le catalogue, qu'une *Jocaste*, tirée des *Phéniciennes* d'Euripide, l'*Andria* et l'*Eunuque*, de Térence, les *Ménechmes* de Plaute et les tragédies de Sénèque. Il est douteux que Shakespeare ait eu connaissance de ces traductions ; car il n'a pas emprunté le fond de ses pièces d'invention des originaux mêmes traduits en anglais, mais de quelques imitations anglaises de ces originaux. C'est ce qu'on voit par *Roméo et Juliette*, dont il n'a pris l'histoire ni dans *Girolamo de la Corte*, ni dans la nouvelle de *Bandello* ; mais dans un petit poëme anglais intitulé *la tragique histoire de Roméo et Juliette*. Il en est ainsi du sujet d'*Hamlet*, qu'il n'a pu tirer immédiatement de *Saxo Grammaticus*, puisqu'il ne savait pas le latin (1). En général, on sait que Shakespeare fût un homme sans éducation et sans lettres. Obligé de fuir de sa province pour avoir chassé sur les terres d'un seigneur, avant d'être acteur à Londres, il gardait pour quelque argent les chevaux des *gentlemen* à la porte du spectacle. C'est une chose mémorable que Shakespeare et Molière aient été comédiens. Ces rares génies se sont vus forcés de monter sur des tréteaux pour gagner leur vie. L'un a trouvé l'art dramatique, l'autre l'a porté à sa perfection : semblables à deux philosophes anciens, ils s'étaient partagé l'empire des ris et des larmes, et tous les deux se consolaient peut-être des injustices de la fortune, l'un en peignant les travers, et l'autre les douleurs des hommes.

Sous le second rapport, c'est-à-dire sous le rapport des talents naturels ou du grand écrivain, Shakespeare n'est pas moins prodigieux. Je ne sais si jamais homme a jeté des regards plus profonds sur la nature humaine. Soit qu'il traite des passions, soit qu'il parle de morale ou de politique, soit qu'il déplore ou qu'il prévoie les malheurs des États, il a mille sentiments à citer, mille pensées à recueillir, mille sentences à appliquer dans toutes les circonstances de la vie. C'est *sous le rapport du génie* qu'il faut considérer les belles scènes isolées dans Shakespeare, et non *sous le rapport de l'art dramatique*. Et c'est ici que se trouve la principale erreur des admirateurs du poëte anglais ; car si l'on considère ces

---

(1) Voyez SAXO GRAMMATICUS, depuis la page 48 jusqu'à la page 59. « Amlethus, ne prudentius agendo patruo « suspectus redderetur, stoliditatis simulationem amplexus, extremum mentis vitium finxit. » (SAX. GRAMM., *Hist. Dan.*, in-folio, edit. Steph., 1544.)

scènes relativement à l'*art*, il faudra savoir si elles sont *nécessaires*, si elles sont bien liées au sujet, bien motivées, si elles forment partie du tout, et conservent les unités. Or, le *non erat hic locus* se présente à toutes les pages de Shakespeare.

Mais, à ne parler que du grand écrivain, combien elle est belle cette troisième scène du quatrième acte de ***Macbeth !***

MACDUFF.

Qui s'avance ici ?

MALCOLM.

C'est un Écossais, et cependant je ne le connais pas.

MACDUFF.

Cousin, soyez le bien venu.

MALCOLM.

Je le reconnais à présent. Grand Dieu ! renverse les obstacles qui nous rendent étrangers les uns aux autres.

ROSSE.

Puisse votre souhait s'accomplir !

MACDUFF.

L'Écosse est-elle toujours aussi malheureuse ?

ROSSE.

Hélas ! déplorable patrie ! elle est presque effrayée de connaître ses propres maux. Ne l'appelons plus notre mère, mais notre tombe. On n'y voit plus sourire personne, hors l'enfant qui ignore ses malheurs. Les soupirs, les gémissements, les cris frappent les airs, et ne sont point remarqués. Le plus violent chagrin semble un mal ordinaire : quand la cloche de la mort sonne, on demande à peine pour qui.

MACDUFF.

O récit trop véritable !

MALCOLM.

Quel est le dernier malheur ?

ROSSE, *à Macduff*.

. . . . Votre château est surpris, votre femme et vos enfants sont inhumainement massacrés...

MACDUFF.

Mes enfants aussi ?

ROSSE.

Femmes, enfants, serviteurs, tout ce qu'on a trouvé !

MACDUFF.

Et ma femme aussi ?

ROSSE.

Je vous l'ai dit.

MALCOLM.

Prenez courage ; la vengeance offre un remède à vos maux. Courons, punissons le tyran !

MACDUFF.

Il n'a point d'enfants !

Quelle vérité et quelle énergie dans la description des malheurs de l'Écosse ! Ce sourire qui n'est plus que sur la bouche des enfants, ces cris qu'on n'ose pas remarquer, ces trépas si fréquents qu'on ne daigne plus demander *pour qui sonne* la cloche funèbre, ne croit-on pas voir la France sous Robespierre ? Xénophon a fait à peu près la même peinture d'Athènes sous le règne des trente tyrans :

« Athènes, dit-il, n'était qu'un vaste tombeau, habité par la terreur et le silence ; le
« geste et le coup d'œil, la pensée même, devenaient funestes aux malheureux citoyens.
« On étudiait le front de la victime, et les scélérats y cherchaient la candeur et la vertu,
« comme un juge tâche d'y découvrir le crime caché du coupable (1). »

Le dialogue de *Rosse* et de *Macduff* rappelle celui de Flavian et de Curiace dans Corneille, lorsque Flavian vient annoncer à l'amant de Camille qu'il a été choisi pour combattre les Horaces :

CURIACE.
Albe de trois guerriers a-t-elle fait le choix ?
FLAVIAN.
Je viens pour vous l'apprendre.
CURIACE.
Eh bien ! qui sont les trois?
FLAVIAN.
Vos deux frères et vous.
CURIACE.
Qui ?
FLAVIAN.
Vous et vos deux frères.

Les interrogations de *Macduff* et de *Curiace* sont des beautés du même ordre. *Mes enfants aussi? — Femmes, enfants. — Et ma femme aussi? — Je vous l'ai dit.* — Eh bien ! qui sont les trois. — Vos deux frères et vous. — Qui? —Vous et vos deux frères. Mais le mot de Shakespeare, *Il n'a point d'enfants!* reste sans parallèle.

Le même homme qui a tracé ce tableau a écrit la scène charmante des adieux de *Roméo* et de *Juliette*. Roméo, condamné à l'exil, est surpris par le jour naissant chez Juliette, à laquelle il est marié secrètement :

> *Wilt thou be gone ? It is not yet near day :*
> *It was the nightingale, and not the lark*
> *That pierc'd the fearful hollow of thine ear, etc.*

JULIETTE.
Veux-tu déjà partir? Le jour ne paraît point encore. C'était le rossignol, et non l'alouette, dont la voix a frappé ton oreille alarmée : il chante toute la nuit sur cet oranger lointain. Crois-moi, mon jeune époux, c'était le rossignol.

ROMÉO.
C'était l'alouette, qui annonce l'aurore; ce n'était pas le rossignol. Regarde, ô mon amour ! regarde les traits de lumière qui pénètrent les nuages dans l'orient. Les flambeaux de la nuit s'éteignent, et le jour se lève sur le sommet vaporeux des montagnes. Il faut ou partir et vivre, ou rester et mourir.

JULIETTE.
La lumière que tu vois là-bas n'est pas celle du jour ; c'est quelque météore qui te ser-

(1) XENOPH., *Hist. Græc.*, lib. II.

vira de flambeau et t'éclairera sur la route de Mantoue. Reste encore ; il n'est pas encore nécessaire que tu me quittes.

ROMÉO.

Eh bien! que je sois arrêté, que je sois conduit à la mort, si tu le désires, je suis satisfait. Je dirai : « Cette blancheur lointaine n'est pas celle du matin, ce n'est que le pâle « reflet de la lune ; ce n'est pas l'alouette, dont les chants retentissent si haut au-dessus « de nos têtes, dans la voûte du ciel. » Ah! je crains moins de rester que de partir. Viens, ô mort! viens, je te reçois avec joie! J'obéis à Juliette....... Mais que regardes-tu, ma bien-aimée? Parlons, parlons encore ensemble, il n'est pas encore jour !

JULIETTE.

Il est jour! il est jour! Fuis, pars, éloigne-toi! C'est l'alouette qui chante, je reconnais sa voix aiguë. Ah! dérobe-toi à la mort : la lumière croît de plus en plus.

Qu'il est touchant ce contraste des charmes du matin et des derniers plaisirs des deux jeunes époux, avec la catastrophe horrible qui va suivre! C'est encore plus naïf que les Grecs, et moins pastoral que l'*Aminte* et le *Pastor fido*. Je ne connais qu'une scène d'un drame indien, en langue *sanskrite*, qui ait quelque rapport avec les adieux de Roméo et Juliette; encore n'est-ce que par la fraîcheur des images, et point du tout par l'intérêt de la situation. *Sacontala*, prête à quitter le séjour paternel, se sent arrêtée par son voile.

SACONTALA.

Qui saisit ainsi les plis de mon voile?

UN VIEILLARD.

C'est le chevreau que tu as tant de fois nourri des graines du *synmaka*. Il ne veut pas quitter les pas de sa bienfaitrice.

SACONTALA.

Pourquoi pleures-tu, tendre chevreau? Je suis forcée d'abandonner notre commune demeure. Lorsque tu perdis ta mère, peu de temps après ta naissance, je te pris sous ma garde. Retourne à ta crèche, pauvre jeune chevreau ; il faut à présent nous séparer!

La scène des adieux de Roméo et Juliette n'est point indiquée dans Bandello, et elle appartient tout entière à Shakespeare. Les cinquante-deux commentateurs de Shakespeare, au lieu de nous apprendre beaucoup de choses inutiles, auraient dû s'attacher à découvrir les beautés qui appartiennent à cet homme extraordinaire, et celles qu'il n'a fait qu'emprunter. Bandello raconte en peu de mots la séparation des deux amants :

A la fine, cominciando l'aurora a volar uscire, si basciarono, estrettamente abbraciarono gli amanti, e pieni di lagrime e sospiri si dissero adio (1).

« Enfin, l'aurore commençant à paraître, les deux amants se baisèrent, s'embrassèrent « étroitement, et, pleins de larmes et de soupirs, ils se dirent adieu. »

On peut remarquer, en général, que Shakespeare fait un grand usage des contrastes. Il aime à placer la gaieté auprès de la tristesse, à mêler les diver-

(1) *Novelle del* BANDELLO, sec. parte, pag. 52; Luc. edit. in-4o, 1554.

tissements et les cris de joie à des pompes funèbres et à des cris de douleur. Que des musiciens appelés aux noces de Juliette arrivent précisément pour accompagner son cercueil; qu'indifférents au deuil de la maison, ils se livrent à d'indécentes plaisanteries, et s'entretiennent des choses les plus étrangères à la catastrophe; qui ne reconnaît là toute la vie? qui ne sent toute l'amertume de ce tableau? qui n'a pas été témoin de pareilles scènes? Ces effets ne furent point inconnus des Grecs, et l'on retrouve dans Euripide plusieurs traces de ces naïvetés que Shakespeare mêle au plus haut ton tragique. Phèdre vient d'expirer; le chœur ne sait s'il doit entrer dans l'appartement de la princesse :

PREMIER DEMI-CHŒUR.

Φίλαι, τί δρῶμεν; ἦ δοκεῖ περᾶν δόμους,
Λῦσαί τ' ἄνασσαν ἐξ ἐπισπαστῶν βρόχων;

SECOND DEMI-CHŒUR.

Τί δ'; οὐ πάρεισι πρόσπολοι νεανίαι;
Τὸ πολλὰ πράσσειν οὐκ ἐν ἀσφαλεῖ βίου.

PREMIER DEMI-CHŒUR.

Compagnes, que ferons-nous? Devons-nous entrer dans le palais pour aider à dégager la reine de ses liens *étroits*?

SECOND DEMI-CHŒUR.

Ce soin appartient à ses esclaves. Pourquoi ne sont-ils pas présents? Quand on se mêle de beaucoup d'affaires, il n'y a pas de sûreté dans la vie (1).

Dans *Alceste*, la Mort et Apollon se font des plaisanteries. La Mort veut saisir Alceste tandis qu'elle est jeune, parce qu'elle ne se soucie pas d'une vieille proie, et, comme traduit le père Brumoy, d'une proie ridée. Il ne faut pas rejeter entièrement ces contrastes, qui touchent de près au terrible, mais qu'une seule nuance ou trop forte ou trop faible dans l'expression rend à l'instant ou bas ou ridicule.

Shakespeare, comme tous les poëtes tragiques, a trouvé quelquefois le véritable comique, tandis que les poëtes comiques n'ont jamais pu s'élever à la bonne tragédie; ce qui prouve qu'il y a peut-être quelque chose de plus vaste dans le génie de Melpomène que dans celui de Thalie. Quiconque peint savamment le côté douloureux de l'homme peut aussi représenter le côté ridicule, parce que celui qui saisit *le plus* peut, à la rigueur, saisir *le moins*. Mais l'esprit qui s'attache particulièrement aux détails plaisants laisse échapper les rapports sévères, parce que la faculté de distinguer les objets infiniment petits suppose presque toujours l'impossibilité d'embrasser les objets infiniment grands : d'où il faudrait conclure que le sérieux est le véritable génie de l'homme. *Homo natus de muliere, brevi vivens tempore repletur multis miseriis!* Un seul poëte

---

(1) Brumoy traduit ainsi, en tronquant un couplet et paraphrasant l'autre :

UNE FEMME DU CHŒUR.

Qu'en pensez-vous, mes compagnes? est-il à propos que nous entrions?

UNE AUTRE FEMME.

Où sont donc ses officiers? C'est à eux de lui prêter du secours. On est souvent dupe de son trop d'empressement dans les affaires d'autrui.

comique marche l'égal des Sophocle et des Corneille : c'est Molière. Mais il est remarquable que le comique du *Tartufe* et du *Misanthrope*, par son extrême profondeur, et, si j'osais le dire, par sa *tristesse*, se rapproche beaucoup de la gravité tragique.

Les Anglais ont en grande estime le caractère comique de Falstaff dans les *Merry wives of Windsor*. En effet, ce caractère est bien dessiné, quoiqu'il soit souvent d'un comique peu naturel, bas et outré. Il y a deux manières de faire rire des défauts des hommes : l'une est de présenter d'abord les ridicules, et d'offrir ensuite les qualités, c'est la manière de l'Anglais, c'est le comique de Sterne et de Fielding, qui finit quelquefois par faire verser des larmes; l'autre consiste à donner d'abord quelques louanges, et à ajouter successivement tant de ridicules, qu'on oublie les meilleures qualités, et qu'on perd enfin toute estime pour les plus nobles talents et les plus hautes vertus : c'est la manière du Français, c'est le comique de Voltaire, c'est le *Nihil mirari* qui flétrit tout parmi nous. Mais les partisans du génie tragique et comique du poëte anglais me semblent beaucoup se tromper lorsqu'ils vantent le *naturel de son style*. Shakespeare est naturel dans les sentiments et dans la pensée, jamais dans l'expression, excepté dans les belles scènes où son génie s'élève à sa plus grande hauteur; encore, dans ces scènes mêmes, son langage est-il souvent affecté; il a tous les défauts des écrivains italiens de son siècle; il manque éminemment de simplicité. Ses descriptions sont enflées, contournées; on y sent souvent l'homme de mauvaise éducation, qui, ne connaissant ni les genres, ni les tons, ni les sujets, ni la valeur exacte des mots, va plaçant au hasard des expressions poétiques au milieu des choses les plus triviales. Comment, par exemple, ne pas gémir de voir une nation éclairée, et qui compte parmi ses critiques les Pope et les Addison, de la voir s'extasier sur le portrait de l'*apothicaire* dans *Roméo et Juliette?* C'est le burlesque le plus hideux et le plus dégoûtant. Il est vrai qu'un éclair y brille comme dans toutes les ombres de Shakespeare. *Roméo* fait une réflexion sur ce malheureux qui tient si fortement à la vie, bien qu'il soit accablé de toutes les misères. C'est le sentiment qu'Homère met avec tant de naïveté dans la bouche d'Achille aux enfers :

« J'aimerais mieux être sur la terre l'esclave d'un laboureur indigent, où la vie serait peu abondante, que de régner en souverain dans l'empire des mânes. »

Il reste à considérer Shakespeare sous le *rapport de l'art dramatique*. Après avoir fait la part de l'éloge, on me permettra de faire la part de la critique.

Tout ce qu'on a dit à la louange de Shakespeare, comme auteur dramatique, se trouve dans ce passage du docteur Johnson :

Shakspeare has no horoes, etc. « Shakespeare n'a point de héros. Sa scène
« est seulement occupée par des hommes qui agissent et parlent comme le
« spectateur eût agi et parlé lui-même dans la même occasion. Les drames de
« Shakespeare ne sont point (dans le sens d'une critique rigoureuse) des comé-
« dies ou des tragédies, mais des compositions particulières, qui peignent l'état
« réel de ce monde sublunaire. Elles offrent, sous des formes innombrables,

« le bien et le mal, la joie et la douleur, combinés dans une variété sans fin ;
« elles représentent le train du monde, où la perte de l'un est le gain de l'autre ;
« où le voluptueux s'abandonne à la débauche, au moment même où l'affligé
« ensevelit son ami ; où la méchanceté de celui-ci est quelquefois déjouée par la
« légèreté de celui-là, et où mille biens et mille maux arrivent ou sont pré-
« venus sans dessein. »

Voilà le grand paradoxe littéraire des partisans de Shakespeare. Tout ce raisonnement tend à prouver *qu'il n'y a point de règles dramatiques* ou que *l'art* n'est pas un *art.*

Lorsque Voltaire s'est reproché d'avoir ouvert la porte à la médiocrité, en louant trop Shakespeare, il a voulu dire sans doute qu'en bannissant toute règle, et retournant à la *pure nature*, rien n'était plus aisé que d'égaler les *chefs-d'œuvre* du théâtre anglais. Si, pour atteindre à la hauteur de l'art tragique, il suffit d'entasser des scènes disparates, sans suite et sans liaison ; de mêler le bas et le noble, le burlesque et le pathétique ; de placer le porteur d'eau auprès du monarque, et la marchande d'herbes auprès de la reine, qui ne peut raisonnablement se flatter d'être le rival de Sophocle et de Racine ? Quiconque se trouve placé dans la société de manière à voir beaucoup d'hommes et beaucoup de choses, s'il veut seulement se donner la peine de retracer tous les accidents d'une de ses journées, ses conversations avec l'artisan ou le ministre, avec le soldat ou le prince ; s'il veut rappeler les objets qui ont passé sous ses yeux, le bal ou le convoi funèbre, le festin du riche et la misère du pauvre ; celui-là, dis-je, aura fait un drame à la manière du poëte anglais. Les scènes de génie pourront y manquer, mais si l'on n'y trouve pas Shakespeare *écrivain*, on y trouvera Shakespeare *dramatiste*.

Il faut donc se persuader d'abord qu'écrire est un art ; que cet art a nécessairement des genres, et que chaque genre a des règles. Et qu'on ne dise pas que les genres et les règles sont arbitraires ; ils sont nés de la nature même : l'art a seulement séparé ce que la nature a confondu ; il a choisi les plus beaux traits, sans s'écarter de la ressemblance du grand modèle. La perfection ne détruit point la vérité ; et l'on peut dire que Racine, dans toute l'excellence de son art, est plus naturel que Shakespeare ; comme l'*Apollon*, dans toute sa divinité, a plus les formes humaines qu'une statue grossière de l'Égypte.

Mais si Shakespeare, dit-on, a péché contre toutes les règles, mêlé tous les genres, blessé toutes les vraisemblances, il a du moins mis plus de mouvement sur la scène et porté plus loin la terreur que les tragiques français.

Je n'examinerai point jusqu'à quel degré cette assertion est véritable ; si la liberté que l'on se donne de tout dire et de tout représenter ne mène pas naturellement à ce fracas de scène, à cette multitude de personnages qui en imposent : je n'examinerai pas si, dans les pièces de Shakespeare, tout marche rapidement à la catastrophe ; si l'intrigue se noue et se dénoue avec art, en prolongeant et précipitant sans cesse l'intérêt pour le spectateur : je dirai seulement que, s'il est vrai que nos tragiques manquent de mouvement (ce que je suis fort loin d'accorder), il est bon qu'ils en mettent davantage dans leurs sujets. Mais cela ne prouve pas qu'on doive introduire sur notre théâtre les monstruosités de cet homme que Voltaire appelait un *Sauvage ivre*. Une beauté dans Shakespeare n'excuse pas ses innombrables défauts : un monument gothique peut plaire par son obscurité et la difformité même de ses proportions, mais personne ne songe à bâtir un palais sur son modèle.

On prétend surtout que Shakespeare est un grand maître dans l'art de faire verser des larmes. Je ne sais s'il est vrai que le premier des arts *soit celui de faire pleurer*, dans le sens où l'on entend ce mot aujourd'hui. Les *vraies larmes* sont celles que fait couler une belle poésie ; il faut qu'il s'y mêle autant d'admiration que de douleur. Si Sophocle me présente *OEdipe tout sanglant*, mon cœur est prêt à se briser ; mais mon oreille est frappée d'une douce mélodie, mes yeux sont enchantés par un spectacle souverainement beau ; j'éprouve à la fois du plaisir et de la peine, j'ai devant moi une affreuse vérité, et cependant je sens que ce n'est qu'une ingénieuse imitation d'une action qui n'est plus, qui peut-être n'a jamais été : alors mes larmes coulent avec délices ; je pleure, mais c'est au son de la lyre d'Orphée ; je pleure, mais c'est aux accents des Muses : ces filles célestes pleurent aussi, mais elles ne défigurent point leurs traits divins par des grimaces. Les anciens donnaient aux Furies même un beau visage, apparemment parce qu'il y a une beauté morale dans les remords.

Et puisque nous sommes sur ce sujet important, on me permettra de dire un mot de la querelle qui divise aujourd'hui le monde littéraire. Une partie de nos gens de lettres n'admire plus que les ouvrages étrangers, tandis que l'autre tient fortement à notre ancienne école. Selon les premiers, les écrivains du siècle de Louis le Grand n'ont eu ni assez de mouvement dans le style, ni surtout assez de pensées ; selon les seconds, tout ce prétendu mouvement, tous les efforts du jour vers des pensées nouvelles, ne sont que décadence et corruption : ceux-là rejettent toutes règles ; ceux-ci les rappellent toutes.

On pourrait dire aux premiers qu'on se perd sans retour aussitôt que l'on abandonne les grands modèles, qui peuvent seuls nous retenir dans les bornes délicates du goût ; qu'on se trompe lorsqu'on prend pour de véritables mouvements une manière qui procède sans fin par exclamations et par interrogations. Le second siècle de la littérature latine eut les mêmes prétentions que notre siècle. Il est certain que Tacite, Sénèque et Lucain ont plus d'agitation dans le style et plus de variété dans les couleurs que Tite-Live, Cicéron et Virgile. Ils affectent cette concision d'idées, et ces effets brillants d'expression, que nous recherchons à présent ; ils chargent leurs descriptions, se plaisent à faire des tableaux, à prononcer des sentences : car c'est toujours dans les temps de corruption qu'on parle le plus de morale. Cependant les siècles sont venus ; et, sans s'embarrasser des *penseurs* de l'âge de Trajan, ils ont donné la palme à l'âge de l'imagination et des arts, à l'âge d'Auguste.

Si les exemples instruisaient, je pourrais ajouter qu'une autre cause de la chute des lettres latines fut la confusion des dialectes dans l'empire romain. Lorsqu'on vit des Gaulois dans le sénat, lorsque Rome, devenue la capitale du monde, entendit ses murs retentir de tous les jargons, depuis le Goth jusqu'au Parthe, on put juger que c'en était fait du goût d'Horace et de la langue de Cicéron. La ressemblance est frappante : pour peu que l'on continue en France à étudier les idiomes étrangers, et à nous inonder de traductions, notre langue perdra bientôt cette fleur native et ces gallicismes qui faisaient son génie et sa grâce.

Une des sources de l'erreur où sont tombés les gens de lettres qui cherchent des routes inconnues vient de l'incertitude qu'ils ont cru remarquer dans les principes du goût. On est un grand homme dans un journal, et un misérable écrivain dans un autre ; ici un génie brillant, là un pur déclamateur. Les nations entières varient : tous les étrangers refusent du génie à Racine, et de l'harmonie à nos vers ; nous, nous jugeons des auteurs anglais tout différemment que les Anglais eux-mêmes ; on serait étonné de savoir quels sont les grands hommes de France en Allemagne, et quels sont les auteurs français qu'on méprise dans ce pays.

Mais tout cela ne saurait jeter l'esprit dans l'incertitude, et faire abandonner les principes, sous prétexte qu'on ne sait pas ce que c'est que le goût. Il y a une base sûre où l'on peut se reposer : c'est la littérature ancienne ; elle est là pour modèle invariable.

C'est donc autour de ceux qui nous rappellent à ces grands exemples, qu'il faut nous hâter de nous rallier, si nous voulons échapper à la barbarie. Quand les partisans de l'ancienne école iraient un peu trop loin dans leur haine des littératures étrangères, on devrait encore leur en savoir gré : c'est ainsi que Boileau s'éleva contre le Tasse, par la raison, comme il le dit lui-même, que son siècle avait trop de penchant à tomber dans les défauts de cet auteur.

Cependant, en accordant quelque chose à un adversaire, ne le ramènerait-on pas plus aisément aux bons modèles ? Est-ce qu'on ne pourrait pas convenir que les arts d'imagination ont peut-être un peu trop dominé dans le siècle de Louis XIV ? que ce qu'on appelle aujourd'hui *peindre la nature* était alors une chose presque inconnue ? Pourquoi n'admettrait-on pas que le style du jour connaît réellement plus de formes ; que la liberté que l'on a de traiter tous les sujets a mis en circulation un plus grand nombre de vérités ; que les sciences ont donné plus de fermeté aux esprits et de précision aux idées ? Je sais qu'il y a des dangers à convenir de tout cela, et que si l'on cède sur un point, on ne saura bientôt plus où s'arrêter ; mais enfin ne serait-il pas possible qu'un homme, marchant avec précaution entre les deux lignes, et se tenant toutefois beaucoup plus près de l'antique que du moderne, parvînt à marier les deux écoles, et à en faire sortir le génie d'un nouveau siècle ? Quoi qu'il en soit, tout effort pour obtenir cette grande révolution sera inutile, si nous demeurons irréligieux. L'imagination et le sentiment tiennent essentiellement à la religion : or, une littérature d'où les enchantements et la tendresse sont bannis ne peut jamais être que sèche, froide et médiocre.

BEATTIE.

Juin 1801.

Le génie écossais a soutenu avec honneur, dans ce dernier siècle, une littérature que les Pope, les Addison, les Steele, les Rowe, avaient élevée à un haut degré de gloire. L'Angleterre ne compte point d'historiens supérieurs à Hume et à Robertson, ni de poëtes plus riches et plus aimables que Thomson et Beattie. Celui-ci, qui n'est jamais descendu de son désert, simple ministre, et professeur de philosophie dans une petite ville du nord de l'Écosse, a fait entendre des chansons d'un caractère tout nouveau, et touché une lyre qui rappelle un peu la harpe du barde. Son principal et pour ainsi dire son seul ouvrage est un petit poëme intitulé le *Minstrel*, ou les *Progrès du Génie*. Beattie a voulu peindre les effets de la Muse sur un jeune berger de la montagne, et retracer des inspirations qu'il avait sans doute éprouvées lui-même. L'idée primitive du *Minstrel* est charmante, et la plupart des détails en sont très-agréables. Le poëme est écrit en stances rimées comme les vieilles ballades écossaises, ce qui ajoute encore à sa singularité. On y trouve à la vérité, comme dans tous les auteurs étrangers, des longueurs et des traits de mauvais goût. Le docteur Beattie aime à s'étendre sur des lieux communs de morale, qu'il n'a pas toujours l'art de rajeunir. En général, les hommes d'une imagination brillante et tendre ont peu de profondeur dans la pensée, ou de force dans le raisonnement. Il faut des passions brûlantes ou un grand génie pour enfanter de grandes idées. Il y a un certain calme du cœur et une certaine douceur d'esprit qui semblent exclure le sublime.

Un ouvrage tel que le *Minstrel* n'est pas susceptible d'analyse. Pour le faire connaître, il faut le traduire. Je donnerai donc ici le premier chant de cette aimable production, en en retranchant toutefois ce que la délicatesse française ne pourrait supporter. Je préfère m'attacher à montrer les beautés plutôt qu'à compter curieusement les défauts d'un livre. J'aime mieux agrandir l'homme devant l'homme, que de le rapetisser à ses yeux. D'ailleurs, on s'instruit mieux par l'admiration que par le dégoût; l'une vous révèle la présence du génie, l'autre se borne à vous découvrir des taches que tous les regards peuvent apercevoir; c'est dans la belle ordonnance des cieux que l'on sent la Divinité, et non pas dans quelques irrégularités de la nature.

LE MINSTREL, OU LES PROGRÈS DU GÉNIE.

Ah! qui peut dire combien il est difficile de gravir le sommet où brille au loin le temple de la gloire? qui peut dire combien de génies sublimes ont senti l'influence d'un astre funeste? Repoussés par les outrages de l'orgueil et par les dédains de l'envie, arrêtés par l'insurmontable barrière de l'indigence, ils ont langui quelque temps dans les obscurs sentiers de la vie, puis ils ont disparu dans la tombe, inconnus, et sans être pleurés.

Et cependant les langueurs d'une vie sans gloire ne sont pas également accablantes pour tous! Celui qui ne prêta jamais l'oreille à la voix de la louange ne se plaindra point du silence de l'oubli. Il en est qui, sourds aux cris de l'ambition, frémiraient d'entendre la trompette de la Renommée. Heureux de n'avoir en partage que la santé, l'aisance et la paix, il ne portait pas plus haut ses désirs celui dont la simple histoire est retracée dans des vers sans art.

Si je voulais invoquer une Muse savante, mes doctes accords diraient ici quelle fut la destinée du *barde* dans les jours du vieux temps ; je le peindrais portant un cœur content sous de simples habits ; on verrait ses cheveux flottants et sa barbe blanchie ; sa harpe modeste, seule compagne de son chemin, répondant aux soupirs des brises, serait suspendue à ses épaules voûtées ; le vieillard, en marchant, chanterait à demi-voix quelque refrain joyeux.

Mais un pauvre *minstrel* inspire aujourd'hui mes vers. Ne vous étonnez point, mortels superbes, si je lui consacre mes accents. Les Muses méprisent le sourire insultant de la fortune, et ne fléchissent point le genou devant l'idole des grandeurs. . . . .
. . . .

Si les montagnes du Potose brillent de l'éclat du diamant et de l'or, si les montagnes de l'Écosse s'élèvent froides et stériles, dans le sein des premières germent la cupidité et la corruption ; paisibles sont les vallées des secondes, et purs les cieux qui les éclairent.

Dans les siècles gothiques (comme les vieilles ballades le racontent) vivait autrefois un berger. Ses ancêtres avaient peut-être habité une terre aimée des Muses, les grottes de la Sicile ou les vallées de l'Arcadie ; mais lui, il était né dans les contrées du Nord, chez une nation fameuse par ses chansons et par la beauté de ses vierges ; nation fière quoique modeste, innocente quoique libre, patiente dans le travail, ferme dans les périls, inébranlable dans sa foi, invincible sous les armes.

Ce berger paissait son petit troupeau sur les montagnes d'Écosse ; jamais il ne mania la faux ou ne guida la charrue. Un cœur honnête était tout son trésor. Il buvait l'eau du rocher ; ses brebis fournissaient le lait à ses repas, et lui prêtaient leurs molles toisons pour le défendre des injures de l'hiver ; il suivait leurs pas errants partout où elles voulaient s'égarer.

Du travail naît la santé ; de la santé, la paix, source de toute joie. Il n'enviait point les rois, il ne pensait point à eux : il n'était point troublé par ces désirs que trompe la fortune, qu'éteint la jouissance. Un père vertueux, une mère pudique, suffisaient au besoin de son cœur : il n'aimait qu'eux, et il les aimait depuis son enfance.

Il était toute la postérité de ce couple innocent. Aucun oracle ne l'avait annoncé au monde ; aucun prodige n'éclata sur son berceau. Vous devinez toutes les circonstances de la naissance d'Edwin, les transports du père et les soins maternels, les prières offertes par la matrone pour le bonheur, l'esprit et la vertu de l'enfant, et tout un long jour d'été passé dans le repos et la joie.

Edwin n'était pas un enfant vulgaire. Son œil semblait souvent chargé d'une grave pensée ; il dédaignait les hochets de son âge, hors un petit chalumeau grossièrement façonné ; il était sensible, quoique sauvage, et gardait le silence quand il était content : il se montrait tour à tour plein de joie ou de tristesse, sans qu'on en devinât la cause. Les voisins tressaillaient et soupiraient à sa vue, et cependant le bénissaient. Aux uns il semblait d'une intelligence merveilleuse ; aux autres il paraissait insensé.

Mais pourquoi dirais-je les jeux de son enfance ? Il ne se mêlait point à la foule bruyante de ses jeunes compagnons ; il aimait à s'enfoncer dans la forêt, ou à s'égarer sur le sommet solitaire de la montagne. Souvent les détours d'un ruisseau sauvage conduisaient ses pas à des bocages ignorés. Tantôt il descend au fond des précipices, du sommet desquels se penchent de vieux pins ; tantôt il gravit des cimes escarpées, où le torrent brille de rochers en rochers ; où les eaux, les forêts, les vents forment un concert immense, que l'écho grossit et porte jusqu'aux cieux.

Quand l'aube commence à blanchir les airs, Edwin, assis au sommet de la colline, contemple au loin les nuages de pourpre, l'océan d'azur, les montagnes grisâtres, le lac qui brille faiblement parmi les bruyères vaporeuses, et la longue vallée étendue vers l'occident, où le jour lutte encore avec les ombres.

Quelquefois, pendant les brouillards de l'automne, vous le verriez escalader le sommet des monts. O plaisir effrayant ! debout sur la pointe d'un roc, comme un matelot sauvé du naufrage sur une côte déserte, il aime à voir les vapeurs se rouler en vagues énormes, s'allonger sur les horizons, là se creuser un golfe, ici s'arrondir autour des montagnes. Du fond du gouffre, au-dessous de lui, la voix de la bergère et le bêlement des troupeaux remontent jusqu'à son oreille, à travers la brume épaissie.

Cet étrange enfant aimait d'un amour égal les scènes agréables et les scènes terribles. Il trouvait autant de délices dans les ombres et les tempêtes que dans le rayon du midi, lorsqu'il brille sur l'Océan calmé. Ce penchant à la tristesse l'intéressait aux malheurs des hommes. Si quelquefois un soupir s'échappait de son cœur, si une larme de pitié coulait le long de ses joues, il ne cherchait point à retenir un soupir tendre, une larme si douce.

« Bois sauvages, qu'est devenue votre verdure ? » (C'est ainsi que la Muse interprète ses « jeunes pensées.) « Vallons, où sont allés vos fleurs et vos parfums, naguère si délicieux « aux heures brûlantes du jour ? Pourquoi les oiseaux, qui apportaient l'harmonie à vos bo- « cages, ont-ils abandonné leurs demeures ? Le vent siffle tristement dans les herbes jaunes, « et chasse devant lui les feuilles séchées. . . . .

« . . . .

« Tout passe ainsi sur la terre ! Ainsi fleurit et se fane l'homme majestueux. . . . .

« Portés sur l'aile rapide et silencieuse du temps, la vieillesse et l'hiver ont bientôt flétri « les fleurs et nos jeunes années. »

« Eh bien ! déplorez vos destinées, vous dont les grossières espérances rampent dans cet « obscur séjour ! Mais l'âme sublime qui porte ses regards au delà du tombeau sourit aux « misères humaines, et s'étonne de vos larmes. Le printemps ne viendra-t-il plus ranimer « ces scènes décolorées ? Le soleil a-t-il trouvé une couche éternelle dans le vague de l'oc- « cident ? Non ; bientôt l'orient s'enflammera de nouveaux feux ; bientôt le printemps rendra « la verdure et l'harmonie aux bocages.

« Et je resterais abandonné dans la poussière, quand une Providence bienfaisante fera « revivre les fleurs ! Quoi ! la voix de la nature, à l'homme seul injuste, le condamnerait à « périr, lorsqu'elle lui commande d'espérer ! Loin de moi ces pensées. Il viendra l'immortel « printemps des cieux ! la mâle beauté de l'homme fleurira de nouveau. »

C'était de son père religieux qu'Edwin avait appris ces vérités sublimes..... Mais voilà le romanesque enfant qui sort de l'asile où il s'était mis à couvert des tièdes ondées du midi. Elle est passée, la pluie de l'orage ; maintenant l'air est frais et parfumé. Dans l'orient obscur, déployant un arc immense, l'iris brille au soleil couchant. Jeune insensé, qui crois pouvoir saisir le glorieux météore ! combien vaine est la course que ton ardeur a commencée ! La brillante apparition s'éloigne à mesure que tu la poursuis. Ah ! puisses-tu savoir qu'il en est ainsi dans la jeunesse, lorsque nous poursuivons les chimères de la vie ! que cet emblème d'une espérance trompée serve un jour à modérer tes passions, et à te consoler quand tes vœux seront déçus ! Mais pourquoi une triste prévoyance alarmerait-elle ton cœur ? Périsse cette vaine sagesse qui étouffe les jeunes désirs ! Poursuis, aimable enfant, poursuis ton radieux fantôme ; livre-toi aux illusions et à l'espérance ; trop tôt, hélas ! l'epérance et les illusions s'évanouiront elles-mêmes.

Quand la cloche du soir, balancée dans les airs, chargeait de ses gémissements la brise solitaire, le jeune Edwin, marchant avec lenteur, et prêtant une oreille attentive, se plongeait dans le fond des vallées ; tout autour de lui il croyait voir errer des convois funèbres, de pâles ombres, des fantômes traînant des chaînes ou de longs voiles : mais bientôt ces bruits de la mort se perdaient dans le cri lugubre du hibou, ou dans les murmures du vent des nuits, qui ébranlait par intervalles les vieux dômes d'une église.

Si la lune rougeâtre se penchait à son couchant sur la mer mélancolique et sombre, Edwin allait chercher les bords de ces sources inconnues où s'assemblaient sur des bruyères les magiciennes des temps passés. Là souvent le sommeil venait le surprendre, et lui apportait ses visions. D'abord une brise sauvage commençait à siffler à son oreille, puis des lampes allumées tout à coup par une flamme magique illuminaient la voûte de la nuit.

Soudain, dans son rêve, s'élève devant lui un château dont le portique est chargé de blasons. La trompette sonne, le pont-levis s'abaisse; bientôt sortent du manoir gothique des guerriers aux casques verts, tenant à la main des boucliers d'or et des lances de diamant. Leur regard est affable, leur démarche hardie; au milieu d'eux, de vénérables troubadours, vêtus de longues robes, animent d'un souffle harmonieux le chalumeau guerrier.

Au bruit des chansons et des timbales, une troupe de belles dames s'avance du fond d'un bocage de myrte. Les guerriers déposent la lance et le bouclier, et les danses commencent au son d'une musique vive et joyeuse. On se mêle; on se quitte; on fuit, on revient! on confond les détours du dédale mobile; les forêts resplendissent au loin de l'éclat des flambeaux, de l'or et des pierreries.

Le songe a fui..... Edwin, réveillé avec l'aurore, ouvre ses yeux enchantés sur les scènes du matin; chaque zéphyr lui apporte mille sons délicieux; on entend le bêlement du troupeau, le tintement de la cloche de la brebis, le bourdonnement de l'abeille; la cornemuse fait retentir les rochers, et se mêle au bruit sourd de l'Océan lointain qui bat ses rivages.

Le chien de la cabane aboie en voyant passer le pèlerin matinal; la laitière couronnée de son vase, chante en descendant la colline; le laboureur traverse les guérets en sifflant; le lourd chariot crie en gravissant le sentier de la montagne; le lièvre étonné sort des épis vacillants; la perdrix s'élève sur son aile bruyante; le ramier gémit dans son arbre solitaire, et l'alouette gazouille au haut des airs.

O nature! que tes beautés sont ravissantes! tu donnes à tes amants des plaisirs toujours nouveaux. Que n'ai-je la voix et l'ardeur du séraphin pour chanter ta gloire avec un amour religieux! . . . .
. . . .

Salut, savants maîtres de la lyre, poètes, enfants de la nature, amis de l'homme et de la vérité! salut, vous dont les vers, pleins d'une douceur sublime, charmèrent mon enfance et instruisirent ma jeunesse! . . . .
. . . .

Hélas! caché dans des retraites ignorées, le pauvre Edwin n'a jamais connu votre art. Quand les pluies de l'hiver et les neiges entassées ont fermé la porte de la cabane, seulement alors il entend quelques troubadours voyageurs chanter les faits de la chevalerie. . . .
. . . . . ou redire cette ballade touchante des deux enfants abandonnés dans le bois. En versant des pleurs sur l'attendrissante histoire, Edwin admire les prodiges de la Muse.

Quand la tempête a cessé de rugir, il parcourt l'uniforme désert des neiges; il contemple les nuages qui se balancent comme de gros vaisseaux sur les vagues de l'Océan, et cinglent vers l'horizon bleuâtre. Parmi ces décorations changeantes et toujours nouvelles, Edwin découvre des fleuves, des gouffres, des géants, des rochers entassés sur des rochers, et des tours penchées sur des tours. Alors, descendant au rivage, l'enthousiaste solitaire marche le long des grèves, en écoutant avec un plaisir mêlé de terreur le mugissement des vagues roulantes. C'est encore ainsi que, pendant l'été, lorsque les nuages de l'orage allongent leur colonne ténébreuse sur le sommet des collines, Edwin se hâte de quitter la demeure de l'homme; c'est encore ainsi qu'il s'enfonce dans la noire solitude, pour jouir des premiers feux de l'éclair et des premiers bruits du tonnerre, sous la voûte retentissante des cieux.

Quand la jeunesse du village danse au son du chalumeau, Edwin, assis à l'écart, se plaît à rêver au bruit de la musique. Oh! comme alors tous les jeux bruyants semblent vains et tumultueux à son âme! Céleste mélancolie, que sont près de toi les profanes plaisirs du vulgaire?

Est-il un cœur que la musique ne peut toucher? Ah! que ce cœur doit être insensible et farouche! Est-il un cœur qui ne sentit jamais ces transports mystérieux, enfants de la solitude et de la rêverie? qu'il ne s'adresse point aux Muses; les Muses repoussent ses vœux.
. . . . Tel ne fut point Edwin. Le chant fut son premier amour; souvent la harpe de la montagne soupira sous sa main aventureuse, et la flûte plaintive gémit suspendue à son souffle. Sa Muse, encore enfant, ignorait l'art du poète, fruit du travail et du

temps. Edwin atteignit pourtant cette perfection si rare, ainsi que mes vers le diront quelque jour.

On voit par ce dernier vers que Beattie se proposait de continuer son poëme. En effet, on trouve un second chant, écrit quelque temps après; mais il est bien inférieur au premier. Edwin, en errant dans le désert, entend un jour une voix grave qui s'élève du fond d'une vallée : c'est celle d'un vieux solitaire qui, après avoir connu les illusions du monde, s'est enseveli dans cette retraite, pour y recueillir son âme et chanter les merveilles du Créateur. Cet ermite instruit le jeune *minstrel*, et lui révèle le secret de son propre génie. On voit combien cette idée était heureuse; mais l'exécution n'a pas répondu au premier dessein de l'auteur : le solitaire parle trop longtemps, et dit des choses trop communes sur les grandeurs et les misères de la vie. Toutefois on trouve encore dans ce second chant quelques passages qui rappellent le charme et le talent du premier. Les dernières strophes en sont consacrées au souvenir d'un ami que le poëte venait de perdre. Il paraît que Beattie était destiné à verser souvent des pleurs. La mort de son fils unique l'a profondément affecté, et l'a enlevé totalement aux Muses. Il vit encore sur les rochers de Morven; mais ces rochers n'inspirent plus ses chants : comme Ossian qui a perdu son Oscar, il a suspendu sa harpe aux branches d'un chêne. On dit que son fils annonçait un grand talent pour la poésie; peut-être était-il ce jeune *minstrel* qu'un père sensible avait peint, et dont il ne voit plus les pas sur le sommet de la montagne (1).

ALEX. MACKENZIE.

Juillet 1801.

Il faut peut-être chercher dans l'inconstance et les dégoûts du cœur humain le motif de l'intérêt général qu'inspire la lecture des *Voyages*. Fatigués de la société où nous vivons, et des chagrins qui nous environnent, nous aimons à nous égarer en pensée dans des pays lointains et chez des peuples inconnus. Si les hommes que l'on nous peint sont plus heureux que nous, leur bonheur nous délasse; s'ils sont plus infortunés, leurs maux nous consolent.

Mais l'intérêt attaché au récit des voyages diminue chaque jour, à mesure que le nombre des voyageurs augmente; l'esprit philosophique a fait cesser les merveilles du désert :

Les bois désenchantés ont perdu leurs miracles (2).

Quand les premiers Français qui descendirent sur les rivages du Canada

---

(1) Le poëte Beattie n'a pas survécu longtemps à la perte de son fils. Il traîna quelque temps sa douleur dans les montagnes d'Écosse, et mourut le 18 août 1803, à l'âge de soixante-huit ans. Beattie a publié, outre son poëme du *Minstrel*, d'autres poésies très-remarquables par le sentiment mélancolique dont elles sont empreintes. (*Note de l'Éditeur*.)

(2) FONTANES.

parlent de lacs semblables à des mers, de cataractes qui tombent du ciel, de forêts dont on ne peut sonder la profondeur, l'esprit est bien plus fortement ému que lorsqu'un marchand anglais ou un savant moderne vous apprend qu'il a pénétré jusqu'à l'océan Pacifique, et que la chute du Niagara n'a que cent quarante-quatre pieds de hauteur.

Ce que nous gagnons en connaissance, nous le perdons en sentiment. Les vérités géométriques ont tué certaines vérités de l'imagination bien plus importantes à la morale qu'on ne pense. Quels étaient les premiers voyageurs dans la belle antiquité? C'étaient les législateurs, les poëtes et les héros; c'étaient Jacob, Lycurgue, Pythagore, Homère, Hercule, Alexandre : *dies peregrinationis* (1). Alors tout était prodige sans cesser d'être réalité; et les espérances de ces grandes âmes aimaient à dire : « Là-bas la terre inconnue ! la « terre immense ! » *Terra ignota ! terra immensa!* Nous avons naturellement la haine des bornes; je dirais presque que le globe est trop petit pour l'homme, depuis qu'il en a fait le tour. Si la nuit est plus favorable que le jour à l'inspiration et aux vastes pensées, c'est qu'en cachant toutes les limites, elle prend l'air de l'immensité.

Les voyageurs français et les voyageurs anglais semblent, comme les guerriers de ces deux nations, s'être partagé l'empire de la terre et de l'onde. Les derniers n'ont rien à opposer aux Tavernier, aux Chardin, aux Parennin, aux Charlevoix; ils n'ont point de monument tel que les *Lettres édifiantes*; mais les premiers, à leur tour, n'ont point d'Anson, de Byron, de Cook, de Vancouver. Les voyageurs français ont plus fait pour la connaissance des mœurs et des coutumes des peuples : νόον ἔγνω, *mores cognovit;* les voyageurs anglais ont été plus utiles aux progrès de la géographie universelle : ἐν πόντῳ πάθεν, *in mari passus est* (2). Ils partagent, avec les Espagnols et les Portugais, la gloire d'avoir ajouté de nouvelles mers et de nouveaux continents au globe, et d'avoir fixé les limites de la terre.

Les prodiges de la navigation sont peut-être ce qui donne une plus haute idée du génie de l'homme. On frissonne et on admire lorsqu'on voit Colomb s'enfonçant dans les solitudes d'un océan inconnu, Vasco de Gama doublant le cap des Tempêtes, Magellan sortant d'une vaste mer pour entrer dans une mer plus vaste encore, Cook volant d'un pôle à l'autre, et, resserré de toutes parts par les rivages du globe, ne trouvant plus de mers pour ses vaisseaux !

Quel beau spectacle n'offre point cet illustre navigateur cherchant de nouvelles terres, non pour en opprimer les habitants, mais pour les secourir et les éclairer; portant à de pauvres Sauvages les nécessités de la vie; jurant concorde et amitié, sur leurs rives charmantes, à ces simples enfants de la nature; semant, parmi les glaces australes, les fruits d'un plus doux climat, en imitant ainsi la Providence, qui prévoit les naufrages et les besoins des hommes!

La mort n'ayant pas permis au capitaine Cook d'achever ses importantes découvertes, le capitaine Vancouver fut chargé, par le gouvernement anglais, de visiter toute la côte américaine depuis la Californie jusqu'à la rivière de

---

(1) *Genèse.* (2) *Odyss.*.

Cook, et de lever les doutes qui pouvaient rester encore sur un passage au nord-ouest du Nouveau-Monde. Tandis que cet habile marin remplissait sa mission avec autant d'intelligence que de courage, un autre voyageur anglais, parti du Haut-Canada, s'avançait à travers les déserts et les forêts jusqu'à la mer Boréale et l'océan Pacifique.

M. Mackenzie, dont je vais faire connaître les travaux, ne prétend ni à la gloire du savant ni à celle de l'écrivain. Simple traficant de pelleteries parmi les Indiens, il ne donne modestement son Voyage que pour le journal de sa route.

Le 15, le vent soufflait de l'ouest : nous fîmes quatre milles au sud, deux milles au sud-ouest, etc. Le fleuve était rapide : nous eûmes un portage, nous vîmes des huttes abandonnées ; le pays était fertile ou aride ; nous traversâmes des plaines ou des montagnes ; il tomba de la neige ; mes gens étaient fatigués ; ils voulurent me quitter ; je fis une observation astronomique, etc., etc.

Tel est à peu près le style de M. Mackenzie. Quelquefois cependant il interrompt son journal pour décrire une scène de la nature, ou les mœurs des Sauvages ; mais il n'a pas toujours l'art de faire valoir ces petites circonstances si intéressantes dans les récits de nos missionnaires. On connaît à peine les compagnons de ses fatigues ; point de transports en découvrant la mer, but si désiré de l'entreprise ; point de scènes attendrissantes lors du retour. En un mot, le lecteur n'est point embarqué dans le canot d'écorce avec le voyageur, et ne partage point avec lui ses craintes, ses espérances et ses périls.

Un plus grand défaut encore se fait sentir dans l'ouvrage ; il est malheureux qu'un simple journal de voyage manque de méthode et de clarté. M. Mackenzie expose confusément son sujet. Il n'apprend point au lecteur quel est ce fort *Chipiouyan* d'où il part ; où en étaient les découvertes lorsqu'il a commencé les siennes ; si l'endroit où il s'arrête à l'entrée de la mer Glaciale était une baie, ou simplement une expansion du fleuve, comme on est tenté de le soupçonner ; comment le voyageur est certain que cette grande rivière de l'ouest, qu'il appelle *Tacoutché-Tessé*, est la rivière de *Colombia*, puisqu'il ne l'a pas descendue jusqu'à son embouchure ; comment il se fait que la partie du cours de ce fleuve qu'il n'a pas visitée soit cependant marquée sur sa carte, etc., etc.

Malgré ces nombreux défauts, le mérite du journal de M. Mackenzie est fort grand ; mais il a besoin de commentaires, soit pour donner une idée des déserts que le voyageur traverse, et colorer un peu la maigreur et la sécheresse de son récit, soit pour éclaircir quelques points de géographie. Je vais essayer de remplir cette tâche auprès du lecteur.

L'Espagne, l'Angleterre et la France doivent leurs possessions américaines à trois Italiens : *Colomb, Gabot* et *Verazani*. Le génie de l'Italie, enseveli sous des ruines, comme les géants sous les monts qu'ils avaient entassés, semble se réveiller quelquefois pour étonner le monde. Ce fut vers l'an 1523 que François Ier donna ordre à *Jean Verazani* d'aller découvrir de nouvelles terres. Ce navigateur reconnut plus de six cents lieues de côtes le long de l'Amérique septentrionale, mais il ne fonda point de colonie.

Jacques Cartier, son successeur, visita tout le pays appelé *Kannata* par les

Sauvages, c'est-à-dire *amas de cabanes* (1). Il remonta le grand fleuve qui reçut de lui le nom de *Saint-Laurent*, et s'avança jusqu'à l'île de *Montréal*, qu'on nommait alors *Hochelaga*.

M. de Roberval obtint, en 1540, la vice-royauté du Canada. Il y transporta plusieurs familles avec son frère, que François Ier avait surnommé *le gendarme d'Annibal*, à cause de sa bravoure; mais ayant fait naufrage en 1540, « avec « eux tombèrent, dit Charlevoix, toutes les espérances qu'on avait conçues de « faire un établissement en Amérique, personne n'osant se flatter d'être plus « habile ou plus heureux que ces deux braves hommes. »

Les troubles qui peu de temps après éclatèrent en France, et qui durèrent cinquante années, empêchèrent le gouvernement de porter ses regards au dehors. Le génie de Henri IV ayant étouffé les discordes civiles, on reprit avec ardeur le projet d'un établissement au Canada. Le marquis de La Roche s'embarqua en 1598, pour tenter de nouveau la fortune; mais son expédition eut une fin désastreuse. M. Chauvin succéda à ses projets et à ses malheurs. Enfin, le commandeur de Chatte s'étant chargé, vers l'an 1603, de la même entreprise, en donna la direction à Samuel de Champelain, dont le nom rappelle le fondateur de Québec, et le père des colonies françaises dans l'Amérique septentrionale.

Depuis ce moment les jésuites furent chargés du soin de continuer les découvertes dans l'intérieur des forêts canadiennes. Alors commencèrent ces fameuses missions qui étendirent l'empire français des bords de l'Atlantique et des glaces de la baie d'Hudson aux rivages du golfe Mexicain. Le père *Biart* et le père *Enemond-Masse* parcoururent toute l'Acadie; le père *Joseph* s'avança jusqu'au lac Nipissing, dans le nord du Canada; les pères *de Brébeuf* et *Daniel* visitèrent les magnifiques déserts des Hurons, entre le lac de ce nom, le lac Michigan et le lac Érié; le père *de Lamberville* fit connaître le lac Ontario et les cinq cantons iroquois. Attirés par l'espoir du martyre et par le récit des souffrances qu'enduraient leurs compagnons, d'autres ouvriers évangéliques arrivèrent de toutes parts, et se répandirent dans toutes les solitudes. « On les envoyait, dit l'historien de la Nouvelle-France, et ils allaient avec « joie...; ils accomplissaient la promesse du Sauveur du monde, de faire an-« noncer son Évangile par toute la terre. »

La découverte de l'*Ohio* et du *Meschacébé* à l'occident, du *lac Supérieur* et du *lac des Bois* au nord-ouest, du fleuve *Bourbon* et de la côte intérieure de la baie de *James* au nord, fut le résultat de ces courses apostoliques. Les missionnaires eurent même connaissance de ces *montagnes Rocheuses* (2), que M. Mackenzie a franchies pour se rendre à l'océan Pacifique, et du grand fleuve qui devait couler à l'ouest : c'est le fleuve Colombia. Il suffit de jeter les yeux sur les anciennes cartes des jésuites, pour se convaincre que je n'avance ici que la vérité.

Toutes les grandes découvertes étaient donc faites ou indiquées dans l'inté-

---

(1) Les Espagnols avaient certainement découvert le Canada avant Jacques Cartier et Verazani, et quelques auteurs prétendent que le nom CANADA vient des deux mots espagnols ACÁ, NADA.

(2) Ils les appellent les montagnes des Pierres brillantes.

rieur de l'Amérique septentrionale lorsque les Anglais sont devenus les maîtres du Canada. En imposant de nouveaux noms aux lacs, aux montagnes, aux fleuves et aux rivières, ou en corrompant les anciens noms français, ils n'ont fait que jeter du désordre dans la géographie. Il n'est pas même bien prouvé que les latitudes et les longitudes qu'ils ont données à certains lieux soient plus exactes que les latitudes et les longitudes fixées par nos savants missionnaires (1). Pour se faire une idée nette du point de départ et des voyages de M. Mackenzie, voici donc peut-être ce qu'il est essentiel d'observer.

Les missionnaires français et les coureurs canadiens avaient poussé les découvertes jusqu'au lac *Ouinipic* ou *Ouinipigon* (2), à l'ouest, et jusqu'au lac des *Assiniboïsl* ou *Cristinaux*, au nord. Le premier semble être le lac de *l'Esclave* de M. Mackenzie.

La société anglo-canadienne, qui fait le commerce des pelleteries, a établi une factorerie au Chipiouyan (3), sur un lac appelé le *lac des Montagnes*, et qui communique au lac de l'Esclave par une rivière.

Du lac de l'Esclave sort un fleuve qui coule au nord, et que M. Mackenzie a nommé de son nom. Le fleuve Mackenzie se jette dans la mer du pôle par le 69° 14' de latitude septentrionale, et les 135° de longitude ouest, méridien de Greenwich.

La découverte de ce fleuve et sa navigation jusqu'à l'océan Boréal sont l'objet du premier voyage de M. Mackenzie. Parti du fort Chipiouyan le 3 de juin 1789, il est de retour à ce fort le 12 de septembre de la même année.

Le 10 d'octobre 1792, il part une seconde fois du fort Chipiouyan, pour faire un nouveau voyage. Dirigeant sa course à l'ouest, il traverse le lac des Montagnes, et remonte une rivière appelée *Oungigah*, ou la rivière de la Paix. Cette rivière prend sa source dans les montagnes Rocheuses. Un grand fleuve, descendant du revers de ces montagnes, coule à l'ouest, et va se perdre dans l'océan Pacifique. Ce fleuve s'appelle *Tacoutché-Tessé*, ou la rivière de Colombia.

La connaissance du passage de la rivière de la Paix, dans celle de Colombia, la facilité de la navigation de cette dernière, du moins jusqu'à l'endroit où M. Mackenzie abandonna son canot pour se rendre par terre à l'océan Pacifique : telles sont les découvertes qui résultent de la seconde expédition du voyageur. Après une absence de onze mois, il revint au lieu de son départ.

Il faut observer que la rivière de la Paix, sortant des montagnes Rocheuses pour se jeter dans un bras du lac des Montagnes, que le lac des Montagnes communiquant au lac de l'Esclave par une rivière qui porte ce dernier nom ; que le lac de l'Esclave, à son tour, versant ses eaux dans l'Océan Boréal par le fleuve Mackenzie, il en résulte que la rivière de la Paix, la rivière de l'Esclave, et le fleuve Mackenzie, ne sont réellement qu'un seul fleuve qui sort

---

(1) M. Arrowsmith est à présent le géographe le plus célèbre en Angleterre : si l'on prend sa grande carte des États-Unis, et qu'on la compare aux dernières cartes d'Imley, on y trouvera une prodigieuse différence, surtout dans la partie où s'étend entre les lacs du Canada et l'Ohio ; les cartes des missionnaires, au contraire, se rapprochent beaucoup des cartes d'Imley.

(2) Les cartes françaises le placent au 50e degré de latitude nord, et les cartes anglaises au 53e.

(3) 58° 40' latitude nord, et 10° 30' longitude ouest, méridien de Greenwich.

des montagnes Rocheuses à l'ouest, et se précipite au nord dans la mer du pôle. Partons maintenant avec le voyageur, et descendons avec lui le fleuve Mackenzie jusqu'à cette mer hyperborée.

« Le mercredi 3 juin 1789, à neuf heures du matin, je partis du fort Chipiouyan, situé
« sur la côte méridionale du lac des Montagnes. J'étais embarqué dans un canot d'écorce
« de bouleau, et j'avais pour conducteur un Allemand et quatre Canadiens, dont deux étaient
« accompagnés de leurs femmes.
« Un Indien, qui portait le titre de chef anglais, me suivait dans un petit canot, avec ses
« deux femmes; et deux autres jeunes Indiens, ses compagnons, étaient dans un autre
« petit canot. Les Sauvages s'étaient engagés à me servir d'interprètes et de chasseurs. Le
« premier avait autrefois accompagné le chef qui conduisit M. Hearne à la rivière des
« Mines de cuivre. »

M. Mackenzie traverse le lac des Montagnes, entre dans la rivière de l'Esclave, qui le conduit au lac du même nom, côtoie le rivage septentrional de ce lac, et découvre enfin le fleuve Mackenzie.

« Le cours du fleuve prend une direction à l'ouest et dans un espace de vingt-quatre
« milles; son lit se rétrécit graduellement, et finit par n'avoir qu'un demi-mille de large.
« Depuis le lac jusque-là, les terres du côté du nord sont basses et couvertes d'arbres;
« le côté du sud est plus élevé, mais il y a aussi beaucoup de bois. . . . . Nous y vîmes
« beaucoup d'arbres renversés et noircis par le feu, au milieu desquels s'élevaient de jeunes
« peupliers qui avaient poussé depuis l'incendie. Une chose très-digne de remarque, c'est
« que lorsque le feu dévore une forêt de sapins et de bouleaux, il y croît des peupliers,
« quoique auparavant il n'y eût dans le même endroit aucun arbre de cette espèce. »

Les naturalistes pourront contester l'exactitude de cette observation à M. Mackenzie, car en Europe tout ce qui dérange nos systèmes est traité d'ignorance ou de rêve de l'imagination; mais ce que les savants ne peuvent nier, et ce que tout l'art ne saurait peindre, c'est la beauté du cours des eaux dans les solitudes du Nouveau-Monde. Qu'on se représente un fleuve immense, coulant au travers des plus épaisses forêts; qu'on se figure tous les accidents des arbres qui accompagnent ses rives : des chênes-saules, tombés de vieillesse, baignent dans les flots leur tête chenue; des planes d'occident se mirent dans l'onde avec les écureuils noirs, et les hermines blanches, qui grimpent sur leurs troncs, ou se jouent dans leurs lianes; des sycomores du Canada se réunissent en groupes; des peupliers de la Virginie croissent solitaires, ou s'allongent en mobile avenue. Tantôt une rivière, accourant du fond du désert, vient former avec le fleuve, au carrefour d'une pompeuse futaie, un confluent magnifique; tantôt une cataracte bruyante tapisse le flanc des monts de ses voiles d'azur. Les rivages fuient, serpentent, s'élargissent, se resserrent : ici ce sont des rochers qui surplombent; là de jeunes ombrages dont la cime est nivelée, comme la plaine qui les nourrit. De toutes parts règnent des murmures indéfinissables : il y a des grenouilles qui mugissent comme des taureaux (1); il y en a d'autres qui vivent dans le tronc des vieux saules (2), et

---

(1) Bull-Frog. (2) Tree-Frog.

dont le cri répété ressemble tour à tour au tintement de la sonnette d'une brebis et à l'aboiement d'un chien (1); le voyageur, agréablement trompé dans ces lieux sauvages, croit approcher de la chaumière d'un laboureur, et entendre les murmures et la marche d'un troupeau. Enfin de vastes harmonies élevées tout à coup par les vents, remplissent la profondeur des bois, comme le chœur universel des Hamadryades; mais bientôt ces concerts s'affaiblissent et meurent graduellement dans la cime de tous les cèdres et de tous les roseaux, de sorte que vous ne sauriez dire le moment même où les bruits se perdent dans le silence, s'ils durent encore, ou s'ils ne sont plus que dans votre imagination.

M. Mackenzie, continuant à descendre le fleuve, rencontre bientôt des Sauvages de la tribu des Indiens-Esclaves. Ceux-ci lui apprennent qu'il trouvera plus bas, sur le cours des eaux, d'autres Indiens appelés Indiens-Lièvres; et enfin plus bas encore, en approchant de la mer, la nation des Esquimaux.

« Pendant le peu de temps que nous restâmes avec cette petite peuplade, les naturels cher-
« chèrent à nous amuser en dansant au son de leurs voix.... Ils sautaient, et prenaient
« diverses postures.... Les femmes laissaient pendre leurs bras, comme si elles n'avaient
« pas eu la force de les remuer. »

Les chants et les danses des Sauvages ont toujours quelque chose de mélancolique ou de voluptueux. « Les uns jouent de la flûte, dit le père du Tertre, « les autres chantent, et forment une espèce de musique qui a bien de la dou- « ceur, à leur goût. » Selon Lucrèce, on cherchait à rendre avec la voix le gazouillement des oiseaux, longtemps avant que de doux vers, accompagnés de la lyre, charmassent l'oreille des hommes.

> Atque liquidas avium voces imitatore
> Ante fuit multo quam lævia carmina cantu
> Concelebrare homines possent, auresque juvare.

Quelquefois vous voyez une pauvre Indienne dont le corps est tout courbé par l'excès du travail et de la fatigue, et un chasseur qui ne respire que la gaieté. S'ils viennent à danser ensemble, vous êtes frappé d'un contraste étonnant : la première se redresse et se balance avec une mollesse inattendue; le second fait entendre les chants les plus tristes. La jeune femme semble vouloir imiter les ondulations gracieuses des bouleaux de son désert, et le jeune homme, les murmures plaintifs qui s'échappent de leurs cimes.

Lorsque les danses sont exécutées au bord d'un fleuve, dans la profondeur des bois; que des échos inconnus répètent pour la première fois les soupirs d'une voix humaine; que l'ours des déserts regarde du haut de son rocher ces jeux de l'homme sauvage, on ne peut s'empêcher de trouver quelque chose de grand dans la rudesse même du tableau, de s'attendrir sur la destinée de cet

---

(1) « Elles font leurs petits dans les souches d'arbres à moitié pourris... elles ne coassent pas comme celles d'Eu-
« rope, mais pendant la nuit elles aboient comme des chiens. » (Le père DU TERTRE, *Hist. naturelle des Antilles*, tom. III.)

enfant de la nature, qui naît inconnu du monde, danse un moment dans des vallées où il ne repassera jamais, et bientôt cache sa tombe sous la mousse de ces déserts, qui n'a pas même gardé l'empreinte de ses pas ; *Fuissem quasi non essem* (1) !

En passant sous des montagnes stériles, le voyageur aborde au rivage, et gravit des roches escarpées avec un de ses chasseurs indiens.

« Mais, dit-il, nous n'étions pas à moitié chemin du sommet, que nous fûmes assaillis
« par une si grande quantité de maringouins, que nous ne pûmes pas aller plus loin. Je
« remarquai que la chaîne des monts se terminait en cet endroit. »

Quatre chaînes de montagnes forment les quatre grandes divisions de l'Amérique septentrionale.

La première, partant du Mexique, et n'étant que le prolongement de la chaîne des Andes, qui traverse l'isthme de Panama, s'étend du midi au nord, le long de la grande mer du Sud, en s'abaissant toujours jusqu'à la rivière de Cook : M. Mackenzie l'a franchie, sous le nom de *montagnes Rocheuses*, entre la source de la rivière de la Paix et de la rivière Colombia, en se rendant à l'océan Pacifique.

La seconde chaîne commence aux Apalaches, sur le bord oriental du Meschacébé, se prolonge au nord-est, sous les noms divers d'*Alleganys*, de *montagnes Bleues*, de *montagnes des Lauriers*, derrière les Florides, la Virginie, la Nouvelle-Angleterre, et va par l'intérieur de l'Acadie aboutir au golfe Saint-Laurent. Elle divise les eaux qui tombent dans l'Atlantique de celles qui grossissent le Meschacébé, l'Ohio et les lacs du Canada inférieur.

Il est à croire que cette chaîne bordait autrefois l'Atlantique, et lui servait de barrière, comme la première chaîne borde encore l'océan Indien. Vraisemblablement l'ancien continent de l'Amérique ne commençait que derrière ces montagnes. Du moins les trois différents niveaux de terrain, marqués si régulièrement depuis les plaines de la Pensylvanie jusqu'aux savanes des Florides, semblent indiquer que ce sol fut à différentes époques couvert et puis abandonné par les eaux.

Vis-à-vis le rivage du golfe Saint-Laurent (où, comme je l'ai dit, cette seconde chaîne vient se terminer), s'élève, sur la côte du Labrador, une troisième chaîne presque aussi longue que les deux premières. Elle court d'abord au sud-ouest jusqu'à l'Outaonas, en formant la double source des fleuves qui se précipitent dans la baie d'Hudson, et de ceux qui portent le tribut de leurs ondes au golfe Saint-Laurent. De là, tournant au nord-ouest, et longeant la côte septentrionale du lac Supérieur, elle arrive au lac Saint-Anne, où elle forme une fourche sud-ouest et nord-ouest.

Son bras méridional passe au sud du grand lac Ouinipic, entre les marais qui fournissent la rivière d'Albaine, à la baie de James, et les fontaines d'où sort le Meschacébé, pour se rendre au golfe Mexicain.

---

(1) Job.

Son bras septentrional rasant le lac du Cygne, la factorerie d'Onasburgk, et traversant la rivière de Severn, atteint le fleuve du port Nelson en passant au nord du lac Ouinipic, et vient se nouer enfin à la quatrième chaîne des montagnes.

Celle-ci, moins étendue que toutes les autres, prend naissance vers les bords de la rivière Susfçatchiouayne, se déploie au nord-est entre la rivière de l'Élan et la rivière Churchill, s'allonge au nord jusque vers le 57e degré de latitude. se partage en deux branches, dont l'une, continuant à remonter au septentrion, atteint les côtes de la mer Glaciale, tandis que l'autre, courant à l'ouest, rencontre le fleuve Mackenzie. Les neiges éternelles dont ces montagnes sont couronnées, nourrissent d'un côté les rivières qui descendent dans le nord de la baie d'Hudson, et de l'autre celles qui s'engloutissent dans l'océan Boréal.

Ce fut une des cimes de cette dernière chaîne que M. Mackenzie voulut gravir avec son chasseur. Ceux qui n'ont vu que les Alpes et les Pyrénées ne peuvent se former une idée de l'aspect de ces solitudes hyperboréennes, de ces régions désolées, où l'on voit, comme après le déluge, « *de rares animaux errer sur des montagnes inconnues :* »

> Rara per ignotos errant animalia montes.

Des nuages, ou plutôt des brouillards humides, fument sans cesse autour des sommets de ces monts déserts. Quelques rochers battus par des pluies éternelles percent de leurs flancs noircis ces vapeurs blanchâtres, et ressemblent par leurs formes et leur immobilité à des fantômes qui se regardent dans un affreux silence.

Entre les gorges de ces montagnes on aperçoit de profondes vallées de granit, revêtues de mousses où coule quelque torrent. Des pins rachitiques, de l'espèce appelée *spruce* par les Anglais, et de petits étangs d'eau saumâtre, loin de varier la monotonie du tableau, en augmentent l'uniformité et la tristesse. Ces lieux ne retentissent que du cri extraordinaire de l'oiseau des terres boréales. De beaux cygnes qui nagent sur ces eaux sauvages, des bouquets de framboisiers qui croissent à l'abri d'un roc, sont là comme pour consoler le voyageur, et l'empêcher d'oublier cette Providence qui sait répandre des grâces et des parfums jusque sur ces affreuses contrées.

Mais la scène ne se montre dans toute son horreur qu'au bord même de l'Océan. D'un côté s'étendent de vastes champs de glaces contre lesquels se brise une mer décolorée, où jamais n'apparut une voile ; de l'autre s'élève une terre bordée de mornes stériles. Le long des grèves on ne voit qu'une triste succession de baies dévastées et de promontoires orageux. Le soir, le voyageur se réfugie dans quelque trou de rocher, dont il chasse l'aigle marin, qui s'envole avec de grands cris. Toute la nuit il écoute avec effroi le bruit des vents que répètent les échos de sa caverne, et les gémissements des glaces qui se fendent sur la rive.

M. Mackenzie arriva au bord de l'océan Boréal le 12 juillet 1789, ou plutôt dans une baie glacée, ou il aperçut des baleines, et où le flux et le reflux se faisaient sentir. Il débarqua sur une île, dont il détermina la latitude au 69° 14' nord; ce fut le terme de son premier voyage. Les glaces, le manque de vivres, et le découragement de ses gens, ne lui permirent pas de descendre jusqu'à la mer, dont il était sans doute peu éloigné. Depuis longtemps le soleil ne se couchait plus pour le voyageur, et il voyait cet astre pâle et élargi tourner tristement autour d'un ciel glacé.

> Miserable they
> Who, he entangled in the gath'ring ice
> Take their last look of the descending sun !
> While, full of death, and fierce with tenfold frost,
> The long, long night, in cumbent o'er their head,
> Falls horrible (1).

« Malheureux celui qui, embarrassé dans les glaces croissantes, suit de ses « derniers regards le soleil qui s'enfonce sous l'horizon, tandis que, pleine de « frimas et pleine de mort, la longue, longue nuit, qui pendait sur sa tête, « descend horrible ! »

En quittant la baie pour remonter le fleuve et retourner au fort Chipiouyan, M. Mackenzie dépasse quatre établissements indiens, qui semblaient avoir été récemment habités.

« Nous abordâmes, dit le voyageur, une petite île ronde, très-rapprochée de la rive orientale, « et qui, sans doute, avait quelque chose de sacré pour les Indiens, puisque l'endroit le plus « élevé contenait un grand nombre de tombeaux. Nous y vîmes un petit canot, des gamelles, « des baquets, et d'autres ustensiles qui avaient appartenu à ceux qui ne pouvaient plus « s'en servir; car dans ces contrées, ce sont les offrandes accoutumées que reçoivent les « morts. »

M. Mackensie parle souvent de la religion de ces peuples, et de leur vénération pour les tombeaux. Donc un malheureux Sauvage bénit Dieu sur les glaces du pôle, et tire de sa propre misère des espérances d'une autre vie, tandis que l'homme civilisé renie son âme et son Créateur sous un ciel clément, et au milieu de tous les dons de la Providence.

Ainsi, nous avons vu les habitants de ces contrées danser à la source du fleuve dont le voyageur nous a tracé le cours, et nous trouvons maintenant leurs tombeaux près de la mer, à l'embouchure de ce même fleuve, emblème frappant du cours de nos années, depuis ces fontaines de joie où se plonge notre enfance, jusqu'à cet océan de l'éternité qui nous engloutit. Ces cimetières indiens, répandus dans les forêts américaines, sont des espèces de clairières, ou de petits enclos dépouillés de leurs bois. Le sol en est tout hérissé de monticules de forme conique; et des carcasses de buffles et d'orignaux, ensevelies sous l'herbe, s'y mêlent çà et là à des squelettes humains. J'ai quelquefois vu dans ces lieux un pélican solitaire perché sur un ossement blanchi et à moitié rongé de mousse, semblable, par son silence et son attitude pensive, à un vieux

(1) THOMS. Winter.

Sauvage pleurant et méditant sur ces débris. Les coureurs de bois, qui font le commerce de pelleteries, profitent de ces terrains à demi défrichés par la mort, pour y semer en passant différentes sortes de graines. Le voyageur rencontre tout à coup ces colonies de végétaux européens, avec leur port, leur costume étranger, leurs mœurs domestiques, au milieu des plantes natives et sauvages de ce climat lointain. Elles émigrent souvent le long des collines, et se répandent à travers les bois, selon les habitudes et les amours qu'elles ont apportées de leur sol natal ; c'est ainsi que des familles exilées choisissent de préférence dans le désert les sites qui leur rappellent la patrie.

Le 12 de septembre 1789, après une absence de cent deux jours, M. Mackenzie se trouve enfin au fort Chipiouyan. Je vais maintenant rendre compte de son voyage à l'océan Pacifique, montrer ce que les sciences et le commerce ont gagné aux découvertes de ce courageux voyageur, et ce qui reste à faire pour compléter la géographie de l'Amérique septentrionale.

J'ai déjà fait observer que la rivière de la Paix, la rivière de l'Esclave et le fleuve Mackensie ne sont qu'un seul et même fleuve qui prend sa source dans les montagnes Rocheuses, à l'ouest, et se jette, au nord, dans les mers du pôle. C'est en descendant ce fleuve que M. Mackenzie a découvert l'océan Boréal, et c'est en le remontant qu'il est arrivé à l'océan Pacifique.

Le 10 d'octobre 1792, trois ans après son premier voyage, M. Mackenzie part une seconde fois du fort Chipiouyan, traverse le lac des Montagnes, et gagne la rivière de la Paix. Il en refoule les eaux pendant vingt journées, et arrive le 1er de novembre dans un endroit où il se propose de bâtir une maison, et de passer l'hiver. Il emploie toute la saison des glaces à faire le commerce avec les Indiens, et à prendre des renseignements sur son voyage.

« Parmi les Sauvages qui vinrent me visiter, étaient deux Indiens des montagnes Rocheuses........ Ils prétendirent qu'ils étaient les vrais et seuls indigènes du pays qu'ils habitaient, ajoutant que celui qui s'étendait de là jusqu'aux montagnes offrait partout, ainsi que le haut de la rivière de la Paix, le même aspect que les environs de ma résidence ; que le pays était rempli d'animaux, mais que la navigation de la rivière était interrompue près des montagnes et dans les montagnes même, par des écueils multipliés et de grandes cascades.

« Ces Indiens m'apprirent aussi qu'on trouvait du côté du midi une autre grande rivière qui courait vers le sud, et sur les bords de laquelle on pouvait se rendre en peu de temps, en traversant les montagnes.

« Le 20 avril (1793), la rivière était encore couverte de glaces. Sur l'autre rive, on voyait des plaines charmantes ; les arbres bourgeonnaient, et plusieurs plantes commençaient à fleurir. »

Ce qu'on appelle le *grand dégel*, dans l'Amérique septentrionale, offre aux yeux d'un Européen un spectacle non moins pompeux qu'extraordinaire.... Dans les premiers quinze jours du mois d'avril, les nuages, qui jusque-là venaient rapidement du nord-ouest, s'arrêtent peu à peu dans les cieux, et flottent quelque temps incertains de leur course. Le colon sort de sa cabane et va sur ses défrichements examiner le désert. Bientôt on entend un cri : *Voilà la brise du sud-est !* A l'instant un vent tiède tombe sur vos mains et sur votre visage, et les nuages commencent à refluer lentement vers le septentrion. Alors tout change dans les bois et dans les vallées. Les angles moussus des rochers se montrent les premiers sur l'uniforme blancheur des frimas ; les flèches rougeâtres des sapins apparaissent ensuite, et de précoces arbrisseaux remplacent, par des festons de fleurs, les cristaux glacés qui pendent à leur cime.

La nature aux approches du soleil, entr'ouvre par degrés son voile de neige. Les poëtes américains pourront un jour la comparer à une épouse nouvelle, qui dépouille timidement et comme à regret sa robe virginale, décelant en partie et essayant encore de cacher ses charmes à son époux.

C'est alors que les Sauvages dont M. Mackenzie allait visiter les déserts sortent avec joie de leurs cavernes. Comme les oiseaux de leurs climats, l'hiver les rassemble en troupe ; et le printemps les disperse : chaque couple retourne à son bois solitaire, pour bâtir son nouveau nid et chanter ses nouvelles amours.

Cette saison, qui met tout en mouvement dans les forêts américaines, donne le signal du départ à notre voyageur. Le jeudi 9 mai 1793, M. Mackenzie s'embarque dans un canot d'écorce avec sept Canadiens et deux chasseurs sauvages. Si des bords de la rivière de la Paix il avait pu voir alors ce qui se passait en Europe chez une grande nation civilisée, la hutte de l'Esquimau lui eût semblé préférable au palais des rois, et la solitude au commerce des hommes.

Le traducteur du voyage de M. Mackenzie observe que les compagnons du marchand anglais, un seul excepté, étaient tous d'origine française. Les Français s'habituent facilement à la vie sauvage, et sont fort aimés des Indiens.

Lorsqu'en 1729 le Canada tomba entre les mains des Anglais, les naturels s'aperçurent bientôt du changement de leurs hôtes.

« Les Anglais, dit le père Charlevoix, dans le peu temps qu'ils furent maîtres du pays, « ne surent pas gagner l'affection des Sauvages : les Hurons ne parurent point à Québec ; « les autres, plus voisins de cette capitale, et dont plusieurs, pour des mécontentements « particuliers, s'étaient ouvertement déclarés contre nous à l'approche de l'escadre an- « glaise, s'y montrèrent même assez rarement. Tous s'étaient trouvés un peu déconcertés, « lorsque ayant voulu prendre avec ces nouveaux venus les mêmes libertés que les Fran- « çais ne faisaient aucune difficulté de leur permettre, ils s'aperçurent que ces manières « ne leur plaisaient pas.

« Ce fut bien pis encore au bout de quelque temps, lorsqu'ils se virent chassés à coups de « bâton des maisons, où jusque-là ils étaient entrés aussi librement que dans leurs ca- « banes. Ils prirent donc le parti de s'éloigner ; et rien ne les a, dans la suite, attachés « plus fortement à nos intérêts que cette différence de manières et de caractères des deux « peuples qu'ils ont vus s'établir dans leur voisinage. Les missionnaires, qui furent bientôt « instruits de l'impression qu'elle avait déjà faite sur eux, surent bien en profiter pour les « gagner à Jésus-Christ, et pour les affectionner à la nation française. »

Les Français ne cherchent point à civiliser les Sauvages, cela coûte trop de soins ; ils aiment mieux se faire Sauvages eux-mêmes. Les forêts n'ont point de chasseurs plus adroits, de guerriers plus intrépides. On les a vus supporter les tourments du bûcher avec une constance qui étonnait jusqu'aux Iroquois, et malheureusement devenir quelquefois aussi barbares que leurs bourreaux. Serait-ce que les extrémités du cercle se rapprochent, et que le dernier degré de la civilisation, comme la perfection de l'art, touche de près la nature? ou plutôt est-ce une sorte de talent universel ou de mobilité de mœurs qui rend le Français propre à tous les climats et à tous les genres de vie? Quoi qu'il en soit, le Français et le Sauvage ont la même bravoure, la même indifférence pour la vie, la même imprévoyance du lendemain, la même haine du travail, la même facilité à se dégoûter des biens qu'ils possèdent, la même constance en amitié, la même légèreté en amour, le même goût pour la danse et pour la guerre, pour les fatigues de la chasse et les loisirs du festin. Ces rapports d'humeur entre le Français et le Sauvage leur donnent un grand penchant l'un pour l'autre, et font aisément de l'habitant de Paris *un coureur de bois* canadien.

M. Mackenzie remonte la rivière de la Paix avec ces Français-Sauvages, et décrit la beauté de la nature autour de lui :

« De l'endroit d'où nous étions partis le matin, jusque-là, la rive occidentale présente le
« plus beau paysage que j'aie vu. Le terrain s'élève par gradins à une hauteur considé-
« rable, et s'étend à une très-grande distance. A chaque gradin on voit de petits espaces
« doucement inclinés, et ces espaces sont entrecoupés de rochers perpendiculaires qui s'é-
« lèvent jusqu'au dernier sommet, ou du moins aussi loin que l'œil peut le distinguer. Ce
« spectacle magnifique est décoré de toutes les espèces d'arbres, est peuplé de tous les
« genres d'animaux que puisse produire le pays. Des bouquets de peupliers varient la
« scène, et dans les intervalles paissent de nombreux troupeaux de buffles et d'élans. Ces
« derniers cherchent toujours les hauteurs et les sites escarpés, tandis que les autres pré-
« fèrent les plaines.
« Lorsque je traversai ce canton, les femelles des buffles étaient suivies par leurs petits,
« qui bondissaient autour d'elles, et les femelles d'élans ne devaient pas tarder à avoir des
« faons. Toute la campagne se parait de la plus riche verdure ; les arbres qui fleurissent
« étaient prêts à s'épanouir, et le velouté de leurs branches, réfléchissant le soir et le
« matin les rayons obliques de l'astre du jour ajoutait à ce spectacle une magnificence que
« nos expressions ne peuvent rendre. »

Ces paysages en amphithéâtre sont assez communs en Amérique. Aux environs d'Apalachucla, dans les Florides, le terrain, à partir du fleuve Chata-Uche, s'élève graduellement, et monte dans les airs en se retirant à l'horizon; mais ce n'est pas par une inclinaison ordinaire, comme celle d'une vallée ; c'est par des terrasses posées régulièrement les unes au-dessus des autres, comme les jardins artificiels de quelque puissant potentat. Ces terrasses sont plantées d'arbres divers, et arrosées d'une multitude de fontaines, dont les eaux, exposées au soleil levant, brillent parmi les gazons, ou ruissellent en filets d'or le long des roches moussues. Des blocs de granit surmontent cette vaste structure, et sont eux-mêmes dominés par de grands sapins. Lorsque du bord de la rivière vous découvrez cette superbe échelle et la cime des rochers qui la couronnent au-dessus des nuages, vous croiriez voir le sommet des colonnes du temple de la nature, et le magnifique perron qui y conduit.

Le voyageur arrive au pied des montagnes Rocheuses, et s'engage dans leurs détours. Les obstacles et les périls se multiplient; là on est obligé de porter les bagages par terre, pour éviter des cataractes et des *rapides*; ici on refoule l'impétuosité du courant, en halant péniblement le canot avec une cordelle. Il faut entendre M. Mackenzie lui-même :

« Quand le canot fut rechargé, moi et ceux de mes gens qui n'avaient pas besoin d'y
« rester, nous suivîmes le bord de la rivière..... J'étais si élevé au-dessus de l'eau, que
« les hommes qui conduisaient le canot et doublaient une pointe ne purent pas m'entendre
« lorsque je leur criai de toute ma force de mettre à terre une partie de la cargaison, pour
« alléger le canot.
« Je ne pus alors m'empêcher d'éprouver beaucoup d'anxiété en voyant combien mon
« entreprise était hasardeuse. La rupture de la cordelle, ou un faux pas de ceux qui la ti-
« raient, aurait fait perdre le canot et tout ce qui était dedans. Il franchit l'écueil sans ac-
« cident; mais il fut bientôt exposé à de nouveaux périls. Des pierres, les unes grosses, les
« autres petites, roulaient sans cesse du haut des rochers, de sorte que ceux qui halaient
« le canot au-dessus couraient le plus grand risque d'être écrasés; en outre, la pente du
« terrain les exposait à tomber dans l'eau à chaque pas. En les voyant, je tremblais; et
« quand je les perdais de vue, mon inquiétude ne me quittait pas. »

Tout le passage de M. Mackenzie à travers les montagnes Rocheuses est d'un grand intérêt. Tantôt, pour se frayer un chemin, il est forcé d'abattre des forêts, et de tailler des marches dans les hautes falaises; tantôt il saute de rochers en rochers au péril de ses jours, et reçoit l'un après l'autre ses compagnons sur ses épaules. La cordelle se rompt, le canot heurte des écueils; les Canadiens se découragent, et refusent d'aller plus loin. En vain M. Mackenzie s'égare dans le désert pour découvrir le passage au fleuve de l'ouest; quelques coups de fusil, qu'il entend avec effroi retentir dans ces lieux solitaires, lui font supposer l'approche des Sauvages ennemis.

Il monte sur un grand arbre; mais il n'aperçoit que des monts couronnés de neige, au milieu de laquelle on distingue quelques bouleaux flétris, et au-dessous des bois qui se prolongent sans fin.

Rien n'est triste comme l'aspect de ces bois, vus du sommet des montagnes, dans le Nouveau-Monde. Les vallées que vous avez traversées, et que vous dominez de toutes parts, apparaissent au-dessous de vous régulièrement ondées, comme les houles de la mer après une tempête. Elles semblent diminuer de largeur à mesure qu'elles s'éloignent. Les plus voisines de votre œil sont d'un vert rougeâtre; celles qui suivent prennent une légère teinte d'azur; et les dernières forment des zones parallèles d'un bleu céleste.

M. Mackenzie descend de son arbre, et cherche à rejoindre ses compagnons. Il ne voit point le canot au bord de la rivière : il tire des coups de fusil, mais on ne répond point à son signal. Il va, revient, monte et descend le long du fleuve. Il retrouve enfin ses amis; mais ce n'est qu'après vingt-quatre heures d'angoisses et de mortelles inquiétudes. Il ne tarde pas à rencontrer quelques Sauvages. Interrogés par le voyageur, ils feignent d'abord d'ignorer l'existence du fleuve de l'ouest; mais un vieillard, bientôt gagné par les caresses et les présents de M. Mackenzie, lui dit, en montrant de la main le haut de la rivière de la Paix :

« Il ne faut traverser que trois petits lacs et autant de portages pour at-
« teindre à une petite rivière qui se jette dans la grande. »

Qu'on juge des transports du voyageur à cette heureuse nouvelle! Il se hâte de se rembarquer avec un Indien, qui consent à lui servir de guide jusqu'au fleuve inconnu. Bientôt il quitte la rivière de la Paix, entre dans une autre petite rivière qui sort d'un lac voisin, traverse ce lac, et de lacs en lacs, de rivières en rivières, après un naufrage et divers accidents, il se trouve enfin, le 18 de juin 1793, sur le Tacoutché-Tessé, ou le fleuve Colombia, qui porte ses eaux à l'océan Pacifique.

Entre deux chaînes de montagnes s'étend une superbe vallée qu'ombragent des forêts de peupliers, de cèdres et de bouleaux. Au-dessus de ces forêts montent des colonnes de fumée qui décèlent au voyageur les invisibles habitants de ces déserts. Des argiles rouges et blanches, placées dans l'escarpement des montagnes, imitent çà et là des ruines d'anciens châteaux. Le fleuve Colombia serpente au milieu de ces belles retraites; et, sur les îles nombreuses qui divisent son cours, on voit de grandes cabanes à moitié cachées dans des bocages de pins, où les naturels viennent passer les jours de l'été.

Quelques Sauvages s'étant montrés sur la rive, le voyageur s'en approcha, et parvint à tirer d'eux quelques renseignements utiles.

« La rivière, dont le cours est très-étendu, lui dirent les indigènes, va vers le soleil du
« midi; et selon ce que nous avons appris, des hommes blancs bâtissent des maisons à son
« embouchure. Les eaux coulent avec une force toujours égale ; mais il y a trois endroits
« où les cascades et des courants extrêmement rapides en interceptent la navigation. Dans
« les trois endroits, les eaux se précipitent par-dessus des rochers perpendiculaires,
« beaucoup plus hauts et plus escarpés que dans le haut de la rivière; mais, indépendam-
« ment des difficultés et des dangers de la navigation, il faut combattre les divers habitants
« de ces contrées, qui sont très-nombreux. »

Ces détails jetèrent M. Mackenzie dans une grande perplexité, et découragèrent de nouveau ses compagnons. Il cacha le mieux qu'il put son inquiétude, et suivit encore pendant quelque temps le cours des eaux. Il rencontra d'autres indigènes qui lui confirmèrent le récit des premiers, mais qui lui dirent que s'il voulait quitter le fleuve, et marcher droit au couchant à travers les bois, il arriverait en peu de jours à la mer par un chemin fort aisé, et fort connu des Sauvages.

M. Mackenzie se détermine à prendre aussitôt cette nouvelle route. Il remonte le fleuve jusqu'à l'embouchure d'une petite rivière qu'on lui avait indiquée ; et, laissant là son canot, il s'enfonce dans les bois; sur la foi d'un Sauvage qui lui servait de guide, et qui, au moindre caprice, pouvait le livrer à des hordes ennemies, ou l'abandonner au milieu des déserts.

Chaque Canadien portait sur ses épaules une charge de quatre-vingt-dix livres, indépendamment de son fusil, d'un peu de poudre et de quelques balles. M. Mackenzie, outre ses armes et son télescope, portait lui-même un fardeau de vivres et de quincailleries, du poids de soixante-dix livres.

La nécessité, la fatigue, et je ne sais quelle confiance qu'on acquiert par l'accoutumance des périls, ôtèrent bientôt à nos voyageurs toute inquiétude. Après de longues journées de marche au travers des buissons et des halliers, tantôt exposés à un soleil brûlant, tantôt inondés par de grandes pluies, le soir ils s'endormaient paisiblement au chant des Indiens.

« Il consistait, dit M. Mackenzie, en sons doux, mélancoliques, d'une mé-
« lodie assez agréable, et ayant quelque rapport avec le chant de l'Église. »
Lorsqu'un voyageur se réveille sous un arbre, au milieu de la nuit, dans les déserts de l'Amérique : qu'il entend le concert lointain de quelques Sauvages, entrecoupé par de longs silences et par le murmure des vents dans la forêt, rien ne lui donne plus l'idée de cette musique aérienne dont parle Ossian, et que les bardes décédés font entendre, aux rayons de la lune, sur les sommets du *Slimora*.

Bientôt nos voyageurs arrivèrent chez des tribus indiennes, dont M. Mackenzie cite des traits de mœurs fort touchants. Il vit une femme presque aveugle, et accablée de vieillesse, que ses parents portaient tour à tour, parce que l'âge l'empêchait de marcher. Dans un autre endroit, une jeune femme avec son enfant lui présenta un vase plein d'eau, au passage d'une rivière, comme Rebecca pencha son vase pour le serviteur d'Abraham au puits de Nachor, et lui dit : *Bibe, quin et camelis tuis dabo potum.* « Buvez, je donnerai « ensuite à boire à vos chameaux. »

J'ai passé moi-même chez une peuplade indienne qui se prenait à pleurer à la vue d'un voyageur, parce qu'il lui rappelait des amis partis pour la *Contrée des Âmes*, et depuis longtemps en *voyage*.

« Nos guides, dit M. Mackenzie, ayant aperçu des Indiens. . . . hâtèrent le pas pour
« les rejoindre. A leur approche, l'un des étrangers s'avança avec une hache à la main.
« C'était le seul homme de la troupe. Il avait avec lui deux femmes et deux enfants. Quand
« nous les joignîmes, la plus âgée des femmes, qui probablement était la mère de l'homme,
« s'occupait à arracher les mauvaises herbes dans un espace circulaire d'environ cinq
« pieds de diamètre, et notre présence n'interrompit point ce travail, prescrit par le res-
« pect dû aux morts. C'est dans ce lieu, objet des tendres soins de cette femme, qu'étaient
« les restes d'un époux et d'un fils ; et toutes les fois qu'elle y passait, elle s'arrêtait pour
« leur payer ce pieux tribut. »

Tout est important pour le voyageur des déserts. La trace des pas d'un homme, nouvellement imprimée dans un lieu sauvage, est plus intéressante pour lui que les vestiges de l'antiquité dans les champs de la Grèce. Conduit par les indices d'une peuplade voisine, M. Mackenzie traverse le village d'une nation hospitalière, où chaque cabane est accompagnée d'un tombeau. De là, après avoir franchi des montagnes, il atteint les bords de la rivière du *Saumon*, qui se décharge dans l'océan Pacifique. Un peuple nombreux, plus propre, mieux vêtu et mieux logé que les autres Sauvages, le reçoit avec cordialité. Un vieillard perce la foule et vient le presser dans ses bras ; on lui sert un grand festin, on lui fournit des vivres en abondance. Un jeune homme détache un beau manteau de ses épaules, pour le suspendre aux siennes. C'est presque une scène d'Homère.

M. Mackenzie passa plusieurs jours chez cette nation. Il examina le cimetière, qui n'était qu'un grand bois de cèdres où l'on brûlait les morts ; et le temple où l'on célébrait deux fêtes chaque année, l'une au printemps, l'autre en automne. Tandis qu'il parcourait le village, on lui amena des malades pour les guérir : naïveté touchante d'un peuple chez qui l'homme est encore cher à l'homme, et qui ne voit qu'un avantage dans la supériorité des lumières, celui de soulager des malheureux.

Enfin le chef de la nation donne au voyageur son propre fils pour l'accompagner, et un canot de cèdre pour le conduire à la mer. Ce chef raconta à M. Mackenzie que, dix hivers auparavant, s'étant embarqué dans le même canot avec quarante Indiens, il avait rencontré sur la côte deux vaisseaux remplis d'hommes blancs ; c'était le bon *Toolec* (1), dont le souvenir sera longtemps cher aux peuples qui habitent les bords de l'océan Pacifique.

Le samedi 20 de juillet 1793, à huit heures du matin, M. Mackenzie sortit de la rivière du Saumon, pour entrer dans le bras de mer où cette rivière se jette par plusieurs embouchures. Il serait inutile de le suivre dans la navigation de cette baie, où il trouva partout des traces du capitaine Vancouver. Il observa la latitude à 52° 21′ 33″, et il écrivit avec du vermillon sur un rocher : *Alexandre Mackenzie est venu du Canada ici par terre, le 22 juillet* 1793.

Les découvertes de ce voyageur offrent deux résultats très-importants, l'un pour le commerce, l'autre pour la géographie. Quant au premier, M. Mackenzie s'en explique lui-même :

« En ouvrant cette communication entre les deux océans, et en formant des établissements réguliers dans l'intérieur du pays et aux deux extrémités de la route, ainsi que tout le long des côtes et des îles voisines, on serait entièrement maître de tout le commerce des pelleteries de l'Amérique septentrionale, depuis le quarante-huitième degré de latitude jusqu'au pôle, excepté la partie de la côte qui appartient aux Russes, dans l'océan Pacifique. »

« On peut ajouter à cet avantage celui de la pêche dans les deux mers, et la facilité d'aller vendre les pelleteries dans les quatre parties du globe. Tel est le champ ouvert à une entreprise commerciale. Les produits de cette entreprise seraient incalculables, si elle était soutenue par une partie du crédit et des capitaux dont la Grande-Bretagne possède une si grande accumulation. »

Ainsi l'Angleterre voit, par les découvertes de ses voyageurs, s'ouvrir devant elle une nouvelle source de trésors, et une nouvelle route à ses comptoirs des Indes et de la Chine.

Quant aux progrès de la géographie qui, en dernier résultat, tournent également au profit du commerce, le voyage de M. Mackenzie à l'ouest est, sous ce point de vue, moins important que son voyage au nord. Le capitaine Vancouver avait suffisamment prouvé qu'il n'y a point de passage sur la côte occidentale de l'Amérique, depuis Nooatka-Sund jusqu'à la rivière de Cook. Grâce aux travaux de M. Mackenzie, ce qui reste maintenant à faire au nord est très-peu de chose.

Le fond de la baie du Refus se trouve à peu près par les 68° de latitude nord, et les 85° de longitude occidentale, méridien de Greenwich.

(1) Le capitaine Cook.

En 1771, Hearne, parti de la baie d'Hudson, vit la mer à l'embouchure de la rivière des Mines de Cuivre, à peu près par les 69° de latitude, et par les 110° et quelques minutes de longitude.

Il n'y a donc que cinq ou six degrés de longitude entre la mer vue par Hearne et la mer du fond de la baie d'Hudson.

A une latitude si élevée, les degrés de longitude sont fort petits. Supposez-les de douze lieues, vous n'aurez guère plus de soixante-douze lieues à découvrir entre les deux points indiqués.

A cinq degrés de longitude, à l'ouest de l'embouchure de la rivière des Mines de Cuivre, M. Mackenzie vient de découvrir la mer par les 69° 7' nord.

En suivant notre premier calcul, nous n'aurons que soixante lieues de côtes inconnues entre la mer de Hearne et celle de M. Mackenzie (1).

Continuant de toucher à l'occident, nous trouvons enfin le détroit de Behring. Le capitaine Cook s'est avancé au delà de ce détroit jusqu'au 69e ou 70e degré de latitude nord, et au 275e de longitude occidentale. Soixante-douze lieues, ou tout au plus six degrés de longitude, séparent l'océan Boréal de Cook de l'océan Boréal de M. Mackenzie.

Voilà donc une chaîne de points connus, où l'on a vu la mer autour du pôle, sur le côté septentrional de l'Amérique, depuis le fond du détroit de Behring jusqu'au fond de la baie d'Hudson. Il ne s'agit plus que de franchir par terre les trois intervalles qui divisent ces points (et qui ne peuvent pas composer entre eux plus de 250 lieues d'étendue), pour s'assurer que le continent de l'Amérique est borné de toutes parts par l'Océan, et qu'il règne à son extrémité septentrionale une mer peut-être accessible aux vaisseaux.

Me permettra-t-on une réflexion? M. Mackenzie a fait, au profit de l'Angleterre, des découvertes que j'avais entreprises et proposées jadis au gouvernement, pour l'avantage de la France. Du moins le projet de ce voyage, qui vient d'être achevé par un étranger, ne paraîtra plus chimérique. Comme d'autres sollicitent la fortune et le repos, j'avais sollicité l'honneur de porter, au péril de mes jours, des noms français à des mers inconnues, de donner à mon pays une colonie sur l'océan Pacifique, d'enlever les trésors d'un riche commerce à une puissance rivale, et de l'empêcher de s'ouvrir de nouveaux chemins aux Indes.

En rendant compte des travaux de M. Mackenzie, j'ai donc pu mêler mes observations aux siennes, puisque nous nous sommes rencontrés dans les mêmes desseins, et qu'au moment où il exécutait son premier voyage, je parcourais aussi les déserts de l'Amérique; mais il a été secondé dans son entreprise; il avait derrière lui des amis heureux et une patrie tranquille : je n'ai pas eu le même bonheur.

---

(1) Tous ces calculs ne sont pas exacts, et les découvertes du capitaine Franklin et du capitaine Parry ont répandu une grande clarté sur la géographie de ces régions polaires.

SUR

LA LÉGISLATION PRIMITIVE

DE M. LE VICOMTE DE BONALD.

Novembre 1802.

« Peu d'hommes naissent avec une disposition particulière et déterminée à un seul objet, qu'on appelle talent ; bienfait de la nature, si des circonstances favorables en secondent le développement, en permettent l'emploi ; malheur réel, tourment de l'homme, si elles le contrarient. »

Ce passage est tiré du livre même que nous annonçons aujourd'hui au public. Rien n'est plus touchant et en même temps plus triste que les plaintes involontaires qui échappent quelquefois au *véritable* talent. L'auteur de la *Législation primitive*, comme tant d'écrivains célèbres, semble n'avoir reçu les dons de la nature que pour en sentir les dégoûts. Comme Épictète, il a pu réduire la philosophie à ces deux maximes : « souffrir et s'abstenir, » ἀνέχου καὶ ἀπέχου. C'est dans l'obscure chaumière d'un paysan d'Allemagne, au fond d'une terre étrangère, qu'il a composé sa *Théorie du pouvoir politique et religieux* (1) ; c'est au milieu de toutes les privations de la vie, et encore sous la menace d'une loi de proscription, qu'il a publié ses observations sur le *Divorce* ; traité admirable, dont les dernières pages surtout sont un modèle de cette éloquence de pensées, bien supérieure à l'éloquence de mots, et qui soumet tout, comme le dit Pascal, par *droit de puissance* ; enfin c'est au moment où il va abandonner Paris, les lettres, et pour ainsi dire son génie, qu'il nous donne sa *Législation primitive* : Platon couronna ses ouvrages par ses *Lois*, et Lycurgue s'exila de Lacédémone après avoir établi les siennes. Malheureusement nous n'avons pas, comme les Spartiates, juré d'observer les *saintes* lois de notre nouveau législateur. Mais que M. de Bonald se rassure : quand on joint comme lui l'autorité des bonnes mœurs à l'autorité du génie ; quand on n'a aucune de ces faiblesses qui prêtent des armes à la calomnie et consolent la médiocrité, les obstacles tôt ou tard s'évanouissent, et l'on arrive à cette position où le talent n'est plus un *malheur*, mais un *bienfait*.

Les jugements que l'on porte sur notre littérature moderne nous semblent un peu exagérés. Les uns prennent notre jargon scientifique et nos phrases ampoulées pour les progrès des lumières et du génie ; selon eux, la langue et la raison ont fait un pas depuis Bossuet et Racine : quel pas ! Les autres, au contraire, ne trouvent plus rien de passable ; et, si on veut les en croire, nous n'avons pas un seul bon écrivain. Cependant n'est-il pas à peu près certain qu'il y a eu des époques en France où les lettres ont été au-dessous de ce qu'elles sont aujourd'hui ? Sommes-nous juges compétents dans cette cause, et pou-

(1) Cet ouvrage, qui parut en 1796, fut supprimé par le Directoire, et n'a pas été réimprimé.

vons-nous bien apprécier les écrivains qui vivent avec nous? Tel auteur contemporain dont nous sentons à peine la valeur sera peut-être un jour la gloire de notre siècle. Combien y a-t-il d'années que les grands hommes du siècle de Louis XIV sont mis à leur véritable place? Racine et La Bruyère furent presque méconnus de leur vivant. Nous voyons Rollin, cet homme plein de goût et de savoir, balancer le mérite de Fléchier et de Bossuet, et faire assez comprendre qu'on donnait généralement la préférence au premier. La manie de tous les âges a été de se plaindre de la rareté des bons écrivains et des bons livres. Que n'a-t-on point écrit contre le *Télémaque*, contre les *Caractères* de La Bruyère, contre les chefs-d'œuvre de Racine! Qui ne connaît l'épigramme sur *Athalie?* D'un autre côté, qu'on lise les journaux du dernier siècle; il y a plus, qu'on lise ce que La Bruyère et Voltaire ont dit eux-mêmes de la littérature de leur temps : pourrait-on croire qu'ils parlent de ces temps où vécurent Fénelon, Bossuet, Pascal, Boileau, Racine, Molière, La Fontaine, J.-J. Rousseau, Buffon et Montesquieu?

La littérature française va changer de face; avec la révolution vont naître d'autres pensées, d'autres vues des choses et des hommes. Il est aisé de prévoir que les écrivains se diviseront. Les uns s'efforceront de sortir des anciennes route; les autres tâcheront de suivre les antiques modèles, mais toutefois en les présentant sous un jour nouveau. Il est assez probable que les derniers finiront par l'emporter sur leurs adversaires, parce qu'en s'appuyant sur les grandes traditions et sur les grands hommes, ils auront des guides bien plus sûrs et des documents bien plus féconds.

M. de Bonald ne contribuera pas peu à cette victoire; déjà ses idées commencent à se répandre; on les retrouve par lambeaux dans la plupart des journaux et des livres du jour. Il y a de certains sentiments et de certains styles qui sont pour ainsi dire contagieux, et qui (si l'on nous pardonne l'expression) teignent de leurs couleurs tous les esprits. C'est à la fois un bien et un mal : un mal, en ce que cela dégoûte l'écrivain dont on fane la fraîcheur, et dont on rend l'originalité vulgaire; un bien, quand cela sert à répandre des vérités utiles.

Le nouvel ouvrage de M. de Bonald est divisé en quatre parties.

La première (comprise dans le discours préliminaire) traite du rapport des êtres et des principes fondamentaux de la législation;

La seconde considère l'état ancien du *ministère public* en France;

La troisième regarde *l'éducation publique;*

Et la quatrième examine l'état de l'Europe chrétienne et mahométane.

Si dans l'extrait que l'on va donner de la *Législation primitive* on se permet quelquefois de n'être pas de l'opinion de l'auteur, il voudra bien le pardonner. Combattre un homme tel que lui, c'est lui préparer de nouveaux triomphes.

Pour remonter aux principes de la législation, M. de Bonald commence par remonter aux principes des êtres, afin de trouver la loi primitive, exemplaire éternel des lois humaines, qui ne sont bonnes ou mauvaises qu'autant qu'elles se rapprochent ou s'éloignent de cette loi, qui n'est qu'un écoulement de la sagesse divine... *Lex... rerum omnium principem expressa naturam, ad quam leges hominum diriguntur, quæ supplicio improbos afficiunt, et defendunt et*

tuentur bonos (1). M. de Bonald trace rapidement l'histoire de la *philosophie*, qui, selon lui, voulait dire chez les anciens *amour de la sagesse*, et parmi nous *recherche de la vérité*. Ainsi les Grecs faisaient consister la sagesse dans la *pratique* des mœurs, et nous dans la *théorie*. « Notre philosophie, dit l'auteur, est
« vaine dans ses pensées, superbe dans ses discours. Elle a pris des stoïciens
« l'orgueil, et des épicuriens la licence. Elle a ses sceptiques, ses pyrrhoniens,
« ses éclectiques; et la seule doctrine qu'elle n'ait pas embrassée est celle des
« privations. »

Sur la cause de nos erreurs, M. de Bonald fait cette observation profonde :
« On peut préjuger en physique des erreurs particulières; on doit préjuger
« en morale des vérités générales; et c'est pour avoir fait le contraire, pour
« avoir préjugé la vérité en physique, que le genre humain a cru si longtemps
« aux absurdités de la physique ancienne; comme c'est pour avoir préjugé
« l'erreur dans la morale générale des nations que plusieurs ont, de nos jours,
« fait naufrage. »

L'auteur est bientôt conduit à l'examen du problème des idées *innées*. Sans embrasser l'opinion qui les rejette, ni se ranger au parti qui les adopte, il croit que Dieu a donné aux hommes en *général*, et non à l'homme en *particulier*, une certaine quantité de principes ou de sentiments innés (tels que révélation de l'Être-Suprême, de l'immortalité de l'âme, des premières notions de la morale, etc.), absolument nécessaires à l'établissement de l'ordre social. D'où il arrive qu'on peut trouver à la rigueur un homme isolé qui n'ait aucune connaissance de ces principes, mais qu'on n'a jamais rencontré une société d'hommes qui les ait totalement ignorés. Si ce n'est pas là la vérité, convenons du moins qu'un esprit qui sait produire de pareilles raisons n'est pas un esprit ordinaire.

De là M. de Bonald passe à l'examen d'un autre principe sur lequel il a élevé toute sa législation, savoir : *Que la parole a été enseignée à l'homme, et qu'il n'a pu l'inventer lui-même.*

Il reconnaît trois sortes de paroles, le geste, la parole et l'écriture.

Il fonde son opinion sur des raisons qui paraissent d'un très-grand poids :

1° Parce qu'il est nécessaire de penser sa parole, avant de parler sa pensée;

2° Parce que le sourd de naissance qui *n'entend* pas la parole est muet, preuve que la parole est une chose apprise et non inventée;

3° Parce que si la parole est d'invention humaine, il n'y a plus de vérités nécessaires, etc.

M. de Bonald revient souvent à cette idée, d'où dépend, selon lui, toute la controverse des théistes et des athées, des chrétiens et des philosophes. On peut dire en effet que, s'il était prouvé que la parole est révélée et non inventée, on aurait une preuve physique de l'existence de Dieu, et Dieu n'aurait pu donner le verbe à l'homme sans lui donner aussi des règles et des lois. Tout deviendrait positif dans la société; et c'était déjà, ce nous semble, l'opinion de Platon et du philosophe romain : *Legem neque hominum ingeniis excogitatam, neque scitum aliquod esse populorum, sed æternum quiddam*, etc.

---

(1) Cic., *de Leg.*, lib. ii.

Il devenait nécessaire à M. de Bonald de développer son idée, et c'est ce qu'il a fait dans une excellente dissertation qui se trouve au second volume de son ouvrage. On y remarque cette comparaison, que l'on croirait traduite du *Phédon* ou de la *République* :

« Cette correspondance naturelle et nécessaire des pensées et des mots qui les expriment, et cette nécessité de la parole pour rendre présentes à l'esprit ses propres pensées et les pensées des autres, peuvent être rendues sensibles par une comparaison. . . . . dont l'extrême exactitude prouverait toute seule une analogie parfaite entre les lois de notre être intelligent et celles de notre être physique.

« Si je suis dans un lieu obscur, je n'ai pas la vision oculaire, ou la connaissance par la vue de l'existence des corps qui sont près de moi, pas même de mon propre corps ; et sous ce rapport ces êtres sont à mon égard comme s'ils n'étaient pas. Mais si la lumière vient tout à coup à paraître, tous les objets en reçoivent une couleur relative, pour chacun, à la contexture particulière de sa surface ; chaque corps se produit à mes yeux, je les vois tous ; et je juge les rapports de forme, d'étendue, de distance que ces corps ont entre eux et avec le mien.

« Notre entendement est ce lieu obscur où nous n'apercevons aucune idée, pas même celle de notre propre intelligence, jusqu'à ce que la parole, pénétrant par le sens de l'ouïe ou de la vue, porte la lumière dans les ténèbres, et appelle, pour ainsi dire, chaque idée, qui répond comme les étoiles dans Job : *Me voilà !* Alors seulement nos idées sont *exprimées* ; nous avons la conscience ou la connaissance de nos pensées, et nous pouvons la donner aux autres ; alors seulement nous nous *idéons* nous-mêmes, nous *idéons* les autres êtres et les rapports qu'ils ont entre eux et avec nous ; et de même que l'œil distingue chaque corps à sa couleur, l'esprit distingue chaque idée à son expression. »

Trouve-t-on souvent une aussi puissante métaphysique unie à une si vive expression? Chaque idée *qui répond à la parole comme les étoiles dans Job :* ME VOILA, n'est-ce pas là un ordre de pensées bien élevé, un caractère de style bien rare? J'en appelle à des hommes plus habiles que moi : *Quantum eloquentia valeat, pluribus credere potest.*

Cependant nous oserons proposer quelques doutes à l'auteur, et soumettre nos observations à ses lumières. Nous reconnaissons, comme lui, le principe de la transmission ou de l'enseignement de la parole. Mais ne pose-t-il pas trop rigoureusement le principe? En en faisant la seule preuve positive de l'existence de Dieu et des lois fondamentales de la société, ne met-il pas en péril les plus grandes vérités ; si l'on vient à lui contester sa preuve unique? La raison qu'il tire des sourds-muets, en faveur de l'enseignement de la parole, n'est peut-être pas assez convaincante ; car on peut lui dire : Vous prenez un exemple dans une exception, et vous allez chercher une preuve dans une imperfection de la nature. Supposons un homme sauvage, ayant tous ses sens, mais point encore la parole. Cet homme, pressé par la faim, rencontre dans les forêts un objet propre à la satisfaire ; il pousse un cri de joie en le voyant, ou en le portant à sa bouche. N'est-il pas possible qu'ayant *entendu* le cri, le son tel quel, il le retienne et le répète ensuite toutes les fois qu'il apercevra le même objet, ou sera pressé du même besoin? Le cri deviendra le premier mot de son vocabulaire, et ainsi de suite, et jusqu'à l'expression des idées purement intellectuelles.

Il est certain que l'idée ne peut sortir de l'entendement sans la parole, mais on pourrait peut-être admettre que l'homme, avec la permission de Dieu, allume lui-même *ce flambeau du verbe*, qui doit éclairer son âme; que le sentiment ou l'idée fait naître d'abord l'expression, et que l'expression à son tour rentre dans l'intelligence, pour y porter la lumière. Si l'auteur disait que, pour former une langue de cette sorte, il faudrait des millions d'années, et que J.-J. Rousseau lui-même *a cru que la parole est bien nécessaire pour inventer la parole*, nous convenons aussi de la difficulté; mais M. de Bonald ne doit pas oublier qu'il a affaire à des hommes qui nient toutes les traditions, et qui disposent à leur gré de *l'éternité* du monde.

Il y a d'ailleurs une objection plus sérieuse. Si la parole est nécessaire à la manifestation de l'idée, et que la parole entre par les sens, l'âme dans une autre vie, dépouillée des organes du corps, n'a donc pas la conscience de ses pensées? Il n'y aurait plus qu'une ressource, qui serait de dire que Dieu l'éclaire alors de son propre verbe, et qu'elle voit ses idées dans la Divinité : c'est retomber dans le système de Malebranche.

Les esprits profonds aimeront à voir comment M. de Bonald déroule le vaste tableau de l'ordre social; comment il suit et définit l'administration civile: politique et religieuse. Il prouve évidemment que la religion chrétienne a achevé l'homme, comme le suprême législateur le dit lui-même en expirant :

Tout est consommé.

M. de Bonald donne une singulière élévation et une profondeur immense au christianisme; il suit les rapports mystiques du *Verbe* et du *Fils*, et montre que le véritable Dieu ne pouvait être connu que par la révélation ou l'*Incarnation de son Verbe*, comme la pensée de l'homme n'a été manifestée que par la parole ou l'*Incarnation de la pensée*. Hobbes, dans sa *Cité chrétienne*, avait expliqué le Verbe comme l'auteur de la législation : *In Testamento Novo græce scripto*, Verbum Dei *sæpe ponitur, non pro eo quod loquutus est Deus, sed pro eo quod de Deo et de regno ejus.... In hoc autem sensu idem significant* λογὸς Θεοῦ.

M. de Bonald distingue essentiellement la constitution de la société domestique, ou l'ordre de famille, de la constitution politique, rapports qu'on a trop confondus dans ces derniers temps. Dans l'examen de l'ancien *ministère public* en France, il montre une connaissance approfondie de notre histoire. Il examine le principe de la souveraineté du peuple, que Bossuet avait attaqué dans son *cinquième avertissement*, en réponse à M. Jurieu. « Où tout est indé-
« pendant, » dit l'évêque de Meaux, « il n'y a rien de souverain. » Axiome foudroyant, manière d'argumenter précisément telle que l'exigeaient les ministres protestants, qui se piquaient surtout de raison et de logique. Ils s'étaient plaints d'être écrasés par l'éloquence de Bossuet; l'orateur s'était aussitôt dépouillé de son éloquence, comme ces guerriers chrétiens qui, s'apercevant au milieu d'un combat que leurs adversaires étaient désarmés, jetaient à l'écart leurs armes, pour ne pas remporter une victoire trop aisée. Bossuet, passant ensuite aux preuves historiques, et montrant que le prétendu *pacte social* n'a

jamais existé, fait voir, ainsi qu'il le dit lui-même, qu'il y a là *autant d'ignorance que de mots ;* que si le peuple est souverain, il a le droit incontestable de changer tous les jours sa constitution, etc. Ce grand homme (que M. de Bonald, digne d'être son admirateur, cite avec tant de complaisance) établit aussi l'excellence de la succession au pouvoir suprême. « C'est un bien pour le « peuple, dit-il dans le même *avertissement,* que le gouvernement devienne aisé, « qu'il se perpétue par les mêmes lois qui perpétuent le genre humain, et qu'il « aille pour ainsi dire avec la nature. »

M. de Bonald nous reproduit cette force de bon sens, et quelquefois cette simple grandeur de style. C'est un sujet d'étonnement dont on a peine à revenir, que l'ignorance ou la mauvaise foi dans laquelle est tombé notre siècle relativement au siècle de Louis XIV. On croit que ces écrivains ont méconnu les principes de l'ordre social, et cependant il n'y a pas de question politique dont Bossuet n'ait parlé, soit dans son *Histoire universelle,* soit dans sa *Politique tirée de l'Écriture,* soit surtout dans ses controverses avec les protestants.

Au reste, si l'on peut faire quelques objections à M. de Bonald sur les deux premiers volumes de son ouvrage, il n'en est pas ainsi du troisième. L'auteur y parle de l'*éducation* avec une supériorité de lumière, une force de raisonnement, une netteté de vue, dignes des plus grands éloges. C'est véritablement dans les questions particulières de morale ou de politique que M. de Bonald excelle. Il y répand partout une *modération féconde,* pour employer la belle expression de Daguesseau. Je ne doute point que son *Traité d'éducation* n'attire les yeux des hommes d'État, comme sa question du divorce fixa l'attention des meilleurs esprits de la France. On reviendra incessamment sur ce troisième volume, qui mérite seul un extrait.

Le style de M. de Bonald pourrait être quelquefois plus harmonieux et moins négligé. Sa pensée est toujours éclatante et d'un heureux choix; mais je ne sais si son expression n'est pas quelquefois un peu terne et commune; légers défauts que le travail fera disparaître. On pourrait aussi désirer plus d'ordre dans les matières, et plus de clarté dans les idées : les génies forts et élevés ne compatissent pas assez à la faiblesse de leurs lecteurs; c'est un abus naturel de la puissance. Quelquefois encore les distinctions de l'auteur paraissent trop ingénieuses, trop subtiles. Comme Montesquieu, il aime à appuyer une grande vérité sur une petite raison. La définition d'un mot, l'explication d'une étymologie, sont des choses trop curieuses et trop arbitraires pour qu'on puisse les avancer au soutien d'un principe important.

Au reste, on a voulu seulement, par ce peu de mots, sacrifier à la triste coutume qui veut qu'on joigne toujours la critique à l'éloge. A Dieu ne plaise que nous observions misérablement quelque tache dans les écrits d'un homme aussi supérieur que M. de Bonald! Comme nous ne sommes point une autorité, nous avons permission d'admirer avec le vulgaire, et nous en profitons amplement pour l'auteur de la *Législation primitive.*

Heureux les États qui possèdent encore des citoyens comme M. de Bonald; hommes que les injustices de la fortune ne peuvent décourager, qui combattent pour le seul amour du bien, lors même qu'ils n'ont pas l'espérance de vaincre.

L'auteur de cet article ne peut se refuser une image qui lui est fournie par la position dans laquelle il se trouve. Au moment même où il écrit ces derniers mots, il descend un des plus grands fleuves de la France ; sur deux montagnes opposées s'élèvent deux tours en ruines ; au haut de ces tours sont attachées de petites cloches que les montagnards sonnent à notre passage. Ce fleuve, ces montagnes, ces sons, ces monuments gothiques, amusent un moment les yeux des spectateurs ; mais personne ne s'arrête pour aller où la cloche l'invite : ainsi les hommes qui prêchent aujourd'hui morale et religion donnent en vain le signal du haut de leurs ruines à ceux que le torrent du siècle entraîne ; le voyageur s'étonne de la grandeur des débris, de la douceur des bruits qui en sortent, de la majesté des souvenirs qui s'en élèvent ; mais il n'interrompt point sa course, et au premier détour du fleuve tout est oublié.

SUR

LA LÉGISLATION PRIMITIVE.

Décembre 1802.

On peut remarquer dans l'histoire que la plupart des révolutions des peuples civilisés ont été précédées des mêmes opinions, et annoncées par les mêmes écrits : *Quid est quod fuit? ipsum quod futurum est.* Quintilien et Élien nous parlent de cet Archiloque qui osa le premier publier l'histoire honteuse de sa conscience à la face de l'univers, et qui florissait en Grèce avant la réforme de Solon. Au rapport d'Eschine, Dracon avait fait un traité de l'éducation, où, prenant l'homme à son berceau, il le conduisait pas à pas jusqu'à sa tombe. Cela rappelle l'éloquent sophiste dont M. de La Harpe a fait un portrait admirable.

La *Cyropédie* de Xénophon, une partie de la *République* de Platon, et les premiers livres de ses *Lois*, peuvent être aussi regardés comme de beaux traités plus ou moins propres à former le cœur de la jeunesse. Sénèque, et surtout le judicieux Quintilien, placés sur un autre théâtre et plus rapprochés de nos temps, ont laissé d'excellentes leçons aux maîtres et aux disciples. Malheureusement, de tant de bons écrits sur l'éducation, nous n'avons emprunté que la partie systématique, et précisément celle qui, tenant aux mœurs des anciens, ne peut s'appliquer à nos mœurs. Cette fatale imitation, que nous avons poussée en tout à l'excès, a causé bien des malheurs : en naturalisant chez nous les dévastations et les assassinats de Sparte et d'Athènes, sans atteindre à la grandeur de ces fameuses cités, nous avons imité ces tyrans qui, pour embellir leur patrie, y faisaient transporter les ruines et les tombeaux de la Grèce.

Si la fureur de tout détruire n'avait pas été le caractère dominant de ce siècle, qu'avions-nous besoin cependant d'aller chercher des systèmes d'éducation dans les débris de l'antiquité? N'avions-nous pas les institutions du christianisme ? Cette religion si calomniée (et à qui nous devons toutefois jusqu'à l'art qui nous nourrit), cette religion arracha nos pères aux ténèbres de la barbarie. D'une main, les bénédictins guidaient les premières charrues dans les Gaules, de l'autre ils transcrivaient les poëmes d'Homère; et tandis que les *clercs de la vie commune* s'occupaient de la collation des anciens manuscrits, les *pauvres frères des écoles pieuses* enseignaient *gratis* aux enfants du peuple les premiers rudiments des lettres ; ils obéissaient à ce commandement du livre où tout se trouve : *Non des illi potestatem in juventute, et ne despicias cogitatus illius.*

Bientôt parut cette société fameuse qui donna le Tasse à l'Italie et Voltaire à la France, et dont, pour ainsi dire, chaque membre fut un homme de lettres distingué. Le jésuite, mathématicien à la Chine, législateur au Paraguay, antiquaire en Égypte, martyr au Canada, était en Europe un maître savant et poli, dont l'urbanité ôtait à la science ce pédantisme qui dégoûte la jeunesse. Voltaire consultait sur ses tragédies les pères Porée et Brumoy : « On a lu « *Jules César* devant dix jésuites, écrivt-il à M. de Cideville ; ils en pensent « comme vous. » La rivalité qui s'établit un moment entre *Port-Royal* et la *Société* força cette dernière à veiller plus scrupuleusement sur sa morale, et les *Lettres provinciales* achevèrent de la corriger. Les jésuites étaient des hommes tolérants et doux qui cherchaient à rendre la religion aimable, par indulgence pour notre faiblesse, et qui s'égarèrent d'abord dans ce charitable dessein : Port-Royal était inflexible et sévère, et comme le roi-prophète, il semblait vouloir égaler la rigueur de sa pénitence à la hauteur de son génie. Si le poëte le plus tendre fut élevé à l'école des *Solitaires*, le prédicateur le plus austère sortit du sein de la *Société*. Bossuet et Boileau penchaient pour les premiers ; Fénelon et La Fontaine pour la seconde.

« Anacréon se tait devant les jansénistes. »

Port-Royal, sublime à sa naissance, changea et s'altéra tout à coup, comme ces emblèmes antiques qui n'ont que la tête d'aigle ; les jésuites au contraire se soutinrent et se perfectionnèrent jusqu'à leur dernier moment. La destruction de cet ordre a fait un mal irréparable à l'éducation et aux lettres ; on en convient aujourd'hui. Mais selon la réflexion touchante d'un historien : *Quis beneficorum servat memoriam ? aut quis ullam calamitosis deberi putat gratiam ? aut quando fortuna non mutat fidem ?*

Ce fut donc sous le siècle de Louis XIV (siècle qui enfanta toutes les grandeurs de la France) que le système d'éducation, pour les deux sexes, parvint à son plus haut point de perfection. On se rappelle avec admiration ces temps où l'on vit sortir des écoles chrétiennes Racine, Molière, Montfaucon, Sévigné, La Fayette, Dacier ; ces temps où le chantre d'Antiope donnait des leçons aux épouses des hommes, où les pères Hardouin et Jouvency expliquaient la belle antiquité, tandis que les génies de Port-Royal écrivaient pour des écoliers de sixième, et que le grand Bossuet se chargeait du catéchisme des petits enfants.

Rollin parut bientôt à la tête de l'Université ; ce savant homme, que l'on prend aujourd'hui pour un pédant de collége plein de ridicules et de préjugés,

est pourtant un des premiers écrivains français qui ait parlé d'un philosophe anglais avec éloge : « Je ferai grand usage de deux auteurs modernes (dit-il
« dans son *Traité des Études*); ces auteurs sont M. de Fénelon, archevêque
« de Cambrai, et M. Locke, Anglais, dont les écrits sur cette matière sont fort
« estimés, et avec raison. Le dernier a quelques sentiments particuliers que je
« ne voudrais pas toujours adopter. Je ne sais d'ailleurs s'il était bien versé
« dans la connaissance de la langue grecque et dans l'étude des belles-lettres;
« il ne paraît pas au moins en faire assez de cas. »

C'est en effet à l'ouvrage de Locke sur l'éducation qu'on peut faire remonter la date de ces opinions systématiques qui tendent à faire de tous les enfants des héros de roman ou de philosophie. L'*Émile*, où ces opinions sont malheureusement consacrées par un grand talent, et quelquefois par une haute éloquence; l'*Émile* est jugé maintenant comme livre pratique; sous ce rapport, il n'y a pas de livre élémentaire pour l'enfance qui ne lui soit bien préférable : on s'en est enfin aperçu, et une femme célèbre a publié de nos jours, sur l'éducation, des préceptes beaucoup plus sains et plus utiles. Un homme dont le génie a été mûri par les orages de la révolution achève maintenant de renverser les principes d'une fausse philosophie, et de rasseoir l'éducation sur ses bases morales et religieuses. Le troisième volume de la *Législation primitive* est consacré à cet important sujet : nous avons promis de le faire connaître à nos lecteurs.

M. de Bonald commence par poser en principe que l'homme naît ignorant et faible, mais capable d'apprendre : « Bien différent de la brute, l'homme « naît, dit-il, *perfectible*; et l'animal naît *parfait*. »

Que faut-il enseigner à l'homme? Tout ce qui est bon, c'est-à-dire tout ce qui est nécessaire à la *conservation* des êtres.

Et quel est le moyen général de cette conservation? La *société*.

Comment la société exprime-t-elle ses rapports? Elle les exprime par des *volontés* qui s'appellent *lois*.

Les lois sont donc des volontés, d'où résultent pour les membres de la société des *actions* appelées *devoirs*.

Donc l'*éducation* proprement dite est *l'enseignement des lois et des devoirs de la société*.

L'homme, sous le rapport religieux et politique, appartient à une *société domestique* et à une *société publique*. Il y a donc deux systèmes d'éducation, savoir :

L'éducation domestique, qui suit l'enfant dans la maison paternelle; elle a pour but de former l'homme pour la famille, et de l'instruire des éléments de la religion;

L'éducation publique, qui est celle que les enfants reçoivent de l'État dans des établissements publics; son but est de former l'homme pour la société publique, et les devoirs religieux et politiques qu'elle commande.

L'éducation, dans son principe, doit être essentiellement religieuse. Ici M. de Bonald combat fortement l'auteur d'*Émile*. Dire qu'on ne doit donner à l'enfance aucun principe religieux, c'est une des erreurs les plus funestes que jamais ait avancées la philosophie. L'auteur de la *Législation primitive* cite l'exemple effrayant de soixante-quinze enfants au-dessous de seize ans jugés à la police correctionnelle, dans l'espace de cinq mois, pour *larcins*, *vols et atteintes aux mœurs*. M. Scipion Bexon, vice-président du tribunal de première instance du département de la Seine, à qui l'on doit la connaissance de ce fait, ajoute, dans son rapport, *que plus de la moitié des vols qui ont lieu dans Paris sont commis par des enfants.*

« Que des établissements publics, dit M. Necker dans son *Cours de morale religieuse*, assurent à tous les enfants des instructions élémentaires de morale et de religion. Votre indifférence vous rendrait un jour responsables des égarements que vous seriez forcés de punir ; votre conscience au moins serait effrayée du reproche que pourrait vous adresser un jeune homme traduit devant un tribunal criminel, un jeune homme prêt à subir une condamnation rigoureuse. Que pourriez-vous répondre en effet s'il disait : « Je n'ai jamais « été formé à la vertu par aucune leçon ; j'ai été dévoué à des travaux mercenaires ; j'ai « été lancé dans le monde avant qu'on eût gravé dans mon cœur ou dans mon souvenir « un seul principe de conduite : on m'a parlé de liberté, d'égalité ; jamais de mes devoirs « envers les autres, jamais de l'autorité religieuse qui m'aurait soumis à ces devoirs : « on m'a laissé l'enfant de la nature, et l'on veut me juger par des lois que le *génie social* « a composées : ce n'était pas avec une sentence de mort qu'il fallait m'enseigner les obli-« gations de la vie! » Tel est le langage terrible que pourrait tenir un jeune homme en entendant sa condamnation. »

En parlant d'abord de l'éducation domestique, M. de Bonald veut qu'on rejette toutes ces pratiques anglaises, américaines, philosophiques, inventées par l'esprit de système et soutenues par la mode.

« Des vêtements légers, dit-il, la tête découverte, un lit dur, sobriété et exercices, des privations plutôt que des jouissances, en un mot presque toujours ce qui coûte le moins, est en tout ce qui convient le mieux, et la nature n'emploie ni tant de frais, ni tant de soins, pour élever ce frêle édifice qui ne doit durer qu'un instant, et qu'un souffle peut renverser. »

Il conseille ensuite le rétablissement des *corporations.*

« Que le gouvernement doit, dit-il, regarder comme l'éducation domestique des enfants du peuple. Ces corporations, où la religion fortifiait par ses pratiques les règlements de l'autorité civile, avaient, entre autres avantages, celui de contenir par le devoir un peu dur des maîtres une jeunesse grossière, que le besoin de vivre soustrait de bonne heure au pouvoir paternel, et que son obscurité dérobe au pouvoir politique. »

C'est voir les choses de bien haut, et considérer en véritable législateur ce que tant d'écrivains n'ont aperçu qu'en économistes.

L'auteur, passant à l'éducation publique, prouve d'abord, comme Quintilien, l'insuffisance d'une éducation privée, et la nécessité d'une éducation commune. Après avoir parlé des lieux où l'on doit établir les colléges, et fixé le nombre des élèves que chaque collége doit à peu près contenir, il examine la grande question sur les *maîtres*; laissons-le parler lui-même.

« Il faut une éducation perpétuelle, universelle, uniforme, et par conséquent un institu-« teur perpétuel, universel, uniforme ; il faut donc un corps, car hors d'un corps il ne peut « y avoir ni perpétuité, ni généralité, ni uniformité.

« Ce corps (car il n'en faut qu'un), chargé de l'éducation publique, ne peut pas être un
« corps purement séculier; car où serait le lien qui en assurerait la perpétuité, et par
« conséquent l'uniformité? Serait-ce l'intérêt personnel? Mais des séculiers auront ou
« pourront avoir une famille. Ils appartiendront donc plus à leur famille qu'à l'État, à leurs
« enfants plus qu'aux enfants des autres, à leur intérêt personnel plus qu'à l'intérêt public;
« car l'amour de soi, dont on veut faire le lien universel, est et sera toujours le mortel
« ennemi de l'amour des autres. . . . .
« . . . .
« . . . .

« Si les instituteurs publics sont célibataires, quoique séculiers, ils ne pourront faire
« corps entre eux, leur agrégation fortuite ne sera qu'une succession continuelle d'indi-
« vidus entrés pour vivre, et sortis pour s'établir; et, quel père de famille osera confier
« ses enfants à des célibataires dont une discipline religieuse ne garantira pas les mœurs?
« S'ils sont mariés, comment l'État pourrait-il assurer à des hommes chargés de famille,
« animés d'une juste ambition de fortune, et plus capables que d'autres de s'y livrer avec
« succès, comment pourrait-il leur assurer un établissement qui puisse les détourner d'une
« spéculation plus lucrative? si, par des vues d'économie, on les réunit sous le même toit
« avec leurs femmes et leurs enfants, la concorde est impossible; si on leur permet de
« vivre séparément, les frais sont incalculables. Des hommes instruits ne voudront pas
« soumettre leur esprit à des règlements devenus routiniers, à des méthodes d'enseignement
« qui leur paraîtront défectueuses; des hommes avides et accablés de besoins voudront
« s'enrichir; des pères de famille oublieront les soins publics pour les affections domes-
« tiques. L'État peut être assuré de ne conserver dans les établissements d'éducation que
« les hommes qui ne seront propres à aucune autre profession, des mauvais sujets; et
« l'on peut s'en convaincre aisément en se rappelant que les instruments les plus actifs de
« nos désordres ont été, à Paris, cette classe d'instituteurs laïques attachés aux colléges,
« qui, dans leurs idées classiques, ont vu le *forum* de Rome à l'assemblée de leurs sec-
« tions, se sont crus des orateurs chargés des destinées de la république, lorsqu'ils n'é-
« taient que des brouillons bouffis d'orgueil, et impatients de sortir de leur état. Il faut
« donc un corps qui ne puisse se dissoudre; un corps où des hommes fassent à une règle
« commune le sacrifice de leurs opinions personnelles; à une richesse commune, le sacri-
« fice de leur cupidité personnelle; à la famille commune de l'État, le sacrifice de leurs
« familles personnelles. Mais quelle autre force que celle de la religion, quels autres enga-
« gements que ceux qu'elle consacre, peuvent lier des hommes à des devoirs aussi austères,
« et leur commander des sacrifices aussi pénibles? »

La vigoureuse dialectique de ce morceau sera remarquée de tous les lecteurs. M. de Bonald presse l'argument de manière à ne laisser aucun refuge à ses adversaires. On pourrait seulement lui objecter les universités protestantes; mais il pourrait répondre que les professeurs de ces universités, bien qu'ils soient mariés, sont cependant des *ministres* ou des *prêtres*; que ces universités sont d'ailleurs des fondations *chrétiennes*, dont les revenus et les fonds sont indépendants du gouvernement; qu'après tout les désordres sont tels dans ces universités, que des parents sages craignent souvent d'y envoyer leurs enfants. Tout cela change absolument l'état de la question, et sert même, en dernière analyse, à confirmer le raisonnement de l'auteur.

M. de Bonald, ne s'occupant qu'à poser les principes, néglige de donner des avis particuliers aux maîtres. On les trouve d'ailleurs, ces avis, dans les écrits du bon Rollin. Le seul titre de ces chapitres fait aimer cet excellent homme: *Prendre de l'autorité sur les enfants; se faire aimer et craindre;* in-

convénients et dangers des châtiments parler ; raison aux enfants, les piquer d'honneur, faire usage des louanges, des récompenses, des caresses ; rendre l'étude aimable ; accorder du repos et de la récréation aux enfants ; piété, religion, zèle pour le salut des enfants : c'est sous ce dernier titre qu'on lit ces mots, qui font presque verser des larmes d'attendrissement :

« Qu'est-ce qu'un maître chrétien, chargé de l'éducation de jeunes gens ? C'est un homme
« entre les mains de qui Jésus-Christ a remis un certain nombre d'enfants, qu'il a rachetés
« de son sang, et pour lesquels il a donné sa vie ; en qui il habite comme dans sa maison
« et dans son temple ; qu'il regarde comme ses membres, comme ses frères et des cohéri-
« tiers dont il veut faire autant de rois et de prêtres qui régneront et serviront Dieu avec
« lui et par lui pendant toute l'éternité ; et il les leur a confiés pour conserver en eux le
« précieux et l'inestimable dépôt de l'innocence. Or, quelle grandeur, quelle noblesse une
« commission si honorable n'ajoute-t-elle point à toutes les fonctions des maîtres ! . . . .
« . . . . Un bon maître doit s'appliquer ces
« paroles que Dieu faisait continuellement retentir aux oreilles de Moïse, le conducteur
« de son peuple : Portez-les dans votre sein comme une nourrice a accoutumé de porter
« son petit enfant : *Porta eos in sinu tuo, sicut portare solet infantulum.* »

Des maîtres, M. de Bonald passe aux élèves. Il veut qu'on les occupe principalement de l'étude des langues anciennes, qui ouvrent aux enfants les trésors du passé, et promènent leur esprit et leur cœur sur de beaux souvenirs et de grands exemples. Il s'élève contre cette éducation philosophique « qui en-
« combre, dit-il, la mémoire des enfants de vaines nomenclatures de miné-
« raux, de plantes, qui rétrécissent leur intelligence, etc. »

On doit aimer à se rencontrer dans les mêmes sentiments et les mêmes opinions avec un homme tel que M. de Bonald. Nous avons eu le bonheur d'attaquer un des premiers cette dangereuse manie de notre siècle (1). Personne, peut-être, ne sent plus que nous le charme de *l'histoire naturelle* : mais quel abus n'en fait-on pas aujourd'hui, et dans la manière dont on l'étudie, et dans les conséquences qu'on veut en tirer ! L'histoire naturelle, proprement dite, ne peut être, ne doit être qu'une suite de tableaux, comme dans la nature.

Buffon avait un souverain mépris pour les *classifications*, qu'il appelait *des échafaudages pour arriver à la science, et non pas la science elle-même* (2). Indépendamment des autres dangers qu'entraîne l'étude exclusive des sciences, comme elles ont un rapport avec le vice originel de l'homme, elles nourrissent beaucoup plus l'orgueil que les lettres. « Descartes croyait, dit le savant auteur
« de sa vie, qu'il était *dangereux* de s'appliquer trop sérieusement à ces dé-
« monstrations superficielles, que l'industrie et l'expérience fournissent moins
« souvent que le hasard. Sa maxime était (3) que cette application nous désac-
« coutume insensiblement de l'usage de notre raison, et nous expose à perdre
« la route que la lumière nous trace (4). » Et l'on peut ajouter ces paroles de Locke : « *Entêtés de cette folle pensée que rien n'est au-dessus de notre com-
« préhension* (5). »

(1) Dans le *Génie du Christianisme*. — (2) *Hist. nat.*, tom. I. Prem. disc. — (3) Lettre de 1639, pag. 412 ; Descartes, lib. de *Direct. ingen. regula*, n° 5. — (4) *OEuvres de Desc.*, tom. I. p. 112. — (5) *Entend. hum.*, liv. I, chap. III, art. 4, trad. de M. Cotte.

Voulez-vous apprendre l'histoire naturelle aux enfants sans dessécher leur cœur et sans flétrir leur innocence, mettez entre leurs mains le commentaire de la *Genèse* par M. *de Luc*, ou l'ouvrage cité par Rollin dans le livre de ses *Études* intitulé *de la Philosophie*. Quelle philosophie, et combien peu elle ressemble à la nôtre! Citons un morceau au hasard :

« Quel architecte a enseigné aux oiseaux à choisir un lieu ferme, et à bâtir sur un fon-
« dement solide? Quelle mère tendre leur a conseillé d'en couvrir le fond de matières
« molles et délicates, telles que le duvet et le coton? et, lorsque ces matières manquent,
« qui leur a suggéré cette ingénieuse charité qui les porte à s'arracher avec le bec autant
« de plumes de l'estomac qu'il en faut pour préparer un berceau commode à leurs petits?
« Est-ce pour les oiseaux, Seigneur, que vous avez uni ensemble tant de miracles qu'ils
« ne connaissent point? Est-ce pour les hommes qui n'y pensent pas? Est-ce pour des
« curieux qui se contentent de les admirer sans remonter jusqu'à vous? Et n'est-il pas
« visible que votre dessein a été de nous rappeler à vous par un tel spectacle, de nous
« rendre sensibles votre providence et votre sagesse infinie, et de nous remplir de con-
« fiance en votre bonté, si attentive et si tendre pour des oiseaux, dont une couple ne
« vaut qu'une obole (1)? »

Il n'y a que les *Études de la Nature* de M. Bernardin de Saint-Pierre qui offrent des peintures aussi religieuses et aussi touchantes. La plus belle page de Buffon n'égale peut-être pas la tendre éloquence de ce mouvement chrétien : *Est-ce pour les oiseaux, Seigneur, etc.*

Un étranger se trouvait, il y a quelque temps, dans une société où l'on parlait du fils de la maison, enfant de sept ou huit ans, comme d'un prodige. Bientôt on entend un grand bruit, les portes s'ouvrent, et l'on voit paraître le petit docteur, les bras nus, la poitrine découverte, et habillé comme un singe qu'on va montrer à la foire. Il arrivait se roulant d'une jambe sur l'autre, d'un air assuré, regardant avec effronterie, importunant tout le monde de ses questions, et tutoyant également les femmes et les hommes âgés. On le place sur une table, au milieu de l'assemblée en extase; on l'interroge : « Qu'est-ce que l'homme? lui demande gravement un instituteur. — C'est un animal *mammifère*, qui a quatre extrémités, dont deux se terminent en mains. — Y a-t-il d'autres animaux de sa classe? — Oui : les chauves-souris et les singes. » L'assemblée poussa des cris d'admiration. L'étranger, se tournant vers nous, nous dit brusquement: « Si j'avais un enfant qui sût de pareilles choses, en dépit « des larmes de sa mère, je lui donnerais le fouet jusqu'à ce qu'il les eût ou-
« bliées. Je me souviens des paroles de votre Henri IV : *M'amie*, disait-il à sa
« femme, *vous pleurez quand je donne le fouet à notre fils, mais c'est pour*
« *son bien, et la peine que je vous fais à présent vous épargnera un jour bien*
« *des peines.* »

Ces petits *naturalistes*, qui ne savent pas un mot de leur religion et de leurs devoirs, sont à quinze ans des personnages insupportables. Déjà hommes sans être hommes, vous les voyez traîner leur figure pâle et leur corps énervé dans les cercles de Paris, décidant de tout en maîtres, ayant une *opinion* en morale

(1) Matth., 10, 20.

et en politique, prononçant sur ce qui est bon ou mauvais, jugeant de la beauté des femmes, de la bonté des livres, du jeu des acteurs, de la danse des danseurs; se regardant danser eux-mêmes avec admiration, se piquant d'être déjà *blasés* sur leurs *succès*, et, pour comble de ridicule et d'horreur, ayant quelquefois recours au suicide.

Ah! ce ne sont pas là ces enfants d'*autrefois*, que leurs parents envoyaient chercher tous les jeudis au collége. Ils arrivaient avec des habits simples, et modestement fermés. Ils s'avançaient timidement au milieu du cercle de la famille, rougissant quand on leur parlait, baissant les yeux, saluant d'un air gauche et embarrassé, mais empruntant des grâces de leur simplicité même et de leur innocence; et cependant le cœur de ces pauvres enfants bondissait de joie. Quelles délices pour eux qu'une journée passée ainsi sous le toit paternel, au milieu des complaisances des domestiques, des embrassements des sœurs et des dons secrets de la mère! Si on les interrogeait sur leurs études, ils ne répondaient pas que l'homme est un animal *mammifère* placé entre les chauves-souris et les singes, car ils ignoraient ces importantes vérités; mais ils répétaient ce qu'ils avaient appris dans Bossuet ou dans Fénelon, que Dieu a créé l'homme pour l'aimer et le servir; qu'il a une âme immortelle; qu'il sera puni ou récompensé dans une autre vie, selon ses mauvaises ou bonnes actions; que les enfants doivent être respectueux envers leurs père et mère; enfin toutes ces vérités de catéchisme qui font pitié à la philosophie. Ils appuyaient cette *histoire naturelle* de l'homme de quelques passages fameux, en vers grecs ou latins, empruntés d'Homère ou de Virgile; et ces belles citations du génie de l'antiquité se mariaient assez bien aux génies non moins antiques de l'auteur de *Télémaque* et de celui de l'*Histoire universelle*.

Mais il est temps de passer au résumé général de *la Législation primitive*, tels sont les principes que M. de Bonald a posés:

« Il y a un Être-Suprême, ou une cause générale.

« Cet Être-Suprême est Dieu. Son existence est surtout prouvée par la parole, que l'homme n'a pas pu trouver, et qui lui a été enseignée.

« La cause générale, ou Dieu, a produit un effet également général dans le monde: c'est l'homme.

« Ces deux termes, cause et effet, Dieu et l'homme, ont un terme moyen nécessaire, sans quoi il n'y aurait point de rapport entre eux.

« Ce terme moyen nécessaire doit se proportionner à la perfection de la cause et à l'imperfection de l'effet.

« Quel est ce terme moyen? où était-il? « C'était là, dit l'auteur, la grande énigme de l'univers. »

« Il était annoncé à un peuple, il devait être connu d'un autre.

« Il est venu au terme marqué. Avant lui les véritables rapports de l'homme avec Dieu n'étaient point connus, parce que les êtres ne sont point connus par eux-mêmes, qu'ils ne le sont que par leurs rapports; et que tout terme moyen ou tout rapport manquait entre l'homme et Dieu.

« Ainsi il y aura véritable connaissance de Dieu et de l'homme partout où le médiateur sera connu, et ignorance de Dieu et de l'homme partout où le médiateur sera inconnu.

« Là où il y a connaissance de Dieu et de l'homme, et de leur rapport naturel, il y a nécessairement de bonnes lois, puisque les lois sont l'expression des rapports naturels;

être la victime de l'ingratitude de vos fils. Régnez donc; hâtez la fin de cet État dont j'ai retardé la chute de quelques instants. Vous êtes de la race de ces princes qui paraissent sur la terre à l'époque des grandes révolutions, lorsque les familles et les royaumes se perdent par la volonté des dieux. »

Ainsi le sort de l'empire se décidait dans le palais de Dioclétien : les chrétiens délibéraient entre eux sur les tribulations de l'Église. Eudore était l'âme de tous leurs conseils. L'édit, publié au son des trompettes, ordonnait de brûler les livres saints et d'abattre les églises; il déclarait les chrétiens infâmes; il les privait des droits de citoyen; il défendait aux magistrats de recevoir leurs plaintes pour cause de mauvais traitements, de vol, de rapt et d'adultère; il autorisait toute sorte de personnes à les dénoncer, soumettait aux tortures, et condamnait à la mort quiconque refusait de sacrifier aux dieux.

Cet édit sanguinaire, dicté par Hiéroclès, laissait un libre cours aux crimes du disciple des sages, et menaçait les fidèles d'une entière destruction. Chacun, selon son caractère, se préparait à fuir ou à combattre.

Ceux qui craignaient de succomber dans les tourments s'exilaient chez les Barbares; plusieurs se retiraient dans les bois et les lieux déserts; on voyait les fidèles s'embrasser dans les rues, et se dire un tendre adieu en se félicitant de souffrir pour Jésus-Christ. De vénérables confesseurs, échappés aux persécutions précédentes, se mêlaient à la foule pour encourager la faiblesse ou modérer l'ardeur du zèle. Les femmes, les enfants et les jeunes hommes entouraient les vieillards qui rappelaient les exemples donnés par les plus fameux martyrs : Laurent de l'Église romaine, exposé sur des charbons ardents; Vincent de Saragosse, s'entretenant dans la prison avec les anges; Eulalie de Mérida, Pélagie d'Antioche, dont la mère et les sœurs se noyèrent en se tenant embrassées; Félicité et Perpétue, combattant dans l'amphithéâtre de Carthage; Théodore et les sept vierges d'Ancyre; les deux jeunes époux ensevelis dans des tombes différentes, et qui se trouvèrent réunis dans le même cercueil. Ainsi parlaient les vieillards; et les évêques cachaient les livres saints, et les prêtres renfermaient le viatique dans des boîtes à double fond : on rouvrait les catacombes les plus solitaires et les plus ignorées, afin de remplacer les églises dont on allait être privé; on nommait les diacres qui devaient se déguiser pour porter des secours aux martyrs au fond des mines, dans les prisons et sur le chevalet; on apprêtait le lin et le baume comme à la veille d'un grand combat; on payait ses dettes; on se réconciliait avec ses ennemis. Toutes ces choses se faisaient sans bruit, sans ostentation, sans tumulte; l'Église se préparait à souffrir avec simplicité : comme la fille de Jephté, elle ne demandait à son père qu'un moment pour pleurer son sacrifice sur la montagne.

Les soldats chrétiens répandus dans les légions viennent avertir Eudore qu'un nouveau complot est près d'éclater, que l'on fait au nom de Galérius des largesses à l'armée, que les troupes doivent s'assembler le lendemain au Champ de Mars, et que l'on parle de l'abdication de l'empereur.

Le fils de Lasthénès se fait mieux instruire : ensuite il vole à Tibur, demeure accoutumée de Constantin. Ce prince habitait, loin des pièges de la cour, une petite retraite au-dessus de la cascade de l'Anio, tout auprès des temples de Vesta et de la Sibylle. Les maisons d'Horace et de Properce se montraient abandonnées sur les bords du fleuve, parmi des bois d'oliviers devenus sauvages. Le riant Tibur, qui tant defois inspira la muse latine, n'offrait plus que des monuments de plaisirs détruits, et des tombeaux de tous les siècles. En vain l'on cherchait sur les coteaux de Lucrétile le souvenir du poëte voluptueux qui renfermait dans un espace étroit ses longues espérances, et consacrait du vin et des fleurs au génie qui nous rappelle la brièveté de nos jours.

Tout à coup, au milieu de la nuit, on annonce à Constantin l'arrivée d'Eudore; le prince se lève, prend son ami par la main et le conduit sur une terrasse qui, circulant au pied du temple de Vesta, dominait la chute de l'Anio. Le ciel était couvert de nuages, l'obscurité profonde ; le vent gémissait dans les colonnes du temple, une voix triste s'élevait dans l'air; on croyait entendre par intervalle le mugissement de l'antre de la sibylle, ou ces paroles funèbres que les chrétiens psalmodient pour les morts.

« Fils de César, dit Eudore, non-seulement on va massacrer les chrétiens, mais Dioclétien remet le sceptre à Galérius. C'est demain, au Champ de Mars, en présence des légions, que se passera cette grande scène. Vous ne serez point appelé au partage de la puissance; vos crimes sont votre gloire, celle de votre père, et votre penchant pour une religion divine. Daïa, ce pâtre, fils de la sœur de Galérius, et Sévère le soldat, tels sont les Césars que l'on réserve au peuple romain. Dioclétien désirait vous nommer, mais vous avez été rejeté avec menace. Prince, cher espoir de l'Eglise et du monde, il faut céder à l'orage. Galérius vous craint et il en veut à vos jours. Demain, aussitôt que votre sort sera connu, vous fuirez vers votre père, tout sera préparé pour votre départ. Vous aurez soin, à chaque mansion, de faire mutiler les chevaux derrière vous, afin qu'on ne puisse vous poursuivre. Vous attendrez auprès de Constance le moment de sauver les chrétiens et l'empire; et, quand il en sera temps, ces Gaulois qui ont déjà vu de près le Capitole, vous en ouvriront le chemin. »

Constantin reste un moment en silence : mille pensées violentes s'élèvent dans son cœur. Indigné des outrages qu'on lui prépare, animé de l'espoir de venger le sang des justes, peut-être touché de l'éclat d'un trône, qui tente toujours les grandes âmes, il ne se peut résoudre à la fuite; son respect, sa reconnaissance pour Dioclétien, arrêtaient seuls son ardeur; la nouvelle de l'abdication de ce prince a brisé tous les liens qui retenaient le fils de Constance : il veut aller soulever les légions au Champ de Mars ; il ne respire que la vengeance et les combats : tel, dans les déserts de l'Arabie, on voit un coursier attaché au milieu d'un sable brûlant; pour trouver un peu d'ombre contre les ardeurs du soleil, il baisse et cache sa tête entre ses jambes rapides; ses crins descendent épars; il laisse tomber de son œil sauvage un regard oblique sur son maître : mais ses pieds sont-ils dégagés des entraves, il frémit, il dévore la terre, la trompette sonne, il dit : « Allons! »

Eudore calme les transports guerriers de Constantin.

« Les légions sont vendues, lui dit-il, tous vos pas sont surveillés, et vous tenteriez une entreprise qui précipiterait l'empire dans des maux incalculables.

Fils de Constance, vous règnerez un jour sur le monde, et les hommes vous devront leur bonheur. Mais Dieu retient encore entre ses mains votre couronne et il veut éprouver son Église. »

— « Eh bien ! dit le jeune prince avec une touchante vivacité vous m'accompagnerez dans les Gaules, et nous marcherons ensemble à Rome, à la tête de ces soldats tant de fois témoins de votre valeur. »

— « Prince, répond Eudore d'une voix émue, nos obligations ne sont pas les mêmes : vous vous devez à la terre pour le ciel ; je me dois au ciel pour la terre. Votre devoir est de partir, le mien de rester. La jalousie que j'ai inspirée à Hiéroclès a sans doute précipité le sort des chrétiens; ma fortune, mes conseils, ma vie, leur appartiennent; je ne puis quitter un champ de bataille où j'ai appelé l'ennemi ; mon épouse et son père réclament aussi ma présence en Orient. Enfin, s'il faut des exemples de fermeté à mes frères, Dieu m'accordera peut-être les vertus qui me manquent. »

Dans ce moment une flamme surnaturelle vient éclairer au bord de l'Anio les tombes de Symphorose et de ses sept enfants martyrs.

« Voyez, s'écrie Eudore en montrant à Constantin le monument sacré, voyez quelle force Dieu peut inspirer, quand il lui plaît, à des femmes et à des enfants ! Combien ces cendres me paraissent plus illustres que la dépouille des Romains fameux qui reposent ici ! Prince, ne me ravissez point la gloire d'une semblable destinée; permettez-moi seulement de vous jurer par le tombeau de ces saints une fidélité qui n'aura de terme que mes jours. »

A ces mots, le fils de Lasthénès voulut s'incliner avec respect sur la main qui devait porter le sceptre du monde; mais Constantin se jette au cou d'Eudore, et presse longtemps dans ses bras un ami si noble et si magnanime.

Le prince demande son char : il y monte avec Eudore; ils roulent, à travers les ombres, le long des portiques déserts du temple d'Hercule. L'Anio retentissait dans les débris du palais de Mécènes. Le descendant de Philopœmen et l'héritier de César réfléchissaient en silence sur le destin des hommes et des empires. Là s'étendait cette forêt d'Albunée où les rois du Latium consultaient des dieux champêtres ; là vivaient les peuples agrestes du mont Sorate et des vallons d'Utique ; là fut le berceau de ces Sabines qui, courant échevelées entre les armées de Tatius et de Romulus, disaient aux uns : « Vous êtes nos fils et nos époux ; » et aux autres : « Vous êtes nos frères et nos pères. » Le chantre de Lalagée et le ministre d'Auguste les remplacèrent sur ces bords que devait venir fouler à son tour la reine descendue du trône de Palmyre. Le char passe rapidement la villa de Brutus, les jardins d'Adrien, et s'arrête à la tombe de la famille Plotia. Eudore se sépara de Constantin au pied de cette tour funèbre, et rentra dans Rome par un sentier désert, afin de préparer la fuite du prince. Constantin, dévorant mal ses soucis, et cachant à peine sa colère, prit le chemin du palais des Thermes.

L'attaque de Galérius avait été si brusque, et la résolution de Dioclétien si prompte, que le fils de Constance, occupé tout entier du sort des chrétiens, s'était laissé surprendre par son ennemi. Il savait bien que depuis longtemps César cherchait à forcer Auguste à quitter l'empire ; mais, ou trompé ou trahi, il avait cru cette catastrophe encore assez éloignée. Il voulut pénétrer chez Dioclétien ; déjà tout était changé avec la fortune. Un officier de Galérius refusa l'entrée du palais au jeune prince, en lui disant d'une voix menaçante :

« L'empereur vous ordonne de vous rendre au camp des légions. »

A l'extrémité du Champ de Mars, au pied du tombeau d'Octave, s'élevait un tribunal de gazon surmonté d'une colonne qui portait une statue de Jupiter. C'était à ce tribunal que Dioclétien devait paraître au lever de l'aurore, pour abdiquer la pourpre au milieu des soldats sous les armes. Depuis le jour où Sylla se dépouilla de la dictature, jamais plus grand spectacle n'avait frappé les regards des Romains. La curiosité, la crainte, l'espoir, avaient conduit au Champ de Mars une foule immense. Toutes les passions, émues à l'approche du règne nouveau, attendaient l'issue de cette scène extraordinaire. Quels seront les Augustes ? Quels seront les Césars ? Les courtisans dressaient au hasard des autels aux dieux inconnus ; ils auraient craint de blesser, même en pensée, le pouvoir qui n'existait pas encore. Ils adoraient le néant d'où la servitude allait sortir ; ils s'épuisaient à deviner quelle serait la passion du prince à venir, afin de se pourvoir promptement de la bassesse qui serait le plus en faveur sous ce règne. Tandis que les méchants pensaient à montrer leurs vices, les bons songeaient à cacher leurs vertus. Le peuple seul, avec une indifférence stupide, venait voir des soldats étrangers lui nommer des maîtres, aux mêmes lieux où ce peuple libre donnait jadis son suffrage pour l'élection de ses magistrats.

Dioclétien parut bientôt au tribunal. Les légions firent silence, et l'empereur prenant la parole :

« Soldats, mon âge m'oblige de remettre le pouvoir souverain à Galérius, et de créer de nouveaux Césars. »

A ces mots tous les yeux se tournent vers Constantin, qui venait d'arriver. Mais tout à coup Dioclétien proclame Césars Daïa et Sévère. On demeure interdit ; on se demande quel est ce Daïa, et si Constantin a changé de nom. Alors Galérius, repoussant de la main le fils de Constance, saisit Daïa par le bras, et le présente aux légions. L'empereur se dépouille de son manteau de pourpre, et le jette sur les épaules du jeune pâtre. Il donne en même temps à Galérius son poignard, symbole de la puissance absolue sur la vie des citoyens.

Dioclétien, redevenu Dioclès, descend de son tribunal, monte sur son char, traverse Rome sans proférer un mot, sans regarder son palais, sans tourner la tête, et, prenant le chemin de Salone sa patrie, il laisse l'univers entre l'admiration du règne qui finit et la terreur du règne qui commence.

Tandis que les soldats saluaient le nouvel Auguste et le nouveau César, Eudore se glisse dans la foule, et parvient jusqu'à Constantin. Ce prince flottait encore indécis entre l'étonnement, l'indignation et la douleur.

« Fils de Constance, lui dit Eudore à voix basse, que faites-vous ? Vous connaissez votre sort ; le tribun des prétoriens a déjà l'ordre de vous arrêter : suivez-moi, ou vous êtes perdu. »

Il entraîne l'héritier de l'empire ; ils arrivent hors des portes de Rome, en un lieu désert, où Constantin bâtit depuis la basilique de Sainte-Croix.

Là, quelques serviteurs attendaient le prince fugitif; il veut encore, en fondant en larmes, engager Eudore à se sauver avec lui; mais le martyr en espérance demeure inflexible, et supplie le fils d'Hélène de s'éloigner. Déjà l'on entendait le bruit des soldats qui cherchaient Constantin. Eudore adresse cette prière à l'Éternel :

« Grand Dieu, si tu réserves ce prince pour régner sur ton peuple, force
« ce nouveau David à se cacher devant Saül, et daigne lui montrer le chemin
du désert de Zéila ! »

Aussitôt le tonnerre gronde sous un ciel serein, la foudre frappe les remparts de Rome, un ange trace une voie lumineuse dans l'occident.

Constantin obéit aux ordres du ciel : il embrasse son ami, et s'élance sur son coursier. Il fuit; Eudore lui crie :

« Souvenez-vous de moi quand je ne serai plus ! Prince, servez de protecteur et de père à Cymodocée ! »

Vœux inutiles! Constantin disparaît. Eudore, abandonné, sans protecteur, reste seul chargé de la colère de l'empereur, de la haine d'un rival, devenu premier ministre, de la destinée des fidèles, et, pour ainsi dire, de tout le poids de la persécution. Dès le soir même, dénoncé comme chrétien par un esclave d'Hiéroclès, il est plongé dans les cachots.

Satan, Astarté, l'esprit de la fausse sagesse, poussent tous trois un cri de triomphe dans les airs, et livrent le monde au démon de l'homicide.

Lorsque cet ange furieux, quittant le séjour des douleurs, contriste la terre par sa présence, il fait sa résidence ordinaire non loin de Carthage, dans les ruines d'un temple où l'on brûlait jadis en son honneur des victimes humaines. Des hydres aux regards funestes, des dragons semblables à celui que combattit l'armée entière de Caton, des monstres inconnus tels que l'Afrique en engendre chaque année, les fléaux de l'Égypte, les vents empoisonnés, les maladies, les guerres civiles, les lois injustes qui dépeuplent la terre, la tyrannie qui la ravage, rampent aux pieds du démon de l'homicide. Il se réveille au cri de Satan; il s'envole du milieu des débris, en laissant après lui un long tourbillon de poussière; il franchit la mer; il arrive en Italie. Enveloppé dans un nuage ardent, il s'arrête au-dessus de Rome. D'une main il élève une torche, et de l'autre un glaive : tel autrefois il donna le signal du carnage, lorsque le premier Hérode fit massacrer les enfants d'Israël.

Ah! si la muse sainte soutenait mon génie, si elle m'accordait un moment le chant du cygne ou la langue dorée du poëte, qu'il me serait aisé de redire dans un touchant langage les malheurs de la persécution ! Je me souviendrais de ma patrie : en peignant les maux des Romains, je peindrais les maux des Français. Salut, épouse de Jésus-Christ, Église affligée, mais triomphante ! Et nous aussi, nous vous avons vue sur l'échafaud et dans les catacombes. Mais c'est en vain qu'on vous tourmente, les portes de l'enfer ne prévaudront point contre vous; dans vos plus grandes douleurs, vous apercevez toujours sur la montagne les pieds de celui qui vient vous annoncer la paix; vous n'avez pas besoin de la lumière du soleil, parce que c'est la lumière de Dieu qui vous éclaire : c'est pourquoi vous brillez dans les cachots. La beauté du Basan et du Carmel s'efface, les fleurs du Liban se flétrissent ; vous seule restez toujours belle.

La persécution s'étend dans un moment des bords du Tibre aux extrémités de l'empire. De toutes parts on entend les églises s'écrouler sous les mains des soldats ; les magistrats, dispersés dans les temples et dans les tribunaux, forcent la multitude à sacrifier ; quiconque refuse d'adorer les dieux est jugé et livré aux bourreaux ; les prisons regorgent de victimes ; les chemins sont couverts de troupeaux d'hommes mutilés, qu'on envoie mourir au fond des mines ou dans les travaux publics. Les fouets, les chevalets, les ongles de fer, la croix, les bêtes féroces, déchirent les tendres enfants avec leurs mères ; ici l'on suspend par le pied des femmes nues à des poteaux, et on les laisse expirer dans ce supplice honteux et cruel ; là on attache les membres du martyr à deux arbres rapprochés de force : les arbres, en se redressant, emportent les lambeaux de la victime. Chaque province a son supplice particulier ; le feu lent en Mésopotamie, la roue dans le Pont, la hache en Arabie, le plomb fondu en Cappadoce. Souvent, au milieu des tourments, on apaise la soif du confesseur, et on lui jette de l'eau au visage, dans la crainte que l'ardeur de la fièvre ne hâte sa mort. Quelquefois, fatigué de brûler séparément les fidèles, on les précipite en foule dans le bûcher ; leurs os sont réduits en poudre, et jetés au vent avec leurs cendres.

Galérius trouvait ses délices dans ces tourments ; il fait venir à grands frais des ours d'une taille prodigieuse, et aussi féroces que lui. Ces bêtes ont chacune un nom terrible. Pendant ses repas, le successeur du sage Dioclétien leur fait jeter des hommes à dévorer. Le gouvernement de ce monstre avare et débauché, en répandant le trouble dans les provinces, augmente encore l'activité de la persécution. Les villes sont soumises à des juges militaires, sans connaissances et sans lettres, qui ne savent que donner la mort. Des commissaires font les recherches les plus rigoureuses sur les biens et les propriétés des sujets ; on mesure les terres ; on compte les vignes et les arbres ; on tient registre des troupeaux. Tous les citoyens de l'empire sont obligés de s'inscrire dans le livre du cens, devenu un livre de proscription. De crainte qu'on ne dérobe quelque partie de sa fortune à l'avidité de l'empereur, on force, par la violence des supplices, les enfants à déposer contre leurs pères, les esclaves contre leurs maîtres, les femmes contre leurs maris. Souvent les bourreaux contraignent des malheureux à s'accuser eux-mêmes et à s'attribuer des richesses qu'ils n'ont pas. Ni la caducité, ni la maladie, ne sont une excuse pour se dispenser de se rendre aux ordres de l'exacteur ; on fait comparaître la douleur même et l'infirmité ; afin d'envelopper tout le monde dans des lois tyranniques, on ajoute des années à l'enfance, on en retranche à la vieillesse : la mort d'un homme n'ôte rien au trésor de Galérius, et l'empereur partage la proie avec le tombeau : cet homme, rayé du nombre des humains, n'est point effacé du rôle du cens, et il continue de payer pour avoir eu le malheur de vivre. Les pauvres, de qui l'on ne pouvait rien exiger, semblaient seuls à l'abri des violences par leur propre misère ; mais ils ne sont point à l'abri de la pitié dérisoire du tyran : Galérius les fait entasser dans des barques, et jeter ensuite au fond de la mer, afin de les guérir de leurs maux.

Il ne manquait aux chrétiens qu'un genre d'outrages, et Hiéroclès ne voulut pas le leur épargner. Au milieu des prêtres égorgés sur le corps de Jésus-Christ percé de coups, le disciple des sages publia généreusement deux livres de blasphèmes contre le Dieu qu'il avait lui-même adoré, et qui fut le Dieu de sa mère : tant l'orgueil de l'impie est à la fois lâche et féroce! Infatigable dans sa haine et dans son amour, l'apostat attendait avec impatience le moment où la fille d'Homère viendrait orner son triomphe. Il suspendait exprès le supplice de son rival, afin que l'espoir de sauver la vie de ce rival aimé fût une tentation pour la vierge de Messénie.

« J'emploierai, disait-il en lui-même avec un mélange de honte, de désespoir et de joie, j'emploierai ce dernier moyen de vaincre la résistance d'une insolente beauté; je la verrai tomber dans mes bras pour racheter les jours d'Eudore; comblant ensuite ma double vengeance, je lui montrerai mon rival entre les mains des bourreaux, et ce chrétien apprendra en mourant que son épouse est déshonorée. »

Enivré de son pouvoir, Hiéroclès ne peut gouverner ses passions. Cet impie qui reniait l'Éternel, par une contradiction déplorable, croyait au génie du mal et à tous les secrets de la magie.

Il y avait à Rome un Hébreu, déserteur de la foi de ses pères : il vivait parmi les sépulcres, et la voix du peuple l'accusait d'entretenir un commerce secret avec l'enfer. Cet homme faisait sa demeure accoutumée dans les souterrains du palais en ruine de Néron : Hiéroclès charge un de ses confidents d'aller trouver au milieu de la nuit l'infâme Israélite. L'esclave instruit de ce qu'il doit demander, part, et à travers des décombres descend au fond du souterrain. Il aperçoit un vieillard couvert de lambeaux, réchauffant ses mains à un feu d'ossements humains.

« Vieillard, dit l'esclave tremblant d'épouvante, peux-tu transporter dans un moment de Jérusalem à Rome une chrétienne échappée au pouvoir d'Hiéroclès? Reçois cet or, et parle sans crainte. »

L'éclat de l'or et le nom de Jérusalem arrachent un sourire affreux à l'Israélite.

« Mon fils, dit-il, je connais ton maître : il n'y a rien que je ne tente pour le satisfaire; je vais interroger l'abîme. »

Il dit, et creuse la terre; il découvre l'urne sanglante qui renfermait les restes de Néron; des plaintes s'échappaient de cette urne. Le magicien répand sur un autel de fer les cendres du premier persécuteur des chrétiens. Trois fois il se tourne vers l'Orient, trois fois il frappe dans ses mains, trois fois il ouvre la Bible profanée; il prononce des mots mystérieux, et du sein des ombres il évoque le démon des tyrans. Dieu permet à l'enfer de répondre; le feu qui brûlait la dépouille des morts s'éteint; la terre tremble; la frayeur pénètre jusqu'aux os de l'esclave; le poil de sa chair se hérisse; un esprit se présente devant lui; il voit quelqu'un dont il ne connaît pas le visage; il entend une voix faible comme un petit souffle.

« Pourquoi, dit l'Hébreu, as-tu tardé si longtemps à venir? Dis-moi, peux-tu transporter de Jérusalem à Rome une chrétienne échappée à son maître? »

— « Je ne le puis, répondit l'esprit des ténèbres : Marie défend cette chré-
« tienne contre ma puissance; mais, si tu le veux, je porterai dans un instant
« en Syrie l'édit de la persécution et les ordres d'Hiéroclès. »

L'esclave accepte la proposition de l'enfer, et se hâte d'aller rendre compte de son message à l'impatient Hiéroclès. Transformé en messager rapide, l'esprit de ténèbres descend à Jérusalem chez le centurion qui devait réclamer Cymodocée. Il le presse, au nom du ministre de Galérius, de remplir promptement sa mission, et il remet l'édit fatal au gouverneur de la cité de David : aussitôt les portes des saints lieux sont fermées, et les soldats dispersent les fidèles. En vain l'épouse de Constance veut protéger les chrétiens; Constantin fugitif, Galérius triomphant, changent en un moment la fortune d'Hélène : pour les souverains, la prospérité est mère de l'obéissance; le malheur des rois délie les sujets du serment de fidélité.

C'était l'heure où le sommeil fermait les yeux des mortels; l'oiseau reposait dans son nid, et le troupeau dans la vallée; les travaux étaient suspendus; à peine la mère de famille tournait encore ses fuseaux près des feux assoupis de son humble foyer : Cymodocée, après avoir longtemps prié pour son époux et pour son père s'était endormie. Démodocus lui apparaît au milieu d'un songe. Sa barbe était négligée; de larges pleurs tombaient de ses yeux; il agitait lentement son sceptre augural, et de profonds soupirs échappaient de sa poitrine. Cymodocée croyait lui adresser ces paroles :

« O mon père, comment as-tu si longtemps abandonné ta fille! Où est Eudore? Vient-il réclamer la foi jurée? Pourquoi ces pleurs qui baignent ton visage? Ne veux-tu pas presser ta Cymodocée sur ton cœur? »

Le fantôme :

« Fuis, ma fille, fuis! Les flammes t'environnent; Hiéroclès te poursuit. Les dieux que tu as abandonnés te livrent à sa puissance. Ton nouveau Dieu triomphera; mais que de larmes il fera verser à ton père! »

Le spectre s'évanouit, et emporte le flambeau que Cymodocée reçut à l'autel le jour de son union avec Eudore : Cymodocée se réveille. La lueur d'un incendie rougissait les murs de son appartement et les voiles de son lit. Elle se lève; elle aperçoit l'église du Saint-Sépulcre embrasée. Les flammes, parmi des tourbillons de fumée, montaient jusqu'au ciel, et réfléchissaient une lumière sanglante sur les ruines de Jérusalem et les montagnes de la Judée.

Depuis que la nouvelle de la persécution s'était répandue en Syrie, Cymodocée n'avait plus quitté la princesse Hélène; renfermée dans un oratoire, avec les autres femmes chrétiennes, elle soupirait les malheurs de la nouvelle Sion. Le ministre d'Hiéroclès, désespérant de rencontrer la jeune catéchumène, et n'osant, par un reste de respect, violer l'asile de l'épouse d'un César, avait mis le feu au Saint-Sépulcre. Le palais d'Hélène touchait à l'édifice sacré; le centurion espérait forcer ainsi Cymodocée à sortir de son inviolable asile, et il l'attendait avec des soldats pour la saisir au milieu du tumulte.

Dorothée avait démêlé ces complots; il s'ouvre un passage à travers les murs croulants et les poutres embrasées qui tombent de toutes parts, il pénètre dans le palais d'Hélène. Déjà les galeries étaient désertes, seulement quelques femmes éperdues étaient rassemblées dans une cour intérieure, autour d'un autel des rois de Juda. Il rencontre Cymodocée, qui cherchait vainement sa nourrice : elle ne devait plus la revoir. Euryméduse, votre sort est resté inconnu !

« Fuyons, dit Dorothée à la fille de Démodocus, Hélène même ne vous pourrait sauver ; vos ennemis vous arracheraient de ses bras ; je connais une porte secrète, et un souterrain qui nous conduira hors des murs de Jérusalem : la Providence fera le reste. »

A l'extrémité du palais, du côté de la montagne de Sion, s'ouvrait une porte cachée qui conduisait au Calvaire : c'était par là qu'Hélène se dérobait aux hommages des peuples lorsqu'elle allait prier au pied de la croix. Dorothée, suivi de Cymodocée, entr'ouvre doucement cette porte ; il avance la tête et n'aperçoit rien au dehors. Il prend la main de Cymodocée : ils sortent du palais ; tantôt ils se glissent lentement au travers des ruines ; tantôt ils précipitent leurs pas dans des lieux moins embarrassés ; quelquefois ils entendent marcher sur leurs traces, et ils se cachent parmi des débris ; quelquefois ils sont arrêtés par l'éclat des armes d'un soldat qui rôde au milieu des ténèbres. Le bruit de l'incendie et les clameurs confuses de la foule s'élèvent au loin derrière eux ; ils franchissent la vallée déserte qui sépare la colline du Calvaire de la montagne de Sion.

Dans les flancs de cette montagne s'ouvrait une route inconnue : l'entrée en était fermée par des buissons d'aloès et des racines d'oliviers sauvages ; Dorothée écarte ces obstacles, et pénètre dans le souterrain : il frappe les veines d'un caillou, allume une branche de cyprès, et, à la clarté de cette torche, il s'enfonce sous des voûtes ténébreuses avec Cymodocée. David avait jadis pleuré son péché dans ces lieux : de toutes parts on voyait sur les murs des vers écrits de la main du monarque pénitent, lorsqu'il versa ses larmes immortelles. Sa tombe occupait le milieu du souterrain, et portait encore gravées sur sa base une houlette, une harpe et une couronne. La terreur du présent, les souvenirs du passé, cette montagne dont le sommet vit le sacrifice d'Abraham, et dont les flancs gardent le cercueil du roi-prophète, tout agitait le cœur des deux chrétiens ; ils sortent bientôt de ces détours, et se trouvent au milieu des montagnes, dans le chemin de Bethléem ; ils traversent les champs silencieux de Rama, où Rachel ne voulut point être consolée, et viennent se reposer au berceau du Messie.

Bethléem était entièrement désert : les chrétiens avaient été dispersés. Cymodocée et son guide entrent dans la Crèche : ils admirent cette grotte où le Roi des cieux voulut naître, où les anges, les bergers et les mages le vinrent adorer, où toute la terre doit un jour apporter ses hommages. Des offrandes, laissées dans ce lieu par les pasteurs de la Judée, nourrirent abondamment les deux infortunés. Cymodocée versait des larmes de tendresse. Les miracles du berceau de Jésus parlaient à son cœur.

« C'est donc là, disait-elle, que l'Enfant divin a souri à sa divine Mère ! O Marie, protégez Cymodocée ! Comme vous elle est fugitive à Bethléem ! »

La fille de Démodocus remerciait ensuite le généreux Dorothée qui s'exposait pour elle à tant de fatigues et de périls.

« Je suis un vieux chrétien, répondit l'homme éprouvé : les tribulations font ma joie. »

Dorothée se prosternait devant la Crèche.

« Père des miséricordes, disait-il, prenez pitié de nous, et souvenez-vous que votre Fils offrit en ces lieux ses premiers pleurs pour le salut des hommes ! »

Le soleil approche de la fin de son cours. Dorothée sort avec la fille de Démodocus, dans l'espoir de rencontrer quelque berger ; il aperçoit un homme qui descendait de la montagne d'Engaddi : une ceinture de joncs était nouée autour de ses reins ; sa barbe et ses cheveux croissaient en désordre ; ses épaules étaient chargées d'une corbeille pleine de sable qu'il portait péniblement à l'entrée d'une grotte. Aussitôt qu'il découvre les voyageurs, il jette son fardeau, et fixant sur eux des regards indignés :

« Délices de Rome, s'écrie-t-il, venez-vous me troubler jusque dans le désert ? Évanouissez-vous ! Armé de la pénitence, je découvre vos pièges, et je me ris de vos efforts. »

Il dit, et, comme l'aigle marin qui plonge au fond des eaux, il s'élance dans la grotte. Dorothée reconnaît un chrétien ; il s'avance, et parle à travers l'ouverture du rocher :

« Nous sommes des chrétiens fugitifs : daignez nous donner l'hospitalité. »

— « Non, non, s'écrie le solitaire, cette femme est trop belle pour être une simple fille des hommes. »

— « Cette femme, reprit Dorothée est une catéchumène, qui fait l'apprentissage des pleurs que Jésus-Christ demande à ses servantes. Elle est Grecque, elle se nomme Cymodocée ; elle est fiancée à Eudore, défenseur des chrétiens, dont le nom sera peut-être parvenu jusqu'à vous ; je suis Dorothée, premier officier de Dioclétien.

Le solitaire s'élance hors de la grotte comme un athlète qui, le front ceint d'une couronne d'olivier, paraît tout à coup aux jeux d'Olympie.

« Entrez dans ma grotte, s'écrie-t-il, épouse de mon ami ! »

Le solitaire se nomme. Cymodocée reconnaît cet ami d'Eudore, qui s'entretenait avec lui au tombeau de Scipion. Dorothée, qui avait connu Jérôme à la cour, contemple avec étonnement cet anachorète, exténué de veilles et d'austérités, jadis brillant disciple d'Épicure. Il le suit au fond de son antre : on n'y voyait que la Bible, une tête de mort, et quelques feuilles éparses de la tradition des livres saints. Bientôt tout est éclairci entre les deux chrétiens et la jeune pèlerine. Mille souvenirs les attendrissent, mille histoires touchantes font couler leurs pleurs : ainsi des ruisseaux, descendus de diverses montagnes, mêlent leurs eaux dans une même vallée.

« Mes erreurs, dit Jérôme, ont amené ma pénitence, et désormais je ne sortirai plus de Bethléem. Le berceau du Sauveur sera ma tombe. »

L'anachorète demande ensuite à Dorothée ce qu'il veut faire.

« J'irai, répond Dorothée, chercher quelques amis à Joppé... »

« — Quoi ! dit Jérôme en l'interrompant, vous êtes malheureux, et vous comptez sur des amis ! Un Moabite descend de ses rochers pour aller à Jéricho. C'était au printemps ; l'air était frais et serein. Le Moabite n'était point altéré : il trouve des torrents pleins d'eau à chaque pas. Il revient chez lui dans la saison des orages, sous les feux dévorants de l'été : la soif consume le Moabite ; il cherche quelques gouttes de cette eau qu'il avait vue dans les montagnes : tous les torrents sont desséchés ! »

Jérôme demeure quelque temps en silence, ensuite il s'écrie :

« O grande destinée ! Eudore, tu es donc le défenseur des chrétiens ? O mon ami ! que pourrais-je faire pour toi ! »

Tout à coup le solitaire se lève, frappé d'une lumière surnaturelle :

« Qu'est-ce que ces craintes ? s'écrie-t-il. Femme, tu aimes, et tu fuis ! Ton époux peut-être dans ce moment confesse la foi, et tu n'es pas là pour lui disputer la gloire du bûcher ! Crois-tu que, quand il sera monté au rang des martyrs, il te veuille recevoir sans couronne ? Roi, il ne pourra prendre qu'une reine à ses côtés ! Fais ton devoir, marche à Rome, va réclamer ton époux, va cueillir la palme qui doit orner ta pompe nuptiale.... Mais, que dis-je ! tu n'es pas encore au nombre des brebis choisies. »

Le solitaire s'interrompt de nouveau ; il hésite, et bientôt il s'écrie :

« Tu seras chrétienne ; ma main versera sur ton front l'eau salutaire. Le Jourdain est près d'ici ; viens recevoir dans ses eaux la force qui te manque : tes jours sont exposés, il te faut mettre à l'abri de la mort. Oui, tu es assez instruite. La persécution est la doctrine : quiconque pleure pour Jésus-Christ n'a plus rien à savoir. »

Ainsi parle Jérôme avec l'autorité d'un docteur et d'un prêtre. La douce et timide Cymodocée répond :

« Seigneur, qu'il soit fait selon votre parole. Donnez-moi le baptême : je ne serai point une reine auprès de mon époux, je ne serai que sa servante. Si je regrette quelque chose dans la vie, ce sera de ne plus aller sur le mont Ithome voir les troupeaux avec mon père ; de ne pouvoir nourrir l'auteur de mes jours dans sa vieillesse, comme il me nourrit dans mon enfance. »

Cymodocée rougit, et pleura en parlant de la sorte. On reconnaissait dans son langage les accents confus de son ancienne religion et de sa religion nouvelle : ainsi dans le calme d'une nuit pure, deux harpes, suspendues aux souffles d'Éole, mêlent leurs plaintes fugitives ; ainsi frémissent ensemble deux lyres dont l'une laisse échapper les tons graves du mode dorien, et l'autre les accords voluptueux de la molle Ionie ; ainsi, dans les savanes de la Floride, deux cigognes argentées, agitant de concert leurs ailes sonores, font entendre un doux bruit au haut du ciel ; assis au bord de la forêt, l'Indien prête l'oreille aux sons répandus dans les airs, et croit reconnaître dans cette harmonie la voix des âmes de ses pères.

LIVRE DIX-NEUVIÈME.

SOMMAIRE. — Retour de Démodocus au temple d'Homère. Sa douleur. Il apprend la nouvelle de la persécution. Il part pour Rome, où il croit qu'Hiéroclès a fait conduire Cymodocée. Cymodocée est baptisée dans le Jourdain par Jérôme. Elle arrive à Ptolémaïs et s'embarque pour la Grèce. Une tempête suscitée par les ordres de Dieu fait aborder Cymodocée en Italie.

Qui pourra jamais dire l'amertume des chagrins paternels !

Après la séparation fatale, les esclaves avaient reconduit Démodocus à la citadelle d'Athènes. Il passa la nuit sous un portique du temple de Minerve, afin de découvrir aux premiers rayons du jour la galère de Cymodocée. Lorsque l'étoile du matin parut sur le mont Hymette, les larmes du vieillard coulèrent avec une nouvelle abondance.

« O ma fille ! s'écria-t-il, quand reviendras-tu de l'Orient, ainsi que cet astre, pour réjouir ton père ! »

L'aurore éclaira bientôt les flots solitaires où l'on cherchait en vain quelque voile ; mais on apercevait encore sur les vagues aplanies la trace blanchissante des vaisseaux que l'on ne voyait plus. Déjà le soleil sortant de l'onde dorait et brunissait à la fois la face de la mer. Des nues sereines étaient arrêtées çà et là dans l'azur du ciel de l'Attique ; quelques-unes, teintes de rose, flottaient autour de l'astre du jour, comme l'écharpe des Heures. Ce spectacle ne fit qu'irriter la douleur du prêtre d'Homère. Il pousse des sanglots : depuis que sa fille était au monde, c'est la première fois qu'il voit loin d'elle se lever le soleil. Démodocus refuse tous les soins de son hôte, qui, témoin d'une pareille douleur, s'applaudissait d'avoir vécu jusqu'alors sans enfants et sans épouse : ainsi le berger, au fond d'une vallée, écoute en frémissant le bruit du canon lointain ; il plaint les victimes tombées sur le champ de bataille, et bénit ses rochers et sa cabane.

Dès le jour suivant, Démodocus voulut quitter Athènes et retourner en Messénie. Sa douleur ne lui permit pas de suivre longtemps les chemins qu'il avait parcourus avec Cymodocée. A Corinthe, il prit la route d'Olympie ; mais il ne put supporter la joie et l'éclat des fêtes qu'on célébrait alors au bord de l'Alphée. Lorsque, après avoir franchi les montagnes de l'Élide, il aperçut les sommets de l'Ithome, il tomba sans mouvement entre les bras de ses esclaves. Bientôt on le rappelle à la vie : bientôt, pâle et tremblant, il arrive au temple d'Homère. Déjà le seuil des portes était jonché de feuilles flétries ; l'herbe croissait dans tous les sentiers : tant les pas de l'homme s'effacent promptement sur la terre ! Démodocus entre au sanctuaire de son aïeul ; la lampe était éteinte. On voyait sur l'autel les cendres du dernier sacrifice que le père de Cymodocée avait offert aux dieux pour sa fille. Démodocus se prosterne devant l'image du poète.

« O toi, dit-il, qui es maintenant toute ma famille, chantre des douleurs de Priam, pleure aujourd'hui les maux du dernier rejeton de ta race. »

En ce moment une des cordes de la lyre de Cymodocée se rompit, et rendit un son qui fit tressaillir le vieillard. Il relève la tête; il aperçoit la lyre suspendue à l'autel.

« C'en est fait, s'écrie-t-il, ma fille va mourir ! les Parques m'annoncent son destin en brisant la corde de sa lyre. »

A ce cri, les esclaves accourent au temple; et entraînent malgré lui Démodocus.

Chaque jour augmentait ses ennuis; mille souvenirs déchiraient son cœur. C'était ici qu'il instruisait sa fille dans l'art des chants; c'était là qu'il se promenait avec elle. Rien n'est cruel comme la vue des lieux que nous avons habités au temps du bonheur, lorsque nous avons perdu ce qui faisait le charme de notre vie. Les citoyens de Messène furent touchés des chagrins de Démodocus. Ils lui permirent d'interrompre des fonctions sacrées qu'il n'exerçait qu'au milieu des larmes. Ses jours dépérissaient; il marchait à grands pas vers le tombeau; les lettres de sa fille, égarées dans l'Orient, ne parvenaient point jusqu'à lui. La famille de Lasthénès ne pouvait donner ses soins au vieillard : elle était persécutée, et la mère d'Eudore venait de mourir. Que de victimes le prêtre d'Homère immole à des dieux sourds à sa voix! Que d'hécatombes promises, si Neptune ramène Cymodocée aux rives du Pamysus! Le jour s'éteint, le jour renaît, et retrouve Démodocus la main dans le sang, interrogeant les entrailles des taureaux et des génisses. Il s'adresse à tous les temples; il va consulter des aruspices jusqu'au sommet du Ténare. Tantôt il revêt une robe de deuil, et frappe aux portes d'airain du sanctuaire des Furies; il présente aux fatales sœurs des dons expiatoires, comme si ses malheurs étaient des crimes! Tantôt il se couronne de fleurs, il affecte un air riant avec des yeux baignés de larmes, afin de se rendre propice quelque divinité ennemie des pleurs. S'il est des rites depuis longtemps abandonnés, des cérémonies pratiquées aux siècles d'Inachus et de Nestor, Démodocus les renouvelle; il feuillette les livres sibyllins; il ne prononce que des mots réputés heureux; il s'abstient de certaines nourritures; il évite la rencontre de certains objets; il est attentif aux vents, aux oiseaux, aux nuages; il n'est point assez d'oracles pour son amour paternel! Ah! déplorable vieillard! écoute les sons de cette trompette qui retentit au sommet de l'Ithome : ils t'apprendront la destinée de ta fille.

Le commandant de Messène parcourait les campagnes avec une suite nombreuse, proclamant Galérius empereur, et publiant l'édit de persécution. Démodocus ne sait s'il a bien entendu; il court à Messène : tout lui confirme son malheur. Un vaisseau, venu d'Orient au port de Coronée, raconte en même temps que la fille d'Homère, enlevée de Jérusalem, a été conduite à Hiéroclès. Que fera Démodocus? l'excès de l'adversité lui donne des forces : il se décide à voler à Rome, à se jeter aux pieds de Galérius, à réclamer Cymodocée. Avant de quitter le temple du demi-dieu, il consacre au pied de la statue d'Homère une petite galère d'ivoire, et un vase à recueillir des larmes : offrande et symbole de son inquiétude et de sa douleur! Ensuite il vend ses pénates, la pourpre de son lit, le voile nuptial d'Épicharis, destiné à Cymodocée; il emporte avec lui sa fortune entière pour racheter l'enfant de son amour. Soins inutiles! le ciel ne voulait point céder sa conquête, et tous les trésors de la terre n'auraient pu payer la couronne de la nouvelle chrétienne.

Cymodocée n'appartenait plus au monde. En recevant les eaux du baptême, elle allait prendre son rang parmi les esprits célestes. Déjà elle avait quitté la grotte de Bethléem avec Dorothée. Elle marchait, au lever du jour, par des lieux âpres et stériles. Jérôme, vêtu comme saint Jean dans le désert, montrait le chemin à la catéchumène. Bientôt ils arrivent au dernier rang des montagnes de Judée, qui bordent les eaux de la mer Morte et la vallée du Jourdain.

Deux hautes chaînes de montagnes, s'étendant du nord au midi, sans détours, sans sinuosités, s'offrent aux yeux des trois voyageurs. Du côté de la Judée, ces montagnes sont des monceaux de craie et de sable qui imitent la forme de faisceaux d'armes, de drapeaux ployés, ou de tentes d'un camp assis au bord d'une plaine. Du côté de l'Arabie, ce sont de noirs rochers perpendiculaires, qui versent à la mer Morte des torrents de soufre et de bitume. Le plus petit oiseau du ciel n'y trouverait pas un brin d'herbe pour se nourrir; tout y annonce la patrie d'un peuple réprouvé; tout semble y respirer l'horreur de l'inceste d'où sortirent Ammon et Moab.

La vallée comprise entre ces deux chaînes de montagnes présente un sol semblable au fond d'une mer depuis longtemps retirée : des plages de sel, une vase desséchée, des sables mouvants et comme sillonnés par les flots. Çà et là des arbustes chétifs croissent péniblement sur cette terre privée de vie : leurs feuilles sont couvertes du sel qui les a nourries, et leur écorce a le goût et l'odeur de la fumée; au lieu de villages, on aperçoit les ruines de quelques tours. Au milieu de la vallée passe un fleuve décoloré : il se traîne à regret vers le lac empesté qui l'engloutit. On ne distingue point son cours au milieu de l'arène; mais il est bordé de saules et de roseaux où se cache l'Arabe qui attend la dépouille du voyageur et du pèlerin.

« Vous voyez, dit Jérôme à ses deux hôtes étonnés, des lieux fameux par les bénédictions et les malédictions du ciel : ce fleuve est le Jourdain; ce lac est la mer Morte; elle vous paraît brillante, mais les villes coupables qu'elle cache dans son sein ont empoisonné ses flots. Ses abîmes sont solitaires et sans aucun être vivant; jamais vaisseau n'a pressé ses ondes; ses grèves sont sans oiseaux, sans arbres, sans verdure; son eau, d'une amertume affreuse, est si pesante que les vents les plus impétueux peuvent à peine la soulever. Ici le ciel est embrasé des feux qui consumèrent Gomorrhe. Cymodocée, ce ne sont pas là les rives du Pamysus, et les vallons du Taygète. Vous êtes sur le chemin d'Hébron, dans les lieux où retentit la voix de Josué lorsqu'il arrêta le soleil. Vous foulez une terre encore fumante de la colère de Jéhovah, et que consolèrent ensuite les paroles miséricordieuses de Jésus-Christ. Jeune catéchumène, c'est par cette solitude sacrée que vous allez chercher celui que vous aimez; les souvenirs de ce désert grand et triste se mêleront à votre amour pour le fortifier et le rendre plus grave : l'aspect de ces bords désolés est également propre à nourrir ou à éteindre les passions. Fille innocente, les vôtres sont légitimes, et vous n'êtes point obligée, comme Jérôme, de les étouffer sous des fardeaux de sable brûlant! »

En parlant ainsi, ils descendaient dans la vallée du Jourdain. Cymodocée, tourmentée d'une soif dévorante, cueille sur un arbrisseau un fruit semblable à un citron doré ; mais, lorsqu'elle le porte à sa bouche, elle le trouve rempli d'une cendre amère et calcinée.

« C'est l'image des plaisirs du monde, » s'écrie le solitaire.

Et il continue son chemin en secouant la poussière de ses pieds.

Cependant les pèlerins s'avançaient vers un bois de tamarin et d'arbres de baume, qui croissaient au milieu d'une arène blanche et fine ; tout à coup Jérôme s'arrête et montre à Dorothée, presque sous ses pas, quelque chose en mouvement dans l'immobilité du désert : c'était un fleuve jaune, profondément encaissé, qui roulait avec lenteur une onde épaissie. L'anachorète salue le Jourdain, et s'écrie :

« Ne perdons pas un moment, fille trop heureuse ! Venez puiser la vie à l'endroit même où les Israélites passèrent le fleuve en sortant du désert, et où Jésus-Christ voulut recevoir le baptême de la main du précurseur. Ce fut de la cime de ce mont Abarim que Moïse découvrit pour vous la terre promise ; ce fut au sommet de cette montagne opposée que Jésus-Christ pria pour vous pendant quarante jours. A la vue des murs en ruine de Jéricho, faisons tomber la barrière de ténèbres qui environne votre âme, afin que le Dieu vivant y puisse pénétrer. »

Aussitôt Jérôme descend dans le fleuve, Cymodocée y descend après lui. Dorothée, unique témoin de cette scène, se mit à genoux sur la rive. Il sert de père spirituel à Cymodocée, et lui confirme le nom d'Esther. Les flots se divisent autour de la chaste catéchumène, comme ils se partagèrent au même lieu autour de l'arche sainte. Les plis de sa robe virginale, entraînés par le courant, s'enflent au loin derrière elle ; elle incline sa tête devant Jérôme, et, d'une voix qui charme les roseaux du Jourdain, elle renonce à Satan, à ses pompes et à ses œuvres. L'anachorète, puisant l'eau régénératrice avec une coquille du fleuve, la verse, au nom du Père, du Fils et du Saint-Esprit, sur le front de la fille d'Homère. Ses cheveux dénoués tombent des deux côtés de sa tête sous le poids de l'onde rapide qui suit et déroule leurs anneaux : ainsi la douce pluie du printemps humecte des jasmins fleuris, et glisse le long de leurs tiges parfumées. Oh ! qu'il était attendrissant ce baptême furtif dans les eaux du Jourdain ! Combien elle était touchante cette vierge qui, cachée au fond d'un désert, dérobait, pour ainsi dire, le ciel ! Seule, la souveraine beauté parut plus belle en ce lieu, lorsque, les nuées s'entr'ouvrant, l'Esprit de Dieu descendit sur Jésus-Christ, en forme de colombe, et que l'on entendit une voix qui disait :

« Celui-ci est mon fils bien-aimé. »

Cymodocée sort des ondes pleine de foi et de courage contre les maux de la vie : la nouvelle chrétienne, portant Jésus-Christ dans son cœur, ressemblait à une femme qui, devenue mère, trouve tout à coup pour son fils des forces qu'elle n'avait pas pour elle-même.

En ce moment, une troupe d'Arabes se montra non loin du fleuve. Jérôme, d'abord effrayé, reconnut bientôt une tribu chrétienne, dont il avait été l'apôtre. Cette petite Église, où Dieu était adoré sous une tente, comme aux jours de

Jacob, n'avait point échappé à la persécution. Les soldats romains lui avaient enlevé ses cavales et ses troupeaux : les chameaux seuls lui étaient restés. Le chef les avait appelés de loin, en s'enfuyant dans la montagne, et ils s'étaient empressés de le suivre : ces fidèles serviteurs avaient porté à leurs maîtres le tribut d'un lait abondant, comme s'ils avaient deviné que ces maîtres n'avaient plus d'autre nourriture.

Jérôme vit dans cette rencontre la main de la Providence.

« Ces Arabes, dit-il à Dorothée, vous conduiront chez nos frères de Ptolémaïs, où vous trouverez facilement un vaisseau pour l'Italie. »

— « Gazelle au doux regard et aux pieds légers, vierge plus agréable qu'une source limpide, dit le chef des Arabes à Cymodocée, ne crains rien : je te conduirai partout où tu le désireras, si Jérôme, notre père, l'ordonne. »

Le jour étant trop avancé pour se mettre en marche, on s'arrête au bord du fleuve; on égorge un agneau qu'on fait rôtir tout entier ; on le sert sur un plateau de bois d'aloès; chacun déchire une partie de la victime; on boit un peu de ce lait que le chameau puise dans un sable aride, et qui conserve le goût de la datte savoureuse. La nuit vient. On s'assied autour d'un bûcher. Attachés à des piquets, les chameaux forment un second cercle en dehors des descendants d'Ismaël. Le père de la tribu raconte les maux que l'on faisait souffrir aux chrétiens. A la lueur du feu, on voyait ses gestes expressifs, sa barbe noire, ses dents blanches, les diverses formes qu'il donnait à son vêtement dans l'action de son récit. Ses compagnons l'écoutaient avec une attention profonde : tous penchés en avant, le visage sur la flamme, tantôt ils poussaient un cri d'admiration, tantôt ils répétaient avec emphase les paroles de leur chef; quelques têtes de chameaux s'avançaient au-dessus de la troupe, et se dessinaient dans l'ombre. Cymodocée contemplait en silence cette scène de pasteurs de l'Orient; elle admirait cette religion qui civilisait des hordes sauvages, et les portait à secourir la faiblesse et l'innocence, tandis que les faux dieux ramenaient les Romains à la barbarie, et étouffaient dans leur cœur la justice et la pitié.

Au premier rayon de l'aurore, toute la troupe rassemblée offrit au bord du Jourdain ses prières à l'Éternel. Le dos d'un chameau, paré d'un tapis, fut l'autel où l'on plaça les signes sacrés de cette Église errante. Jérôme remit à Dorothée des lettres pour les principaux fidèles de Ptolémaïs. Il exhorta Cymodocée à la patience et au courage, en se félicitant d'envoyer une épouse chrétienne à son ami.

« Allez, lui dit-il, fille de Jacob, autrefois fille d'Homère! reine de l'Orient, vous sortez du désert brillante de clarté. Bravez les persécutions des hommes. La nouvelle Jérusalem ne pleure point assise sous le palmier comme la Judée captive de Titus; mais, victorieuse et triomphante, elle cueille sur ce même palmier l'immortel symbole de sa gloire! »

En achevant ces mots, Jérôme prend congé de ses hôtes, et retourne à la grotte de Bethléem.

La tribu arabe conduit les deux fugitifs, par des montagnes inaccessibles, jusqu'aux portes de Ptolémaïs. La souveraine des anges, qui ne cessait de veiller sur Cymodocée, l'avait soutenue miraculeusement au milieu de ses fatigues. Afin de la dérober aux yeux des païens, elle l'enveloppa d'un nuage, ainsi que Dorothée. Tous deux entrèrent dans Ptolémaïs sous ce voile. L'église, qui n'était point encore abattue, leur annonce la demeure du pasteur. En ces jours de tribulations, des chrétiens persécutés étaient des frères que l'on recevait avec respect et tendresse ; on les cachait au péril de sa vie, et les secours de la charité la plus vive leur étaient prodigués. On annonce au pasteur que deux étrangers se présentaient à sa porte ; il s'empresse de descendre. Dorothée, sans prononcer une parole, se fait reconnaître au signe du salut.

« Des martyrs ! s'écrie aussitôt le pasteur. Des martyrs ! Béni soit le jour qui vous amène à ma demeure ! Anges du Seigneur, entrez chez Gédéon : ici vous trouverez la moisson dérobée aux Moabites. »

Dorothée remet au pasteur les lettres de Jérôme, et raconte en même temps les malheurs de Cymodocée.

« Quoi ! s'écria le prêtre, c'est là l'épouse de notre défenseur ! c'est là cette vierge dont l'histoire retentit dans toute la Syrie ! Je suis Pamphile de Césarée, et j'ai connu jadis Eudore en Égypte. Fille de Jérusalem, que votre gloire est grande ! Hélas ! votre illustre protectrice, Hélène la sainte, ne peut plus rien pour vous : elle est elle-même arrêtée. Les ministres d'Hiéroclès vous cherchent de tous côtés ; il faut quitter promptement cette ville ; mais il est encore des ressources : où voulez-vous porter vos pas ? »

Dorothée, dont la foi n'a pas la même ardeur que celle de Jérôme, et qui ne pénètre pas comme lui les desseins du ciel; Dorothée, qui mêle encore à sa religion des tendresses humaines, ne croit pas que Cymodocée puisse se rendre auprès de son époux.

« C'est vous livrer à Hiéroclès, dit-il, sans espoir de sauver ni même de voir Eudore, s'il est tombé entre les mains de nos ennemis. Souffrez que je vous accompagne chez votre père. Votre présence lui rendra la vie. Nous vous cacherons dans quelque grotte inconnue, et j'irai chercher à Rome le fils de Lasthénès. »

— « Je suis jeune, répondit Cymodocée, et sans expérience ; conduis-moi, ô le plus doux des hommes : ta fille chrétienne doit obéir à tes conseils. »

Il ne se trouva dans le port de Ptolémaïs qu'un seul vaisseau faisant voile pour Thessalonique : la nouvelle chrétienne et son généreux conducteur furent obligés d'en profiter. Ils se cachèrent sous des noms inconnus, et quittèrent ce port que saint Louis, sauvé des mains des infidèles, devait, tant de siècles après, illustrer de ses vertus. Hélas ! Cymodocée allait chercher son père aux bords du Pamysus, et le vieillard lui-même la demandait inutilement aux flots du Tibre ! Étranger dans Rome, sans protecteur, sans appui, il avait compté sur Eudore ; et le confesseur, séparé des hommes, ne pouvait plus l'entendre ni le secourir.

Au pied du mont Aventin, sous les murs du Capitole, s'élevait une antique prison d'État, dont l'origine remontait au siècle de Romulus. Les complices de Catilina avaient entendu du fond de ce cachot la voix de Cicéron qui les accusait dans le temple de la Concorde. La captivité de saint Pierre et de saint

Paul purifia dans la suite cet asile des criminels. C'est là qu'Eudore attendait chaque jour l'ordre qui devait le livrer aux juges. C'est là qu'il avait reçu la nouvelle de la mort de sa mère, comme le commencement de son sacrifice. Il avait souvent adressé à la fille d'Homère des lettres pleines de religion et de tendresse : les unes avaient été arrêtées par les persécuteurs, les autres s'étaient perdues sur les flots ; mais dans la prison même il goûtait quelques-unes de ces consolations et de ces joies douloureuses qui ne sont connues que des chrétiens. Chaque jour lui amenait des compagnons d'infortune et de gloire.

Lorsqu'un opulent laboureur recueille ses moissons nouvelles, il entasse dans une grange spacieuse, et les grains qui seront foulés par le pied des mules, et ceux qui rendront leurs trésors sous les coups du fléau, et ceux qu'un cylindre pesant détachera de la paille légère ; le village retentit des cris du maître et des serviteurs, de la voix des femmes qui préparent le festin, des clameurs des enfants qui se jouent autour des gerbes, du mugissement des bœufs qui traînent ou qui vont chercher les épis jaunissants : ainsi Galérius rassemble de toutes les parties du monde, dans les prisons de Saint-Pierre, les chrétiens les plus illustres : froment des élus, récolte divine qui doit enrichir le bon Pasteur ; Eudore voit arriver tour à tour des amis qu'il avait jadis rencontrés au fond des Gaules, en Égypte, en Grèce, en Italie : il embrasse Victor, Sébastien, Rogatien, Gervais, Protais, Lactance, Arnobe, l'ermite du Vésuve, et le descendant de Persée, qui se préparait à mourir pour le trône de Jésus-Christ plus royalement que son aïeul pour la couronne d'Alexandre. L'évêque de Lacédémone, Cyrille, vint aussi augmenter les joies du cachot. A chaque reconnaissance c'étaient des transports, des cantiques à la divine Providence, des baisers de paix. Ces confesseurs avaient transformé la prison en une église où l'on entendait nuit et jour les louanges du Seigneur. Les chrétiens qui n'étaient point encore enfermés enviaient le sort de ces victimes. Les soldats qui gardaient les martyrs étaient souvent convertis par leurs discours ; et les geôliers, remettant les clefs en d'autres mains, se rangeaient au nombre des prisonniers. Un ordre parfait était établi parmi ces compagnons de souffrances. On eût cru voir une famille tranquille et bien réglée, au lieu d'une foule d'hommes qui marchaient à la mort. De pieuses fraudes servaient à procurer aux confesseurs tous les soulagements de l'humanité et de la religion. Dix persécutions avaient rendu l'Église habile. Des prêtres, des diacres, déguisés en soldats, en marchands, en esclaves ; des femmes, des enfants même, par d'ingénieuses et saintes impostures, pénétraient dans les prisons, au fond des mines, et jusqu'au pied des bûchers. Du fond d'une retraite ignorée, le pontife de Rome dirigeait au dehors les mouvements du zèle. Une fidélité inviolable, celle de la religion et du malheur était le lien de tous les frères. Non-seulement l'Église secourait ses enfants, elle veillait encore sur les infortunés d'une religion ennemie ; elle les recueillait dans son sein : la charité lui faisait oublier ses propres douleurs, pour ne s'occuper que des besoins du misérable.

Les fidèles, rassemblés dans les prisons, étaient témoins des aventures les plus merveilleuses. Combien Eudore fut surpris un jour de reconnaître, déguisée sous l'habit d'une servante du cachot, la belle et brillante Aglaé?

« Eudore, lui dit-elle, Sébastien a été percé de flèches à l'entrée des catacombes; Pacôme s'est retiré dans les déserts de la Thébaïde; Boniface a tenu parole : il m'a envoyé ses reliques sous le nom d'un martyr; Boniface a confessé Jésus-Christ ! Priez le ciel d'accorder le même honneur à une malheureuse pécheresse ! »

Une autre fois on entendit un grand tumulte, et Genès, cet acteur fameux, fut introduit dans la prison.

« Ne me craignez plus, s'écria-t-il en entrant, je suis votre frère ! Tout à l'heure encore je blasphémais vos saints mystères, j'amusais la foule autour de moi; dans mes jeux criminels, j'ai demandé le martyre et le baptême. Aussitôt que l'eau m'a touché j'ai vu une main qui venait du ciel, et des anges lumineux au-dessus de ma tête; ils ont effacé mes péchés dans un livre. Tout à coup changé, j'ai crié sérieusement : « Je suis chrétien ! » On riait, on refusait de me croire. J'ai raconté ce que j'avais vu. On m'a battu de verges, et je suis venu mourir avec vous. »

En achevant ces mots, Genès embrasse Eudore. Le fils de Lasthénès, au milieu des confesseurs, attirait tous les regards. L'ermite du Vésuve lui rappelait leur rencontre au tombeau de Scipion, et les espérances qu'il avait dès lors conçues de sa vertu. Les confesseurs des Gaules lui disaient :

« Vous souvenez-vous que nous avons souhaité de nous trouver réunis à Rome, comme nous le sommes maintenant ? Vous étiez encore bien loin de la gloire qui vous couronne aujourd'hui. »

Tandis que les prisonniers s'entretenaient de la sorte, ils virent entrer, sous la casaque d'un soldat vétéran, un homme chargé d'années; ils ne l'avaient point encore remarqué parmi les chrétiens qui servaient les cachots; il apportait aux martyrs le saint viatique que Marcellin envoyait à l'évêque de Lacédémone. La sombre lumière de la prison ne permettait pas de découvrir les traits du vieillard; il demande Eudore; on le lui montre en prières; il s'approche de lui, le prend dans ses bras affaiblis, et le presse sur son cœur en versant des larmes. Enfin il s'écrie avec des sanglots d'attendrissement :

« Je suis Zacharie ! »

— « Zacharie ! répète Eudore saisi de joie et de trouble, Zacharie ! Vous mon père ! vous Zacharie ! »

Et il tombe aux genoux du vieillard.

« Ah ! mon fils ! dit l'apôtre des Francs, relevez-vous ! C'est à moi à me prosterner. Que suis-je auprès de vous, qu'un vieillard inutile et ignoré ? »

On s'assemble autour des deux amis; on veut savoir leur histoire; Eudore la raconte : des larmes coulent de tous les yeux. Le fils de Lasthénès demande à Zacharie quel conseil de la Providence l'a ramené des bords de l'Elbe aux rivages du Tibre.

« Mon fils, répond le descendant de Cassius, les Francs ont été vaincus par Constance. Pharamond m'avait donné à une petite tribu qui, totalement subjuguée, fut transportée auprès de la colonie d'Agrippine. La persécution est survenue : comme elle ne règne point encore dans les Gaules où César protége les chrétiens, les évêques de Lutèce et de Lugdunum ont choisi un certain nombre de prêtres pour servir les confesseurs dans les autres parties de l'empire. J'ai cru devoir me présenter de préférence à des jeunes gens, dont l'âge, plus que le mien, est digne de la vie. On a bien voulu accepter ma prière, et j'ai été envoyé à Rome. »

Zacharie apprit ensuite à Eudore l'heureuse arrivée de Constantin auprès de son père, la maladie de Constance, et la disposition des soldats, qui réservaient la pourpre à son fils. Cette nouvelle ranima le courage des chrétiens, et les soutint dans ces moments d'épreuves. Eudore n'avait jamais été sans espérance, quoique les chrétiens eussent perdu leurs puissantes protectrices : Prisca avait accompagné son époux à Salone, et Valérie avait été exilée en Asie par Galérius. Du fond même des prisons Eudore suivait un plan pour le salut de l'Église et du monde; il voulait engager Dioclétien à reprendre l'empire, et il lui avait envoyé un messager au nom des fidèles.

L'Église entière s'appuyait sur le courage, la prévoyance et les conseils d'Eudore; et Cymodocée réclamait en vain la protection de son époux. Elle voguait vers les rivages de la Macédoine. Des hommes affreux l'environnaient. Des soldats et des matelots, plongés du matin au soir dans la débauche et dans l'ivresse, insultaient à chaque instant l'innocence. Ils s'aperçurent bientôt que Dorothée et la fille de Démodocus étaient chrétiens. Il y a dans la croix une vertu qui se trahit aux regards du vice. Cette découverte augmenta l'insolence de ces barbares. Tantôt ils promettaient au couple infortuné de le livrer aux bourreaux en arrivant au rivage; tantôt ils le menaçaient de le jeter dans la mer pour apaiser le courroux de Neptune : ils faisaient retentir aux oreilles de Cymodocée des chants abominables; et sa beauté enflammant leur brutal désir, il était à craindre qu'ils n'en vinssent aux derniers outrages.

Dorothée défendait l'innocence avec la prudence d'un père et le courage d'un héros. Mais que pouvait un seul homme contre une troupe de tigres furieux?

Le Fils de l'Éternel, accompagné des chœurs célestes, revenait dans ce moment des bornes les plus reculées de la création. Il était sorti des demeures incorruptibles pour rendre la vie et la jeunesse à des mondes vieillis. De globe en globe, de soleil en soleil, ses pas majestueux avaient parcouru toutes ces sphères qu'habitent des intelligences divines, et peut-être des hommes inconnus aux hommes. Rentré dans le sanctuaire impénétrable, il s'assied à la droite de Dieu; ses regards pacifiques tombent bientôt sur la terre. De tous les ouvrages du Tout-Puissant, il n'en est point à ses yeux de plus agréable que l'homme. Le Sauveur aperçoit le vaisseau de Cymodocée; il voit les périls de cette victime innocente qui doit attirer sur les gentils la bénédiction du Dieu d'Israël. Si le ciel a permis que cette nouvelle chrétienne fût éprouvée, c'est pour lui donner la force de surmonter les dernières afflictions qui la couvriront d'une gloire immortelle. Mais l'épreuve est assez longue. Cymodocée n'ira point s'égarer loin du théâtre de sa victoire. Le jour de son triomphe est venu, et les décrets éternels appellent au lieu du combat la vierge prédestinée.

Par un signe au milieu de la nue, Emmanuel fait connaître à l'ange des mers la volonté du Très-Haut. Aussitôt le vent, qui jusqu'alors avait été favorable au vaisseau de Cymodocée, expire : un calme profond règne dans les airs ; à peine des brises incertaines se lèvent tour à tour de divers côtés, rident la surface unie des flots, et viennent agiter les voiles sans avoir la force de les soulever. Le soleil pâlit au milieu de son cours, et l'azur du ciel, traversé de bandes verdâtres, semble se décomposer dans une lumière louche et troublée. Des sillons plombés s'étendent sans fin dans une mer pesante et morte ; le pilote, levant les mains, s'écrie :

« O Neptune ! que nous présagez-vous ? Si mon art n'est pas trompeur, jamais plus horrible tempête n'aura bouleversé les flots. »

A l'instant il ordonne d'abattre les voiles, et chacun se prépare au danger.

Les nuages s'amoncellent entre le midi et l'orient ; leurs bataillons funèbres paraissent à l'horizon comme une noire armée, ou comme de lointains écueils. Le soleil descendant derrière ces nuages, les perce d'un rayon livide, et découvre dans ses vapeurs entassées des profondeurs menaçantes. La nuit vient : d'épaisses ténèbres enveloppent le vaisseau ; le matelot ne peut distinguer le matelot tremblant auprès de lui.

Tout à coup un mouvement parti des régions de l'aurore annonce que Dieu vient d'ouvrir le trésor des orages. La barrière qui retenait le tourbillon est brisée, et les quatre vents du ciel paraissent devant le dominateur des mers. Le vaisseau fuit et présente sa poupe bruyante au souffle impétueux de l'orient ; toute la nuit il sillonne les vagues étincelantes. Le jour renaît et ne verse de clarté que pour laisser voir la tempête : les flots se déroulaient avec uniformité. Sans les mâts et le corps de la galère, que le vent rencontrait dans sa course, on n'aurait entendu aucun bruit sur les eaux. Rien n'était plus menaçant que ce silence dans le tumulte, cet ordre dans le désordre. Comment se sauver d'une tempête qui semble avoir un but et des fureurs préméditées ?

Neuf jours entiers le navire est emporté vers l'occident avec une force irrésistible. La dixième nuit achevait son tour lorsqu'on entrevit, à la lueur des éclairs, des côtes sombres qui semblaient d'une hauteur démesurée. Le naufrage parut inévitable. Le patron du vaisseau place chaque marin à son poste, et ordonne aux passagers de se retirer au fond de la galère ; ils obéissent, et ils entendent la fatale planche se refermer sur eux.

C'est dans ces moments que l'on apprend bien à connaître les hommes. Un esclave chantait d'une voix forte ; une femme pleurait en allaitant l'enfant qui bientôt n'aurait plus besoin du sien maternel ; un disciple de Zénon se lamentait sur la perte de la vie. Pour Cymodocée, elle pleurait son père et son époux, et priait avec Dorothée celui qui sait nous retrouver jusque dans les flancs des monstres de l'abîme.

Une violente secousse entr'ouvre la galère, un torrent d'eau se précipite dans la retraite des passagers ; ils roulent pêle-mêle. Un cri étouffé sort de cet horrible chaos.

Une vague avait enfoncé la poupe du navire : la fille d'Homère et Dorothée sont jetés au pied des degrés qui conduisaient sur le pont. Ils y montent à demi suffoqués. Quel spectacle ! Le vaisseau s'était échoué sur un banc de sable; à deux traits d'arc de la proue, un rocher lisse et vert s'élevait à pic au-dessus des flots. Quelques matelots, emportés par la lame, nageaient dispersés sur le gouffre immense; les autres se tenaient accrochés aux cordages et aux ancres. Le pilote, une hache à la main, frappait le mât du vaisseau; et le gouvernail, abandonné, allait tournant et battant sur lui-même avec un bruit rauque.

Restait une faible espérance : le flot, en s'engouffrant dans le détroit, pouvait soulever la galère et la jeter de l'autre côté du banc de sable. Mais qui oserait tenir le gouvernail dans un tel moment? Un faux mouvement du pilote pouvait donner la mort à deux cents personnes. Les mariniers, domptés par la crainte, n'insultaient plus les deux chrétiens; ils reconnaissaient au contraire la puissance de leur Dieu, et les suppliaient d'en obtenir leur délivrance. Cymodocée, oubliant leurs outrages et ses périls, se jette à genoux, et fait un vœu à la mère du Sauveur. Dorothée saisit le timon abandonné; les yeux tournés vers la poupe, la bouche entr'ouverte, il attend la lame qui va rouler sur le vaisseau ou la vie ou la mort. La lame se lève, elle approche, elle se brise : on entend le gouvernail tourner avec effort sur ses gonds rouillés; l'écueil voisin semble changer de place, et l'on sent, avec une joie mêlée d'un doute affreux, le vaisseau soulevé et emporté rapidement. Un moment du plus terrible silence règne parmi les matelots. Tout à coup une voix demande la sonde : la sonde se précipite; on était dans une eau profonde ! Un cri de joie s'élève jusqu'au ciel !

Étoile des mers, patronne des navigateurs, le salut de ces infortunés fut un miracle de votre bonté divine! On ne vit point un dieu imaginaire lever la tête au-dessus des vagues et leur commander le silence; mais une lumière surnaturelle entr'ouvrit les nuées : au milieu d'une gloire, on aperçut une femme céleste portant un enfant dans ses bras, et calmant les flots par un sourire. Les mariniers se jettent aux genoux de Cymodocée, et confessent Jésus-Christ : première récompense que l'Éternel accorde aux vertus d'une vierge persécutée !

Le vaisseau s'approche doucement de la rive, où s'élevait une chapelle chrétienne abandonnée. On précipite au fond de la mer des sacs remplis de pierres attachées à un câble de Tyr, et l'ancre sacrée, dernière ressource dans les naufrages. Parvenu à fixer la galère, on se hâte de l'abandonner. Comme une reine environnée d'une troupe de captifs qu'elle vient de délivrer de l'esclavage, Cymodocée descend à terre, portée sur les épaules des matelots. A l'instant même elle accomplit son vœu. Elle marche à la chapelle en ruine. Les matelots la suivent deux à deux, demi-nus et couverts de l'écume des flots. Soit hasard, soit dessein du ciel, il restait dans cet asile désert une image de Marie à moitié brisée. L'épouse d'Eudore y suspendit son voile tout trempé des eaux de la mer. Cymodocée prenait possession d'une terre réservée à sa gloire : elle entrait triomphante en Italie.

LIVRE VINGTIÈME.

SOMMAIRE. — Cymodocée, arrêtée par les satellites d'Hiéroclès, est conduite à Rome. Émeute populaire. Cymodocée, délivrée des mains d'Hiéroclès, est renfermée dans les prisons comme chrétienne. Disgrâce d'Hiéroclès. Il reçoit l'ordre de partir pour Alexandrie. Lettre d'Eudore à Cymodocée.

L'aurore avait rappelé les mortels aux fatigues et aux douleurs; ils reprenaient de toutes parts leurs travaux pénibles : le laboureur suivait la charrue en arrosant de ses sueurs le sillon que le bœuf avait tracé; la forge retentissait des coups du marteau qui tombait en cadence sur le fer étincelant; une rumeur confuse s'élevait des cités. Le ciel était serein et l'orient radieux. On n'envoya point au-devant de Cymodocée une galère ornée de bandelettes, un char attelé de quatre chevaux blancs ne l'attendait point sur la rive. Les honneurs que lui préparait l'Italie étaient de ceux qu'elle décernait aux chrétiens; la persécution et la mort.

Les décrets du ciel avaient conduit la fille d'Homère non loin de Tarente, sous un promontoire avancé qui dérobait aux yeux des naufragés la patrie d'Architas. Le pilote monta sur de hauts rochers, et jetant ses regards autour de lui, il s'écria tout à coup :

« L'Italie ! l'Italie ! »

A ce nom, Cymodocée sentit ses genoux se dérober sous elle; son sein se souleva comme la vague enflée par le vent. Dorothée fut obligé de la soutenir dans ses bras, tant elle éprouva de joie à fouler la même terre que son époux. Puisque Dieu la séparait de son père, qu'elle croyait encore en Messénie, du moins elle pouvait voler à Rome.

« Je suis chrétienne à présent, disait-elle : Eudore ne peut plus m'empêcher de partager ses douleurs. »

Comme Cymodocée prononçait ces mots, on vit un vaisseau tourner le promontoire voisin. Il était tiré par une barque chargée de soldats. Bientôt les matelots cessent de ramer. Les soldats coupent la corde qui servait à traîner le vaisseau; le vaisseau s'arrête, s'enfonce peu à peu, et disparaît sous les flots. C'était une de ces galères remplies de pauvres et de malheureux que Galérius faisait noyer sur des côtes solitaires. Quelques unes des victimes, dégagées de leur prison par les vagues, nagent vers la barque des soldats; ceux-ci les repoussent avec leurs piques, et, joignant la raillerie à l'atrocité, ils les envoient souper chez Neptune. A ce spectacle, les matelots de la galère de Cymodocée s'enfuirent épouvantés le long des sirtes; mais Dorothée et sa compagne ne peuvent vaincre dans leur cœur la charité, signe ineffaçable du chrétien. Ils appellent les infortunés qui luttent encore contre le trépas; ils leur tendent les mains; ils parviennent à les sauver. Aussitôt les ministres de Galérius abordent au rivage; ils entourent Dorothée et la fille de Démodocus.

« Qui êtes-vous, dit le centurion d'une voix menaçante, vous qui ne craignez point d'arracher à la mort les ennemis de l'empereur? »

— « Je suis Dorothée, répondit le chrétien, dont l'indignation trahit la prudence; je remplis les devoirs imposés à l'homme. Ah! il faut que Tarente ait conservé ses dieux irrités, pour avoir ainsi perdu tout sentiment de pitié et de justice ! »

Au nom de Dorothée, connu dans tout l'empire, le centurion n'ose porter la main sur un homme d'un rang aussi élevé; mais il demande quelle est cette femme, dont la pitié imprudente s'est rendue coupable en violant les édits.

« Elle est sans doute chrétienne! s'écrie-t-il, frappé de son humanité et de sa modestie. Où allez-vous? d'où venez-vous? comment êtes-vous ici? Savez-vous qu'on ne peut entrer en Italie sans un ordre particulier d'Hiéroclès? »

Dorothée raconte son naufrage, et cherche à cacher le nom de sa compagne. Le centurion se transporte à la galère échouée.

Lorsque, menacée par les matelots, Cymodocée s'était vue au moment de perdre la vie, elle avait écrit à son père et à son époux deux lettres d'adieux, remplies de douleur et de passion. Ces lettres, restées à bord, apprirent son nom aux soldats, et une croix trouvée sur son lit décela sa religion : ainsi Philomèle se trahit par des chants d'amour qui la découvrent à l'oiseleur; ainsi l'on reconnaît les épouses des rois à leur sceptre.

Le centurion dit à Dorothée :

« Je suis obligé de vous retenir sous ma garde avec cette Messénienne. Les ordres contre les chrétiens sont exécutés dans toute leur rigueur; et si je vous laissais libre, je courrais risque de la vie. Je vais faire partir un messager, et le ministre de l'empereur disposera de votre sort. »

Hiéroclès exerçait alors sur le monde romain un pouvoir absolu, mais il était plongé dans de vives inquiétudes. Publius, préfet de Rome, commençait à l'emporter sur lui dans la faveur de Galérius. Le rival d'Hiéroclès le traversait dans tous ses projets. Las d'attendre le retour de Cymodocée, le persécuteur voulait-il livrer Eudore aux tourments, Publius trouvait quelque moyen de retarder le sacrifice. Hiéroclès, fidèle à ses premiers desseins, reculait-il le jugement du fils de Lasthénès, Publius disait à l'empereur :

« Pourquoi le ministre de votre Éternité n'abandonne-t-il pas au glaive le dangereux chef des rebelles? »

Le silence de l'Orient sur la fille d'Homère alarmait aussi le coupable amour du persécuteur. Dans son impatience, il avait placé des sentinelles à tous les ports de l'Italie et de la Sicile. De nombreux courriers lui apportaient nuit et jour des nouvelles du rivage. Ce fut au milieu de ces perplexités qu'il reçut le messager de Tarente. Au nom de Cymodocée, il pousse un cri de joie, et se précipite de son lit : tel le chantre d'Ilion peint le monarque du Tartare s'élançant de son trône. Les lèvres tremblantes, les yeux égarés d'amour et de joie :

« Qu'on amène en ma présence, s'écrie-t-il, mon esclave messénienne ! Mon bonheur me la renvoie. »

En même temps il ordonne de rendre la liberté à l'officier du palais de Dioclétien.

Dorothée avait à Rome de nombreux partisans et de zélés protecteurs, même parmi les païens. Cet homme juste ne s'était jamais servi de sa fortune et de son pouvoir que pour prévenir les violences et protéger l'innocent. Il recueillait en ce moment le fruit de ses vertus, et l'opinion publique lui servait de défense contre un ministre pervers. La rencontre de ce chrétien puissant et de Cymodocée parut à Hiéroclès un effet du hasard; il ne voulut point s'attirer de nouveaux ennemis, lorsqu'il avait déjà Publius à combattre. L'apostat sentait intérieurement que les haines publiques s'amoncelaient sur sa tête : c'est ainsi que, dans la crainte de soulever le peuple en faveur d'un vieux prêtre des dieux, il avait laissé Démodocus errer obscurément au milieu de Rome. Dieu commençait à aveugler le méchant. Au lieu de marcher droit à son but, il s'embarrassait dans des prévoyances humaines; et, à force de politique, de finesse et de calcul, il venait tomber dans les pièges qu'il prétendait éviter. Hiéroclès, aux yeux de la foule, paraissait encore tout-puissant; mais un œil exercé voyait en lui des signes de dépérissement et de décadence : tel s'élève un chêne dont la tête touche au ciel, dont les racines descendent aux enfers; il semble braver les hivers, les vents et la foudre; le voyageur, assis à ses pieds, admire ses inébranlables rameaux qui ont vu passer les générations des mortels; mais le pâtre, qui contemple le roi des forêts du haut de la colline, le voit élever au-dessus de son feuillage verdoyant une couronne desséchée.

Sur une colline qui dominait l'amphithéâtre de Vespasien, Titus avait bâti un palais des débris de la Maison dorée de Néron. Là se trouvaient réunis tous les chefs-d'œuvre de la Grèce. De vastes péristyles, des salles incrustées de marbre d'Orient, et pavées de mosaïques précieuses, étalaient aux regards les miracles de la sculpture antique : le *Mercure* de Zénodore, enlevé à la cité d'Arverne dans les Gaules, frappait par ses dimensions colossales, qui n'ôtaient rien à sa légèreté; la *Joueuse de flûte* de Lysippe semblait chanceler en riant sous le pouvoir de Bacchus; la *Vénus* de bronze de Praxitèle disputait le prix de la beauté à la Vénus de marbre de cet artiste divin; sa *Matrone en larmes*, et sa *Phryné* dans la joie, montraient la flexibilité de son art : la passion du sculpteur se décelait dans les traits de la courtisane, qui semblait promettre au génie la récompense de l'amour. Tout auprès de *Phryné* on admirait la *Lionne sans langue*, symbole ingénieux de cet autre courtisane, qui mourut dans les tourments plutôt que de trahir Harmodius et Aristogiton. La statue du *Désir*, qui le faisait naître, celle de *Mars en repos* et de *Vesta assise*, immortalisaient dans ces lieux le talent de Scopas. Galérius à tous ces monuments sans prix avait ajouté le Taureau d'airain que Périllus inventa pour Phalaris.

Le nouvel empereur habitait ce beau palais. Hiéroclès, son digne ministre, occupait un des portiques de la demeure du maître du monde. Les appartements du philosophe stoïque surpassaient en magnificence ceux mêmes de Galérius.

Sur les murs polis avec art étaient représentés des paysages charmants, de vastes forêts, de fraîches cascades. Les tableaux des plus grands maîtres ornaient des bains enchantés et des cabinets voluptueux : ici paraissait la *Junon Lacinienne* : pour servir de modèle à ce chef-d'œuvre, les Agrigentins avaient jadis offert leurs filles nues aux regards de Zeuxis; là, c'était la *Vénus* d'Apelles sortant de l'onde, digne de régner sur les dieux ou d'être aimée d'Alexandre. On voyait mourir d'amour le *Satyre* de Protogène : l'habitant des bois expirait sur la mousse à l'entrée d'une grotte tapissée de lierre; sa main laissait échapper sa flûte, son thyrse était brisé, sa tasse renversée; et tel était l'artifice du peintre, qu'il avait su réunir ce que Vénus a de plus matériel dans la brute et de plus céleste dans l'homme. Malheur à celui qui fit sortir les beaux-arts des temples de la divinité, pour en décorer la demeure des mortels! Alors les œuvres sublimes du silence, de la méditation et du génie devinrent les causes, les éléments, les témoins des plus grands crimes ou des passions les plus honteuses.

Hiéroclès attendait la fille de Démodocus dans la plus belle salle de son palais. A l'une des extrémités de cette salle respirait l'*Apollon* vainqueur du serpent ennemi de Latone; à l'extrémité opposée s'élevait le groupe de *Laocoon et de ses fils*, comme si le sage, au milieu de ses voluptés, n'avait pu se passer de l'image de l'humanité souffrante! La pourpre, l'or, le cristal, étincelaient de toutes parts. On entendait sans cesse le doux bruit des eaux et d'une musique lointaine. Les fleurs les plus rares de l'Asie embaumaient l'air, et des parfums exquis brûlaient dans des vases d'albâtre.

Les satellites d'Hiéroclès lui amènent enfin la proie qu'il poursuit depuis si longtemps. Par des détours obscurs et des portes secrètes que l'on referme soigneusement sur ses pas, Cymodocée est conduite aux pieds du persécuteur. Les esclaves se retirent, et la fille de Démodocus reste seule avec un monstre qui ne craint ni les hommes ni les dieux.

Elle cachait sa douleur sous les replis d'un voile. On n'entendait que le bruit de ses pleurs, comme on est frappé dans les bois du murmure d'une source qu'on ne voit point encore. Son sein, agité par la crainte, soulevait sa robe blanche. Elle remplissait la salle d'une espèce de lumière, pareille à cette clarté qui émane du corps des anges et des esprits bienheureux.

Hiéroclès demeure un moment interdit devant l'autorité de l'innocence, de la faiblesse et du malheur. Ses avides regards se repaissent de tant de charmes. Il contemple avec une ardeur effrayante celle qu'il n'a jamais vue si près de lui, celle dont il n'a jamais touché ni la main ni le voile, celle dont il n'a jamais entendu la voix que dans les chœurs des vierges, et qui pourtant a disposé des jours, des nuits, des pensées, des songes, des crimes de l'apostat. Bientôt la passion de cet homme dévoué à l'enfer surmonte le premier moment d'hésitation et de trouble. Il affecte d'abord une modération que l'amour, la jalousie, la vengeance, l'orgueil, ne pouvaient permettre à son cœur. Il adresse ces mots à Cymodocée :

« Cymodocée, pourquoi cette frayeur et ces larmes? Tu sais que je t'aime. Soumis à tes moindres volontés, tu me verras t'obéir comme ton esclave, si tu consens à m'écouter. »

L'insolent favori de la fortune soulève le voile de Cymodocée.

Il reste ébloui des grâces qu'il découvre. La vierge rougit, et cachant dans son sein son visage baigné de larmes :

« Je ne veux rien de toi, dit-elle. Je ne te demande rien que de me rendre à mon père. Les bois du Pamysus sont plus agréables à mon cœur que tous tes palais. »

— « Hé bien! répondit Hiéroclès, je te rendrai à ton père ; je comblerai ce vieillard de gloire et de richesses ; mais songe qu'une résistance inutile pourrait perdre à jamais l'auteur de tes jours. »

— « Me rendras-tu aussi à mon époux? » s'écria Cymodocée en joignant ses mains suppliantes.

A ce nom Hiéroclès pâlit, et contenant à peine sa rage :

« Quoi! dit-il, à ce perfide qui s'est emparé de ton cœur par des philtres et des enchantements! Écoute : il va perdre la vie dans les tourments. Juge de mon amour pour toi : j'arracherai à la mort ce rival odieux. »

Cymodocée, trompée et poussant un cri de joie, tombe aux pieds d'Hiéroclès ; elle embrasse ses genoux.

« Illustre seigneur, dit-elle, vous êtes placé à la tête des sages. Démodocus mon père m'a souvent raconté que la philosophie élève les mortels au-dessus de ce que j'appelais les dieux. Protégez donc, ô maître des hommes, protégez l'innocence, et réunissez deux époux injustement persécutés ! ».

— « Nymphe divine, s'écria Hiéroclès transporté d'amour, relève-toi ! Ne vois-tu pas que tes charmes détruisent l'effet de tes prières? Et qui pourrait te céder à un rival? La sagesse, enfant trop aimable, consiste à suivre les penchants de son cœur. N'en crois pas une religion farouche qui veut commander à tes sens. Les préceptes de pureté, de modestie et d'innocence, sont sans doute utiles à la foule ; mais le sage jouit en secret des biens de la nature. Les dieux n'existent point, ou ne se mêlent point des choses d'ici-bas. Viens donc, ô vierge ingénue, viens : abandonnons-nous sans remords aux délices de l'amour et aux faveurs de la fortune. »

A ces mots, Hiéroclès jette ses bras autour de Cymodocée, comme un serpent s'enlace autour d'un jeune palmier ou d'un autel consacré à la pudeur. La fille de Démodocus se dégage avec indignation des embrassements du monstre.

« Quoi! dit-elle, c'est là le langage de la sagesse! Ennemi du ciel, tu oses parler de vertu! Ne m'as-tu pas promis de sauver Eudore ? »

— « Tu m'as mal compris, s'écrie Hiéroclès le cœur palpitant de jalousie et de colère. Tu me parles trop de cet homme plus horrible à mes yeux que cet enfer dont me menacent tes chrétiens. L'amour que tu lui portes est l'arrêt de sa mort. Pour la dernière fois, sache à quel prix je laisserai vivre Eudore : il meurt si tu n'es à moi. »

La réprobation parut tout entière sur le visage d'Hiéroclès. Un sourire contracte ses lèvres, et des gouttes de sang tombent de ses yeux. La chrétienne, qui jusqu'alors avait été frappée de terreur, se sentit soudain relevée par le coup qui devait l'abattre. Il n'est d'affreux que le commencement du malheur ; au comble de l'adversité, on trouve, en s'éloignant de la terre, des régions tranquilles et sereines : ainsi, lorsqu'on remonte les rives d'un torrent furieux, on est épouvanté, au fond de la vallée, du fracas de ses ondes ; mais à mesure que l'on s'élève sur la montagne, les eaux diminuent, le bruit s'affaiblit, et la course du voyageur va se terminer aux régions du silence dans le voisinage du ciel.

Cymodocée jette un regard de mépris sur Hiéroclès ;

« Je te comprends, dit-elle, et je vois à présent pourquoi mon époux n'a point encore reçu sa couronne; mais sache que je n'achèterai point par le déshonneur la vie du guerrier que j'aime plus que la lumière des cieux. Il n'est point de supplice qu'Eudore ne préfère à celui de me voir à toi; tout faible qu'il est, mon époux se rit de ta puissance : tu ne peux que lui donner la palme, et j'espère la partager avec lui. »

— « Non, dit Hiéroclès furieux, je n'aurai point perdu le fruit de tant de souffrances, d'humiliations et de complots : j'obtiendrai par la force ce que tu me refuses, et tu verras périr le traître que tu ne veux pas sauver. »

Il dit, et poursuit Cymodocée, qui fuit dans la vaste salle. Elle se précipite aux pieds du *Laocoon*; elle menace le persécuteur de se briser la tête contre le marbre; elle embrasse la statue, et semble un troisième enfant expirant de douleur aux pieds d'un père infortuné.

« Mon père, s'écrie-t-elle, mon père, ne viendras-tu pas me secourir! Vierge sainte, ayez pitié de moi ! »

A peine a-t-elle prononcé cette prière, le palais retentit des clameurs de mille voix tumultueuses. On frappe à coups redoublés aux portes d'airain.

Hiéroclès, étonné, suspend sa poursuite. Dieu, par un effroi soudain, fixe les pas, et glace le cœur du pervers.

« C'est la Vierge sainte, s'écrie Cymodocée; elle vient! Méchant, tu vas être puni! »

Le bruit augmente. Hiéroclès ouvre la porte d'une galerie qui dominait les cours du palais; il aperçoit une foule immense : au milieu est un vieillard qui tient un rameau de suppliant, et porte la robe et les bandelettes d'un prêtre des dieux. On entend de toutes parts ces cris :

« Qu'on lui rende sa fille! Qu'on livre le traître au suppliant du peuple romain ! »

Ces mots parviennent à Cymodocée : elle s'élance aussitôt dans la galerie; elle reconnaît son père..... Démodocus à Rome!..... Du haut du palais, Cymodocée avance la tête, ouvre les bras et se penche vers Démodocus. Un cri s'élève :

« La voilà! C'est une prêtresse des Muses! c'est la fille de ce vieux prêtre des dieux. »

Démodocus reconnaît sa fille; il la nomme par son nom; il verse des torrents de larmes, il déchire ses vêtements, il tend au peuple des mains suppliantes. Hiéroclès appelle ses esclaves; il veut enlever Cymodocée; mais la foule :

« Il y va de ta vie, Hiéroclès; nous te déchirerons de notre propre main si tu fais la moindre violence à cette vierge des Muses. »

Des soldats mêlés parmi le peuple tirent leurs épées et menacent le persécuteur. Cymodocée s'attache aux colonnes de la galerie; la Reine des anges l'y retient par des nœuds invisibles : rien ne l'en peut arracher.

Dans ce moment, Galérius, effrayé du tumulte qu'il entendait dans son palais, paraît sur un balcon opposé, entouré de sa cour et de ses gardes. Le peuple s'écrie :

« César, justice, justice ! »

L'empereur, par un signe de la main, commande le silence; et le peuple romain, avec ce bon sens qui le caractérise, se tait et écoute.

Le préfet de Rome, qui favorisait secrètement cette scène afin de perdre Hiéroclès, était auprès de Galérius; il interroge le peuple :

« Que voulez-vous de la justice d'Auguste? »

— « Vieillard, réponds ! » s'écrie la foule.

Démodocus prend la parole :

« Fils de Jupiter et d'Hercule, divin empereur, aie pitié d'un père qui réclame sa fille; Hiéroclès l'a renfermée dans ton palais : tu la vois échevelée à ce portique auprès de son ravisseur; il veut faire violence à une prêtresse des Muses; je suis moi-même un prêtre des dieux : protége l'innocence, la vieillesse et les autels. »

Hiéroclès répond du haut du portique :

« Divin Auguste, et vous, peuple romain, on vous trompe : cette Grecque est une esclave chrétienne, qu'injustement on me veut ravir. »

Démodocus :

« Elle n'est pas chrétienne; ma fille n'est pas esclave : Je suis citoyen romain. Peuple, n'écoutez pas notre ennemi. »

— « Ta fille est-elle chrétienne? » s'écrie le peuple d'une commune voix.

« Non, repartit Démodocus, elle est prêtresse des Muses : il est vrai que, pour épouser un chrétien, elle voulait..... »

— « Est-elle chrétienne? interrompit le peuple. Qu'elle parle elle-même. »

Alors Cymodocée, levant les yeux au ciel, répond :

« Je suis chrétienne. »

— « Non, tu ne l'es pas ! s'écrie Démodocus avec des sanglots. Aurais-tu la barbarie de vouloir être à jamais séparée de ton père? Auguste, peuple romain, ma fille n'a pas été marquée du sceau de la religion nouvelle. »

Dans ce moment, la fille d'Homère découvre Dorothée au milieu de la foule.

« Mon père, dit la vierge en larmes, je vois auprès de vous Dorothée; c'est lui, sans doute, qui vous a conduit ici pour me sauver : il sait que je suis chrétienne; que j'ai été marquée du sceau de ma religion; il a été témoin de mon bonheur. Je ne puis nier ma foi : je veux être l'épouse d'Eudore. »

Le peuple s'adressant à Dorothée :

« Est-elle chrétienne? »

Dorothée baissa la tête et ne répondit point.

« Vous le voyez, s'écrie Hiéroclès, elle est chrétienne. Je réclame mon esclave. »

Le peuple interdit demeure suspendu entre sa fureur contre les chrétiens, sa haine pour Hiéroclès, et sa pitié pour Cymodocée; puis satisfaisant à la fois sa justice et ses passions :

« Cymodocée est chrétienne, dit-il : qu'on la livre au préfet de Rome, et qu'elle subisse le sort des chrétiens; mais qu'on l'arrache à Hiéroclès, dont elle ne peut être l'esclave : Démodocus est citoyen romain. »

Auguste confirme cette espèce de sentence par un signe de tête, et Publius se hâte de l'exécuter.

Retiré dans son palais, Galérius est agité par des mouvements de honte et de colère : il ne peut pardonner à Hiéroclès d'être la cause d'un rassemblement séditieux qui avait osé violer l'asile même du prince.

Le préfet de Rome revient trouver Galérius.

« Auguste, lui dit-il, la sédition est apaisée ; cette chrétienne de Messénie est jetée dans les prisons. Prince, je ne saurais vous le cacher, votre ministre a compromis le salut de l'empire. Il prétend être l'ennemi des chrétiens ; toutefois il épargne depuis longtemps la vie du plus dangereux des rebelles. Cymodocée était destinée pour épouse à Eudore : il est bien malheureux que votre premier ministre ait de ridicules démêlés de jalousie avec le chef de vos ennemis.»

Publius s'aperçoit de l'effet de ce discours ; il se hâte d'ajouter :

« Mais, prince, ce ne sont pas là les seuls torts d'Hiéroclès : si on voulait l'en croire, ce serait lui qui vous aurait fait nommer Auguste ; ce Grec, qui doit tout à vos bontés, vous aurait revêtu de la pourpre... »

Publius s'interrompit à ces mots, comme s'il eût renfermé dans son cœur des choses encore plus injurieuses à la majesté du prince. Galérius rougit, et l'habile courtisan vit qu'il avait touché la plaie secrète.

Publius n'avait point ignoré l'arrivée de Dorothée à Rome, son entrevue avec Démodocus, et les démarches de celui-ci pour conduire la foule au palais ; il eût été facile à Publius de prévenir le mouvement populaire ; mais il se garda bien de faire manquer un projet qui pouvait renverser Hiéroclès ; il favorisa même par des agents secrets les desseins de Démodocus : maître de tous les ressorts qui faisaient jouer cette grande machine, ses discours insidieux achevèrent d'alarmer l'esprit de Galérius.

« Qu'on me délivre de ce chrétien et de ses complices, dit l'empereur. Je vois avec regret qu'Hiéroclès ne peut plus rester auprès de moi ; mais, en récompense de ses services passés, je le nomme gouverneur de l'Égypte. »

Alors Publius, au comble de la joie :

« Que votre majesté divine se repose sur moi de tous ces soins. Eudore mérite mille fois la mort ; mais, comme ses trahisons ne sont pas assez prouvées, il suffira de le faire juger comme chrétien. Quant à Cymodocée, elle sera condamnée à son tour avec la foule des impies. Hiéroclès va recevoir les ordres de votre Éternité. »

Ainsi parle Publius, et sur-le-champ il fait connaître à Hiéroclès sa destinée.

Le ministre pervers relit plusieurs fois la lettre impériale qui l'éloigne de la cour. Ses joues pâles, ses yeux égarés, sa bouche entr'ouverte, exprimaient les douleurs du courtisan criminel qui voit s'évanouir dans un instant les songes de sa vie.

« Dieu des chrétiens, s'écrie-t-il, est-ce toi qui me poursuis ? Pour obtenir Cymodocée, j'ai laissé vivre Eudore, et Cymodocée m'échappe, et mon rival mourra d'une autre main que de la mienne ! J'ai méprisé dans Rome un obscur vieillard, j'ai cru devoir laisser la liberté à un chrétien puissant, et Démodocus et Dorothée m'ont perdu ! O aveugle prévoyance humaine ! O vaine et fastueuse sagesse, qui n'as pu me conserver ma puissance, et qui ne peux me consoler !»

Tels étaient les aveux que la douleur arrachait à Hiéroclès. Des larmes indignes mouillaient ses paupières. Il déplorait son sort avec la faiblesse d'une femme de peu de sens et d'un moindre cœur; il eût pourtant voulu sauver Cymodocée, mais le lâche ne se sentait pas assez de courage pour exposer sa vie.

Tandis qu'il hésite entre mille projets, qu'il ne peut ni se résoudre à braver l'orage, ni consentir à s'éloigner, Dorothée avait instruit Eudore de l'arrivée de Cymodocée et des événements du palais. Les confesseurs assemblés autour du fils de Lasthénès, le félicitaient d'avoir choisi une épouse si courageuse et si fidèle. La joie d'Eudore était grande, quoique troublée par les nouveaux périls qu'allait courir la jeune chrétienne.

« Elle a donc confessé Jésus-Christ la première ! s'écriait-il dans un saint transport. Cet honneur était réservé à son innocence ! »

Ensuite il pleurait d'attendrissement en songeant que sa bien-aimée avait reçu le baptême dans les eaux du Jourdain par la main de Jérôme.

« Elle est chrétienne ! répétait-il à tout moment. Elle a confessé Jésus-Christ devant le peuple romain ; je puis donc mourir en paix : elle viendra me retrouver ! »

Un rayon d'espérance commençait à luire dans les cachots. La disgrâce d'Hiéroclès pouvait amener un changement dans l'empire. Constantin menaçait Galérius du fond de l'Occident; le messager qu'Eudore avait envoyé à Dioclétien pouvait rapporter d'heureuses nouvelles. Lorsqu'un vaisseau pendant une nnit affreuse a fait naufrage, les matelots boivent l'onde amère et luttent à peine contre les flots; si une aurore trompeuse perce un moment les ténèbres et découvre à ces infortunés une terre prochaine, ils nagent avec effort vers la rive; mais bientôt l'aurore s'éteint, la tempête recommence, et les nautoniers s'enfoncent dans l'abîme : telle fut la courte espérance, tel fut le sort des chrétiens.

Les martyrs chantaient encore au Très-Haut un cantique de louanges, lorsqu'ils virent entrer Zacharie. Déjà l'apôtre des Francs connaissait le destin de son ami :

« Chantez, dit-il, mes frères, chantez ! Vous avez un juste sujet de joie ! Demain un grand saint augmentera peut-être le nombre de vos intercesseurs auprès de Dieu ! »

Tous les confesseurs se turent. Le silence règne un moment dans la prison. Chacun cherche à deviner quelle est l'heureuse victime, chacun désire que le sort soit tombé sur lui, chacun repasse dans son esprit les titres qu'il peut avoir à cet honneur. Eudore avait à l'instant compris Zacharie ; mais il rejetait les espérances du martyre comme une pensée superbe et une tentation de l'enfer. Il craignait de pécher par orgueil en se désignant lui-même ; il se jugeait indigne de mourir de préférence à ces vieux confesseurs qui, depuis si longtemps, combattaient pour Jésus-Christ. Zacharie fit bientôt cesser cette sublime incertitude et cette émulation divine; il s'approche d'Eudore :

« Mon fils, dit-il, je vous ai sauvé la vie ; vous me devez votre gloire : ne m'oubliez pas quand vous serez dans le ciel. »

A l'instant, tous les évêques, tous les prêtres, tous les prisonniers tombent aux genoux du martyr, baisent le bas de ses vêtements, et se recommandent à ses prières. Eudore, resté debout au milieu de ces vieillards prosternés, ressemblait à un jeune cèdre du Liban, seul rejeton d'une forêt antique abattue à ses pieds.

Un licteur, précédé de deux esclaves portant des torches de cyprès, pénètre dans le cachot. Surpris de l'adoration des prisonniers, qui demeurèrent dans la même attitude, il en croyait à peine ses regards :

« Roi des chrétiens, dit-il à l'époux de Cymodocée, quel est parmi ton peuple le tribun que l'on nomme Eudore? »

— « C'est moi, » répondit le fils de Lasthénès.

— « Eh bien ! dit le licteur encore plus étonné, c'est donc toi qui dois mourir ! »

— « Vous le voyez à mes honneurs, » repartit Eudore.

Un esclave déroule l'écrit fatal, et lit à haute voix l'ordonnance de Publius :

« Eudore, fils de Lasthénès, natif de Mégalopolis en Arcadie, jadis tribun de la
« légion britannique, maître de la cavalerie, préfet des Gaules, paraîtra demain
« au tribunal de Festus, juge des chrétiens, pour sacrifier aux dieux ou mourir. »

Eudore s'inclina, et le licteur sortit.

Comme dans les fêtes de la ville de Thésée on voit une jeune Canéphore se dérober aux yeux de la foule qui vante sa pudeur et ses grâces, ainsi Eudore, qui porte déjà les palmes du sacrifice, se retire au fond de la prison, pour éviter les louanges de ses compagnons de gloire. Il demande la liqueur mystérieuse dont les chrétiens se servaient entre eux au temps des persécutions, et il trace ses adieux à Cymodocée.

Ange des saintes amours, vous qui gardez fidèlement l'histoire des passions vertueuses, daignez me confier la page du livre de mémoire où vous gravâtes les tendres et pieux sentiments du martyr!

« Eudore, serviteur de Dieu, enchaîné pour l'amour de Jésus-Christ, à notre
« sœur Cymodocée désignée pour notre épouse et la compagne de nos combats,
« paix, grâce et amour.

« Ma colombe, ma bien-aimée, nous avons appris avec une joie digne de
« l'amour qui est pour vous dans notre cœur, que vous aviez été baptisée dans
« les eaux du Jourdain par notre ami le solitaire Jérôme. Vous venez de con-
« fesser Jésus-Christ devant les juges et les princes de la terre. O servante du
« Dieu véritable, quel éclat doit avoir maintenant votre beauté! Pourrions-nous
« nous plaindre, nous trop justement puni, tandis que vous, Ève encore non
« tombée, vous souffrez les persécutions des hommes ! Ce nous est une ten-
« tation dangereuse de penser que ces bras si faibles et si délicats sont abattus
« sous le poids des chaînes; que cette tête, ornée de toutes les grâces des vierges,
« et qui mériterait d'être soutenue par la main des anges, repose sur une pierre
« dans les ténèbres d'une prison. Ah ! s'il nous eût été donné d'être heureux
« avec vous!... Mais loin de nous cette pensée! Fille d'Homère, Eudore va
« vous devancer au séjour des concerts ineffables : il faut qu'il coupe le fil de
« ses jours, comme un tisserand coupe le fil de sa toile à moitié tissue. Nous vous
« écrivons de la prison de Saint-Pierre, la première année de la persécution. De-
« main nous comparaîtrons devant les juges, à l'heure où Jésus-Christ mourut
« sur la croix. Ma bien-aimée, notre amour pour vous serait-il plus fort si nous
« vous écrivions de la maison des rois, et durant l'année du bonheur?

« Il faut vous quitter, ô vous qui êtes née la plus belle entre les filles des
« hommes ! Nous demandons au ciel avec larmes qu'il nous permette de vous
« revoir ici-bas, ne fût-ce que pour un moment. Cette grâce nous sera-t-elle
« accordée? Attendons avec résignation les décrets de la Providence ! Ah ! du
« moins, si nos amours ont été courts, ils ont été purs ! Ainsi que la Reine des
« anges, vous gardez le doux nom d'épouse, sans avoir perdu le beau nom de
« vierge. Cette pensée, qui ferait le désespoir d'une tendresse humaine, fait la
« consolation d'une tendresse divine. Quel bonheur est le nôtre ! O Cymodocée,
« nous étions destiné à vous appeler ou la mère de nos enfants, ou la chaste
« compagne de notre félicité éternelle !

« Adieu donc, ô ma sœur ! Adieu, ma colombe, ma bien-aimée ! priez votre
« père de nous pardonner ses larmes. Hélas ! il vous perdra peut-être, et il
« n'est pas chrétien : il doit être bien malheureux !

« Voici la salutation que moi Eudore j'ajoute à la fin de cette lettre :
« Souvenez-vous de mes liens, ô Cymodocée !
« Que la douceur de Jésus-Christ soit avec vous ! »

LIVRE VINGT ET UNIÈME.

SOMMAIRE. — Eudore est relevé de sa pénitence. Plaintes de Démodocus. Prison de Cymodocée. Cymodocée reçoit la lettre d'Eudore. Actes du martyre d'Eudore. Le Purgatoire.

C'était l'heure où les courtisans de Galérius, couchés sur des lits de pourpre autour d'une table pompeusement servie, prolongeaient les délices du festin dans les ombres de la nuit. Les mains chargées de branches d'anet, le front ceint d'une couronne de roses et de violettes, chaque convive faisait éclater ses transports. Des joueuses de flûte, habiles dans l'art de Terpsichore, irritaient les désirs par des danses efféminées et des chansons voluptueuses. Une coupe d'une rare beauté, et aussi profonde que celle de Nestor, animait la joyeuse assemblée. Le dieu qui porte l'arc et le bandeau, et qui se rit des maux qu'il a faits, était, comme au banquet d'Alcibiade, l'objet des discours de ces hommes heureux. Le marbre, le cristal, l'argent, l'or, les pierres précieuses, renvoyaient et multipliaient l'éclat des flambeaux ; et l'odeur des parfums de l'Arabie se mêlait à celle des vins de la Grèce.

A cette heure, les confesseurs chrétiens, abandonnés du monde et condamnés à mourir, préparaient aussi une fête et un banquet dans les cachots de Saint-Pierre. Eudore devait comparaître le lendemain au tribunal du juge ; il pouvait expirer au milieu des tourments : il était donc temps de le relever de sa pénitence.

On allume une lampe dans la prison. Cyrille, à qui l'évêque de Rome a remis ses pouvoirs, doit célébrer la messe de réconciliation. Gervais et Protais sont choisis pour servir le sacrifice : ils se revêtent d'une tunique blanche apportée par les frères ; leurs cheveux blonds tombent en boucles sur leur cou découvert ; une pudeur virginale respire dans tous leurs traits. On eût dit qu'ils marchaient au martyre, tant il y avait de joie et de modestie peintes sur le front de ces jeunes hommes!

Les prisonniers se mettent à genoux autour de Cyrille, qui commence à voix basse une messe sans calice et sans autel. Les confesseurs alarmés ne savent où il va consacrer la victime sans tache. O sublime invention de la charité! ô touchante cérémonie! le vieil évêque dépose l'hostie sur son cœur, qui devient ainsi l'autel du sacrifice. Jésus-Christ martyr est offert en holocauste sur le cœur d'un martyr! Un Dieu s'élève de ce cœur, un Dieu descend dans ce cœur.

Cependant Eudore, dépouillé de l'habit de sa pénitence, reçoit en échange une robe éclatante de blancheur. Persée et Zacharie se lèvent pour remplir les fonctions de diacre et d'archidiacre : ils adressent au nom des chrétiens ces paroles à Cyrille :

« Très-cher à Dieu, c'est ici le moment de la miséricorde ; ce pénitent veut être réconcilié, et l'Église vous le demande : il a été postulant, auditeur, prosterné ; faites-le remonter au rang des élus. »

Cyrille dit alors :

« Pénitent, promettez-vous de changer de vie? Levez les mains au ciel en signe de cette promesse. »

Eudore leva vers le ciel ses bras chargés de chaînes : il parut orné de ses liens comme une jeune épouse de ses bracelets et des franges d'or qui bordent sa robe. Cyrille prononça sur lui ces paroles :

« Fidèle, je t'absous par la miséricorde de Jésus-Christ, qui délie dans le ciel tout ce que ses apôtres délient sur la terre. »

A ces mots, Eudore tombe aux pieds de l'évêque : il reçoit des mains du diacre le saint Viatique, ce pain du voyageur chrétien préparé pour le pèlerinage de l'éternité. Les confesseurs admirent au milieu d'eux le martyr désigné, qui, semblable à un consul romain choisi par le peuple, va bientôt déployer les marques de sa puissance. Le monde n'aurait aperçu dans cette assemblée de proscrits que des hommes obscurs destinés à périr du dernier supplice ; et pourtant là se voyaient les chefs d'une race nombreuse qui devait couvrir la terre ; là se trouvaient des victimes dont le sang allait éteindre le feu de la persécution, et faire régner la croix sur l'univers. Mais combien de larmes couleront encore avant que cette persécution ait amené le jour du triomphe.

Démodocus n'était arrivé à Rome que pour avoir le cœur déchiré. Averti du premier malheur qui menaçait la prêtresse des Muses, il était parvenu à rassembler le peuple et à le conduire au palais de Galérius ; mais à peine a-t-il arraché Cymodocée des mains d'Hiéroclès, qu'elle lui est enlevée comme chrétienne. On interdit au vieillard la vue de sa fille : toute pitié a disparu depuis que la jeune Messénienne s'est déclarée de la secte proscrite. Le gardien de la prison de Saint-Pierre était humain, pitoyable, accessible à l'or : on pénétrait aisément jusqu'aux martyrs ; mais Sævus, gardien du cachot de Cymodocée, était ennemi furieux des chrétiens, parce que Blanche, sa femme, qui était chrétienne, avait en horreur ses débauches. Il n'avait jamais voulu consentir que l'on parlât, même devant lui, à la fille d'Homère, et il repoussait Démodocus par des outrages et des menaces.

Non loin de l'asile de douleur où gémissait l'épouse d'Eudore, s'élevait un temple consacré par les Romains à la Miséricorde : la frise en était ornée de bas-reliefs de marbre de Carrare, représentant des sujets consacrés par l'histoire ou chantés par la muse : on reconnaissait cette pieuse fille qui nourrit son père dans la prison, et devint la mère de celui dont elle avait reçu la vie; plus loin Manlius, après avoir immolé son fils, revenait victorieux au Capitole; les vieillards s'avançaient au-devant de lui, mais les jeunes Romains évitaient la rencontre du triomphateur. Ici, une brillante vestale, faisant remonter sur le Tibre le vaisseau qui portait l'image de Cybèle, entraînait avec sa ceinture les destins de Rome et de Carthage; là, Virgile, encore pasteur, était obligé d'abandonner les champs paternels; là, dans la nuit fatale de son exil, Ovide recevait les adieux de son épouse.

Les astres finissaient et recommençaient leur cours, et retrouvaient Démodocus assis dans la poussière sous le portique de ce temple. Un manteau sale et déchiré, une barbe négligée, des cheveux en désordre et souillés de cendres, annonçaient le chagrin du vénérable suppliant. Tantôt il embrassait les pieds de la statue de la Miséricorde, en les arrosant de ses pleurs; tantôt il implorait la pitié du peuple : quelquefois il chantait sur la lyre pour tendre un piége aux passants, pour attirer par les accents du plaisir l'attention que les hommes craignent de donner aux larmes.

« O siècle d'airain! s'écriait-il, hommes haïs de Jupiter pour votre dureté! quoi! vous restez insensibles à la douleur d'un père! Romains, vos ancêtres ont élevé des temples à la Piété filiale, et mes cheveux blancs ne peuvent vous toucher! Suis-je donc un parricide en horreur aux peuples et aux cités? Ai-je mérité d'être dévoué aux Euménides? Hélas! je suis un prêtre des dieux; j'ai été nourri sur les genoux d'Homère, au milieu du chœur sacré des Muses! J'ai passé ma vie à implorer le ciel pour les hommes, et ils se montrent inexorables à mes prières! Que demandé-je pourtant? Qu'on me permette de voir ma fille, de partager ses fers, de mourir dans ses bras avant qu'elle me soit ravie. Romains, songez à l'âge si tendre de ma Cymodocée! Ah! j'étais le plus heureux des mortels que le soleil éclaire dans sa course! Aujourd'hui quel esclave voudrait changer son sort contre le mien! Jupiter m'avait donné un cœur hospitalier : de tous les hôtes que j'ai reçus à mes foyers, et qui ont bu avec moi la coupe de la joie, en est-il un seul qui vienne partager ma douleur! Insensé est le mortel qui croit sa prospérité constante! La fortune ne se repose nulle part. »

A ces mots, Démodocus, frappant ses mains avec désespoir, se roule sur la terre. Ses cris ne percent point les murs du cachot de sa fille. Les fidèles qui avaient précédé la nouvelle chrétienne dans ce lieu sanglant avaient tous donné leur vie pour Jésus-Christ. Cymodocée habitait seule la prison. Fatigué des soins qu'il était obligé de rendre à l'orpheline, Sævus insultait souvent à son malheur : ainsi, lorsque de grossiers villageois ont enlevé un aiglon sur la montagne, ils enferment dans une indigne cage l'héritier de l'empire des airs; ils insultent par d'ignobles jeux et des traitements inhumains à la majesté tombée : ils frappent cette tête couronnée; ils éteignent ces yeux qui auraient contemplé le soleil ; ils tourmentent en mille façons ce jeune roi qui n'a point d'ailes pour fuir, ou de serres pour repousser les outrages.

Nourrie dans les riantes idées de la mythologie ; environnée jusqu'alors des images les plus douces et les plus gracieuses, Cymodocée avait à peine connu le nom de la tristesse et de l'adversité. Elle n'avait point été formée à cette école chrétienne où, dès le berceau, l'homme apprend qu'il est né pour souffrir. Depuis quelque temps, soumise aux épreuves de la Providence, la fille d'Homère avait changé de religion en changeant de fortune, et le christianisme était venu lui donner contre les afflictions de la vie des secours que ne lui offrait point le culte des faux dieux. Elle étudiait avec ardeur les livres saints qu'elle avait trouvés dans sa prison, et qui avaient appartenu à quelque martyr ; mais, sans cesse obsédée par les souvenirs de son enfance et de sa jeunesse, elle ne pouvait goûter encore parfaitement ces hautes consolations de la religion qui nous élèvent au-dessus des regrets et des misères humaines. Souvent, au milieu de sa lecture, sa tête tombait sur la page sacrée, et la nouvelle chrétienne, saisie de douleur, redevenait un moment la prêtresse des Muses. Elle se représentait cette brillante lumière de la Messénie ; elle croyait errer dans les bois d'Amphise ; elle revoyait ces belles fêtes de la Grèce, ces chars roulant sous les ombrages de Némée, ces religieuses Théories parcourant au son des flûtes les sommets de l'Ira ou la plaine de Stényclare. Elle songeait au bonheur dont elle jouissait autrefois avec son père, et au chagrin qui accablait maintenant ce vieillard. « Où est-il ? que fait-il ? qui prend soin de son âge et de ses larmes ? Oh ! que les peines de Cymodocée sont légères auprès de celles qui doivent accabler son père et son époux ! ».

Tandis que la fille de Démodocus se livre à ces pensers amers, elle entend tout à coup retentir des pas au fond de sa prison. Blanche, la femme du gardien, s'avance et remet à Cymodocée la lettre d'Eudore, avec le secret nécessaire pour lire ces tristes adieux. Cette chrétienne timide, qui n'ose braver ouvertement son époux et les supplices, se hâte de sortir, et referme les portes du cachot.

Cymodocée, restée seule, prépare aussitôt la liqueur qui, versée sur la page blanche, doit faire paraître les traits mystérieux que l'amour et la religion y avaient tracés. Au premier essai, elle reconnaît l'écriture d'Eudore ; bientôt elle parvient à lire les premiers témoignages de l'amour de son époux ; les expressions du martyr deviennent plus tendres ; on entrevoit quelque annonce funeste ; Cymodocée n'ose plus déchiffrer l'écrit fatal. Elle s'arrête ; elle recommence, s'arrête de nouveau, recommence encore ; enfin, elle arrive à ces mots :

« Fille d'Homère, Eudore va peut-être vous devancer au séjour des concerts
« ineffables. Il faut qu'il coupe le fil de ses jours, comme un tisserand coupe
« le fil de sa toile à moitié tissue. »

Soudain les yeux de la jeune chrétienne s'obscurcissent, et elle tombe évanouie sur la pierre de la prison.

Mais, ô Muse céleste, d'où viennent ces transports de joie qui éclatent dans les parvis éternels ? Pourquoi les harpes d'or font-elles entendre ces sons mélodieux ? Pourquoi le roi-prophète soupire-t-il ses plus beaux cantiques ? Quelle allégresse parmi les anges! Le premier des martyrs, le glorieux Étienne, a pris dans le Saint des saints une palme éclatante; il la porte vers la terre avec un front incliné et respectueux. Cieux, racontez le triomphe du juste! Le moment si court des afflictions de la vie va produire un bonheur qui ne finira plus. Eudore a paru devant le juge!

Il a dit adieu à ses amis; il a recommandé à leur charité son épouse et Démodocus. Les soldats ont conduit le martyr au temple de la Justice, bâti par Auguste, près du théâtre de Marcellus. Au fond d'une salle immense et découverte s'élève une chaire d'ivoire, surmontée de la statue de Thémis, mère de l'Équité, de la Loi et de la Paix. Le juge est placé sur cette chaire : à sa gauche sont des sacrificateurs, un autel, une victime; à sa droite, des centurions et des soldats; devant lui, des entraves, un chevalet, un bûcher, une chaise de fer, mille instruments de supplice, et de nombreux bourreaux : dans la salle est la foule du peuple. Eudore enchaîné se tient debout au pied du tribunal. Les hérauts, ministres de Jupiter et des hommes, commandent le silence. Le juge interroge, et l'écrivain grave sur des tablettes les actes du martyr.

Festus, suivant les formes usitées, dit:

« Quel est ton nom? »

Eudore répond :

« Je m'appelle Eudore, fils de Lasthénès. »

Le juge dit :

« N'as-tu pas connaissance des édits qui ont été publiés contre les chrétiens? »

Eudore répond :

« Je les connais. »

Le juge dit :

« Sacrifie donc aux dieux. »

Eudore répond :

« Je ne sacrifie qu'à un seul Dieu, créateur du ciel et de la terre. »

Festus ordonne de dépouiller Eudore, de l'étendre sur le chevalet, et de lui attacher des poids aux pieds.

Le juge dit :

« Eudore, je te vois pâlir, tu souffres. Aie pitié de toi-même : souviens-toi de ta gloire et des honneurs dont tu as été comblé! Jette les yeux sur ta maison près de tomber par ta chute : vois les larmes de ton père, écoute les plaintes de tes aïeux. Ne crains-tu point de combler d'un ennui éternel la déplorable vieillesse de ceux qui t'ont donné la vie? »

Eudore répond :

« Ma gloire, mes honneurs et mes parents sont dans le ciel. »

Le juge dit :

« Seras-tu donc insensible aux douceurs et aux promesses d'un chaste hyménée? »

Eudore ne répond point.

Le juge dit :

« Tu t'attendris, achève ; laisse-toi toucher : sacrifie, ou tremble des maux qui t'attendent. »

Eudore répond :

« Que me servirait d'avoir tremblé devant un juge qui doit mourir comme moi ? »

Festus fait déchirer Eudore avec des ongles de fer. Le sang couvre le corps du confesseur, comme la pourpre de Tyr teint l'ivoire de l'Inde, ou la laine la plus blanche de Milet.

Alors le juge :

« Es-tu vaincu ? Vas-tu sacrifier aux dieux ? Songe, si tu t'obstines, que tu entraîneras dans ta perte ton père, tes sœurs, et celle qui était destinée à ton lit. »

Eudore s'écrie :

« D'où me vient ce bonheur d'être sacrifié trois fois pour mon Dieu ? »

On écarte les pieds du confesseur dans les entraves ; on fait rougir la chaise de fer ; on prépare la poix bouillante et les tenailles. Eudore ne paraît pas souffrir. On voyait sur son visage briller l'allégresse jointe à une douce gravité, et la majesté au milieu des grâces. La chaise de fer est préparée. Le docteur des chrétiens, assis dans le fauteuil embrasé, prêche plus éloquemment l'Évangile. Des Séraphins répandent sur Eudore une rosée céleste, et son ange gardien lui fait une ombre de ses ailes. Il paraissait dans la flamme comme un pain délicieux préparé pour les tables éternelles. Les païens les plus intrépides détournaient la tête : ils ne pouvaient soutenir l'éclat du martyr. Les bourreaux fatigués se relayaient les uns les autres ; le juge regardait le chrétien avec un secret effroi : il croyait voir un dieu sur cette chaise ardente. Le confesseur lui crie :

« Remarquez bien mon visage, afin de le reconnaître à ce jour terrible où tous les hommes seront jugés ? »

A ces mots, Festus troublé fait suspendre le supplice. Il se précipite de son tribunal, passe derrière le rideau, et laisse l'écrivain lire en tremblant cette sentence :

« La clémence de l'invincible Auguste ordonne que celui qui, refusant d'obéir
« aux sacrés édits, n'a pas voulu sacrifier, soit exposé aux bêtes, dans l'amphi-
« théâtre, le jour de la divine naissance de notre empereur éternel. »

Aussitôt Eudore est reporté par les soldats à la prison. Déjà les confesseurs étaient instruits de son triomphe. Au moment où la porte du cachot s'entr'ouvre, et laisse voir aux évêques le martyr pâle et mutilé, ils s'avancent au-devant de lui, Cyrille à leur tête, et entonnent tous à la fois ce cantique :

« Il a vaincu l'enfer, il a cueilli la palme ! Entrez dans le tabernacle du Sei-
« gneur, ô prêtre illustre de Jésus-Christ !

« Quel éclat sort de ses plaies ! il a été éprouvé par le feu, comme l'argent
« raffiné jusqu'à sept fois.

« Il a vaincu l'enfer, il a cueilli la palme ! Entrez dans le tabernacle du Sei-
« gneur, ô prêtre illustre de Jésus-Christ ! »

Les anges répétaient dans le ciel ce cantique, et un nouveau sujet d'allégresse charmait les esprits bienheureux.

Eudore, dans le cours de ses actes glorieux, avait offert secrètement son sacrifice pour le salut de sa mère. Depuis longtemps averti en songe de la destinée de Séphora, il priait le Très-Haut d'accorder à cette vertueuse femme un rang parmi les élus. Elle était tombée, au sortir du monde, dans le lieu où les âmes achèvent d'expier leurs erreurs, parce qu'elle avait aimé ses enfants avec trop de faiblesse, et qu'elle était ainsi devenue la première cause des égarements de son fils. Eudore, par l'hommage volontaire de son sang, avait obtenu la fin des épreuves de Séphora. Les trois prophètes qui lisent devant l'Éternel le livre de vie, Isaïe, Élie et Moïse, proclament le nom de l'âme délivrée. Marie se lève de son trône : les anges qui lui présentaient les vœux des mères, les pleurs des enfants, les douleurs des pauvres et des infortunés, suspendent un moment leurs offrandes. Elle monte vers son Fils ; elle entre dans la région où l'Agneau règne au milieu des vingt-quatre vieillards ; elle s'avance jusqu'aux pieds d'Emmanuel, et s'inclinant devant la seconde Essence incréée :

« O mon Fils ! si n'étant encore qu'une faible mortelle, j'ai porté dans mon
« sein le poids de votre éternité ; si vous daignâtes confier à mon amour le soin
« de votre humanité souffrante, daignez écouter ma prière ! Vos prophètes ont
« annoncé la délivrance de la mère du nouveau martyr. Les fidèles vont-ils
« enfin jouir de la paix du Seigneur? Fille des hommes, vous m'avez permis
« de vous présenter leurs larmes. Je vois un confesseur qu'un tigre va déchirer ;
« le sang qu'il a déjà répandu ne suffit-il pas pour racheter ce chrétien, et le
« faire rentrer dans votre gloire? Faut-il qu'il achève son sacrifice, et la voix
« de Marie ne peut-elle rien changer à la rigueur de vos conseils? »

Ainsi parle la Mère des sept douleurs. Alors le Messie, d'un ton miséricordieux :
« O ma mère ! vous le savez, je compatis aux larmes des hommes ; je me suis
« chargé pour eux du fardeau de toutes les misères du monde. Mais il faut que
« les décrets de mon père s'accomplissent. Si mes confesseurs sont persécutés
« un moment sur la terre, ils jouiront dans le ciel d'une gloire sans fin. Ce-
« pendant, ô Marie! le moment de leur triomphe approche : la grâce même a
« commencé. Descendez vers les lieux où les fautes sont effacées par la péni-
« tence ; ramenez au ciel avec vous la femme dont les prophètes ont déclaré la
« béatitude, et que la félicité du martyr pour lequel vous m'implorez com-
« mence par le bonheur de sa mère. »

Un sourire accompagne les paroles pacifiques du Sauveur du monde. Les vingt-quatre vieillards s'inclinent sur leurs trônes, les Chérubins se voilent de leurs ailes ; les sphères célestes s'arrêtent pour écouter le Verbe éternel ; et les profondeurs du chaos tressaillent et sont éclairées, comme si quelque création nouvelle allait sortir du néant.

Aussitôt Marie descend vers le lieu de la purification des âmes. Elle s'avance par un chemin semé de soleils, au milieu des parfums incorruptibles et des fleurs célestes que les anges répandent sous ses pas. Le chœur des vierges la précède, en chantant des hymnes. Auprès d'elle paraissaient les femmes les plus illustres : Élisabeth, dont l'enfant tressaillit à l'approche de Marie ; Madeleine, qui répandit un nard précieux sur les pieds de son maître, et les essuya de ses cheveux ; Salomé, qui suivit Jésus au Calvaire ; la mère des Machabées, celle des sept enfants martyrs ; Lia et Rachel ; Esther, reine encore, Débora, de qui la tombe vit croître le chêne des pleurs ; et l'épouse d'Élimélech, que les anges ont appelée Belle, et les hommes Noémi.

Entre le ciel et l'enfer s'étend une vaste demeure consacrée aux expiations des morts. Sa base touche aux régions des douleurs infinies, et son sommet à l'empire des joies intarissables. Marie porte d'abord la consolation aux lieux les plus éloignés du séjour des béatitudes. Là, des malheureux, haletants et couverts de sueur, s'agitent au milieu d'une nuit obscure. Leurs noires paupières ne sont éclairées que par les flammes voisines de l'enfer. Les âmes éprouvées dans cette enceinte ne partagent point les supplices éternels, mais elles en ont la terreur. Elles entendent le bruit des tourments, le retentissement des fouets, le fracas des chaînes. Un fleuve brûlant, formé des pleurs des réprouvés, les sépare seul de l'abîme où elles craindraient d'être ensevelies, si elles n'étaient rassurées par un espoir sans cesse éteint et toujours renaissant.

L'apparition de la Reine des anges au milieu de ces infortunés suspendit un moment l'horreur de leurs craintes. Une lumière divine éclaira les prisons expiatoires, pénétra jusque dans l'enfer, et l'enfer étonné crut voir entrer l'Espérance. Saisie d'une pitié céleste, Marie passe avec sa pompe angélique à des régions moins obscures et moins malheureuses. A mesure qu'on s'élève dans ces lieux d'épreuves, ces lieux s'embellissent, et les peines deviennent plus douces et moins durables. Des anges compatissants, bien que sévères, veillent aux pénitences des âmes éprouvées. Au lieu d'insulter à leurs peines, comme les esprits pervers aux pleurs des damnés, ils les consolent, et les invitent au repentir : ils leur peignent la beauté de Dieu, et le bonheur d'une éternité passée dans la contemplation de l'Être suprême.

Un spectacle extraordinaire frappe surtout les regards des saintes femmes descendues des cieux avec la Reine des vierges : des âmes deviennent peu à peu rayonnantes et lumineuses, au milieu des autres âmes qui les entourent; une auréole glorieuse se forme autour de leur front; transfigurées par degré, elles s'envolent à des régions plus élevées, d'où elles entendent les divins concerts. C'étaient des morts dont les peines étaient abrégées par les prières des parents et des amis qu'ils avaient encore sur la terre. Céleste prérogative de l'amitié, de la religion et du malheur! Plus celui qui prie ici-bas est infortuné, pauvre, infirme, méprisé, plus ses vœux ont de puissance pour donner un bonheur éternel à quelque âme délivrée!

L'heureuse Séphora brillait d'un éclat extraordinaire au milieu de ces morts rachetés. La mère des Machabées prend aussitôt par la main la mère d'Eudore, et la présente à Marie. Le cortége remonte lentement vers les sacrés tabernacles. Les mondes divers, ceux qui frappent nos regards pendant la nuit, ceux qui échappent à notre vue dans la profondeur des espaces, les soleils, la création entière, les chœurs des puissances qui président à cette création, chantent l'hymne à la mère du Sauveur :

« Ouvrez-vous, portes éternelles : laissez passer la Souveraine des cieux!
« Je vous salue, Marie, pleine de grâce, modèle des vierges et des épouses!
« Chérubins ardents, portez sur vos ailes la fille des hommes et la mère de
« Dieu. Quelle tranquillité dans ses regards baissés! Que son sourire est calme
« et pudique! Ses traits conservent encore la beauté de la douleur qu'elle éprouva

« sur la terre, comme pour tempérer les joies éternelles! Les mondes fré-
« missent d'amour à son passage; elle efface l'éclat de la lumière incréée dans
« laquelle elle marche et respire. Salut, vous qui êtes bénie entre toutes les
« femmes! Refuge des pécheurs, consolatrice des affligés!
« Ouvrez-vous, portes éternelles : laissez passer la Souveraine des cieux! »

LIVRE VINGT-DEUXIÈME.

SOMMAIRE. — L'ange exterminateur frappe Galérius et Hiéroclès. Hiéroclès va trouver le juge des chrétiens. Retour du messager envoyé à Dioclétien. Tristesse d'Eudore, de Démodocus et de Cymodocée. Le repas libre. Tentation.

Que sont les peines du corps auprès des tourments de l'âme! Quel feu peut être comparé au feu des remords! Le juste est tourmenté dans son corps; mais son âme, comme une forteresse inexpugnable, reste paisible quand tout est ravagé au dehors : le méchant, au contraire, repose parmi des fleurs ou sur un lit de pourpre; il semble jouir de la paix, mais l'ennemi s'est glissé au dedans; des signes funestes trahissent le secret de cet homme qui semble heureux : ainsi au milieu d'une campagne florissante on découvre le drapeau funèbre qui flotte sur les tours d'une cité dont la peste et la mort se disputent les débris.

Hiéroclès a renié le ciel : le ciel l'a abandonné à l'enfer. Publius, qui veut achever de perdre un rival, a découvert les infidélités du ministre de l'empereur : le sophiste avait fait entrer dans ses trésors une partie des trésors du prince. Chacun cherche à Hiéroclès un crime nouveau : car on devient aussi lâche à accuser le méchant abattu qu'on était lâche à l'excuser triomphant. Que fera l'ennemi de Dieu? Partira-t-il pour Alexandrie, sans essayer de sauver celle qu'il a perdue? Restera-t-il à Rome pour assister aux funérailles sanglantes de Cymodocée? La haine publique le poursuit; un prince terrible le menace; un effroyable amour brûle dans son cœur. Dans cette perplexité, les yeux du pervers se tachent de sang, son regard devient fixe, ses lèvres s'entr'ouvrent, et ses joues livides tremblent avec tout son corps : ainsi lorsqu'un serpent s'est empoisonné lui-même avec les sucs mortels dont il compose son venin, le reptile, couché dans la voie publique, s'agite à peine sur la poussière, ses paupières sont à demi fermées, sa gueule noircie laisse échapper une écume impure, sa peau détendue et jaunie ne s'arrondit plus sur ses anneaux : il inspire encore l'effroi; mais cet effroi n'est plus ennobli par l'idée de sa puissance.

Oh! combien différent est le chrétien de qui les veines épuisées de sang en ont toutefois assez retenu pour animer un grand cœur! Mais c'était peu que les douleurs et les remords avant-coureurs des châtiments réservés au persécuteur des fidèles : Dieu fait un signe à l'ange exterminateur, et du doigt lui marque deux victimes. Le ministre des vengeances attache aussitôt à ses épaules des ailes de feu dont le frémissement imite le bruit lointain du tonnerre. D'une main il prend une des sept coupes d'or pleines de la colère de Dieu; de l'autre il saisit le glaive qui frappa les nouveau-nés de l'Égypte et fit reculer le soleil à l'aspect du camp de Sennachérib. Les nations entières, condamnées pour leurs crimes, s'évanouissent devant cet esprit inexorable, et l'on cherche en vain leurs tombeaux. Ce fut lui qui traça sur la muraille, pendant le festin de Balthazar, les mots inconnus; ce fut lui qui jeta sur la terre la faux qui vendange, et la faux qui moissonne, lorsque Jean entrevit dans l'île de Patmos les formidables figures de l'avenir.

L'ange exterminateur descend dans un éclair, comme ces étoiles qui se détachent du ciel et portent l'épouvante au cœur du matelot. Il entre enveloppé d'un nuage dans le palais des Césars au moment même où Galérius, assis à la table du festin, célébrait ses prospérités. Aussitôt les lampes du banquet pâlissent; on entend au dehors comme le roulement d'une multitude de chariots de guerre; les cheveux des convives se hérissent sur leur front; des larmes involontaires coulent de leurs yeux; les ombres des vieux Romains se levèrent dans les salles, et Galérius eut un pressentiment confus de la destruction de l'empire. L'Ange s'approche invisible de ce maître du monde, et verse dans sa coupe quelques gouttes du vin de la colère céleste. Poussé par son mauvais destin, l'empereur porte à ses lèvres la liqueur dévorante; mais à peine a-t-il bu à la fortune des Césars, qu'il se sent soudain enivré; un mal aussi prompt qu'inattendu le renverse aux pieds de ses esclaves : Dieu dans un moment a couché ce géant sur la terre.

Une poutre coupée sur le sommet du Gargare a vieilli dans un palais, séjour d'une race antique; tout à coup le feu rayonnant au foyer du roi monte jusqu'au chêne desséché, la poutre s'embrase, et tombe avec fracas dans les salles qui mugissent : ainsi tombe Galérius. L'ange l'abandonne à ce premier effet du poison éternel, et vole à la demeure où gémissait Hiéroclès. D'un coup du glaive du Seigneur, il flétrit les flancs du ministre impie. A l'instant une hideuse maladie, dont Hiéroclès avait puisé les germes dans l'Orient, se déclare. L'infortuné voit une lèpre épaisse couvrir tout son corps; ses vêtements s'attachent à sa chair, comme la robe de Déjanire ou la tunique de Médée. Sa tête s'égare; il blasphème contre le ciel et les hommes, et tout à coup il implore les chrétiens pour le délivrer des esprits de ténèbres dont il se sent obsédé. La nuit était au milieu de son cours. Hiéroclès appelle ses esclaves; il leur ordonne de préparer une litière; il sort de son lit, s'enveloppe dans un manteau, et se fait porter, à moitié en délire, chez le juge des chrétiens.

« Festus, lui dit-il, tu tiens en ta puissance une chrétienne qui fait le tourment de ma vie : sauve-la de la mort, et donne cette esclave à mon amour; ne la condamne point aux bêtes; l'édit te permet de la livrer aux lieux infâmes... tu m'entends? »

A ces mots, le pervers jette une bourse d'or aux pieds du juge : il s'éloigne ensuite en poussant un sourd mugissement, comme un taureau malade qui se traîne parmi des roseaux, au fond d'un marais.

Dans ce moment même, le dernier espoir des chrétiens venait de s'évanouir: le messager qu'Eudore avait envoyé à Dioclétien pour l'engager à reprendre l'empire était revenu de Salone : Zacharie l'introduisit dans les cachots. Les confesseurs avaient tous reçu leur sentence : ils étaient condamnés à mourir dans l'amphithéâtre avec Eudore. Entouré des évêques qui pansaient ses plaies, le fils de Lasthénès était étendu à terre sur les robes des martyrs : tel un guerrier blessé est couché sur les drapeaux qu'il a conquis, au milieu de ses compagnons d'armes. Le messager, saisi de douleur, restait muet et interdit, les yeux attachés sur l'époux de Cymodocée.

« Parlez, mon frère, lui dit Eudore, la chair est un peu abattue, mais l'esprit conserve encore sa vigueur. Félicitez-moi d'être soulagé par des mains qui ont tant de fois touché le corps de Jésus-Christ. »

Le messager, essuyant ses pleurs, rendit compte en ces mots de son entrevue avec Dioclétien :

« Eudore, je m'embarquai d'après vos ordres sur la mer Adriatique, et j'abordai bientôt au rivage de Salone. Je demandai Dioclès, autrefois Dioclétien, empereur. On me dit qu'il habitait ses jardins à quatre milles de la ville. Je m'y rendis à pied. J'arrivai à la demeure de Dioclès ; je traversai des cours où je ne rencontrai ni gardes ni surveillants. Des esclaves étaient occupés çà et là à des travaux champêtres. Je ne savais à qui m'adresser. J'aperçus un homme avancé en âge qui travaillait dans le jardin ; je m'approchai de lui pour lui demander où l'on trouvait le prince que je cherchais.

« Je suis Dioclès, répondit le vieillard en continuant son travail. Vous pou« vez vous expliquer si vous avez quelque chose à me dire. »

« Je demeurai muet d'étonnement.

« Hé bien ! me dit Dioclétien, quelle affaire vous amène ici ? Avez-vous des « graines rares à me donner, et voulez-vous que nous fassions des échanges ? »

« Je remis votre lettre au vieil empereur ; je lui peignis les malheurs des Romains, et le désir que les chrétiens avaient de le revoir à la tête de l'État. A ces mots, Dioclétien, suspendant son travail, s'écria :

« Plût aux Dieux que ceux qui vous envoient vissent, comme vous, les lé« gumes que je cultive de mes propres mains à Salone : ils ne m'inviteraient « pas à reprendre l'empire ! »

« Je lui fis observer qu'un autre jardinier avait bien consenti à porter la couronne.

« Le jardinier Sidonien, répliqua-t-il, n'était pas, comme moi, descendu du « trône, et il fut tenté d'y monter : Alexandre n'aurait pas réussi auprès de « moi. »

« Je ne pus en obtenir d'autre réponse. En vain je voulais insister.

« Rendez-moi un service, me dit-il brusquement ; voilà un puits ; je suis « vieux, vous êtes jeune, tirez-moi de l'eau, mes légumes en manquent. »

« A ces mots, Dioclétien me tourna le dos, et Dioclès reprit son arrosoir. »

Le messager se tut. Cyrille lui adressa la parole :

« Mon frère, vous ne sauriez nous apporter une meilleure nouvelle. Eudore, après votre départ, nous avait instruits de l'objet de votre voyage : les évêques craignaient que vous n'eussiez réussi. Le martyre a éclairé le fils de Lasthénès ; il connaît maintenant ses devoirs : Galérius est notre souverain légitime. »

— « Oui, dit Eudore repentant et humilié, je me reconnais justement puni pour un dessein criminel. »

Ainsi parlaient ces martyrs brisés par les fers et les chevalets de Galérius : tel l'animal courageux qui lance les ours et les sangliers dans les brunes forêts de l'Achéloüs, tombe, sans l'avoir mérité, dans la disgrâce du chasseur; percé de l'épieu destiné aux bêtes farouches, le limier tourne sous le coup fatal, se débat sur la mousse ensanglantée; mais, en expirant, il jette un regard soumis vers son maître, et semble lui reprocher de s'être privé d'un serviteur fidèle.

Cependant, au moment de quitter la terre, Eudore était tourmenté d'une tendre inquiétude. Malgré la ferveur de sa foi et l'exaltation de son âme, le martyr ne pouvait songer sans frémir au destin de la fille d'Homère. Que deviendra cette victime? Retombera-t-elle entre les mains d'Hiéroclès? Sera-t-elle interrogée par le juge? Pourra-t-elle soutenir d'aussi terribles épreuves? A-t-elle été condamnée à la mort sur son premier aveu, avec les confesseurs de la prison de Saint-Pierre? Eudore se représentait Cymodocée déchirée par des lions, et implorant en vain le secours de l'époux pour qui elle donnait sa vie. A ce tableau, il opposait celui du bonheur qu'il aurait pu goûter avec une femme si belle et si pure. Mais une voix s'élevait tout à coup dans sa conscience, et lui criait :

« Martyr! sont-ce là les pensées qui doivent occuper ton âme? L'éternité! l'éternité! »

Les évêques, habiles dans la connaissance du cœur, s'apercevaient des combats intérieurs de l'athlète. Ils devinaient ses pensées et cherchaient à relever son courage :

« Compagnon, lui disait Cyrille, soyons pleins de joie : bientôt nous irons à la gloire. Voyez dans cette prison, comme dans une riante campagne, ce champ d'épis mûrs qui seront tous moissonnés et rempliront les granges du bon pasteur! Cymodocée sera peut-être avec nous : c'est une fleur qui s'est trouvée au milieu du froment, et qui parfumera les corbeilles! Si Dieu l'ordonne ainsi, que sa volonté soit faite! Mais demandons plutôt au ciel qu'il laisse votre épouse ici-bas, afin qu'elle offre pour nous à l'Éternel le sacrifice agréable de ses innocentes prières. »

Lorsque après une nuit brûlante d'été un vent frais s'élève de l'orient avec le jour, le nautonier dont le vaisseau languissait sur une mer immobile salue le Zéphyr, enfant de l'Aurore, qui lui ramène la fraîcheur et lui abrège le chemin : ainsi les paroles de Cyrille, comme un souffle bienfaisant, raniment le martyr et le poussent dans la voie du ciel. Toutefois il ne peut se dépouiller entièrement de l'homme : depuis longtemps il a chargé des chrétiens intrépides de sauver Cymodocée, et de n'épargner ni soins, ni peines, ni trésors : il se confie surtout au courage de Dorothée, qui déjà deux fois a vainement essayé pendant la nuit d'escalader la prison de la fille d'Homère.

Plus heureux à l'égard de Démodocus, Dorothée était parvenu à l'arracher des portes du cachot, et à le conduire dans une retraite assurée.

« Infortuné vieillard, lui disait-il, pourquoi précipiter ainsi la fin de vos jours? Craignez-vous qu'ils ne s'enfuient pas assez vite? Réservez vos cheveux blancs pour votre fille. Si Dieu la veut rendre à vos embrassements, elle aura plus besoin de vos consolations que vous n'aurez besoin des siennes : elle aura perdu son époux ! »

— « Eh! comment, répondait le vieillard, veux-tu que je cesse de redemander ma fille? C'était sur elle que je tournais mes regards des bords du tombeau. Dernière héritière de la lyre d'Homère, les Muses l'avaient comblée de dons précieux. Elle gouvernait ma maison ; personne, en sa présence, n'eût osé insulter à ma vieillesse. J'aurais vu croître, sur mes genoux, des fils semblables à leur mère ! Cymodocée, dont les paroles avaient tant de charmes, que sont devenues tes promesses? Tu me disais : « Quelle sera ma douleur, ô mon « père, si les Parques inflexibles te ravissent jamais à mon amour ! Je cou- « perai mes cheveux sur ton bûcher, et je passerai mes jours à te pleurer avec « mes compagnes. » Hélas! ô ma fille, c'est moi qui reste à te pleurer ! C'est moi qui, dans une terre étrangère, sans enfants, sans patrie, courbé sous le faix des ans, c'est moi qui t'appellerai trois fois autour de ton lit funèbre ! »

Comme un taureau qu'on arrache aux honneurs du pâturage pour le séparer de la génisse que l'on va sacrifier aux dieux, ainsi Dorothée avait entraîné Démodocus loin de la prison de Cymodocée.

La nouvelle chrétienne avait rouvert les yeux à la lumière, ou plutôt aux ténèbres des cachots. Elle lit et relit vingt fois la lettre d'Eudore, et vingt fois elle l'arrose de ses pleurs.

« Époux chéri, dit-elle dans le langage confus de ses deux religions, seigneur, mon maître, héros semblable à une divinité, vous allez donc paraître devant les juges?... Un fer cruel!... Et je ne suis pas là pour panser tes plaies!... O mon père, pourquoi m'avez-vous abandonnée? Accourez; conduisez mes pas vers le plus beau des mortels! Tombez, murs impitoyables, je veux porter ma vie au souverain maître de mon cœur. »

Ainsi se plaignait Cymodocée dans le silence de son cachot, tandis que le bruit et le tumulte environnaient la prison des martyrs. Ils entendaient au dehors une rumeur confuse, semblable au bouillonnement des grandes eaux, au fracas des vents sur de hautes montagnes, au mugissement d'un incendie allumé dans une forêt de pins, par l'imprudence d'un berger : c'était le peuple.

Il y avait à Rome un antique usage : la veille de l'exécution des criminels condamnés aux bêtes, on leur donnait à la porte de la prison un repas public, appelé le repas libre. Dans ce repas on leur prodiguait toutes les délicatesses d'un somptueux festin : raffinement barbare de la loi, ou brutale clémence de la religion : l'une, qui voulait faire regretter la vie à ceux qui l'allaient perdre ; l'autre, qui, ne considérant l'homme que dans les plaisirs, voulait du moins en combler l'homme expirant.

Ce dernier repas était servi sur une table immense, dans le vestibule de la prison. Le peuple, curieux et cruel, était répandu à l'entour, et des soldats maintenaient l'ordre. Bientôt les martyrs sortent de leurs cachots, et viennent prendre leurs places autour du banquet funèbre : ils étaient tous enchaînés, mais de manière à pouvoir se servir de leurs mains. Ceux qui ne pouvaient marcher à cause de leurs blessures étaient portés par leurs frères. Eudore se traînait appuyé sur les épaules de deux évêques, et les autres confesseurs, par pitié et par respect, étendaient leurs manteaux sous ses pas. Quand il parut hors de la porte, la foule ne put s'empêcher de pousser un cri d'attendrissement, et les soldats donnèrent à leur ancien capitaine le salut des armes. Les prisonniers se rangèrent sur les lits en face de la foule : Eudore et Cyrille occupaient le centre de la table ; les deux chefs des martyrs unissaient sur leurs fronts ce que la jeunesse et la vieillesse ont de plus beau : on eût cru voir Joseph et Jacob assis au banquet de Pharaon. Cyrille invita ses frères à distribuer au peuple ce repas fastueux, afin de le remplacer par une simple agape, composée d'un peu de pain et de vin pur : la multitude étonnée faisait silence ; elle écoutait avidement les paroles des confesseurs.

« Ce repas, disait Cyrille, est justement appelé le repas libre, puisqu'il nous délivre des chaînes du monde et des maux de l'humanité. Dieu n'a pas fait la mort, c'est l'homme qui l'a faite. L'homme nous donnera demain son ouvrage, et Dieu, qui est auteur de la vie, nous donnera la vie. Prions, mes frères, pour ce peuple : il semble aujourd'hui touché de notre destinée ; demain il battra des mains à notre mort ; il est bien à plaindre ! Prions pour lui et pour Galérius notre empereur. »

Et les martyrs priaient pour le peuple et pour Galérius leur empereur.

Les païens, accoutumés à voir les criminels se réjouir follement dans l'orgie funèbre, ou se lamenter sur la perte de la vie, ne revenaient pas de leur étonnement. Les plus instruits disaient :

« Quelle est donc cette assemblée de Catons qui s'entretiennent paisiblement de la mort la veille de leur sacrifice ? Ne sont-ce point des philosophes, ces hommes qu'on nous représente comme les ennemis des dieux ? Quelle majesté sur leur front ! quelle simplicité dans leurs actions et dans leur langage ! »

La foule disait :

« Quel est ce vieillard qui parle avec tant d'autorité, et qui enseigne des choses si innocentes et si douces ? Les chrétiens prient pour nous et pour l'empereur : ils nous plaignent ; ils nous donnent leur repas ; ils sont couverts de plaies, et ils ne disent rien contre nous ni contre les juges. Leur Dieu serait-il le véritable Dieu ? »

Tels étaient les discours de la multitude. Parmi tant de malheureux idolâtres, quelques-uns se retirèrent saisis de frayeur, quelques autres se mirent à pleurer, et criaient :

« Il est grand le Dieu des chrétiens ! Il est grand le Dieu des martyrs ! »

Ils restèrent pour se faire instruire, et ils crurent en Jésus-Christ.

Quel spectacle pour Rome païenne ! Quelle leçon ne lui donnait point cette communion des martyrs ! Ces hommes qui devaient bientôt abandonner la vie continuaient à tenir entre eux des discours pleins d'onction et de charité : lorsque de légères hirondelles se préparent à quitter nos climats, on les voit se réunir au bord d'un étang solitaire, ou sur la tour d'une église champêtre : tout retentit des doux chants du départ ; aussitôt que l'aquilon se lève, elles prennent leur vol vers le ciel ; et vont chercher un autre printemps et une terre plus heureuse.

Au milieu de cette scène touchante, on voit accourir un esclave : il perce la foule ; il demande Eudore ; il lui remet une lettre de la part du juge. Eudore déroule la lettre : elle était conçue en ces mots :

« Festus juge, à Eudore chrétien, salut :

« Cymodocée est condamnée aux lieux infâmes. Hiéroclès l'y attend. Je t'en
« supplie par l'estime que tu m'as inspirée, sacrifie aux dieux; viens rede-
« mander ton épouse : je jure de te la faire rendre pure et digne de toi. »

Eudore s'évanouit; on s'empresse autour de lui : les soldats qui l'environnent se saisissent de la lettre; le peuple la réclame; un tribun en fait lecture à haute voix; les évêques restent muets et consternés; l'assemblée s'agite en tumulte. Eudore revient à la lumière, les soldats étaient à ses genoux, et lui disaient :

« Compagnon, sacrifiez! Voilà nos aigles au défaut d'autels. »

Et ils lui présentaient une coupe pleine de vin pour la libation. Une tentation horrible s'empare du cœur d'Eudore. Cymodocée aux lieux infâmes! Cymodocée dans les bras d'Hiéroclès! La poitrine du martyr se soulève : l'appareil de ses plaies se brise, et son sang coule en abondance. Le peuple, saisi de pitié, tombe lui-même à genoux, et répète avec les soldats :

« Sacrifiez! sacrifiez! »

Alors Eudore, d'une voix sourde :

« Où sont les aigles? »

Les soldats frappent leurs boucliers en signe de triomphe, et se hâtent d'apporter les enseignes. Eudore se lève; les centurions le soutiennent; il s'avance au pied des aigles; le silence règne parmi la foule. Eudore prend la coupe; les évêques se voilent la tête de leurs robes, et les confesseurs poussent un cri : à ce cri, la coupe tombe des mains d'Eudore, il renverse les aigles, et se tournant vers les martyrs, il dit :

« Je suis chrétien! »

LIVRE VINGT-TROISIÈME.

SOMMAIRE. — Satan ranime le fanatisme du peuple. Fête de Bacchus. Explication de la lettre de Festus. Mort d'Hiéroclès. L'ange de l'espérance descend vers Cymodocée. Cymodocée reçoit la robe des martyrs. Dorothée enlève Cymodocée de la prison. Joie d'Eudore et des confesseurs. Cymodocée retrouve son père. L'ange du sommeil.

Le prince des ténèbres regardait en frémissant de rage la pitié du peuple et la victoire des confesseurs.

« Quoi! s'écria-t-il, j'aurai fait trembler sur son trône celui que des anges
« esclaves ont nommé le Tout-Puissant; quelques instants m'auront suffi pour
« flétrir l'ouvrage de six jours; l'homme sera devenu ma facile proie; et près
« de triompher du Christ, mon dernier ennemi, un martyr insulterait à ma
« puissance! Ah! ranimons contre les chrétiens la fureur d'un peuple insensé,
« et que Rome s'enivre aujourd'hui de l'encens des idoles et du sang des
« martyrs! »

Il dit, et prend aussitôt la figure, la démarche et la voix de Tagès, chef des aruspices. Il dépouille sa tête immortelle des restes de sa brillante chevelure outragée par les feux de l'abîme; les cicatrices que le désespoir et la foudre ont tracées sur son front se changent en rides vénérables; il cache ses ailes repliées dans les amples contours d'une robe de lin, et, courbant son corps sur un bâton augural, il s'avance au-devant de la foule qui revenait du banquet des martyrs.

« Peuple romain, s'écrie-t-il, d'où naît aujourd'hui cet attendrissement sa-
« crilége? Quoi! votre empereur vous prépare des spectacles, et vous pleurez
« sur des scélérats, vil rebut des nations! Soldats, on renverse vos aigles, et
« vous vous laissez toucher! Que diraient les Scipion et les Camille s'ils revoyaient
« la lumière! Bannissez une compassion criminelle, et, au lieu de plaindre ici
« les ennemis du ciel et des hommes, allez prier dans vos temples pour le salut
« du prince, et célébrer la fête des dieux. »

En prononçant ces paroles, l'ange rebelle souffle sur la foule inconstante un esprit de vertige et de fureur. La soif du sang et des plaisirs s'allume dans les âmes où la pitié s'éteint tout à coup. Un victimaire s'écrie :

« O ciel! quel prodige frappe mes regards! J'ai laissé Tagès au Capitole, et je le retrouve ici. Romains, n'en doutez pas, c'est quelque divinité cachée sous la figure du chef des aruspices, qui vient vous reprocher votre pitié coupable, et vous annoncer les volontés de Jupiter. »

A ces mots, le prince des ténèbres disparaît du milieu de la foule, et le peuple, saisi de terreur, court aux autels des idoles expier un moment d'humanité.

Galérius célébrait à la fois le jour de sa naissance et son triomphe sur les Perses. Ce jour tombait aux fêtes de Flore. Afin de se rendre le peuple et les soldats plus favorables, l'empereur rétablit les fêtes de Bacchus, depuis longtemps supprimées par le sénat. Tant d'horreurs devaient être couronnées par les jeux de l'amphithéâtre, où les prisonniers chrétiens étaient condamnés à mourir.

D'imprudentes largesses, dont la source était dans la ruine des citoyens, et surtout dans la dépouille des fidèles, avaient renversé l'esprit de la foule. Toute licence était permise et même commandée. A la lueur des flambeaux, dans la voie Patricienne, une partie du peuple assistait à des prostitutions publiques : des courtisanes nues, rassemblées au son de la trompette, célébraient par des chants obscènes cette Flore qui laissa sa fortune impudique à un peuple alors rempli de pudeur. Galérius montait au Capitole sur un char tiré par des éléphants; devant lui marchait la famille captive de Narsès, roi des Perses. Les danses et les hurlements des Bacchantes variaient et multipliaient le désordre. Des outres et des amphores sans nombre étaient ouvertes près des fontaines, et aux carrefours de la ville. On se barbouillait le visage de lie, on pétrissait la boue avec le vin. Bacchus paraissait élevé sur un tréteau. Ses prêtresses agitaient autour de lui des torches enflammées, des thyrses entourés de pampres de vigne, et bondissaient au son des cymbales, des tambours et des clairons; leurs cheveux flottaient au hasard : elles étaient vêtues de la peau d'un cerf, rattachée sur leurs épaules par des couleuvres qui se jouaient autour de leurs cous. Les unes portaient dans leurs bras des chevreaux naissants; les autres présentaient la mamelle à des louveteaux; toutes étaient couronnées de branches de chêne et de sapin ; des hommes déguisés en satyres les accompagnaient, traînant un bouc orné de guirlandes. Pan se montrait avec sa flûte ; plus loin s'avançait Silène ; sa tête, appesantie par le vin, roulait de l'une à l'autre épaule, il était monté sur un âne et soutenu par des Faunes et des Sylvains. Une Ménade portait sa couronne de lierre, un Égypan sa tasse demi-pleine ; le bruyant cortége trébuchait en marchant, et buvait à Bacchus, à Vénus et à l'Injure. Trois chœurs chantaient alternativement :

« Chantons Évohé, redisons sans cesse : Évohé ! Évohé !

« Fils de Sémélé, honneur de Thèbes au bouclier d'or, viens danser avec
« Flore, épouse de Zéphire et reine des fleurs ! Descends parmi nous, ô conso-
« lateur d'Ariadne ; toi qui parcours les sommets de l'Ismare, du Rhodope et
« du Cythéron ! Dieu de la joie, enfant de la fille de Cadmus, les nymphes de
« Nyssa t'élevèrent, par le secours des Muses dans une caverne embaumée. A
« peine sorti de la cuisse de Jupiter, tu domptas les humains rebelles à ton
« culte. Tu te moquas des pirates de Tyrsène, qui t'enlevaient comme l'enfant
« d'un mortel. Tu fis couler un vin délicieux dans le noir vaisseau, et tomber
« du haut des voiles les branches d'une vigne féconde ; un lierre chargé de ses
« fruits entoura le mât verdoyant ; des couronnes couvrirent les bancs des ra-
« meurs ; un lion parut à la poupe ; les matelots, changés en dauphins, s'élan-
« cèrent dans les vagues profondes. Tu riais, ô roi Évohé !

« Chantons Évohé, redisons sans cesse : Évohé, Évohé !

« Nourrisson des Hyades et des Heures, élève des Muses et de Silène, toi
« qui as les yeux noirs des Grâces, les cheveux dorés d'Apollon, et sa jeunesse
« immortelle, ô Bacchus ! quitte les bords de l'Inde soumise, et viens régner
« sur l'Italie. On y recueille les vins de Falerne et de Cécube : deux fois l'année
« le fruit mûri pend à l'arbre, et l'agneau à la mamelle de sa mère. On voit
« voler dans nos campagnes des chevaux ardents pour la course, et paître le
« long du Clitumne les taureaux sans taches qui marchent au Capitole, devant
« le triomphateur romain. Deux mers apportent à nos rivages les trésors du
« monde. L'airain, l'argent et l'or coulent en ruisseaux dans les entrailles de
« cette terre sacrée. Elle a donné naissance à des peuples fameux, à des héros
« plus fameux encore. Salut, terre féconde, terre de Saturne, mère des grands
« hommes ! Puisses-tu porter longtemps les trésors de Cérès, et tressaillir au cri
« d'Évohé !

« Chantons Évohé, redisons sans cesse : Évohé, Évohé ! »

Hélas ! les hommes habitent la même terre ; mais combien ils diffèrent entre eux ! Pourrait-on prendre pour des frères et des citoyens d'une même cité ces habitants, dont les uns passent leurs jours dans la joie, et les autres dans les pleurs ; les heureux qui chantent un hymen, et les infortunés qui célèbrent des funérailles ? Qu'il était touchant, dans le délire de Rome païenne, de voir les chrétiens offrir humblement à Dieu leurs prières, déplorer des excès criminels, et donner tous les exemples de la modestie et de la raison au milieu de la débauche et de l'ivresse! Quelques autels secrets dans les cachots, au fond des catacombes, sur les tombeaux des martyrs, rassemblaient les fidèles persécutés. Ils jeûnaient, ils veillaient, victimes volontaires, pour expier les crimes du monde; et, tandis que les noms de Flore et de Bacchus retentissaient dans des hymnes abominables, au milieu du sang et du vin, les noms de Jésus-Christ et de Marie se répétaient en secret dans de chastes cantiques au milieu des larmes.

Tous les chrétiens se tenaient renfermés dans leurs maisons, évitant à la fois la fureur du peuple et le spectacle de l'idolâtrie. On ne voyait errer au dehors que quelques prêtres attachés au service des hospices et des prisons, des diacres chargés de sauver les pauvres voués à la mort par Galérius, des femmes qui recueillaient les esclaves abandonnés par leurs maîtres et les enfants exposés par leurs mères. O charité des premiers fidèles! Leur trépas était le principal ornement des fêtes païennes; et ils s'occupaient du sort des idolâtres, comme si les idolâtres eussent été pour eux des frères pleins de compassion et de tendresse!

Cependant, après avoir repoussé les assauts du prince des ténèbres, les martyrs victorieux étaient rentrés dans leurs cachots; ainsi jadis, sous les murs d'Ilion, une troupe de héros s'élançait sur l'ennemi qui tenait la ville assiégée : les travaux sont détruits, les fossés comblés, les palissades arrachées, et les fils de Laomédon rentrent triomphants dans leurs sacrés remparts. Mais Eudore, fatigué du dernier combat, ne peut soulever sa tête abattue : en vain les évêques lui parlent, le consolent, élèvent aux cieux son courage, il reste muet et insensible à leurs discours. L'image des nouveaux périls de Cymodocée ne peut sortir de sa mémoire. Quels doivent être les tourments de ce martyr! Déjà, presque assis sur les nuées, il a pu balancer, et peut-être balance encore entre la honte de l'apostasie, l'éternité des douleurs de l'enfer, et les maux qu'il endure en ce moment!

Le fils de Lasthénès ignorait qu'il avait été trompé à dessein par le juge. Festus était l'ami du préfet de Rome, et cette raison seule l'eût empêché de livrer Cymodocée à Hiéroclès. Mais Festus avait d'ailleurs été frappé des réponses et de la magnanimité d'Eudore. En descendant du tribunal, il s'était rendu au palais de Galérius, et avait supplié l'empereur de nommer un autre juge aux chrétiens :

« Il n'est plus besoin de juges, s'écria le tyran irrité. Ces scélérats se font une gloire de leurs supplices, et l'entêtement qu'ils y mettent corrompt le peuple et les soldats. Avec quelle insolence a osé souffrir le chef de ces impies! Je ne veux plus qu'on perde le temps à les tourmenter. Je condamne aux bêtes tous les chrétiens des prisons, sans distinction d'âge ni de sexe, pour le jour de ma naissance. Allez, et publiez cet arrêt. »

Festus connaissait la violence de Galérius : il ne répliqua point. Il sortit, et fit déclarer les ordres du prince, mais en se disant comme Pilate :

« Je suis innocent de la mort de ces justes. »

Lorsque Hiéroclès vint le trouver au milieu de la nuit, il se sentit saisi d'une nouvelle pitié pour Eudore. Un homme naturellement cruel, comme l'était le juge des chrétiens, peut toutefois être ennemi de la bassesse; il fut indigné des lâches desseins du ministre tombé; il lui vint en pensée de profiter de la proposition de ce méchant, pour sauver le fils de Lasthénès en l'engageant à sacrifier aux dieux. Il écrivit alors la lettre qu'Eudore reçut au repas funèbre.

Dieu, qui voulait le triomphe de son Église, faisait tourner à la gloire des martyrs tout ce qui aurait pu leur ravir la couronne. Ainsi la fermeté d'Eudore dans les supplices ne fit que hâter la mort de ses compagnons; et la lettre de Festus aggrava des maux qu'elle était destinée à prévenir. Galérius, instruit de la scène du banquet, cassa les centurions qui avaient montré quelque respect pour leur ancien général; on éloigna de Rome, sous différents prétextes, les légions étrangères, et les prétoriens, gorgés de vin et d'or, eurent seuls la garde de la ville. Le nom de Cymodocée, d'Eudore et d'Hiéroclès, frappant de nouveau les oreilles de l'empereur, le plongea dans une violente colère : Galérius désigna particulièrement l'épouse d'Eudore pour le massacre du lendemain; il ordonna que le fils de Lasthénès parût seul, et le premier, dans l'amphithéâtre, le privant ainsi du bonheur de mourir avec ses frères; enfin, il commanda de jeter Hiéroclès au fond d'un vaisseau, et de le conduire au lieu de son exil.

Cette sentence, subitement portée à Hiéroclès, lui donna le coup de la mort. La patience et la miséricorde de Dieu touchaient à leur terme, et la justice allait commencer. A peine Hiéroclès était sorti de la maison du juge, qu'il se sentit de nouveau frappé par le glaive de l'ange exterminateur. Dans un instant la maladie dont il est dévoré ne laisse plus aux médecins aucune espérance. Les païens, qui regardent la lèpre comme une malédiction du ciel, s'éloignent de l'apostat; ses esclaves même l'abandonnent. Délaissé du monde entier, il ne trouve de secours que dans les hommes qu'il a si cruellement poursuivis. Les chrétiens, dont la charité ose seule braver toutes les misères humaines, ouvrent leurs hospices à leur persécuteur. Là, couché près d'un confesseur mutilé, Hiéroclès voit ses douleurs soulagées par la même main qui vient de panser les plaies d'un martyr. Mais tant de vertus ne font qu'irriter cet homme repoussé de Dieu; tantôt il appelle à grands cris Cymodocée; tantôt il croit apercevoir Eudore, une épée flamboyante à la main, et le menaçant du haut du ciel. Ce fut au milieu d'un de ces transports qu'on vint lui annoncer le dernier ordre de Galérius. Alors, se soulevant comme un spectre sur son lit pestiféré, le faux sage murmure ces mots d'une voix effrayée et incertaine :

« Je vais me reposer pour jamais. »

Il expire. Effroyable et trompeuse espérance! Cette âme, qui croyait mourir avec le corps, au lieu d'une nuit profonde et tranquille, aperçoit tout à coup au fond du tombeau une lumière prodigieuse. Une voix qui sort du milieu de cette lumière prononce distinctement ces paroles :

« Je suis Celui qui suis. »

A l'instant l'éternité vivante est révélée à l'âme de l'athée. Trois vérités frappent à la fois cette âme confondue : sa propre existence, celle de Dieu, et la certitude des récompenses sans terme et des châtiments sans fin. Oh! que n'est-elle ensevelie sous les débris de l'univers, pour se cacher à la face du souverain Juge! Une force invincible la porte, dans un clin d'œil, nue et tremblante, au pied du tribunal de Dieu. Elle voit, pour un seul moment, celui qu'elle a renié dans le temps, et qu'elle ne verra plus dans l'éternité. Le Tout-

Puissant paraît sur les nuées, son Fils est assis à sa droite, l'armée des saints l'environne; l'enfer accourt pour réclamer sa proie. L'ange protecteur d'Hiéroclès, confus et touché jusqu'aux larmes, se tient encore auprès de l'infortuné.

« Ange, dit le souverain Arbitre, pourquoi n'as-tu pas défendu cette âme? »

— « Seigneur, répond l'ange se voilant de ses ailes, vous êtes le Dieu des « miséricordes ! »

— « Créature, dit la même voix, l'ange ne t'aurait-il pas donné des aver-« tissements salutaires ? »

L'âme, dans une terreur profonde, s'était jugée elle-même, et elle ne répondit point.

« Elle est à nous, s'écrièrent les anges rebelles : cette âme a trompé le « monde par une fausse sagesse; elle a persécuté l'innocence, outragé la pu-« deur, versé le sang innocent; elle ne s'est point repentie. »

— « Ouvrez le livre de vie, » dit l'Ancien des jours.

Un prophète ouvrit le livre de vie : le nom d'Hiéroclès était effacé.

« Va, maudit, aux feux éternels, » dit le Juge incorruptible.

A l'instant l'âme de l'athée commence à haïr Dieu de la haine des réprouvés, et tombe en des profondeurs brûlantes. L'enfer s'ouvre pour la recevoir, et se referme sur elle en prononçant :

« L'éternité ! »

L'écho de l'abîme répète :

« L'éternité ! »

Le Père des humains, qui vient de punir le crime, songe à couronner l'innocence.

Il est dans le ciel une puissance divine, compagne assidue de la religion et de la vertu; elle nous aide à supporter la vie, s'embarque avec nous pour nous montrer le port dans les tempêtes, également douce et secourable aux voyageurs célèbres, aux passagers inconnus. Quoique ses yeux soient couverts d'un bandeau, ses regards pénètrent l'avenir; quelquefois elle tient des fleurs naissantes dans sa main, quelquefois une coupe pleine d'une liqueur enchanteresse; rien n'approche du charme de sa voix, de la grâce de son sourire; plus on avance vers le tombeau, plus elle se montre pure et brillante aux mortels consolés : la Foi et la Charité lui disent : « Ma sœur ! » et elle se nomme l'Espérance.

L'Éternel ordonne à ce beau Séraphin de descendre vers Cymodocée, et de lui montrer de loin les joies célestes, afin de la soutenir au milieu des tribulations de la terre. Un faux rapport avait interrompu pour quelques instants les chagrins de la jeune chrétienne. Le bruit s'était répandu dans Rome qu'Eudore venait de recevoir sa grâce : la lettre de Festus, et la scène du repas libre mal expliquée, avaient donné naissance à cette rumeur populaire. Blanche s'était empressée de communiquer ce faux rapport comme une nouvelle certaine à la fille de Démodocus; mais combien Blanche se repentit de son indiscrète bonté lorsqu'elle connut le véritable destin d'Eudore, et l'arrêt qui condamnait à mort tous les chrétiens des prisons ! Saevus, plein d'une brutale joie, lui commande de porter à Cymodocée le vêtement des femmes martyres. C'était une tunique bleue, une ceinture noire, des brodequins noirs, un manteau noir et un voile blanc. La faible et désolée gardienne accomplit en pleurant son message de douleur. Elle n'eut pas la force de détromper l'orpheline et de lui apprendre son sort.

« Voilà, lui dit-elle, ma sœur, un vêtement nouveau. Que la paix du Seigneur soit avec vous ! »

— « Qu'est-ce que ce vêtement? dit Cymodocée. Est-ce ma robe nuptiale? Est-ce mon époux qui me l'envoie? »

— « C'est pour lui qu'il faut la prendre, » répliqua la femme du gardien.

« Oh ! dit Cymodocée, pleine de joie, mon époux a reçu sa grâce, nous achèverons notre hymen ! »

Blanche avait le cœur brisé; elle se contenta de dire :

« Priez, ma sœur, pour vous et pour moi ! »

Elle sortit.

Demeurée seule avec le vêtement de gloire, Cymodocée le considère, et le prend dans ses mains charmantes.

« On m'ordonne, dit-elle, de me parer pour mon époux, il faut obéir. »

Aussitôt elle revêt la tunique, qu'elle rattache avec la ceinture, les brodequins couvrent ses pieds plus blancs que le marbre de Paros; elle jette le voile sur sa tête, et suspend à son épaule le manteau : telle la Muse des mensonges nous peint la Nuit, mère de l'Amour, enveloppée de ses voiles d'azur et de ses crêpes funèbres; telle Marcie (moins jeune, moins belle, moins vertueuse) se montra aux yeux du dernier Caton, quand elle le réclama pour époux au milieu des malheurs de Rome, et qu'elle parut à l'autel de l'Hymen avec l'habit d'une veuve éplorée. Cymodocée ne sait pas qu'elle porte la robe de la mort! Elle se regarde dans ce triste appareil, qui la rend cent fois plus touchante; elle se rappelle le jour où elle se couvrit des ornements des Muses pour aller avec son père remercier la famille de Lasthénès.

« Ma robe nuptiale, disait-elle, n'est pas aussi éclatante; mais elle plaira peut-être davantage à mon époux, parce que c'est une robe chrétienne. »

Le souvenir de son premier bonheur et du doux pays de la Grèce inspira la fille d'Homère. Elle s'assit devant la fenêtre de la prison, et reposant sur sa main sa tête embellie du voile des martyrs, elle soupira ces paroles harmonieuses :

« Légers vaisseaux de l'Ausonie, fendez la mer calme et brillante ! Esclaves
« de Neptune, abandonnez la voile au souffle amoureux des vents ! Courbez-
« vous sur la rame agile. Reportez-moi, sous la garde de mon époux et de mon
« père, aux rives fortunées du Pamysus.

« Volez, oiseaux de Libye, dont le cou flexible se courbe avec grâce, vo-
« lez au sommet de l'Ithome, et dites que la fille d'Homère va revoir les lau-
« riers de la Messénie !

« Quand retrouverai-je mon lit d'ivoire, la lumière du jour si chère aux
« mortels, les prairies émaillées de fleurs qu'une eau pure arrose, que la pu-
« deur embellit de son souffle !

« J'étais semblable à la tendre génisse sortie du fond d'une grotte, errante
« sur les montagnes, et nourrie au son des instruments champêtres. Aujour-
« d'hui, dans une prison solitaire, sur la couche indigente de Cérès !...

« Mais d'où vient qu'en voulant chanter comme la fauvette, je soupire comme
« la flûte consacrée aux morts? Je suis pourtant revêtue de la robe nuptiale ;
« mon cœur sentira les joies et les inquiétudes maternelles; je verrai mon fils
« s'attacher à ma robe, comme l'oiseau timide qui se réfugie sous l'aile de sa
« mère. Eh! ne suis-je pas moi-même un jeune oiseau ravi au sein paternel !

« Que mon père et mon époux tardent à paraître ! Ah ! s'il m'était permis
« d'implorer encore les Grâces et les Muses! Si je pouvais interroger le ciel dans
« les entrailles de la victime! Mais j'offense un Dieu que je connais à peine :
« reposons-nous sur la croix. »

Déjà la nuit enveloppait Rome enivrée. Tout à coup les portes de la prison
s'ouvrent, et le centurion chargé de lire aux chrétiens la sentence de l'empereur paraît devant Cymodocée. Il était accompagné de plusieurs soldats : quelques autres, arrêtés dans les cours extérieures, retenaient le gardien, et lui
prodiguaient le vin des idoles.

Comme une colombe que le chasseur a surprise dans le creux d'un rocher
reste immobile de frayeur et n'ose s'envoler dans les plaines du ciel, ainsi la
fille de Démodocus demeure frappée d'étonnement et de crainte, sur le siége à
demi brisé où elle était assise. Les soldats allument un flambeau. O prodige !
l'épouse d'Eudore reconnaît Dorothée sous l'habit du centurion! Dorothée contemple à son tour, sans pouvoir parler, cette femme dans l'appareil du martyre ! Jamais il ne l'avait vue si belle : la tunique bleue, le manteau noir, faisaient éclater la blancheur de son teint; et ses yeux, fatigués par les pleurs,
avaient une douceur angélique : elle ressemblait à un tendre narcisse qui penche
sa tête languissante au bord d'une eau solitaire. Dorothée et les autres chrétiens
déguisés en soldats lèvent les bras au ciel, et fondent en larmes.

« C'est toi, compagnon de mes courses loin de ma patrie ! s'écria la jeune
Messénienne en se mettant à genoux et tendant les mains à Dorothée. Tu vi-
sites enfin ton Esther ! Mortel généreux, viens-tu guider mes pas vers mon père
et vers mon époux? Que la nuit eût été longue sans toi ! »

Dorothée, la voix entrecoupée par les pleurs, répondit :

« Cymodocée, vous connaissez donc votre sort? Cette robe... »

— « C'est ma robe nuptiale, dit la vierge ingénue. Mais si tout est fini, si
mon époux est sauvé, si je suis libre, pourquoi ces pleurs et ce mystère? »

— « Fuyons, repartit Dorothée; enveloppez-vous dans cette toge, nous
n'avons pas un moment à perdre. Accompagné de ces braves amis, je me suis
glissé dans votre prison à la faveur de ce déguisement; j'ai montré la sentence
de l'empereur : Sævus m'a pris pour le centurion qui vient vous annoncer
l'arrêt fatal. »

— « Quel arrêt? » dit la fille d'Homère.

« Vous ne savez donc pas, repartit Dorothée, que les chrétiens des prisons sont condamnés à mourir demain dans l'amphithéâtre? »

— « Mon époux est-il compris dans cet arrêt? dit la nouvelle chrétienne en se levant avec une gravité qu'elle n'avait pas encore montrée; parlez; ne me trompez pas. Je ne connais point le serment inviolable des chrétiens; autrefois j'aurais juré par l'Érèbe et par le génie de mon père. Voilà votre livre sacré; il est écrit dans ce livre : « Vous ne mentirez pas; » jurez donc sur l'Évangile qu'Eudore est sauvé. »

Dorothée pâlit; les yeux noyés de larmes, il s'écria :

« Femme, voulez-vous donc que je vous parle de la gloire dont votre époux s'est couvert, et de celle qui l'attend encore? »

Cymodocée trembla comme le palmier frappé de la foudre.

« Vos paroles, dit-elle, ont descendu dans mon cœur comme un glaive. Je vous entends! Et vous voulez que je fuie! Je ne reconnais pas là les maximes d'un chrétien! Eudore est couvert de plaies pour son Dieu; il combattra demain les bêtes féroces, et l'on me conseille de me soustraire à mon sort, de l'abandonner au sien! Je sens à mes côtés je ne sais quelle espérance qui me fait entrevoir un bonheur et des beautés divines. Si quelquefois, faible et découragée, j'ai jeté un regard complaisant sur la vie, toutes ces craintes sont dissipées. Non, l'eau du Jourdain n'aura pas coulé en vain sur ma tête! Je vous salue, robe sacrée, dont je ne connaissais pas le prix! Je le vois, vous êtes la robe du martyre! La pourpre qui vous teindra demain sera immortelle, et me rendra plus digne de paraître devant mon époux! »

En prononçant ces mots, Cymodocée, saisie d'un enthousiasme divin, portait sa robe à ses lèvres, et la baisait avec respect.

« Eh bien! s'écria Dorothée, si vous ne voulez pas nous suivre, nous périrons tous avec vous; nous demeurerons ici, nous nous déclarerons chrétiens, et demain vous nous conduirez à l'amphithéâtre. Mais quoi! la religion vous commande-t-elle cette barbarie ? Vous voulez mourir sans recevoir la bénédiction de votre père, sans embrasser ce vieillard qui vous attend, et que votre résolution va conduire au tombeau! Ah! si vous l'aviez vu souiller ses cheveux avec des cendres brûlantes, déchirer ses habits, se rouler au pied des murs de votre prison, Cymodocée, vous vous laisseriez attendrir. »

Comme la glace qu'une seule nuit a formée dans les premiers jours du printemps se fond aux rayons du soleil ; comme la fleur près d'éclore brise la légère enveloppe du bouton qui la retient, ainsi la résolution de Cymodocée s'évanouit à ces paroles; ainsi la piété filiale éclate et refleurit au fond de son cœur. Elle ne peut se résoudre à compromettre les hommes généreux qui s'exposent pour la sauver; elle ne peut mourir sans chercher à consoler Démodocus : elle garde un moment le silence; elle écoute les conseils de l'ange des espérances célestes, qui parle à son âme; puis soudain, renfermant en elle-même un projet sublime :

« Allons revoir mon père! »

Les chrétiens, au comble de la joie, couvrent d'un casque les cheveux de la jeune fille; ils enveloppent Cymodocée dans une de ces toges blanches bordées de pourpre que les adolescents prenaient à Rome, au sortir de l'enfance : on eût cru voir la légère Camille, le bel Ascagne, ou l'infortuné Marcellus. Les chrétiens placent la fille d'Homère au milieu d'eux ; ils éteignent les flambeaux, sortent tous ensemble, et laissent le gardien, plongé dans l'ivresse, fermer soigneusement des cachots vides.

La troupe sainte se disperse dans la nuit, et Zacharie va porter à Eudore la nouvelle de la délivrance de Cymodocée.

Déjà l'on connaissait dans la prison de Saint-Pierre le mensonge généreux du billet de Festus, et le fils de Lasthénès était soulagé d'une douleur insupportable. Mais lorsque Zacharie vint lui dire que la brebis était sortie de la caverne des lions, il poussa un cri de joie qui fut répété par tous les martyrs. Les confesseurs, en admirant les fidèles qui combattaient pour la foi, ne désiraient point voir couler le sang de leurs frères. Les victimes, attristées par le deuil du fils de Lasthénès, reprirent leur sérénité : il ne s'agissait plus que de mourir ! On commença par remercier le Dieu qui sauva Joas des mains d'Athalie. Ensuite revinrent les discours graves, les exhortations pieuses : Cyrille parlait avec majesté, Victor avec force, Genès avec gaieté, Gervais et Protais avec une onction fraternelle ! Perséus, le descendant d'Alexandre, offrait des leçons tirées de l'histoire ; Thraséas, l'ermite du Vésuve, enveloppait ses maximes dans des images riantes.

« Puisque toute la vie, disait-il à Perséus, se réduit à quelques jours, que vous serait-il revenu des grandeurs de votre naissance ? Que vous importe aujourd'hui d'avoir accompli le voyage dans un esquif ou sur une trirème ? L'esquif même est préférable, car il vogue sur le fleuve auprès de la terre, qui lui présente mille abris ; le vaisseau navigue sur une mer orageuse où les ports sont rares, les écueils fréquents, et où souvent on ne peut jeter l'ancre, à cause de la profondeur de l'abîme. »

Tels étaient la liberté d'esprit, l'enjouement, les grâces de ces hommes, qui passaient leur dernière nuit sur la terre. Les jeunes et les vieux martyrs, animés du souffle de l'Esprit-Saint, répandaient tous les trésors des vertus, et présentaient réunis et confondus les fruits les plus aimables de la sagesse : tels sont les champs fertiles de la Campanie ; le jeune froment est semé à l'ombre du vieux peuplier qui porte la vigne ; bientôt le chaume jaunissant monte pour chercher la grappe rougie qui descend à son tour vers les épis dorés ; un vent du ciel se glisse parmi les berceaux, agite les peupliers, les épis, les guirlandes de la vigne, et mêle les douces odeurs des moissons, des jardins et des bois.

Mais Dorothée, comme un courageux pasteur, s'est ouvert un chemin à travers la foule idolâtre. Sur le flanc du mont Esquilin s'élevait une retraite qu'avait habitée Virgile ; un laurier planté à la porte s'offrait à la vénération du peuple. Dorothée, aux jours de sa puissance, avait acheté cette demeure pour l'embellir. C'est là qu'il vient cacher la fille d'Homère. Démodocus remplissait déjà cet asile écarté du bruit de ses pleurs. Le vieillard était assis dans la poussière, sous un portique : il croit voir deux guerriers s'avancer à travers les ombres :

« Qui êtes-vous ? s'écrie-t-il d'une voix éclatante. Fantômes envoyés par les sanglantes Euménides, venez-vous m'entraîner dans la nuit du Tartare? Êtes-vous des génies chrétiens qui m'annoncez la mort de ma fille? Tombe le Christ et ses temples, tombe le Dieu qui attache à la croix ses adorateurs! »

— « Ce sont eux cependant qui te ramènent ta fille! » dit Cymodocée en se jetant au cou de son père.

Le casque de la jeune martyre roule à terre, ses cheveux descendent sur ses épaules : le guerrier devient une vierge charmante. Démodocus perd l'usage de ses sens; on s'empresse de le faire revenir à la vie; on lui explique des mystères que dans sa joie il peut à peine comprendre. Cymodocée le soulage par des paroles et par des caresses :

« O mon père! je te retrouve enfin après une séparation cruelle! Me voilà donc encore à tes pieds! C'est moi, c'est ta Cymodocée, pour qui ta bouche apprit à prononcer le tendre nom de fille. Tu me reçus dans tes bras à ma naissance. Tu me comblas de tes caresses et de tes bénédictions. Que de fois suspendue à tes bras, que de fois j'ai promis de te rendre le plus heureux des mortels! Et j'ai pu faire couler des larmes de tes yeux! O mon père! est-ce toi que je presse sur mon sein? Ah! jouissons bien de ces moments d'un bonheur inespéré! Tu le sais, le ciel est prompt à reprendre les dons qu'il nous fait. »

Alors Démodocus :

« Gloire de mes ancêtres, fille plus précieuse à mon cœur que la lumière qui éclaire les ombres heureuses dans l'Élysée, pourrais-je te raconter mes douleurs! Comme je te cherchais aux lieux où je t'avais vue et autour de ces prisons qui te dérobaient à mon amour! Ah! me disais-je, je ne préparerai point sa couche nuptiale; je n'allumerai point la torche de son hyménée, je resterai seul sur la terre, où les dieux m'auront enlevé ma couronne et ma joie! Lorsque je serrais ma fille dans mes bras aux rivages de l'Attique, je l'embrassais donc pour la dernière fois? Quel doux regard elle attachait sur moi! Comme elle me souriait avec tendresse! Était-ce là son dernier sourire? O traits chéris que j'ai retrouvés! ô front où se peignent la candeur et l'innocence, vous semblez faits pour le bonheur! Quel plaisir de sentir palpiter ce cœur jeune et plein de vie sur ce cœur vieilli et épuisé par la douleur! »

Tels sont les gémissements de Démodocus et de Cymodocée : Alcyon, qui bâtit son nid sur les vagues, fait entendre avec ses petits de douces plaintes dans le berceau flottant que la vaste mer doit bientôt engloutir. Dorothée fait apporter des flambeaux, et conduit le père et la fille dans une salle où l'on avait préparé deux lits; il se retire et les laisse à leur tendresse. La nuit entière se fût écoulée dans des récits mutuels et de touchantes caresses, si le prêtre des dieux, se jetant tout à coup aux pieds de Cymodocée, ne se fût écrié :

« O ma fille, mets un terme à mes craintes et à mes malheurs! Abjure des autels qui t'exposent sans cesse à de nouvelles persécutions; reviens au culte de ton père. Hiéroclès n'est plus à craindre. Celui qui devait être ton époux... »

Cymodocée se précipite à son tour aux genoux du vieillard :

« Mon père à mes pieds! s'écrie-t-elle en relevant Démodocus. Ah! je n'ai pas la force de supporter cette épreuve. O mon père, épargnez une fille pleine de faiblesse, ne la séduisez pas; laissez-lui le Dieu de son époux. Si vous saviez combien ce Dieu a augmenté pour vous mon respect et mon amour! »

— « Ce Dieu, dit Démodocus, a voulu me ravir ma fille; il t'enlève ton époux! »

— « Non, dit Cymodocée, je ne perdrai point Eudore : il vivra toujours, sa gloire rejaillira sur moi. »

— « Quoi! reprit le prêtre d'Homère, tu ne perdras point Eudore descendu au tombeau? »

— « Il n'est point de tombeau pour lui, dit la vierge inspirée : on ne pleure point les chrétiens morts pour leur Dieu, comme on pleure les autres hommes. »

Cependant Cymodocée, qui cache un profond dessein dans son cœur, invite son père à se reposer. Elle le contraint par ses prières à se jeter sur un lit. Le vieillard ne pouvait se résoudre à perdre un moment des yeux sa fille retrouvée; il croyait toujours qu'elle allait lui échapper : ainsi, lorsqu'un homme a été longtemps poursuivi par un songe funeste, au moment de son réveil il voit encore l'image effrayante, et la naissante aurore ne rassure point ses esprits. Cymodocée se plaint de la fatigue qu'elle éprouve; elle s'incline sur le second lit à l'autre extrémité de la salle, et adresse tout bas cette prière à l'Éternel :

« Dieu inconnu, qui pénètres le fond de mon cœur, Dieu qui as vu mourir
« ton Fils unique, si mes desseins te sont agréables, fais descendre vers mon
« père un de ces esprits qu'on appelle tes anges : ferme ses yeux appesantis par
« les larmes, et souviens-toi de lui quand je l'aurai quitté pour toi. »

Elle dit, et sa prière, sur des ailes de flamme, s'envole au sein de l'Éternel. L'Éternel la reçoit dans sa miséricorde; et l'ange du sommeil abandonne aussitôt les voûtes éthérées. Il tient à la main son sceptre d'or qui lui sert à calmer les peines des justes. Il franchit d'abord la région des soleils et s'abaisse vers la terre, où le conduit un long cri de douleur. Descendu sur ce globe, il s'arrête un moment au plus haut sommet des montagnes de l'Arménie; il cherche des yeux les déserts où furent les campagnes d'Éden; il se souvient du premier sommeil de l'homme, alors que Dieu tira du côté d'Adam la belle compagne qui devait perdre et sauver la race humaine. Bientôt il prend son vol vers le mont Liban; il voit au-dessous de lui les vallées profondes, les torrents blanchis, les cèdres sublimes; il touche aux plaines innocentes où les patriarches goûtaient ses dons sous un palmier. Il plane ensuite sur les mers de Sidon et de Tyr, et, laissant au loin l'exil de Teucer, la tombe d'Aristomène, la Crète chérie des rois, la Sicile aimée des pasteurs, il découvre les bords de l'Italie. Il fend les airs sans bruit et sans agiter ses ailes; il répand sur son passage la fraîcheur et la rosée; il paraît : les flots s'assoupissent, les fleurs s'inclinent sur leurs tiges, la colombe cache sa tête sous son aile, et le lion s'endort dans son antre. Les sept collines de la ville éternelle s'offrent enfin aux regards de l'ange consolateur. Il voit avec horreur un million d'idolâtres troubler le calme de la nuit : il les abandonne à leur coupable veille; il est sourd à la voix de Galérius; mais il ferme, en passant, les yeux des martyrs; il vole à la retraite solitaire de Démodocus. Ce père infortuné s'agitait, brûlant, sur sa couche; le messager divin étend son sceptre pacifique, et touche les paupières du vieillard : Démodocus tombe à l'instant dans un repos profond et délicieux. Il n'avait connu jusqu'alors que ce sommeil frère de la mort, habitant des enfers, enfant de ces démons appelés dieux parmi les hommes; il ignorait ce sommeil de vie qui vient du ciel; charme puissant composé de paix et d'innocence, qui n'amène point de songes, qui n'appesantit point l'âme, et qui semble être une douce vapeur de la vertu. L'ange du repos n'ose approcher de Cymodocée : il s'incline avec respect devant cette vierge qui prie, et, la laissant sur la terre, il va l'attendre dans le ciel.

LIVRE VINGT-QUATRIÈME.

SOMMAIRE. — Adieux à la Muse. Maladie de Galérius. L'amphithéâtre de Vespasien. Eudore est conduit au martyre. Michel plonge Satan dans l'abîme. Cymodocée s'échappe d'auprès de son père, et vient trouver Eudore à l'amphithéâtre. Galérius apprend que Constantin a été proclamé César. Martyre des deux époux. Triomphe de la religion chrétienne.

O Muse, qui daignas me soutenir dans une carrière aussi longue que périlleuse, retourne maintenant aux célestes demeures! J'aperçois les bornes de la course; je vais descendre du char, et pour chanter l'hymne des morts je n'ai plus besoin de ton secours. Quel Français ignore aujourd'hui les cantiques funèbres? Qui de nous n'a mené le deuil autour d'un tombeau, n'a fait retentir le cri des funérailles? C'en est fait, ô Muse, encore un moment, et pour toujours j'abandonne tes autels! Je ne dirai plus les amours et les songes séduisants des hommes : il faut quitter la lyre avec la jeunesse. Adieu, consolatrice de mes jours, toi qui partageas mes plaisirs, et bien plus souvent mes douleurs! Puis-je me séparer de toi sans répandre des larmes? J'étais à peine sorti de l'enfance; tu montas sur mon vaisseau rapide, et tu chantas les tempêtes qui déchiraient ma voile; tu me suivis sous le toit d'écorce du Sauvage, et tu me fis trouver dans les solitudes américaines les bois du Pinde. A quel bord n'as-tu pas conduit mes rêveries ou mes malheurs? Porté sur ton aile, j'ai découvert au milieu des nuages les montagnes désolées de Morven, j'ai pénétré les forêts d'Erminsul, j'ai vu couler les flots du Tibre, j'ai salué les oliviers du Céphise et les lauriers de l'Eurotas. Tu me montras les hauts cyprès du Bosphore, et les sépulcres déserts du Simoïs. Avec toi je traversai l'Hermus, rival du Pactole; avec toi j'adorai les eaux du Jourdain, et je priai sur la montagne de Sion. Memphis et Carthage nous ont vus méditer sur leurs ruines, et, dans les débris des palais de Grenade, nous évoquâmes les souvenirs de l'honneur et de l'amour. Tu me disais alors :

« Sache apprécier cette gloire dont un obscur et faible voyageur peut par« courir le théâtre en quelques jours. »

O Muse, je n'oublierai point tes leçons! Je ne laisserai point tomber mon cœur des régions élevées où tu l'as placé. Les talents de l'esprit que tu dispenses s'affaiblissent par le cours des ans; la voix perd sa fraîcheur, les doigts se glacent sur le luth : mais les nobles sentiments que tu inspires peuvent rester quand tes autres dons ont disparu. Fidèle compagne de ma vie, en remontant dans les cieux laisse-moi l'indépendance et la vertu. Qu'elles viennent, ces vierges austères, qu'elles viennent fermer pour moi le livre de la poésie, et m'ouvrir les pages de l'histoire. J'ai consacré l'âge des illusions à la riante peinture du mensonge j'emploierai l'âge des regrets au tableau sévère de la vérité.

Mais que dis-je! ne l'ai-je point déjà quitté le doux pays du mensonge? Ah! les maux que Galérius a fait souffrir aux chrétiens ne sont pas de vaines fictions!

Il est temps que le ciel venge sur l'oppresseur la cause de l'innocence opprimée. L'ange du sommeil n'a point voulu prêter l'oreille aux prières de Galérius: il l'a laissé en proie à l'ange exterminateur. Le vin de la colère de Dieu, en pénétrant dans les entrailles du persécuteur des fidèles, a fait éclater un mal caché, fruit de l'intempérance et de la débauche. Depuis la ceinture jusqu'à la tête, Galérius n'est plus qu'un squelette recouvert d'une peau livide, enfoncée entre des ossements; le bas de son corps est enflé comme une outre, et ses pieds n'ont plus de forme. Lorsqu'au bord d'un vivier couvert de roseaux et de glaïeuls un serpent s'est attaché aux flancs d'un taureau, l'animal se débat dans les nœuds du reptile : il frappe l'air de sa corne; mais bientôt, dompté par le venin, il tombe et se roule en mugissant : ainsi s'agite et rugit Galérius. La gangrène dévore ses intestins. Pour attirer au dehors les vers qui rongent ce maître du monde, on livre à ses plaies affamées des animaux nouvellement égorgés. On invoque Apollon, Esculape, Hygie : vaines idoles qui ne peuvent se défendre elles-mêmes des vers qui leur percent le cœur! Galérius fait trancher la tête aux médecins qui ne trouvent point de remèdes à ses souffrances.

« Prince, lui dit l'un d'entre eux, élevé secrètement dans la foi des chrétiens, cette maladie est au-dessus de notre art : il faut remonter plus haut. Souvenez-vous de ce que vous avez fait contre les serviteurs de Dieu, et vous saurez à qui vous devez avoir recours. Je suis prêt à mourir comme mes frères; mais les médecins ne vous guériront pas. »

Cette franchise plonge Galérius dans des transports de rage. Il ne peut se résoudre à reconnaître l'impiété de ce titre d'Éternel dont il a surchargé une vie d'un moment. Sa fureur contre les chrétiens redouble : loin de vouloir suspendre leurs supplices, il confirme sa première sentence, et n'attend lui-même que le jour pour montrer à l'amphithéâtre le spectacle d'un prince mourant qui vient voir mourir ses sujets.

Son impatience ne fut pas longtemps éprouvée : déjà les flots jaunissants du Tibre, les coteaux d'Albe, les bois de Lucrétile et de Tibur, souriaient aux feux naissants de l'aurore. La rosée brillait suspendue aux plantes comme une manne : la campagne romaine se montrait tout éclatante de la fraîcheur, et pour ainsi dire de la jeunesse de la lumière. Les monts lointains de la Sabine, qu'enveloppait une vapeur diaphane, se peignaient de la couleur du fruit du prunier, quand sa pourpre violette est légèrement blanchie par sa fleur. On voyait la fumée s'élever des hameaux, les brouillards fuir le long des collines, et la cime des arbres se découvrir : jamais plus beau jour n'était sorti de l'Orient pour contempler les crimes des hommes. O soleil, sur le trône élevé d'où tu jettes un regard ici-bas, que te font nos larmes et nos malheurs? Ton levant et ton coucher ne peuvent être troublés par le souffle de nos misères; tu éclaires des mêmes rayons le crime et la vertu ; les générations passent, et tu poursuis ta course !

Cependant le peuple s'assemblait à l'amphithéâtre de Vespasien : Rome entière était accourue pour boire le sang des martyrs. Cent mille spectateurs, les uns voilés d'un pan de leur robe, les autres portant sur la tête une ombelle, étaient répandus sur les gradins. La foule, vomie par les portiques, descendait et montait le long des escaliers extérieurs, et prenait son rang sur les marches revêtues de marbre. Des grilles d'or défendaient le banc des sénateurs de l'attaque des bêtes féroces. Pour rafraîchir l'air, des machines ingénieuses faisaient monter des sources de vin et d'eau safranée, qui retombaient en rosée odoriférante. Trois mille statues de bronze, une multitude infinie de tableaux, des colonnes de jaspe et de porphyre, des balustres de cristal, des vases d'un travail précieux, décoraient la scène. Dans un canal creusé autour de l'arène nageaient un hippopotame et des crocodiles ; cinq cents lions, quarante éléphants, des tigres, des panthères, des taureaux, des ours accoutumés à déchirer des hommes, rugissaient dans les cavernes de l'amphithéâtre. Des gladiateurs non moins féroces essayaient çà et là leurs bras ensanglantés. Auprès des antres du trépas s'élevaient des lieux de prostitution publique : des courtisanes nues et des femmes romaines du premier rang augmentaient, comme aux jours de Néron, l'horreur du spectacle, et venaient, rivales de la mort, se disputer les faveurs d'un prince mourant. Ajoutez les derniers hurlements des Ménades couchées dans les rues, et expirant sous l'effort de leur dieu, et vous connaîtrez toutes les pompes et tout le déshonneur de l'esclavage.

Les prétoriens, chargés de conduire les confesseurs au martyre, assiégeaient déjà les portes de la prison de Saint-Pierre. Eudore, selon les ordres de Galérius, devait être séparé de ses frères, et choisi pour combattre le premier : ainsi, dans une troupe valeureuse, on cherche à terrasser d'abord le héros qui la guide. Le gardien de la prison s'avance à la porte du cachot, et appelle le fils de Lasthénès.

« Me voici, dit Eudore ; que voulez-vous ? »

— « Sors pour mourir, » s'écria le gardien.

— « Pour vivre, » répondit Eudore.

Et il se lève de la pierre où il était couché. Cyrille, Gervais, Protais, Rogatien et son frère, Victor, Genès, Perséus, l'ermite du Vésuve, ne peuvent retenir leurs larmes.

« Confesseurs, leur dit Eudore, nous allons bientôt nous retrouver. Un instant séparés sur la terre, nous nous rejoindrons dans le ciel. »

Eudore avait réservé pour ce dernier moment une tunique blanche, destinée jadis à sa pompe nuptiale ; il ajoute à cette tunique un manteau brodé par sa mère : il paraît plus beau qu'un chasseur d'Arcadie qui va disputer le prix des combats de l'arc ou de la lyre, dans les champs de Mantinée.

Le peuple et les prétoriens impatients appellent le fils de Lasthénès à grands cris.

« Allons ! » dit le martyr.

Et surmontant les douleurs du corps par la force de l'âme, il franchit le seuil du cachot. Cyrille s'écrie :

« Fils de la femme, on vous a donné un front de diamant : ne les craignez
« point, et n'ayez pas de peur devant eux. »

Les évêques entonnent le cantique des louanges, nouvellement composé à Carthage par Augustin, ami d'Eudore :

« O Dieu, nous te louons ! ô Dieu, nous te bénissons ! Les cieux, les anges,
« les Trônes, les Chérubins, te proclament trois fois saint, Seigneur, Dieu des
« armées ! »

Les évêques chantaient encore l'hymne de la victoire, et Eudore, sorti de la prison, jouissait déjà de son triomphe : il était livré aux outrages. Le centurion de la garde le poussa rudement et lui dit :

« Tu te fais bien attendre. »

— « Compagnon, répondit Eudore en souriant, je marchais aussi vite que vous à l'ennemi ; mais aujourd'hui, vous le voyez, je suis blessé. »

On lui attacha sur la poitrine une feuille de papyrus, portant ces deux mots :

« EUDORE, CHRÉTIEN. »

Le peuple le chargeait d'opprobres.

« Où est maintenant son Dieu ? disaient-ils. Que lui a servi de préférer son culte à la vie ? Nous verrons s'il ressuscitera avec son Christ, ou si le Christ sera assez puissant pour l'arracher de nos mains. »

Et cette foule cruelle rendait mille louanges à ses dieux, et elle se réjouissait de la vengeance qu'elle tirait des ennemis de leurs autels.

Le prince des ténèbres et ses anges, répandus sur la terre et dans les airs, s'enivraient d'orgueil et de joie ; ils se croyaient prêts à triompher de la croix, et la croix allait les précipiter dans l'abîme. Ils excitaient les fureurs des païens contre le nouvel apôtre : on lui lançait des pierres, on jetait sous ses pieds blessés des débris de vases et des cailloux ; on le traitait comme s'il eût été lui-même le Christ pour lequel ces infortunés avaient tant d'horreur. Il s'avançait lentement du pied du Capitole à l'amphithéâtre, en suivant la voie Sacrée. Au temple de Jupiter Stator, aux Rostres, à l'arc de Titus, partout où se présentait quelque simulacre des dieux, les hurlements de la foule redoublaient : on voulait contraindre le martyr à s'incliner devant les idoles.

« Est-ce au vainqueur à saluer le vaincu ? disait Eudore. Encore quelques instants, et vous jugerez de ma victoire. O Rome, j'aperçois un prince qui met son diadème aux pieds de Jésus-Christ. Le temple des esprits des ténèbres est fermé, ses portes ne s'ouvriront plus, et des verrous d'airain en défendront l'entrée aux siècles à venir ! »

— « Il nous prédit des malheurs, s'écrie le peuple : écrasons, déchirons cet impie. »

Les prétoriens peuvent à peine défendre le prophète martyr de la rage de ces idolâtres.

« Laissez-les faire, dit Eudore. C'est ainsi qu'ils ont souvent traité leurs empereurs ; mais vous ne serez point obligés d'employer la pointe de vos épées pour me forcer à lever la tête. »

On avait brisé toutes les statues triomphales d'Eudore. Une seule était restée, et elle se trouva sur le passage du martyr ; un soldat ému de ce singulier hasard baissa son casque pour cacher l'attendrissement de son visage. Eudore l'aperçut et lui dit :

« Ami, pourquoi pleurez-vous ma gloire? C'est aujourd'hui que je triomphe ! Méritez les mêmes honneurs ! »

Ces paroles frappèrent le soldat, et quelques jours après il embrassa la religion chrétienne.

Eudore parvient ainsi jusqu'à l'amphithéâtre, comme un noble coursier, percé d'un javelot sur le champ de bataille, s'avance encore au combat sans paraître sentir sa blessure mortelle.

Mais tous ceux qui pressaient le confesseur n'étaient pas des ennemis : un grand nombre étaient des fidèles qui cherchaient à toucher le vêtement du martyr, des vieillards qui recueillaient ses paroles, des prêtres qui lui donnaient l'absolution du milieu de la foule, des jeunes gens, des femmes qui criaient :

« Nous demandons à mourir avec lui. »

Le confesseur calmait d'un mot, d'un geste, d'un regard, ces élans de la vertu, et ne paraissait occupé que du péril de ses frères. L'enfer l'attendait à la porte de l'arène pour lui livrer un dernier assaut. Les gladiateurs, selon l'usage, voulurent revêtir le chrétien d'une robe des prêtres de Saturne.

« Je ne mourrai point, s'écrie Eudore, dans le déguisement d'un lâche déserteur, et sous les couleurs de l'idolâtrie : je déchirerai plutôt de mes mains l'appareil de mes blessures. J'appartiens au peuple romain et à César : si vous les privez par ma mort du combat que je leur dois, vous en répondrez sur votre tête. »

Intimidés par cette menace, les gladiateurs ouvrirent les portes de l'amphithéâtre, et le martyr entra seul et triomphant dans l'arène.

Aussitôt un cri universel, des applaudissements furieux, prolongés depuis le faîte jusqu'à la base de l'édifice, en font mugir les échos. Les lions, et toutes les bêtes renfermées dans les cavernes, répondent dignement aux éclats de cette joie féroce : le peuple lui-même tremble d'épouvante ; le martyr seul n'est point effrayé. Tout à coup il se souvient du pressentiment qu'il eut jadis dans ce même lieu. Il rougit de ses erreurs passées ; il remercie Dieu, qui l'a reçu dans sa miséricorde, et l'a conduit, par un merveilleux conseil, à une fin si glorieuse. Il songe avec attendrissement à son père, à ses sœurs à sa patrie ; il recommande à l'Éternel Démodocus et Cymodocée : ce fut sa dernière pensée de la terre, il tourne son esprit et son cœur uniquement vers le ciel.

L'empereur n'était point encore arrivé, et l'intendant des jeux n'avait pas donné le signal. Le martyr blessé demande au peuple la permission de s'asseoir sur l'arène, afin de mieux conserver ses forces ; le peuple y consent, dans l'espoir de voir un plus long combat. Le jeune homme, enveloppé de son manteau, s'incline sur le sable qui va boire son sang, comme un pasteur se couche sur la mousse au fond d'un bois solitaire.

Cependant, dans les profondeurs de l'éternité, une plus vive lumière sortait du Saint des saints. Les anges, les Trônes, les Dominations, prosternés, entendaient, saisis de joie, une voix qui disait :

« Paix à l'Église ! Paix aux hommes ! »

L'hostie était acceptée : la dernière goutte du sang du juste allait faire triompher cette religion qui devait changer la face de la terre. La cohorte des martyrs s'ébranle : les divins guerriers s'assemblent au bruit d'une trompette sonnée par l'ange des armées du Seigneur. Là brille Étienne, le premier des confesseurs; là se montrent l'intrépide Laurent, l'éloquent Cyprien, et vous, honneur de cette pieuse et fidèle cité que le Rhône ravage et que la Saône caresse. Tous portés sur une nuée lumineuse ils descendent pour recevoir l'heureux soldat à qui la grande victoire est réservée. Les cieux s'abaissent et s'entr'ouvrent. Les chœurs des patriarches; des prophètes, des apôtres, des anges, viennent admirer le combat du juste. Les saintes femmes, les veuves, les vierges, environnent et félicitent la mère d'Eudore, qui seule détourne ses yeux de la terre, et les tient attachés sur le trône de Dieu.

Alors Michel arme sa droite de ce glaive qui marche devant le Seigneur, et qui frappe des coups inattendus; il prend dans sa main gauche une chaîne forgée au feu des éclairs, dans les arsenaux de la colère céleste. Cent archanges en formèrent les anneaux indestructibles, sous la direction d'un ardent Chérubin; par un travail admirable, l'airain fondu avec l'argent et l'or se façonna sous leurs marteaux pesants; ils y mêlèrent trois rayons de la vengeance éternelle : le désespoir, la terreur, la malédiction, un carreau de la foudre, et cette matière vivante qui composait les roues du char d'Ézéchiel. Au signal du Dieu fort, Michel s'élance des cieux comme une comète. Les astres effrayés croient toucher à la borne de leur cours. L'archange met un pied sur la mer et l'autre sur la terre. Il crie d'une voix terrible, et sept tonnerres parlent avec lui :

« Le règne du Christ est établi; l'idolâtrie est passée; la mort ne sera
« plus. Race perverse, délivrez le monde de votre présence; et toi, Satan, rentre
« dans le puits de l'abîme où tu seras enchaîné pour mille ans. »

A ces accents formidables, les anges rebelles sont saisis d'épouvante. Le prince des enfers veut résister encore, et combattre l'envoyé du Très-Haut : il appelle à lui Astarté et les démons de la fausse sagesse et de l'homicide; mais déjà précipités dans l'asile des douleurs, ils sont punis par de nouveaux tourments des maux qu'ils viennent de faire aux hommes. Satan, demeuré seul, essaie en vain de résister au guerrier céleste : la force lui est subitement ôtée; il sent que son sceptre est brisé et sa puissance détruite. Précédé de ses légions éperdues, il se plonge avec un affreux rugissement dans le puits de l'abîme. Les chaînes vivantes tombent avec lui, l'embrassent et le lient sur un rocher enflammé au centre de l'enfer.

Le fils de Lasthénès entend dans les airs des concerts ineffables, et les sons lointains de mille harpes d'or, mêlés à des voix mélodieuses. Il lève la tête, et voit l'armée des martyrs renversant dans Rome les autels des faux dieux, et sapant les fondements de leurs temples parmi des tourbillons de poussière. Une échelle merveilleuse descend d'une nue jusqu'aux pieds d'Eudore. Cette échelle était de jaspe, d'hyacinthe, de saphirs et d'émeraudes, comme les fondements de la Jérusalem céleste. Le martyr contemple la vision de splendeur, et appelle par ses soupirs l'instant où il pourra suivre ce chemin du ciel.

Et pourtant ce n'est pas là toute la gloire que le Dieu de Jacob réserve à son peuple. Il entretient encore dans le cœur d'une faible femme les plus nobles et les plus généreux desseins. Quand l'alouette matinale attend sur des guérets nouveaux le retour de la lumière, aussitôt que le jour naissant a blanchi les bords des nuages, elle quitte la terre, et fait entendre en montant dans les airs un hymne qui charme le voyageur : ainsi la vigilante Cymodocée veille attentivement à la première clarté de l'aube, pour aller chanter dans le ciel des cantiques qui raviront Israël. Un rayon de l'aurore parvient jusqu'à la jeune chrétienne, à travers le laurier de Virgile. Aussitôt elle se lève en silence, et reprend le vêtement du martyre, qu'elle avait eu soin de garder. Le prêtre d'Homère goûtait encore le sommeil que l'ange avait répandu sur ses yeux. Cymodocée s'approche doucement, et se met à genoux au bord du lit de Démodocus. Elle contemple son père en versant des larmes muettes; elle écoute la respiration paisible du vieillard; elle songe à son affreux réveil; elle peut à peine étouffer les sanglots de la piété filiale. Soudain elle rappelle son courage, ou plutôt son amour et sa foi : elle s'échappe furtivement, comme la nouvelle épouse à Sparte se dérobait aux regards de sa mère pour aller jouir des embrassements de son époux.

Dorothée n'avait point passé la nuit dans la maison de Virgile; les chrétiens ne s'endormaient point ainsi la veille de la mort de leurs frères : accompagné de tous ses serviteurs, il s'était rendu à l'amphithéâtre avec Zacharie. Déguisés, au milieu de la foule, ils attendaient le combat du martyr, afin de dérober ensuite le corps glorieux, et de lui donner la sépulture : ainsi une troupe de colombes, près d'une ferme où l'on bat le blé nouveau, attend que les moissonneurs se soient retirés, pour cueillir le grain resté sur l'aire.

Cymodocée ne rencontre donc point d'obstacles à sa fuite. Qui aurait pu deviner ses desseins? Elle descend sous le péristyle, et, ouvrant la porte extérieure, elle s'élance dans cette Rome qui lui était inconnue.

Elle erre d'abord par des rues désertes : tout le peuple s'était porté vers l'amphithéâtre. Elle ne sait où tourner ses pas; elle s'arrête et prête une oreille attentive, comme une sentinelle qui cherche à surprendre le bruit de l'ennemi. Il lui semble entendre un murmure lointain; elle court aussitôt de ce côté : plus elle approche, plus s'accroît le murmure. Bientôt elle aperçoit une longue file de soldats, d'esclaves, de femmes, d'enfants, de vieillards qui suivaient tous le même chemin; elle voit passer des litières, voler des chars et des cavaliers. Mille accents, mille voix s'élèvent, et dans cette rumeur confuse Cymodocée distingue ce cri répété :

« Les chrétiens aux bêtes ! »

— « Me voici ! » dit-elle avant qu'on pût l'entendre.

Et elle s'avançait sur une hauteur qui dominait la foule répandue autour de l'amphithéâtre. Cymodocée descendant de la colline au lever de l'aurore, parut comme cette étoile du matin que la nuit prête un moment au jour. La Grèce, à genoux, l'eût prise pour l'amante de Zéphyre ou de Céphale; Rome reconnut à l'instant une chrétienne : sa robe d'azur, son voile blanc, son manteau noir, la trahirent encore moins que sa modestie.

« C'est une chrétienne échappée ! s'écria la foule : arrêtons-la !»

— « Oui, répondit Cymodocée en rougissant devant cette multitude, je suis chrétienne; mais je ne suis point échappée : je ne suis qu'égarée. J'ai pu me tromper de chemin, moi qui suis jeune et née loin d'ici, sur le rivage de la Grèce, ma douce patrie. Puissants enfants de Romulus, voulez-vous me conduire à l'amphithéâtre? »

Ce langage, qui aurait désarmé des tigres, n'attira sur Cymodocée que des railleries et des outrages. Elle était tombée dans un groupe d'hommes et de femmes chancelants sous les fumées du vin. Une voix voulut dire que cette Grecque n'était peut-être pas condamnée aux bêtes.

« Je le suis, répondit la jeune chrétienne avec timidité; on m'attend à l'amphithéâtre. »

La troupe aussitôt l'y conduit en poussant des hurlements. Le gladiateur commis à l'introduction des martyrs n'avait point d'ordre pour cette victime, et refusait de l'admettre au lieu du sacrifice; mais une des portes de l'arène, venant à s'ouvrir, laisse voir Eudore dans l'enceinte : Cymodocée s'élance comme une flèche légère, et va tomber dans les bras de son époux.

Cent mille spectateurs se lèvent sur les gradins de l'amphithéâtre, et s'agitent en tumulte. On se penche en avant, on regarde dans l'arène, on se demande quelle est cette femme qui vient de se jeter dans les bras du chrétien. Ceux-ci disaient :

« C'est son épouse, c'est une chrétienne qui va mourir : elle porte la robe des condamnés. »

Ceux-là :

« C'est l'esclave d'Hiéroclès, nous la reconnaissons; c'est cette Grecque qui s'est déclarée ennemie des dieux lorsque nous voulions la sauver. »

Quelques voix timides :

« Elle est si jeune et si belle! »

Mais la multitude :

« Eh bien! qu'elle soit livrée aux bêtes, avant de multiplier dans l'empire la race des impies! »

L'horreur, le ravissement, une affreuse douleur, une joie inouïe, ôtaient la parole au martyr : il pressait Cymodocée sur son cœur; il aurait voulu la repousser; il sentait que chaque minute écoulée amenait la fin d'une vie pour laquelle il eût donné un million de fois la sienne. A la fin il s'écrie, en versant des torrents de pleurs :

« O Cymodocée, que venez-vous faire ici? Dieu! est-ce dans ce moment que je devais jamais vous voir! Quel charme ou quel malheur vous a conduite sur ce champ de carnage? Pourquoi venez-vous ébranler ma foi? Comment pourrai-je vous voir mourir? »

— « Seigneur, dit Cymodocée avec des sanglots, pardonnez à votre servante. J'ai lu dans vos livres saints : « La femme quittera son père et sa « mère pour s'attacher à son époux. » J'ai quitté mon père, je me suis dérobée à son amour pendant son sommeil; je viens demander votre grâce à Galérius, ou partager votre sort. »

Cymodocée aperçoit le visage pâle d'Eudore, ses blessures couvertes d'un vain appareil : elle jette un cri, et, dans un saint transport, elle baise les pieds du martyr, et les plaies sacrées de ses bras et de sa poitrine. Qui pourrait exprimer les sentiments d'Eudore, lorsqu'il sent ces lèvres pures presser son corps défiguré? Qui pourrait dire l'inconcevable charme de ces premières caresses d'une femme aimée, ressenties à travers les plaies du martyre? Tout à coup le ciel inspire le confesseur; sa tête paraît rayonnante, et son visage resplendissant de la gloire de Dieu; il tire de son doigt un anneau, et le trempant dans le sang de ses blessures :

« Je ne m'oppose plus à vos desseins, dit-il à Cymodocée : je ne puis vouloir vous ravir plus longtemps une couronne que vous recherchez avec tant de courage. Si j'en crois la voix secrète qui parle à mon cœur, votre mission sur cette terre est finie : votre père n'a plus besoin de vos secours; Dieu s'est chargé du soin de ce vieillard : il va connaître la vraie lumière, et bientôt il rejoindra ses enfants dans ces demeures où rien ne pourra plus les lui ravir. O Cymodocée, je vous l'avais prédit, nous serons unis; il faut que nous mourions époux. C'est ici l'autel, l'église, le lit nuptial. Voyez cette pompe qui nous environne, ces parfums qui tombent sur nos têtes. Levez les yeux, et contemplez au ciel avec les regards de la foi cette pompe bien autrement belle. Rendons légitimes les embrassements éternels qui vont suivre notre martyre : prenez cet anneau, et devenez mon épouse. »

Le couple angélique tombe à genoux au milieu de l'arène; Eudore met l'anneau trempé de son sang au doigt de Cymodocée.

« Servante de Jésus-Christ, s'écrie-t-il, recevez ma foi. Vous êtes aimable comme Rachel, sage comme Rebecca, fidèle comme Sara, sans avoir eu sa longue vie. Croissons, multiplions pour l'éternité, remplissons le ciel de nos vertus. »

A l'instant le ciel, ouvert, célèbre ces noces sublimes : les anges entonnent le cantique de l'épouse; la mère d'Eudore présente à Dieu ses enfants unis, qui vont bientôt paraître au pied du trône éternel; les vierges martyres tressent la couronne nuptiale de Cymodocée; Jésus-Christ bénit le couple bienheureux, et l'Esprit-Saint lui fait le don d'un intarissable amour.

Cependant la foule, qui voyait les deux chrétiens à genoux, croyait qu'ils lui demandaient la vie. Tournant aussitôt le pouce vers eux, comme dans les combats de gladiateurs, elle repoussait leur prière par ce signe, et les condamnait à mort! Le peuple romain, que ses nobles priviléges avaient fait surnommer le peuple-roi, avait depuis longtemps perdu son indépendance : il n'était resté le maître absolu que dans la direction de ses plaisirs; et, comme on se servait de ces mêmes plaisirs pour l'enchaîner et le corrompre, il ne possédait en effet que la souveraineté de son esclavage. Le gladiateur des portiques vint dans ce moment recevoir les ordres du peuple sur le sort de Cymodocée.

« Peuple libre et puissant, dit-il, cette chrétienne est entrée hors de son rang dans l'arène; elle était condamnée à mourir avec le reste des impies, après le combat de leur chef; elle s'est échappée de la prison. Égarée dans Rome, son mauvais génie, ou plutôt le génie de l'empire, l'a ramenée à l'amphithéâtre. »

Le peuple cria d'une commune voix :

« Les dieux l'ont voulu : qu'elle reste et qu'elle meure ! »

Un petit nombre, intérieurement travaillé par le Dieu des miséricordes, paraissait touché de la jeunesse de Cymodocée : il voulait que l'on fît grâce à cette chrétienne ; mais la foule répétait :

« Qu'elle reste et qu'elle meure ! Plus la victime est belle, plus elle est agréable aux dieux. »

Ce n'étaient plus ces enfants de Brutus, qui maudissaient le grand Pompée pour avoir fait combattre de paisibles éléphants ; c'étaient des hommes abrutis par la servitude, aveuglés par l'idolâtrie, et chez qui toute humanité s'était éteinte avec le sentiment de la liberté.

Une voix s'échappe des combles de l'amphithéâtre. C'en est fait : Dorothée renonce à la vie.

« Romains, s'écrie-t-il, c'est moi qui ai tout fait, c'est moi qui, cette nuit même, avais enlevé cet ange du ciel qui vient se remettre en vos mains. Je suis chrétien, je demande le combat. Puisse l'infâme Jupiter tomber bientôt avec son temple ! Puisse-t-il écraser dans sa chute ses horribles adorateurs ! Puisse l'éternité allumer ses flammes vengeresses pour engloutir des barbares qui restent insensibles à tous les charmes du malheur, de la jeunesse et de la vertu.

En prononçant ces paroles, Dorothée renverse une statue de Mercure. Aussitôt l'attention et l'indignation du peuple se tournent de ce côté.

« Un chrétien dans l'amphithéâtre ! Qu'on le saisisse ; qu'on le livre aux gladiateurs. »

Dorothée est entraîné hors de l'édifice, et condamné à périr avec la foule des confesseurs.

Tout à coup retentit le bruit des armes : le pont qui conduisait du palais de l'empereur à l'amphithéâtre s'abaisse, et Galérius ne fait qu'un pas de son lit de douleur au carnage : il avait surmonté son mal, pour se présenter une dernière fois au peuple. Il sentait à la fois l'empire et la vie lui échapper : un messager arrivé des Gaules venait de lui apprendre la mort de Constance. Constantin, proclamé César par les légions, s'était en même temps déclaré chrétien, et se disposait à marcher vers Rome. Ces nouvelles, en portant le trouble dans l'âme de Galérius, avaient rendu plus cuisante la plaie hideuse de son corps ; mais renfermant ses douleurs dans son sein, soit qu'il cherchât à se tromper lui-même, soit qu'il voulût tromper les hommes, ce spectre vint s'asseoir au balcon impérial, comme la mort couronnée. Quel contraste avec la beauté, la vie, la jeunesse, exposées dans l'arène à la fureur des léopards !

Lorsque l'empereur parut, les spectateurs se levèrent, et lui donnèrent le salut accoutumé. Eudore s'incline respectueusement devant César. Cymodocée s'avance sous le balcon pour demander à l'empereur la grâce d'Eudore, et s'offrir elle-même en sacrifice. La foule tira Galérius de l'embarras de se montrer miséricordieux ou cruel : depuis longtemps elle attendait le combat ; la soif du sang avait redoublé à la vue des victimes. On crie de toutes parts :

« Les bêtes ! Qu'on lâche les bêtes ! Les impies aux bêtes ! »

Eudore veut parler au peuple en faveur de Cymodocée ; mille voix étouffent sa voix :

« Qu'on donne le signal ! Les bêtes ! Les chrétiens aux bêtes ! »

Le son de la trompette se fait entendre : c'est l'annonce de l'apparition des bêtes féroces. Le chef des rétiaires (1) traverse l'arène, et vient ouvrir la loge d'un tigre connu par sa férocité.

Alors s'élève entre Eudore et Cymodocée une contestation à jamais mémorable : chacun des deux époux voulait mourir le dernier.

« Eudore, disait Cymodocée, si vous n'étiez pas blessé, je vous demanderais à combattre la première ; mais à présent j'ai plus de force que vous, et je puis vous voir mourir. »

— « Cymodocée, répondit Eudore, il y a plus longtemps que vous que je suis chrétien : je pourrai mieux supporter la douleur ; laissez-moi quitter la terre le dernier. »

En prononçant ces paroles, le martyr se dépouille de son manteau ; il en couvre Cymodocée, afin de mieux dérober aux yeux des spectateurs les charmes de la fille d'Homère, lorsqu'elle sera traînée sur l'arène par le tigre. Eudore craignait qu'une mort aussi chaste ne fût souillée par l'ombre d'une pensée impure, même dans les autres. Peut-être aussi était-ce un dernier instinct de la nature, un mouvement de cette jalousie qui accompagne le véritable amour jusqu'au tombeau.

La trompette sonne pour la seconde fois.

On entend gémir la porte de fer de la caverne du tigre : le gladiateur qui l'avait ouverte s'enfuit effrayé. Eudore place Cymodocée derrière lui. On le voyait debout, uniquement attentif à la prière, les bras étendus en forme de croix, et les yeux levés vers le ciel.

La trompette sonne pour la troisième fois.

Les chaînes du tigre tombent, et l'animal furieux s'élance en rugissant dans l'arène : un mouvement involontaire fait tressaillir les spectateurs. Cymodocée, saisie d'effroi, s'écrie :

« Ah ! sauvez-moi ! »

Et elle se jette dans les bras d'Eudore, qui se retourne vers elle. Il la serre contre sa poitrine, il aurait voulu la cacher dans son cœur. Le tigre arrive aux deux martyrs. Il se lève debout, et enfonçant ses ongles dans les flancs du fils de Lasthénès, il déchire avec ses dents les épaules du confesseur intrépide. Comme Cymodocée, toujours pressée dans le sein de son époux, ouvrait sur lui des yeux pleins d'amour et de frayeur, elle aperçoit la tête sanglante du tigre auprès de la tête d'Eudore. A l'instant la chaleur abandonne les membres de la vierge victorieuse ; ses paupières se ferment ; elle demeure suspendue aux bras de son époux, ainsi qu'un flocon de neige aux rameaux d'un pin du Ménale ou du Lycée. Les saintes martyres, Eulalie, Félicité, Perpétue, descendent pour chercher leur compagne : le tigre avait brisé le cou d'ivoire de la fille d'Homère. L'ange de la mort coupe en souriant le fil des jours de Cymodocée. Elle exhale son dernier soupir sans effort et sans douleur ; elle rend au ciel un souffle divin qui semblait tenir à peine à ce corps formé par les Grâces : elle

(1) Gladiateurs qui combattaient avec un filet.

tombe comme une fleur que la faux du villageois vient d'abattre sur le gazon Eudore la suit un moment après dans les éternelles demeures : on eût cru voir un de ces sacrifices de paix où les enfants d'Aaron offraient au Dieu d'Israël une colombe et un jeune taureau.

Les époux martyrs avaient à peine reçu la palme, que l'on aperçut au milieu des airs une croix de lumière, semblable à ce Labarum qui fit triompher Constantin ; la foudre gronda sur le Vatican, colline alors déserte, mais souvent visitée par un esprit inconnu ; l'amphithéâtre fut ébranlé jusque dans ses fondements ; toutes les statues des idoles tombèrent, et l'on entendit, comme autrefois à Jérusalem, une voix qui disait :

« LES DIEUX S'EN VONT. »

La foule éperdue quitte les jeux. Galérius, rentré dans son palais, s'abandonne aux plus noires fureurs ; il ordonne qu'on livre au glaive les illustres compagnons d'Eudore. Constantin paraît aux portes de Rome. Galérius succombe aux horreurs de son mal : il expire en blasphémant l'Éternel. En vain un nouveau tyran s'empare du pouvoir suprême : Dieu tonne du haut du ciel ; le signe du salut brille ; Constantin frappe ; Maxence est précipité dans le Tibre. Le vainqueur entre dans la cité reine du monde : les ennemis des chrétiens se dispersent. Le prince, ami d'Eudore, s'empresse alors de recueillir les derniers soupirs de Démodocus, que la douleur enlève à la terre, et qui demande le baptême pour aller rejoindre sa fille bien-aimée. Constantin vole aux lieux où l'on avait entassé les corps des victimes : les deux époux conservaient toute leur beauté dans la mort. Par un miracle du ciel, leurs plaies se trouvaient fermées, et l'expression de la paix et du bonheur était empreinte sur leur front. Une fosse est creusée pour eux dans ce cimetière où le fils de Lasthénès fut autrefois retranché du nombre des fidèles. Les légions des Gaules, jadis conduites à la victoire par Eudore, entourent le monument funèbre de leur ancien général. L'aigle guerrière de Romulus est décorée de la croix pacifique. Sur la tombe des jeunes martyrs Constantin reçoit la couronne d'Auguste, et sur cette même tombe il proclame la religion chrétienne religion de l'empire.

FIN DES MARTYRS.

EXAMEN DES MARTYRS.

C'est avec un vrai chagrin que je me vois forcé à me défendre : ce rôle a quelque chose d'embarrassant, et qui répugne surtout à mon caractère. Mais, comme dans tout ce qui me concerne, on feint de mêler les intérêts de la religion, ce grand nom m'oblige à des soins que je ne prendrais pas pour moi; mon devoir me fait une loi de repousser des traits qui peuvent tomber sur des choses saintes. Je vais donc examiner les *Martyrs*.

Cet examen se divise naturellement en trois parties.

1° Examen des objections religieuses et morales faites contre les *Martyrs*;

2° Examen des objections littéraires;

3° Changements faits aux premières éditions des *Martyrs*, et remarques ajoutées à chaque livre de l'ouvrage.

OBJECTIONS RELIGIEUSES ET MORALES.

Tout ce qu'on a dit contre les *Martyrs*, on l'a dit également, et avec plus de force, contre le *Génie du Christianisme* : « Système dangereux pour le goût; la religion compromise, moins défendue qu'outragée; ouvrage déplorable; ouvrage oublié; ouvrage mort en naissant, etc., etc. »

Remarquons encore que les personnes qui semblent les plus effrayées des dangers auxquels les *Martyrs* exposent la religion, sont du nombre de celles désignées dans la *Défense du Génie du Christianisme*. « Que les consciences
« timorées, disais-je, se rassurent, ou plutôt qu'elles examinent bien, avant
« de s'alarmer, si les censeurs scrupuleux qui accusent l'auteur de porter la
« main à l'encensoir; qui montrent une si grande tendresse, de si vives in-
« quiétudes pour la religion, ne seraient point des hommes connus par leur
« mépris ou leur indifférence pour elle. Quelle dérision ! »

Ce soupçon tombe beaucoup mieux sur les adversaires des *Martyrs* : car, en prenant contre moi la défense de la morale, de la pudeur et de la religion, ils ont laissé échapper de telles indécences et des plaisanteries si impies, que le fond de leurs sentiments s'est montré à découvert. Ils sont allés jusqu'à provoquer contre moi la censure ecclésiastique. Faydit, dans sa critique du *Télémaque*, emploie les mêmes insinuations : « Autrefois, dit-il, on déposait les « évêques qui s'avisaient d'écrire des romans. » Et à qui Faydit rappelait-il noblement cet exemple? à Louis XIV, qui n'aimait pas Fénelon, et qui croyait voir dans le *Télémaque* la satire indirecte du gouvernement de la France. Quand la critique se sert de pareilles armes, il faut convenir qu'elle est bien forte.

Quel est le but qu'on se propose en m'attaquant ainsi sous les rapports religieux? Un but très-facile à voir. On suppose que mes *prôneurs* sont des *chrétiens*; que toute ma force est là. Il faut donc me rendre suspect à ce qu'on appelle *mon parti*, faire naître des doutes sur ma sincérité, alarmer des gens simples qui sont assez modestes pour régler leur jugement sur le jugement d'un journal. Mais l'artifice était trop grossier pour réussir. En voulant trop prouver contre les *Martyrs*, on n'a rien prouvé : personne n'a pu croire qu'un homme qui, depuis dix ans, emploie toutes les faibles ressources de son esprit à la défense de la religion, fût tout à coup devenu l'ennemi *adroit* ou *maladroit* de cette même religion.

Je n'avance rien au hasard, et je ne demande pas, comme mes ennemis, d'en être cru sur ma parole, quoique je ne l'aie jamais donnée en vain. Les chrétiens n'ont point trouvé que les *Martyrs* exposassent la religion à des dangers ; en voici la preuve :

Il y a en France une gazette appelée *Gazette ecclésiastique* ou *Journal des Curés*. Si quelque journal a le droit d'appeler une cause chrétienne à son tribunal, c'est sans doute celui-là. Il a paru dans cette feuille sept articles sur les *Martyrs;* ces sept articles sont tous en faveur de l'ouvrage : on en prend la défense contre les journalistes qui l'ont attaqué, on en conseille la lecture, on en fait l'apologie ; et c'est vraisemblablement un *prêtre* qui tient ce langage, tandis que des censeurs, qui rient sans doute en eux-mêmes quand ils se font les champions de l'autel, crient de toutes parts au scandale.

J'ai commencé par examiner la compétence de mes juges : passons à leurs objections.

La première roule sur cette question tant débattue depuis l'apparition du *Génie du Christianisme*, savoir : si le merveilleux de notre religion peut être employé dans l'épopée, et s'il offre autant de ressources au poëte que le merveilleux du paganisme ?

Une chose singulière se présente au premier coup d'œil. Ne dirait-on pas, à voir la surprise de quelques critiques, qu'avant moi on n'eût jamais entendu parler d'épopée chrétienne? Ne semble-t-il pas que j'aie fait une découverte prodigieuse, inouïe; que j'ai osé le premier mettre en action les anges, les saints, l'enfer et le ciel? Et nous avons le Dante, le Tasse, le Camoëns, Milton, Voltaire, Klopstock, Gessner !

Boileau condamne le merveilleux chrétien. D'accord ; mais quelques vers de Boileau anéantiront-ils la *Jérusalem*, le *Paradis perdu*, la *Henriade ?* Boileau ne peut-il pas être allé trop loin ? Boileau a-t-il jugé sans retour le Tasse, Fénelon, Quinault? Il a paru une brochure imprimée à Lyon, où l'auteur, qui m'est inconnu, a bien voulu se déclarer en faveur des *Martyrs*. On ne peut réunir à des autorités plus graves une manière de raisonner plus saine. Je citerai souvent l'ouvrage de mon défenseur, en prenant seulement la liberté de retrancher un nom inutile ici, et d'adoucir l'expression d'une indignation vivement sentie. Cela me sera d'un grand soulagement; car rien n'est plus pénible que de parler de soi, et plus difficile de garder toutes les convenances en plaidant sa propre cause.

Que Boileau n'a pas été suivi aveuglément dans son opinion comme on voudrait le faire entendre, c'est ce que le critique anonyme montre par des exemples frappants.

« Je choisirai, dit-il, mes autorités parmi des hommes qu'on ne saurait accuser d'avoir voulu *égarer* les jeunes littérateurs et corrompre le goût.

« Le véritable usage de la poésie, dit Rollin, appartient à la religion, qui
« seule rappelle à l'homme son véritable bien, et qui ne le lui montre que dans
« Dieu... Aussi n'était-elle, chez le peuple saint, consacrée qu'à la religion...
« C'est ce qui a fait, même chez les anciens peuples, la première matière de
« leurs vers (1). »

« Après avoir présenté les preuves de ces vérités, Rollin consacre un chapitre entier à montrer que c'est une erreur de croire qu'il faille *être païen dans la poésie*; et traçant rapidement un plan dont il exclut la *mythologie*, il termine par ces mots remarquables : « Un poëme épique, fait dans ce goût, *plairait*
« *certainement*, et l'on n'y regretterait, ni les intrigues de Vénus, ni les ser-
« pents, ni le venin d'Alecto (2). »

« L'abbé Batteux, dans son *Cours de littérature*, entre dans plus de détails encore pour établir le même principe. On y trouve en quelque sorte le fond des idées qu'a développées M. de Chateaubriand dans son premier ouvrage. Ne pouvant tout citer, je me contenterai de rapporter les traits principaux :

« Malgré le respect que nous avons pour les idées de M. Despréaux, nous ne
« saurions croire que s'il venait au monde un second Homère, il ne trouverait
« pas dans l'histoire de la religion une matière capable d'exercer son génie. »

« Ici l'auteur présente la manière dont, en ce cas, le merveilleux chrétien aurait pu être employé, le sujet que le nouvel Homère aurait pu chanter, et il ajoute : « Il aurait démontré par l'exécution que le sublime et le sérieux de
« notre religion, bien loin d'être un obstacle invincible à l'épopée, y seraient
« la source des plus sublimes beautés. Quel fondement aurait servi d'appui à
« ce merveilleux? Le même qui a servi aux anciens, je veux dire la *persuasion*
« *commune* des peuples pour qui on écrit (3). »

« Il n'est pas hors de propos de remarquer ici que ce sont précisément les écrivains les plus *pieux* qui ont eu les mêmes idées que l'auteur des *Martyrs*. Toutefois ceux de nos littérateurs à qui l'on donne le nom de *philosophes*, n'ont jamais avancé qu'il fallût être *païen* dans l'épopée, et que ce fût là une règle hors de laquelle on ne pouvait que *s'égarer*.

---

(1) *Traité des Études*, tom. I. — (2) *Ibid*. — (3) *Principes de littérature*, tom. II.

« Marmontel, celui qui a le plus vanté le merveilleux de la mythologie, et dont les écrits fourniront toujours des articles presque tout faits aux critiques qui voudront déclamer contre l'épopée moderne (1) ; Marmontel, dis-je, s'exprime ainsi : « Avec de l'art, du goût et du génie, nos prophètes, nos anges, nos dé-
« mons et nos saints peuvent agir *décemment* et *dignement* dans un poëme ; et
« à la maladresse de Sannazar, du Camoëns, etc., on peut opposer les exem-
« ples du Tasse, de Milton, de l'auteur d'*Athalie*, de la *Henriade* (2). »

« Voltaire, qui pour le dire en passant, s'accorde avec Rollin sur l'origine de la poésie, loin de vouloir assujettir les jeunes littérateurs à la prétendue règle des nouveaux censeurs, laisse la plus grande liberté sur ce point :
« La machine du merveilleux, dit-il, l'intervention d'un pouvoir céleste ; la
« nature des épisodes ; tout ce qui dépend de la tyrannie de la coutume, et de
« cet instinct qu'on nomme goût, voilà sur quoi il y a mille opinions, et *point*
« *de règle générale* (3). »

« Le Quintilien français, La Harpe, qui donna, du moins dans un temps, la préférence au merveilleux de la mythologie, déclare formellement qu'il ne prétend pas *exclure la religion de l'épopée ;* et il ajoute :
« J'ose *en cela m'écarter de l'avis de Despréaux*, et l'exemple du Tasse, con-
« firmé par le succès, me paraît l'emporter sur l'autorité du critique. »

« Il serait absurde, dit-il ailleurs, d'exiger dans un sujet moderne l'inter-
« vention des dieux de l'antiquité (4). »

Telles sont les autorités rapportées par mon défenseur.

Donc il est clair que Rollin, Voltaire, Batteux, Marmontel et La Harpe ont pensé qu'on pouvait employer le merveilleux chrétien dans l'épopée. Il y a plus : Voltaire a fait un poëme avec ce merveilleux que l'on veut proscrire, et La Harpe a laissé plusieurs chants manuscrits d'une épopée chrétienne. Dans cette épopée, il y a un livre de l'*Enfer*, un livre du *Ciel* ; on voit agir les saints, les anges et les prophètes ; Dieu parle, Dieu prononce ses décrets ; enfin, c'est un poëme chrétien dans toute l'étendue du mot. Si ce poëme eût paru du vivant de La Harpe, on se serait donc écrié que le Quintilien français était le corrupteur du goût, et qu'il avait profané la religion ? Disons la vérité : on n'a jamais voulu m'entendre ; on a toujours fait de la chose la plus simple la question la plus embrouillée.

Voici les faits tels qu'ils sont :

J'ai dit :

1° Si l'on veut traiter un sujet épique tiré de l'histoire moderne, il faut nécessairement employer le merveilleux chrétien, puisque la religion chrétienne est aujourd'hui la religion des peuples civilisés de l'Europe.

J'ai dit :

2° Si nous ne voulons pas faire usage de ce merveilleux, il faut ou renoncer à l'épopée, ou placer toujours l'action de cette épopée dans l'antiquité. Et pourquoi donc abandonner absolument le droit si doux de chanter la patrie ?

---

(1) Tout ce qu'on a dit de plus fort contre le merveilleux chrétien se trouve dans Marmontel, et souvent exprimé dans les mêmes termes. — (2) Voyez l'*Encyclopédie*, au mot *Merveilleux*. — (3) *Essai sur la poésie épique.* — (4) *Cours de littérature,* tom. I.

Que les critiques se contentent de répondre : « Nous convenons qu'on ne peut avoir une épopée moderne sans employer le merveilleux chrétien ; mais nous regrettons le merveilleux du paganisme, parce qu'il offre plus de ressources aux poëtes ; » j'entendrai ce langage.

Je répondrai à mon tour :

« En admettant votre sentiment, tout ce que j'avance se réduit à ceci : Voilà deux lyres, l'une antique, l'autre moderne. Vous prétendez que la première a de plus beaux sons que la seconde ; mais elle est brisée, cette lyre : il faut donc tirer de celle qui vous reste le meilleur parti possible. Or, je veux essayer de vous apprendre que cet instrument moderne, selon vous si borné, a des ressources que vous ne connaissez pas ; que vous pouvez y découvrir une harmonie nouvelle ; qu'il a des accents pathétiques et divins ; en un mot, qu'il peut, sous une main habile, remplacer la lyre antique, bien qu'il donne une suite d'accords d'une autre nature, et qu'il soit monté sur un mode différent. »

Je le demande : cela n'est-il pas éminemment raisonnable ? Voilà pourtant tout ce que j'ai dit. Faut-il crier si haut ? Qu'y a-t-il dans ces principes de contraire aux saines traditions, au goût même de l'antiquité ? Ai-je le droit d'avancer qu'on peut trouver de grandes beautés dans le merveilleux chrétien, quand la *Jérusalem délivrée*, le *Paradis perdu* et la *Henriade* existent ?

L'évidence de cette doctrine est elle, que si le critique le plus opposé à mes idées entreprenait de faire demain une épopée sur un sujet français, il serait obligé d'employer le merveilleux qu'il proscrit. Si, par humeur, on s'écrie : « Eh bien ! n'ayons point d'épopée, puisqu'il faut se servir du merveilleux chrétien ; » alors je n'ai plus rien à répliquer, et je conviendrai même que c'est être conséquent dans son opinion. Mais que penserait-on d'un homme qui, regrettant un palais tombé en ruines, refuserait de se bâtir un nouvel édifice parce qu'il serait forcé d'employer un autre ordre d'architecture ? Un compatriote du Camoëns, du Tasse, de Milton, serait bien surpris de me voir établir en forme une chose qui lui paraîtrait ne pas mériter la peine d'être prouvée. Nous avons quelquefois en France une horreur du bon sens très-singulière.

On feint de me regarder comme un homme entêté d'un système, qui le suit partout, qui le voit partout : pas un mot de cela. Je ne veux rien changer, rien innover en littérature ; j'adore les anciens ; je les regarde comme nos maîtres ; j'adopte entièrement les principes posés par Aristote, Horace et Boileau ; l'*Iliade* me semble être le plus grand ouvrage de l'imagination des hommes, l'*Odyssée* me paraît attachante par les mœurs, l'*Énéide* inimitable par le style ; mais je dis que le *Paradis perdu* est aussi une œuvre sublime que la *Jérusalem* est un poëme enchanteur, et la *Henriade* un modèle de narration et d'élégance. Marchant de loin sur les pas des grands maîtres de l'épopée chrétienne, j'essaie de montrer que notre religion a des grâces, des accents, des tableaux, qu'on n'a peut-être point encore assez développés : voilà toutes mes prétentions ; qu'on me juge.

Quant aux lecteurs véritablement pieux qui pourraient trouver que j'attache trop d'importance à prouver l'excellence du christianisme jusque dans les jeux frivoles de la poésie, je leur mettrai sous les yeux une très-belle réflexion de mon défenseur anonyme :

« Si les écrivains, dit-il, qui proscrivent le merveilleux chrétien eussent sérieusement réfléchi sur l'influence et les résultats de cette doctrine littéraire, il me semble que jamais ils n'auraient eu le courage d'adopter un principe dont les conséquences sont si importantes et si graves. En effet, soutenir une telle opinion, n'est-ce pas dire que le christianisme, en remplaçant les ridicules imaginations du polythéisme, a éteint pour jamais le feu sacré de la véritable poésie, et que la religion et la patrie, c'est-à-dire les deux choses les plus chères au cœur de l'homme, ne peuvent désormais être chantées par ceux auxquels est échue en partage l'espèce de talent qui donne le premier rang parmi les écrivains ? N'est-ce pas condamner à l'oubli les événements les plus marqués de l'action de la Providence, les exploits des héros et des guerriers, la gloire des législateurs, des bons princes, des bienfaiteurs des nations? N'est-ce pas décider en quelque sorte que la poésie épique ne saurait reparaître dans tout son éclat, qu'autant que, par l'abrutissement le plus déplorable, nous viendrions à retomber dans l'idolâtrie? idolâtrie qui, par un effet bizarre, donnerait un nouvel essor au génie, en même temps qu'elle anéantirait les plus pures lumières de la raison ! N'est-ce pas prétendre que, si le christianisme eût existé au temps d'Homère et de Virgile, ces poëtes immortels n'auraient pu laisser à la postérité des monuments aussi beaux que ceux qu'ils nous ont transmis? En un mot, n'est-ce pas dire que sans le paganisme il n'y eût jamais eu d'épopée et qu'il fallait que l'univers fût ignorant et barbare pour que nous eussions un chef-d'œuvre? »

Cette dialectique est pressante, et je ne sais pas ce que l'on pourrait répliquer. Si l'on ne peut, contre les lumières de la raison, proscrire absolument le christianisme de l'épopée moderne, on l'attaque du moins dans ses détails.

« Le Dieu des chrétiens, s'écrie-t-on, prévoyant l'avenir et le forçant pour ainsi dire à être, parce qu'il l'a prévu ; ce Dieu prononçant sans appel, sans retour, détruit l'intérêt de l'épopée : le lecteur sait tout au premier mot ; il n'a plus rien à deviner. Le Jupiter d'Homère, au contraire, tantôt prenant parti pour les Troyens, tantôt pour les Grecs, est lui-même soumis au destin; etc. »

Je conviens que le dénoûment est prévu dès l'exposition des *Martyrs* ; mais c'est un reproche qu'il faut faire à toutes les épopées, ainsi qu'à plusieurs tragédies, entre autres aux chefs-d'œuvre de la scène (1). Dès les premiers vers de l'*Odyssée* on apprend qu'Ulysse, après avoir renversé les murs de Troie, erre au gré de la fortune chez tous les peuples et sur toutes les mers ; un peu plus loin, Jupiter annonce le retour du héros dans sa patrie; Minerve, sous la figure de Mentor, prédit ce retour à Télémaque. Au cinquième livre, Jupiter envoie Mercure déclarer au roi d'Ithaque qu'il doit quitter l'île de Calypso; qu'il arrivera dans l'île de Schérie, qu'il y sera reçu comme un Dieu ; que les Phéaciens le combleront de présents, le reconduiront dans sa patrie, où il jouira du bonheur de revoir son palais et les champs de ses aïeux.

Dans l'*Iliade*, l'accomplissement de l'action est encore bien plus marqué. Jupiter dit, en toutes lettres, qu'Hector repoussera les Grecs tant que le fils de Pélée ne se montrera pas à la tête de l'armée, et que celui-ci ne prendra les

---

(1) Il y a des tragédies dont le titre seul annonce le dénoûment, telles que *la Mort de César*, la *Mort de Pompée*, etc.

armes que le jour où l'on combattra pour le corps de Patrocle auprès des vaisseaux. Homère a craint que cela ne fût pas encore assez clair : car Jupiter, répétant ailleurs la même déclaration, ajoute que Patrocle tuera Sarpédon ; que ce même Patrocle sera tué par Hector ; qu'Achille, à son tour, plongera sa lance dans le sein d'Hector, et qu'alors les Grecs renverseront les remparts d'Ilion. Voyez le huitième et le quinzième livre de l'*Iliade*.

La Mothe fait à ce sujet contre l'*Iliade* la même objection que l'on fait contre les *Martyrs*. Après le premier passage que j'ai cité, il prétend que tout intérêt est détruit dans l'*Iliade*. Or, ce passage se trouve au huitième livre du poëme ; de sorte que les seize derniers livres seraient sans aucun agrément. Cependant, ces seize derniers livres renferment la séduction de Jupiter par le moyen de la ceinture de Vénus, la mort de Patrocle, les funérailles de ce guerrier, la description du bouclier d'Achille, le combat des dieux, la mort d'Hector, la douleur d'Andromaque, et l'entrevue de Priam et d'Achille.

Dans l'*Énéide*, même inconvénient. Les sept premiers vers, en commençant le poëme par *Arma virumque cano*, apprennent aux lecteurs qu'Énée, longtemps poursuivi par la colère de Junon, abordera enfin en Italie, qu'il livrera de rudes combats pour établir ses dieux dans le Latium, et pour y fonder la cité d'où sortira le peuple latin, les rois d'Albe, l'empire de la grande Rome. Jupiter apprend ensuite à Vénus l'histoire entière d'Énée et de ses descendants.

La première strophe de la *Jérusalem* nous annonce que Godefroi délivrera le sépulcre de Jésus-Christ ; qu'en vain l'enfer s'armera contre lui, etc.

Milton déclare qu'il chante la désobéissance de l'homme et le fruit défendu qui fit entrer la mort dans le monde, etc.

Ainsi, que le Dieu des chrétiens prononce des arrêts irrévocables, que le Jupiter des païens change de passions ou de projets ; il n'en est pas moins vrai que, dans toute épopée, la catastrophe est prévue d'avance. Est-ce un reproche que l'on doive faire à l'art ? Je ne le crois pas. Il eût été facile aux poëtes de masquer leur but, et de laisser les lecteurs dans l'incertitude ; mais je ne pense point que l'intérêt du poëme épique tienne à de petites surprises de romans, à des péripéties vulgaires. L'épopée tire cet intérêt du pathétique, de la richesse des tableaux, et surtout de la beauté du langage.

Disons quelque chose de plus : il n'est pas rigoureusement vrai que le Dieu de l'Écriture accomplisse toujours ses desseins ; saint Augustin reconnaît que Dieu change quelquefois ses conseils. La justice du Tout-Puissant, par rapport à l'homme, n'est souvent que comminatoire ; la miséricorde éternelle marche avec l'éternelle justice.

Ce sont là les inconcevables mystères de la grâce, les profondeurs impénétrables de la charité divine : Dieu permet que les prières des hommes ébranlent ses immuables décrets. Abraham ose entrer en contestation avec le Seigneur, sur la destruction des villes coupables :

« Seigneur, dit-il, perdrez-vous le juste avec l'impie ? Peut-être y a-t-il « cinquante justes dans cette ville ; les ferez-vous aussi périr ? »

« Si je trouve dans Sodome cinquante justes, dit le Seigneur, je pardonnerai à cause d'eux à toute la ville. »

La puissance éternelle, pour ainsi dire vaincue par la voix suppliante du patriarche, se réduisit à demander dix justes : ils n'y étaient pas! Ninive fut condamnée; Ninive fut sauvée par la pénitence. Magnifique privilége des larmes de l'homme, que pourrait-on vous préférer dans cette odieuse idolâtrie, où les pleurs coulaient vainement sur des autels d'airain, où des divinités inexorables contemplaient avec joie les inutiles malheurs dont elles accablaient les mortels? Ne renonçons point à nos droits sur les décrets de la Providence : ces droits sont nos pleurs. Qui sait si ce Tout-Puissant, qu'on nous veut peindre inflexible, ne nous a pas pardonné nos excès criminels, par le mérite du sang et des larmes de quelques-unes de nos victimes?

Vient ensuite l'objection contre les fonctions des anges. On s'est avancé jusqu'à dire que les anges présentés dans les *Martyrs* ne sont point les anges honorés par les chrétiens ; qu'on peut ainsi se permettre d'en rire, etc.

Il devrait me suffire de citer l'autorité des poëtes. Je ne sache point qu'on ait demandé compte au Tasse, à Milton, à Klopstock, à Gessner, de la manière dont ils font voyager, parler, les messagers du Très-Haut; mais quand il s'agit de me juger, on dénature toutes les questions. Écoutons donc encore mon défenseur; c'est lui qui parle :

« Le nom d'*ange* veut dire *envoyé, messager, ambassadeur* (1) Si l'on eût réfléchi sur cette signification, on n'aurait pas été surpris que des *ambassadeurs* allassent en *ambassade*.

« Si l'on eût jeté un coup d'œil sur le catéchisme, on y aurait remarqué que Dieu *envoie ses anges pour veiller sur nous, et être les ministres de notre salut* (2).

« Si on avait lu la *Bible*, on y aurait vu que quand *le Dieu qui d'un mot a éclairé l'univers jusque dans ses immenses profondeurs* veut faire connaître ses volontés aux hommes, les punir, les récompenser, annoncer la naissance des personnages célèbres, conduire ses serviteurs dans leurs voyages, leur donner des épouses vertueuses, il le fait par le ministère de ses anges (3); on y aurait vu les maladies, les infirmités, la mort, les tempêtes, les stérilités, les guerres, les malheurs attribués aux mauvais anges (4); on y aurait vu les anges de lumière en présence des anges de ténèbres, les bons anges luttant contre les mauvais (5); on y aurait vu, chose qu'on n'eût pas manqué de reprocher à l'auteur des *Martyrs*, si celui-ci en eût fait usage, les anges prendre quelquefois le nom du Seigneur *Elohim*, et même le nom sacré et incommunicable de *Jehovah* (6).

---

(1) « Voyez, dans le *Dictionnaire hébraïque*, au mot *Malach* ; et dans le *Dictionnaire grec*, au mot Ἄγγελος. Les noms propres des anges indiquent également leur ministère. *Michael* signifie semblable à Dieu; *Gabriel*, force de Dieu, etc.; ce n'est qu'à cause de la nature de leurs fonctions qu'on les représente avec des ailes.

(2) « Voyez le *Catéchisme*, pag. 173. »

(3) « Voyez, dans la *Bible*, l'histoire d'Isaac, de Samson, de Jean-Baptiste, de Jésus-Christ ; l'histoire de Tobie, l'embrasement de Sodome, la défaite de Sennachérib; l'apparition des anges à Abraham, à Agar, à Daniel, à Zacharie, etc.

(4) « Voyez, entre autres, le 1er liv. des *Paral.*, XXII, 1 ; le IIIe liv. des *Rois*, chap. XXII, v. 21 ; et le psaume LXXVII, v. 49, où on lit : *Misit in eos iram indignationis suæ, indignationem et iram et tribulationem, immissiones per angelos malos*. «

(5) « Voyez Job, chap. I, v. 6; et Zacharie, chap. III, v. 1 et 2.

(6) « Voyez la *Genèse*, chap. XVI, v. 13 ; et l'*Exode*, chap. III, v. 4. chap. XXII, v. 20. Voyez aussi le *Dictionnaire de la Bible* et la *Dissertation* de dom Calmet sur ces passages. »

« Si on eût examiné les passages des saints Pères sur ce point (1), on aurait vu saint Ambroise, saint Hilaire, saint Grégoire de Nazianze, saint Jérôme, parlant, d'après l'Écriture, des anges qui président aux actions des hommes, aux monarchies, aux empires, aux provinces, aux nations, aux lieux saints, etc.; on aurait vu dans Tertullien l'ange du baptême, l'ange de la prière (2); on aurait vu dans Origène l'énumération des mauvais anges, l'ange de l'avarice, l'ange de la fornication, l'ange de l'orgueil, etc. (3); et alors on aurait reconnu que les *petits moyens* employés par M. de Chateaubriand lui ont été fournis par le témoignage unanime de l'Écriture et de la tradition.

« Mais peut-être les Pères de l'Église que je viens de citer *ont-ils aussi diminué l'idée que nous devons avoir de notre Dieu*, et peut-être leurs *anges* ne méritent-ils pas plus de respect que ceux de M. de Chateaubriand? En ce cas, il me reste encore une autorité à citer.

« Si on avait lu les écrits immortels d'un homme plus grand en matière de religion que tous les hommes de son siècle, qui cependant porte encore sans réclamation le nom de grand; d'un homme qui a parlé de la Divinité d'une manière si sublime, que la postérité a dit de lui qu'il semblait avoir assisté aux conseils du Très-Haut, on y aurait lu :

« Quand je vois dans les prophètes, dans l'*Apocalypse* et dans l'*Évangile*
« même, cet ange des Perses, cet ange des Grecs, cet ange des Juifs, l'ange des
« petits enfants qui en prend la défense devant Dieu contre ceux qui les scan-
« dalisent; l'ange des eaux, l'ange du feu, et *ainsi des autres;* et quand je
« vois parmi tous ces anges celui qui mit sur l'autel le céleste encens des prières,
« je reconnais dans ces paroles une espèce de médiation des saints anges; je
« *vois même le fondement qui peut avoir donné occasion aux païens de distri-*
« *buer leurs divinités dans les éléments et dans les royaumes pour y présider :*
« *car toute erreur est fondée sur quelques vérités dont on abuse.* Mais à Dieu ne
« plaise que je voie rien dans toutes ces expressions de l'Écriture, qui blesse la
« médiation de Jésus-Christ, que tous les esprits célestes reconnaissent comme
« leur Seigneur, ou qui tienne des erreurs païennes, puisqu'*il y a une diffé-*
« *rence infinie entre reconnaître, comme les païens, un Dieu dont l'action ne*
« *puisse s'étendre à tout*, ou qui ait besoin d'être soulagé par des subalternes,
« à la manière des rois de la terre dont la puissance est bornée, et un Dieu
« qui, faisant tout, et pouvant tout, honore ses créatures en les associant, quand
« il lui plaît, et à la manière qu'il lui plaît, à son action. »

« L'homme qui *attribue ces petits moyens au suprême Ordonnateur des mondes*, et qui *nuit ainsi à la poésie et à la religion*, se nomme Bossuet (4); et je prie de remarquer qu'il n'écrivait ce que l'on vient de lire que « pour
« combattre la GROSSIÈRE IMAGINATION *de ceux qui croient toujours ôter à Dieu*
« *tout ce qu'ils donnent à ses saints et à ses anges dans l'accomplissement de*
« *ses ouvrages* (5). »

---

(1) « Voyez ces divers passages dans dom CALMET. »
(2) « Voyez TERTULL., *de Oratione;* 12; *de Baptis.*, 5, 6. »
(3) « Voyez ORIG., *hom.* xv, *in Josue.* »
(4) « Voyez BOSSUET, sur l'*Apocal.*, n° XXVII. » — (5) *Ibid.*

Mon défenseur ne me laisse presque plus rien à dire. Comment se fait-il que, dans le siècle où nous sommes, il y ait des critiques assez peu instruits des choses dont ils se mêlent de parler, pour s'exposer à recevoir de pareilles leçons? Y a-t-il des chrétiens assez ignorants des vérités de la foi pour avoir été dupes des assertions de ces théologiens équivoques? Couronnons les autorités produites ci-dessus par une autorité qui seule les vaut toutes.

Le Fils de l'Éternel va donner son sang pour racheter les hommes.

« Jésus alla, selon sa coutume, à la montagne des Oliviers... Il se mit à genoux, et fit sa prière en disant :

« Mon père, éloignez de moi, s'il vous plaît, ce calice! Néanmoins, que ce
« ne soit pas ma volonté qui se fasse, mais la vôtre. »

« Alors il lui apparut un *ange* du ciel qui le *fortifia.* »

Cet ange agissait donc en contradiction avec la volonté directe et du Fils et du Père? Et combien cet ange doit ici paraître à mes censeurs, petit, faible, déplacé! Car ce n'est pas un homme qu'il vient secourir, c'est le Fils même de l'Éternel! Que lui sert, d'ailleurs, de s'interposer entre les personnes divines, puisqu'il ne peut arracher à la croix le Sauveur du monde? L'Évangile vous répond : Il le *fortifiait!*

Ce dernier mot nous fait voir qu'une critique irréfléchie, en se récriant contre le ministère des anges, a attaqué une des doctrines les plus belles, les plus consolantes, les plus *poétiques* du christianisme.

On a dit: « Le Dieu des chrétiens sachant tout, ordonnant tout, il est ridicule de le voir employer des anges pour exécuter sa volonté, qui s'exécute d'elle-même. C'est bien pis quand ses anges agissent comme s'ils pouvaient changer ses décrets. Les anges qui viennent inspirer Eudore dans le sénat ne jouent-ils pas un rôle absurde, puisque l'Éternel veut laisser triompher l'enfer? etc. »

La première réponse à cette objection se trouve dans l'admirable passage de Bossuet, rapporté plus haut : « Il y a une différence infinie entre reconnaître,
« comme les païens, un Dieu dont l'action ne puisse s'étendre à tout, ou qui
« ait besoin d'être soulagé par des subalternes, à la manière des rois de la terre,
« dont la puissance est bornée, et un Dieu qui, faisant tout et pouvant tout,
« honore ses créatures en les associant, *quand il lui plaît*, et à la *manière qu'il*
« *lui plaît*, à son action. »

Oui, Dieu associe *de la manière qu'il lui plaît* ses anges à son action. Comment cela? Le voici :

Dieu a prononcé notre arrêt; mais est-ce tout? Tout est-il fini? De quelle manière cet arrêt s'accomplira-t-il? N'aurons-nous aucun délai? Le coup partira-t-il avec la sentence? Si Dieu est notre juge, n'est-il pas notre père? Il appelle ses anges :

« Allez, leur dit-il, adoucissez mes décrets; portez la consolation dans le
« cœur de ceux que je vais affliger pour leur bien, secourez-les contre ma
« propre colère; combattez l'enfer qui triomphera, parce que je le veux, mais
« qui ne fera pas tout le mal qu'il pourrait faire si vous ne vous opposiez à sa
« rage; recueillez les larmes que je vais faire couler; présentez-les à mon ta-
« bernacle. Je commets à vos soins l'empire de ma miséricorde, et je me ré-
« serve celui de la justice. »

Qui rejettera cette doctrine? Qui n'y trouvera une foule de beautés touchantes? Les anges sont des amis invisibles que Dieu nous a donnés pour nous protéger, pour nous consoler ici-bas. Un homme est condamné à perdre la tête sur l'échafaud; il n'a plus qu'un instant à passer sur la terre : ses amis l'abandonnent-ils parce que le juge a prononcé? Ils pénètrent dans les cachots, ils viennent s'associer aux douleurs d'un infortuné, et le soutenir dans ce moment d'épreuve : ces anges de la terre, comme les anges célestes, après lui avoir prodigué les derniers secours de l'amitié, lui promettent de se rejoindre à lui dans des régions plus heureuses.

Je passe à la grande accusation : « J'ai fait, disent les ennemis des *Martyrs*, un mélange profane des divinités païennes et des puissances divines honorées par les chrétiens; j'ai confondu le merveilleux des deux religions, etc. »

Mon défenseur me fournira d'abord une partie de la réponse.

« A l'époque où M. de Chateaubriand place l'action qui fait le sujet de son livre, les chrétiens étaient entourés de païens, et vivaient au milieu d'eux. Quelquefois ils appartenaient à la même famille et habitaient sous le même toit, Liés par une origine commune, par le sang ou par l'amitié, il ne se passait aucun jour qu'il ne fût question de la religion nouvelle, qui faisait alors des progrès si rapides. Il serait même absurde de supposer qu'il ne s'en entretinssent pas habituellement, les uns pour la propager ou la défendre, les autres pour la connaître et l'embrasser, ou très-souvent pour la combattre et en persécuter les sectateurs. Rien ne devait donc être plus ordinaire que d'entendre parler, dans une même conversation, de Jésus-Christ et des divinités de l'empire, et de voir opposer Jupiter au vrai Dieu.

« Si on eût rappelé ces faits en rendant compte des *Martyrs*; si on eût dit aux lecteurs que les personnages qui figurent dans ce livre professent une religion différente; que chacun y parle conformément à sa croyance, et qu'ainsi, selon le changement d'interlocuteurs, on a tour à tour sous les yeux le langage d'un disciple de Jésus-Christ et celui d'un adorateur des idoles, on eût indiqué, par ce moyen, de la manière la plus simple, ce qu'a fait M. de Chateaubriand. On n'eût vu en cela rien que de naturel, et l'on eût loué l'auteur d'avoir fidèlement suivi une marche qui lui était prescrite par le temps et le lieu de l'action, ainsi que par le caractère de ses héros...

« On a feint constamment d'ignorer que ce n'est pas *confondre* deux objets que de les placer à côté l'un de l'autre, en les présentant avec les différences qui les *distinguent*; et parce que dans la même page une fille d'Homère parle en prêtresse des Muses, et un chrétien en chrétien, il ne lui en faut pas davantage pour assurer que *Jehovah et Jupiter sont confondus*, et que l'un est *rival* de l'autre. Avec cette logique, on peut faire une imputation tout aussi grave à Corneille dans *Polyeucte*, à Voltaire dans *Zaïre*, et même à Racine dans *Esther*.

— « Le mélange du sacré et du profane est un grand scandale. — Dans ce « poëme bizarre la religion devient une fable. »

« Ne s'imaginerait-on pas, d'après ce langage, que M. de Chateaubriand, à l'exemple de quelques poëtes des siècles passés, faisait revivre les divinités du paganisme pour les associer au vrai Dieu et à ses anges? Qui n'aurait cru que, mettant les uns et les autres sur la même ligne, comme Sannazar ou comme le Camoëns, il leur prêtait indistinctement les mêmes attributs et la même autorité, mettait Jupiter, Mars, Bacchus, avec les saints, et plaçait Pluton, Cerbère et les Centaures à côté de Satan (1) !

« Heureusement ces sottises et ces fables n'existent que dans l'esprit de ceux qui s'en sont rapportés aux journaux. On ne voit dans les *Martyrs* que l'action d'un Dieu unique, employant, conformément à la croyance chrétienne, le ministère des intelligences auxquelles il confie l'exécution de ses volontés. S'il y est question des faux dieux, ce n'est jamais que de la part de ceux qui, étant païens, croient à leur pouvoir ; et loin qu'il y ait une *confusion* réelle, la *distinction* ne saurait être mieux établie et la supériorité plus marquée en faveur de la vraie religion. Je me refuse au plaisir de citer ; mais on peut, à toutes les pages du livre, vérifier ce que j'avance. Je ne pense pas au reste qu'il en soit besoin. La force de la vérité est telle que, sans le vouloir, ses ennemis lui rendent souvent hommage au moment même où ils ne songent qu'à l'outrager. S'il est un endroit des *Martyrs* qui puisse fournir un prétexte pour accuser M. de Chateaubriand de ce prétendu mélange, c'est sans doute le deuxième livre, dans lequel Cymodocée chante les dieux et les muses, tandis qu'Eudore célèbre la grandeur du Dieu d'Israël en présence de Cyrille (2), et cependant écoutons l'aveu involontairement échappé à un homme qui ne voit que *confusion* partout.

« L'auteur, dit-il, fait un tableau charmant d'une famille chrétienne. La
« situation est piquante par *le contraste* des deux religions. M. de Chateaubriand
« s'y montre avec tout son talent, c'est-à-dire qu'il en a beaucoup. »

« Or, ce *contraste* des deux religions, qui *produit des situations piquantes*, règne d'un bout de l'ouvrage à l'autre. Nulle part on ne les trouve *mêlées* et *confondues.* »

Ainsi parle mon défenseur.

Véritablement, l'objection tirée de la prétendue confusion des cultes dans les *Martyrs* est si peu solide, qu'on s'étonne qu'elle ait jamais été faite : c'est vouloir que le quatrième siècle de notre ère ne soit pas le quatrième siècle. J'ai parlé comme l'histoire, et jamais poëte n'observa plus strictement la vérité des mœurs. Ceux qui ne peuvent lire les originaux, peuvent du moins consulter Crevier : ils y verront à chaque page les chrétiens et les païens figurer ensemble. Ici se forme un concile, là se réunit une assemblée des prêtres de Cybèle ; plus loin les chrétiens célèbrent la Pâque, et les païens courent aux temples de Flore et de Vénus ; l'autel de la Victoire est au Capitole, celui du Dieu des armées, dans les Catacombes ; un édit de Dioclétien porte le sceau des divinités de l'empire, la lettre apostolique d'un évêque est souscrite du signe sacré de la croix. Ce mélange se retrouve jusque dans les Actes des martyrs : le bourreau interroge au nom de Jupiter, et la victime répond au nom de Jésus-Christ. On a dit qu'il fallait ignorer les premiers éléments de l'histoire, ou bien

---

(1) « Voyez le poëme *de Partu Virginis*, et la *Lusiade.* »
(2) « Il est à propos de remarquer qu'en cette circonstance Cyrille ne manque pas de blâmer le sujet des chants de Cymodocée. »

être de la plus insigne mauvaise foi, pour m'accuser d'avoir confondu le profane et le sacré dans les *Martyrs* : je ne vais pas si loin ; je crois à la science et à la candeur de certains critiques. A la vérité, ils ne se sont peut-être pas abaissés jusqu'à lire la *Vie des Saints*; leur génie est au-dessus d'une pareille étude : mais si mon heureuse étoile leur avait fait jeter un moment les yeux sur ces contes déplorables, ils auraient vu que je ne suis qu'un *copiste* fidèle. On a généralement remarqué le moment où Démodocus, se jetant aux pieds de Cymodocée, la conjure de renoncer à Jésus-Christ : eh bien! le fond de cette scène est emprunté de l'entrevue de sainte Perpétue et de son père! Il y a donc confusion de religion, mélange impie dans cette épreuve du martyre de Perpétue? Le père de cette femme sainte était païen, car Perpétue observe qu'il était le seul de sa famille qui ne tirât aucun avantage de sa mort.

Un peu de cette bonne foi dont mes censeurs parlent tant, un peu de justice leur suffirait pour convenir que ce qui fait l'objet de leur critique devrait être celui de leurs éloges. L'abondance, et, comme auraient dit les Latins, la félicité de mon sujet, tient précisément au choix de ce sujet, qui met à ma disposition, sans profanation et sans mélange, les beautés d'Homère et de la Bible, la peinture d'un monde vieillissant dans l'idolâtrie et d'un monde rajeuni dans le sein du christianisme. Quiconque eût pris comme moi le fond d'une épopée dans l'histoire de Constantin, eût nécessairement montré comme moi la fable auprès de la vérité. Et ne voit-on pas dans la *Jérusalem* des mahométans et des chrétiens? N'y a-t-il pas des mosquées où l'image de Marie est transportée par l'ordre d'un magicien? A-t-on jamais fait au Tasse le reproche bizarre d'avoir confondu Jésus-Christ et Mahomet? Non-seulement le Tasse a eu raison de représenter les deux religions ensemble ; mais peut-être a-t-il eu tort de ne pas tirer plus de parti du Coran et des traditions de l'islamisme.

Cette objection, une fois résolue, fait disparaître une misérable chicane, suite naturelle de cette misérable objection :

« Vos personnages, dit-on, ne doivent pas s'entendre. »

Quel homme de bon sens ne voit pas que des hommes vivant sous le même empire, quoique professant différentes religions, ont de nécessité une connaissance générale de leurs cultes respectifs? Au quatrième siècle Jésus-Christ n'était ignoré de personne, pas même de la plus vile populace, qui criait sans cesse : « Les chrétiens aux bêtes! » Souvent la moitié d'une famille était chrétienne et l'autre païenne, comme nous l'avons déjà montré par l'exemple de sainte Perpétue. Je demande si, lorsque des païens et des chrétiens conversaient ensemble, et qu'ils venaient à nommer Jésus-Christ et Jupiter; je demande s'ils s'interrompaient les uns les autres pour se dire : Qu'est-ce que Jésus-Christ? qu'est-ce que Jupiter? Quand les premiers apologistes portent la parole à des empereurs païens, à des juges païens, à tout un peuple idolâtre, ne s'énoncent-ils pas au nom de Jésus-Christ? Il faut donc soutenir que Tertullien faisait une chose absurde lorsqu'il discourait sur la résurrection, sur l'incarnation et sur plusieurs autres mystères, en s'adressant aux gentils? L'*Apologie* de Minucius Félix est un dialogue à la manière de Platon, dans lequel un philosophe, un païen et un chrétien s'entretiennent du culte des faux dieux et du culte du Dieu véritable. A l'époque de l'action des *Martyrs*, le Rédempteur du monde était si parfaitement connu, que l'on avait égorgé neuf fois ses serviteurs. Franchement, s'il y a une objection raisonnable à faire, c'est plutôt contre l'ignorance où paraît être Cymodocée touchant l'existence des chrétiens. Les Turcs et les Grecs habitent aujourd'hui les mêmes villes. Quand un Turc s'écrie : « Mahomet! Allah! » et qu'un pauvre Grec lui répond : « Christos! » le maître et l'esclave sont-ils si fort étonnés? Je dis plus : non-seulement des peuples soumis à la même autorité, sans servir les mêmes autels, se comprennent par une suite de l'habitude; mais la nature apprend encore aux hommes à s'entendre à demi-mot, en matière de religion.

Comme j'étais à Sparte, un chef de la loi me fit demander ce que j'étais venu faire en Grèce. L'interprète répondit par mon ordre que j'étais venu voir des ruines. Le Turc se mit à rire aux éclats : il me prit pour un fou ou pour un stupide. J'ajoutai que je ne faisais que passer, et que j'allais en pèlerinage à Jérusalem; et le Turc de s'écrier en grec : « *Kalo! kalo!* bon! bon! » Il ne renouvela point ses questions, et parut complètement satisfait. Cet homme ne put concevoir que j'eusse quitté mon pays pour visiter des monuments peu éloignés de la France; mais il comprit très-bien que j'abandonnasse mes foyers, que je traversasse la mer, que je m'exposasse aux poignards des Arabes pour aller prier sur un tombeau, et demander à mon Dieu le soulagement de mes peines ou la continuation de mon bonheur. Les peuples, ou tout à fait sauvages, ou demi-barbares, chez lesquels j'ai voyagé, ne m'ont jamais paru attentifs qu'à deux choses, à mes armes et à ma religion. Si j'ôtais les pistolets de ma ceinture, ils s'en emparaient, les examinaient, les maniaient, les retournaient en tous sens; si je me mettais en prière, ils faisaient silence, paraissaient eux-mêmes se recueillir, et me regardaient avec une sorte de curiosité respectueuse. La religion est la défense de l'âme, comme les armes sont la défense du corps et l'homme, lorsqu'il est encore près de la nature, a le sentiment vif et répété de ces deux besoins.

Passons à un autre reproche. En affectant de louer mon talent, fort peu digne de louanges, on prétend tourner contre moi mes propres armes. On dit :

« Vous prouvez précisément le contraire de ce que vous voulez prouver; vos tableaux empruntés de l'idolâtrie sont supérieurs à ceux que vous tirez de la vraie religion; on est païen en vous lisant. »

S'il en était ainsi, je répondrais : « Accusez le peintre et non le sujet du tableau. » Mais je soupçonne que les personnes qui m'attaquent de cette manière n'ont pas considéré la question sous son véritable point de vue.

Il ne s'agit pas de comparer dans les *Martyrs*, scène à scène, et page à page : il s'agit de prononcer sur le résultat général. Il est évident que les deux cultes ont des beautés d'un genre très-différent : l'un est riant, l'autre est sévère; l'un est gracieux et léger, l'autre est grave et dramatique. Les souvenirs de la mythologie, quelques phrases homériques, l'harmonie des noms, le prestige des lieux, peuvent, dans certains livres des *Martyrs*, faire une impression agréable sur l'esprit du lecteur; encore faudrait-il remarquer, pour être juste, que la peinture des mœurs de la famille chrétienne, le portrait de Marie dans le ciel, la cérémonie des fiançailles, la description du baptême de Cymodocée, ont paru, sous les rapports riants, n'avoir rien à craindre des tableaux opposés de l'idolâtrie. Mais, je le demande : en marchant vers la fin de l'ouvrage, l'avantage ne demeure-t-il pas tout entier au christianisme? Qu'est-ce que Jupiter quand on est dans l'infortune? Toutes les fois que l'homme souffre, il faut appeler Jésus-Christ. Est-ce le paganisme qui aurait pu m'offrir les scènes des prisons? Ces vieux évêques abattus aux pieds d'un jeune homme désigné martyr, le banquet funèbre, la tentation, le mariage de Cymodocée et d'Eudore au milieu de l'amphithéâtre, appartiennent-ils à la religion de Mercure et de Vénus? Démodocus pleure, souille ses cheveux de cendres, déchire ses vêtements, maudit les hommes et les dieux; Eudore, qui perd aussi Cymodocée, une grande renommée, la fortune, la beauté, la jeunesse, l'espoir d'être un jour le premier homme de l'empire par la faveur d'un prince héritier des Césars; Eudore expire dans les tourments, pardonnant à ses ennemis, et bénissant la main qui le frappe; il meurt avec le courage d'un héros, ou plutôt d'un martyr. Quelle différence entre deux hommes! Disons plutôt : quelle différence entre deux religions!

Ainsi le paganisme peut, si l'on veut, s'associer au plaisir, mais il est inutile à la douleur; le christianisme, également ami d'une joie modeste et favorable à la sérénité de l'âme, est surtout un baume pour les plaies du cœur : le premier est une religion d'enfants; le second est une religion d'hommes. Ne méconnaissons pas les beautés de la dernière, parce qu'elle semble mieux convenir au deuil qu'aux fêtes : les larmes ont aussi leur éloquence, et les yeux pleurent plus souvent que la bouche ne sourit.

Comparez donc ce que le christianisme a de consolant, de tendre, de sublime, de pathétique dans les peines, à ce que le paganisme a de brillant dans la prospérité : prononcez alors, et voyez si, dans les *Martyrs*, le nombre des images riantes produites par les dieux du mensonge l'emporte sur le nombre des tableaux graves offerts par le Dieu de la vérité. Je ne le crois pas; il me semble même, pour m'appuyer d'un exemple, que les chants de Bacchus au xxiii° livre (imités cependant des plus grands poëtes) sont petits au milieu de cette espèce de haute poésie qui naît de la raison, de la vertu et de la douleur chrétiennes.

Un critique, qui m'a traité d'ailleurs avec une rare politesse, prétend que les Français ne s'accoutumeront jamais à l'emploi du merveilleux chrétien, parce que notre école n'a pas pris cette direction dans le siècle de Louis XIV. « Si Racine (c'est le raisonnement du critique) comme le Tasse en Italie, comme Milton en Angleterre, avait écrit une épopée chrétienne, nous aurions été dès notre enfance accoutumés à voir agir les saints et les anges dans la poésie : cela nous paraîtrait aussi naturel qu'aux Anglais et aux Italiens. » Cet aperçu est très-délicat, très-ingénieux; mais qu'un nouveau Racine paraisse, et j'ose assurer qu'il n'est pas trop tard pour avoir une épopée chrétienne : *Polyeucte*, *Esther*, *Athalie* et la *Henriade* même ne permettent pas d'en douter.

Ceux qui sont encore sous le joug des plaisanteries de Voltaire préféreront sans doute, dans mon ouvrage, le merveilleux païen au merveilleux du christianisme; mais je m'adresse aux gens raisonnables : le merveilleux proprement dit est-il inférieur, dans les *Martyrs*, aux autres parties de l'ouvrage? Je puis me tromper, et, dans ce cas, ce ne sera qu'amour-propre d'auteur sans conséquence. Il me semble que la description du Purgatoire (aux erreurs près) a été reçue avec indulgence, comme un morceau pour lequel je n'ai eu aucun secours. Mes plus grands ennemis ont cité avec éloge plusieurs passages du livre de l'*Enfer;* le livre du *Ciel* a essuyé des critiques; mais certainement, si j'ai jamais écrit quelques pages dignes d'être lues, il faut les chercher dans ce livre. Les discours des puissances incréées n'ont pas paru répondre à la majesté divine. Milton avant moi avait-il mieux réussi? Je m'étais contenté de faire de ces discours un morceau d'art, d'y placer l'exposition de l'action, le motif du récit, l'élection des personnages vertueux, comme on voit dans l'*Enfer* le choix des personnages criminels : c'était sous ces rapports qu'il fallait juger ces discours; c'était ainsi que l'avaient fait les hommes de goût que j'avais pris soin de consulter. Ils avaient examiné la *machine* du poëte, ils n'avaient pas demandé une éloquence qu'on ne pourra jamais rendre digne de Dieu. Quoi qu'il en soit, j'ai retranché ces discours. Si j'avais, comme le Tasse, mis le Mouvement, le Temps, l'Espace, aux pieds de l'Éternel; si j'avais, comme le Dante, imaginé un grand cône renversé, où les damnés et les démons sont retenus dans des cercles de douleur, on n'aurait point eu assez de risées pour mes folles imaginations, assez d'insultes pour mon défaut de goût et de convenance : ce que l'on eût trouvé, dans les *Martyrs*, trivial, extravagant, impie, on le trouve excellent dans l'*Enfer* du poëte florentin, et peut-être dans le *Saint-Louis* du père Lemoine.

Je touche à une accusation à laquelle je n'ai rien à répondre. Il est certain qu'en faisant la peinture du Purgatoire j'étais tombé dans de graves erreurs; une entre autres semblait rappeler un peu celle qui fit le succès du *Bélisaire*. J'avouerai à ma honte que j'ai peu lu le *Bélisaire:* je m'en souviens à peine, et très-certainement je ne l'ai pas imité. Le duelliste, le prêtre faible, les sages selon la terre, ne pouvaient entrer dans un lieu d'expiation chrétienne. Tout cela est effacé. J'ai porté un œil sévère sur le reste de l'ouvrage; et, ne me fiant plus à mes lumières, j'ai soumis mon nouveau travail à de pieux et savants ecclésiastiques : il ne reste pas désormais dans les *Martyrs* le moindre mot dont la foi puisse s'alarmer.

Je viens à l'épisode de Velléda.

Il semble que, dans la querelle excitée au sujet des *Martyrs*, tout dût avoir un côté dégoûtant et risible. Si les personnes qui se formalisent de l'épisode de Velléda étaient non des prêtres austères, non de rigides solitaires de Port-Royal, mais des auteurs connus par des ouvrages d'une morale peu sévère, que faudrait-il penser de leur bonne foi?

Depuis l'apparition des *Martyrs*, on a rappelé plusieurs fois dans les journaux la brochure que Faydit publia jadis contre le *Télémaque* (1), et dont j'avais cité des fragments dans la *Défense du Génie du Christianisme*, je vais

---

(1) À la honte de la France, cette brochure a eu trois éditions.

rassembler ici les jugements singuliers de Faydit sur l'épisode de Calypso, et sur le *Télémaque* en général. Les lecteurs y verront une conformité incroyable entre les reproches que l'on me fait et ceux que l'on fit à l'archevêque de Cambrai; ce qui prouve qu'une critique sans bonne foi est bien peu capable de mesure et de décence, puisque les beaux talents de Fénelon n'ont pu le sauver des outrages auxquels la faiblesse des miens m'a naturellement exposé.

La *Télémacomanie* est un volume in-12 de quatre cent soixante-dix-sept pages, imprimé en 1700 à *Éleutéropole*, chez Pierre *Philalèthe*. Mes censeurs, qui savent le grec, entendront d'abord la bonne plaisanterie renfermée dans ces deux noms. Je saute les épigraphes charmantes du livre, et je passe à l'Avis au lecteur. Il commence ainsi :

« Le profond respect et la haute estime que j'ai toujours eue pour le grand
« homme que la voix publique fait auteur de l'*Histoire des aventures de Télé-*
« *maque*, m'avaient fait prendre une ferme résolution de supprimer et de jeter
« au feu les critiques que j'avais faites de ce livre. » (*Télémacomanie*, p. 1.)

Faydit dédit les raisons qui l'ont déterminé à publier son libelle, et il ajoute :

« Je l'ai intitulé *Télémacomanie*, pour marquer l'injustice de la passion et
« de la fureur avec laquelle on court à la lecture du roman de *Télémaque*,
« comme à quelque chose de fort beau, au lieu que je prétends qu'il est plein
« de défauts et indigne de l'auteur. » (Pag. 8.)

Après l'Avis au lecteur, on passe à la critique. Faydit démontre que la vogue d'un livre ne signifie rien pour le mérite réel de ce livre.

Le procès aux éditions étant fait, Faydit, homme fort grave, fort scrupuleux, excellent chrétien, s'élève avec force contre les tableaux voluptueux du *Télémaque*.

« Je n'ai presque vu autre chose, dans les premiers tomes du *Télémaque* de
« M. de Cambrai, que des peintures vives et naturelles de la beauté des nym-
« phes et des naïades... de leurs intrigues à se faire aimer, et de la bonne
« grâce avec laquelle elles nagent toutes nues aux yeux d'un jeune homme
« pour l'enflammer... La description de l'île de Chypre et des plaisirs de toutes
« les sortes qui sont permis en ce charmant pays, aussi bien que les fréquents
« exemples de toute la jeunesse qui, sous l'autorité des lois et sans le moindre
« sentiment de pudeur, s'y livre impunément à toutes sortes de voluptés et de
« dissolutions, occupe une bonne partie du premier et du second tome du ro-
« man de votre prélat. » (Pag. 5.)

« Je voudrais bien savoir à quoi peuvent servir de pareilles lectures, qu'à
« corrompre l'esprit des jeunes gens qui les font, et qu'à exciter en eux des
« images que la religion nous oblige au contraire d'écarter et d'étouffer. » (Pag. 6.)

La colère de Faydit va plus loin : il déclare nettement que ce *roman inspire les images du vice et du libertinage* (pag. 7); et il ajoute « que M. de Cambrai
« a fait plus de tort à la religion par son *Télémaque* que par son livre des
« *Maximes des Saints*, et que le premier est plus pernicieux que le second. »
(Pag. 16.)

Voilà, si je ne me trompe, tout le raisonnement sur Velléda.

Après avoir reproché à Fénelon les longs voyages de Télémaque, Faydit passe à la seconde partie de sa critique. C'est là qu'il étale son érudition, et qu'il montre très-pertinemment que Fénelon ne savait ni l'histoire, ni la Fable, ni la géographie. Anachronisme pour Pygmalion, anachronisme pour Sésostris, anachronisme pour Aceste, etc., etc. (Pag. 75 et suiv.) Quant à Bocchoris, il y a non-seulement anachronisme, mais faute grossière contre l'histoire, car Fénelon nous le représente comme un insensé, et l'histoire en fait un sage. (Pag. 313.)

Faydit ne veut pas qu'on emprunte un nom dans l'histoire pour le donner à un personnage d'invention, et il faut absolument que le Bocchoris du *Télémaque* soit le Bocchoris de Diodore de Sicile, comme la Velléda des *Martyrs* est de toute nécessité la Velléda de Tacite.

Ailleurs Faydit trouve en trois mots *trois insignes bévues*. (Pag. 272.) « C'est
« le reproche qu'on a à faire à M. de Cambrai, de n'avoir su ni la Fable ni
« l'histoire, et d'avoir fait presque autant de fausses histoires qu'il a parlé de
« choses. Fondation de villes, invention des arts, portraits des grands hommes,
« éloges des bons, satires contre les prétendus méchants, descriptions des pays,
« mœurs des peuples, tout est faux. » (Pag. 142.)

« Ce grand homme, qui se mêle de parler de tout, de la théologie, de l'his-
« toire et de la Fable, et même de faire des romans, ne sait pas les premiers
« éléments de la *romanographie*. » (Pag. 173.)

C'est la cause de la religion, des bonnes mœurs et du bon goût, qui met à Faydit la plume à la main. On ne sait pourtant comment il arrive que certain article inspire au censeur une étrange gaieté : Faydit rencontre sur son chemin les flagellations des prêtres égyptiens, et tout à coup sa verve s'allume. Puis vient l'article de la circoncision :

« Il faut nécessairement que puisque Télémaque eut l'honneur de converser,
« et même de se familiariser avec un prêtre égyptien du temple d'Apollon,
« nommé Termosiris, qu'il se soit fait circoncire. Que dis-je? circoncire..... il
« faut... (voyez le texte). A l'égard de Télémaque, il faut que ni Calypso, ni
« la jeune Eucharis, ni la charmante Antiope, fille du roi Idoménée, ni aucune
« des belles nymphes de l'île d'Amour et de Chypre, ni Vénus même, n'aient
« point eu le vent de son infirmité secrète; car assurément elles n'auraient
« point été si empressées de l'avoir pour époux ou pour galant, et n'auraient
« pas été si affolées de lui que le roman les représente. » (Pag 369-70-71.)

Enfin, dans une troisième partie, dont Faydit ne donne cependant qu'une *idée* (et quelle idée!), il attaque le *Télémaque* sous les rapports littéraires.

« Je voulais donc, dit-il, relever en dernier lieu les absurdités, les fatuités
« et pauvretés d'esprit et fautes de jugement qui sont répandues dans cet ou-
« vrage, et surtout dans les épisodes, dans les dénoûments des intrigues, dans
« les portraits des personnes vivantes, dans les instructions et les leçons de sa-
« gesse et de philosophie que Mentor donne à son élève. » (Pag. 452.)

Suit la critique de la scène admirable où Mentor précipite Télémaque dans la mer. Ensuite viennent des plaisanteries sur le naufrage. Mentor et Télémaque sont à *califourchon* sur un mât, « comme font les enfants qui mettent
« un bâton entre leurs jambes, et le tournent comme ils veulent deçà et delà,

« et l'appellent leur petit dada. » (Pag. 456.) Mais comment Mentor et Télémaque ne glissaient-ils point sur ce mât ? « Apparemment qu'ils avaient mis
« chacun un clou derrière eux, qui les empêchait de couler. » (Pag. 356.)

Plus loin, vous lirez que, « dans le roman de *Télémaque*, tout est hors de sa place et de travers. » (Pag. 464.) « Dans le roman de *Télémaque* tout est guindé,
« singulier, extraordinaire : l'historien est toujours monté sur des échasses ; les
« moindres bergères y parlent toujours phébus et poétiquement. » (*Ibid.*) « Les
« prouesses de don Quichotte et de Gusman d'Alfarache, ni celles des Amadis
« et de Roland le Furieux, n'ont rien de semblable. » (Pag. 476.)

Enfin, sur quelques expressions employées par Fénelon pour peindre la beauté d'Antiope, Faydit s'écrie :

« A quoi peuvent servir, après cela, toutes les belles instructions de morale
« et de vertu chrétienne et évangélique que M. de Cambrai fait donner par
« Mentor à Télémaque ? N'est-ce pas mêler Dieu avec le démon, Jésus-Christ
« avec Bélial, la lumière avec les ténèbres, comme dit saint Paul ; faire un mé-
« lange ridicule et monstrueux de la religion chrétienne avec la païenne, et
« des idoles avec la Divinité ?.. Bien loin que la vérité, débitée par ces sortes
« de prêcheurs, fasse impression et porte à la dévotion, elle ne peut tout au
« plus porter les lecteurs qu'à la rendre suspecte, et même méprisable. » (Pag. 462.)

Ces derniers passages de la *Télémacomanie* tombent si juste sur les *Martyrs*, c'est là si parfaitement les reproches que l'on a faits au style, au sujet et à l'effet du livre (galimatias, phébus, caractères ridicules, péril pour les mœurs et la religion, profanation, scandale), que mes censeurs semblent avoir copié les pensées, les plaisanteries et les phrases même de Faydit.

J'étais destiné à éprouver un genre de critique tout particulier. Il a fallu, pour m'attaquer, changer de poids et de mesures, et reprocher aux *Martyrs* ce qu'on approuve partout ailleurs : car ce n'est pas la manière, mais le fond qu'on censure dans l'épisode de Velléda ; et pourtant Velléda est-elle autre chose que Circé, Didon, Armide, Eucharis, Gabrielle ? Je n'ai fait que suivre les traces de mes devanciers, en ajoutant à ma peinture un correctif qu'aucun auteur n'a mis à la sienne. Renaud ne se repent point de ses erreurs comme amant, il rougit seulement de sa mollesse comme guerrier. Il retrouve Armide, il la console, il s'en va de nouveau avec elle : et quel tableau que celui de Renaud couché sur le sein d'Armide, et puisant tous les feux de l'amour dans les regards de l'enchanteresse ! Si j'avais retracé de pareilles images, que n'eût-on point dit, que n'eût-on point fait ? Et remarquez toutefois que l'écrivain de ces scènes voluptueuses allait être couronné de la main d'un pape au Capitole, lorsqu'il mourut la veille de sa gloire. Eudore se repent, Eudore combat sa faiblesse ; après sa chute, il la déplore, il se soumet à une pénitence publique, il retourne à la religion ; et son repentir est si grand, si sincère, qu'il le conduit au martyre. Les saints eux-mêmes, et les plus grands, ont donné de pareils exemples de faute et d'expiation. Saint Augustin ne nous a-t-il pas peint ses désordres ? Son fils Adéodat ne fut-il pas le fruit d'un amour criminel ? Soit qu'on examine l'épisode de Velléda dans ses conséquences pour Eudore, soit qu'on le considère sous d'autres rapports, cet épisode n'a aucun danger ; l'effet même de la passion de la druidesse en amortit l'effet pour le lecteur. L'espèce de folie dont Velléda est atteinte, le malheur de cette femme, l'indifférence d'Eudore, ses remords après sa chute, ne laissent que de la tristesse au fond de l'âme. Observons de plus que Velléda ne détruit point l'intérêt pour Cymodocée, comme Didon pour Lavinie. C'est peut-être la première fois que la passion a moins intéressé que le devoir, et l'amante moins que l'épouse : espèce de tour de force dans ce genre, qui rend l'épisode très-moral. Cette observation n'est pas de moi ; elle est d'un homme supérieur, sur l'autorité duquel j'aime à m'appuyer.

Il faut dire pourtant que j'ai remarqué dans le dixième livre des tours un peu trop vifs, des expressions qui pouvaient être adoucies sans rien perdre de leur chaleur. J'ai retranché les blasphèmes et les imprécations d'Eudore au moment de sa chute ; j'ai épaissi les voiles ; en un mot, tel que cet épisode reparaît aujourd'hui, il serait impossible au chrétien le plus scrupuleux de s'en plaindre ; à plus forte raison à des critiques qui visiblement ne sont pas fort chrétiens.

Si j'examine ensuite le caractère de l'autre héroïne des *Martyrs*, je vois que Cymodocée a trouvé grâce aux yeux de la plupart des critiques ; mais on s'écrie : « Cymodocée ne meurt pas chrétienne ; elle meurt pour son époux. »

Je ne m'attendais pas à ce reproche. Si je croyais mériter quelque louange, c'était précisément par ce côté. Des hommes faits pour avoir une opinion en littérature en avaient jugé ainsi. Quoi ! on voudrait que Cymodocée, à peine âgée de seize ans, élevée toute sa vie dans le paganisme, ayant à peine reçu au milieu des persécutions quelques instructions chrétiennes ; on voudrait qu'elle fût tout à coup aussi ferme dans la foi qu'une sainte Félicité ou qu'une sainte Eulalie ! On a vu, dit-on, de pareils miracles. D'accord ; mais en poésie il faut suivre la règle :

> Le vrai peut quelquefois n'être pas vraisemblable.

Ce mélange de timidité et de fermeté, d'ignorance et de lumières ; ces hésitations d'une femme demi-païenne, demi-chrétienne, qui confond dans son amour et sa religion nouvelle et son nouvel époux, sont des traits qu'il m'était impossible d'omettre, si je voulais conserver la vraisemblance du caractère. Cymodocée subitement inspirée, renversant les idoles, demandant le martyre, bravant les bourreaux, maudissant la religion de son père, eût été le comble de l'absurdité en fait d'art et de mœurs. Outre que la violence ne plaît point dans les femmes, et qu'en général on aime peu les héroïnes, Cymodocée eût encore offert le grand inconvénient d'une ressemblance parfaite avec Eudore. Que fût-il resté à celui-ci, si la fille d'Homère eût lutté avec lui de courage et de zèle ? Cymodocée meurt, c'est assez. Dieu accepte le sacrifice de cette colombe ; son ingénuité et son innocence seront comptées pour ce qui manque à la perfection de sa foi. Tous les saints ne vont pas au ciel par la même vertu : les uns brillent par la charité, les autres éclatent par la simplicité du cœur. Il ne faut pas croire aussi que tous les martyrs apportent au combat la même ardeur et la même force ; on a vu dans les forêts du Canada de jeunes missionnaires pousser des cris dans l'excès des tourments que leur faisaient souffrir les Sauvages, tandis qu'auprès d'eux un vieil apôtre expirait sans faire entendre d'autres soupirs que ceux de l'amour divin (1). Faites de Cymodocée une chrétienne emportée et farouche, il faudra jeter le livre au feu.

Cependant, on doit toujours reconnaître ce qu'il peut y avoir de fondé en raison, même dans la critique la moins raisonnable. Pour éviter tout reproche, j'ai fait un changement considérable dans cette édition. Cymodocée n'est plus demandée *directement* par le ciel, comme victime expiatoire, mais *indirectement*, comme une victime dont le sacrifice doit augmenter le sacrifice d'Eudore, et rendre plus efficace l'holocauste du martyr. La foi de Cymodocée n'exige plus, dans ce plan, la même force, et la religion et l'art sont satisfaits.

Telles sont à peu près les objections morales et religieuses que l'on a faites aux *Martyrs*. Veut-on savoir la vérité? Si j'avais originairement retranché une douzaine de lignes de la préface, et si j'avais donné un autre titre à l'ouvrage, je ne sais pas sur quoi on se serait disputé. On s'est jeté sur le passage où je parlais du merveilleux chrétien, et l'on s'est battu contre ce qu'on appelle mon système : il ne s'agissait point d'un système ; il n'était question que de juger un livre, d'en considérer le style et le plan, d'en examiner les transitions; de voir si j'avais heureusement rajeuni des comparaisons antiques, trouvé des comparaisons nouvelles ; de prononcer sur la vérité des tableaux ; de dire en quoi je différais de mes prédécesseurs, en quoi je leur ressemblais; de montrer les écueils que j'avais évités, ceux où j'avais fait naufrage : on n'a point songé à tout cela. Qu'importent à la critique la bonne foi et la justice quand elle veut aveuglément condamner? On saisit quelques phrases au hasard, on ferraille avec l'auteur, et l'examen se réduit à une amplification injurieuse, où l'on tâche de faire briller par-ci par-là un peu d'esprit.

Il est certain aussi que le titre du livre, connu d'avance, avait préparé l'esprit du public chrétien à un ouvrage d'un tout autre genre. On s'attendait à trouver une espèce de martyrologe, une narration historique des persécutions de l'Église, depuis Néron jusqu'à Robespierre. La surprise a été grande lorsque, frappées de cette idée, des personnes simples se sont trouvées, en ouvrant le livre, au milieu de la famille d'Homère. Des gens un peu moins simples se sont vite aperçus de cette surprise, et ils en ont profité pour augmenter l'humeur qui s'empare involontairement de notre esprit lorsque nous sommes trompés en quelque chose. Si j'avais intitulé mon livre les *Aventures d'Eudore*, on n'y aurait cherché que ce qui s'y trouve. Il est trop tard pour revenir à ce titre ; et d'ailleurs le véritable titre de l'ouvrage est certainement celui qu'il porte. La surprise passera ; elle est déjà passée ; et l'ouvrage ne tardera pas à être considéré sous son véritable jour.

Si le *Génie du Christianisme* a été de quelque utilité à la religion, les *Martyrs*, je l'espère, partageront avec lui cet inestimable honneur. L'homme est plus sensible aux exemples qu'aux préceptes. La peinture des souffrances de

---

(1) Voyez l'histoire du père Brébeuf et de son jeune compagnon, cité dans le *Génie du Christianisme*, d'après l'*Histoire de la Nouvelle-France*, par CHARLEVOIX.

tant de martyrs (car, après tout, cette peinture n'est pas une fiction) ne sera point sans effet sur les lecteurs. Heureux si j'ai prouvé que notre religion peut lutter sans crainte avec les plus grandes beautés d'Homère, et qu'elle donne, dans l'infortune, un courage au-dessus de la rage des persécuteurs et de la cruauté des bourreaux!

OBJECTIONS LITTÉRAIRES.

Un homme de beaucoup d'esprit, de goût et de mesure, et qui de plus est poëte, et poëte d'un vrai talent, ce qui ne gâte rien à la présente discussion, n'a fait que trois objections contre les *Martyrs*, après lesquelles il semble tout approuver :

1° Le héros n'est pas historique;
2° Le triomphe de la religion, ou le but de l'ouvrage, n'est pas assez annoncé;
3° Le récit n'est point assez lié à l'action.

Il y a en littérature des principes immuables, et d'autres qui n'ont pas la même certitude. La règle des trois unités, par exemple, est de tout temps, de tout pays, parce qu'elle est fondée sur la nature, et qu'elle produit la plus grande perfection possible. Je crois qu'il n'en est pas ainsi de la règle du personnage historique, parce qu'il est prouvé qu'on peut intéresser aussi vivement pour un personnage d'invention que pour un personnage réel. Aussi, voyons-nous qu'Aristote et Horace laissent à ce sujet plus de liberté à l'auteur.

On convient que la plupart des préceptes d'Aristote pour la tragédie s'appliquent également à l'épopée. Dacier, dont j'emprunterai la traduction, s'explique ainsi en commentant le vingt-quatrième chapitre de la *Poétique* :

« Aristote a dit, dans le cinquième chapitre, que l'épopée a cela de commun
« avec la tragédie, qu'elle est une imitation des actions des plus grands per-
« sonnages, et il a eu soin de nous avertir que toutes les parties de ce poëme
« héroïque se trouvent dans la tragédie. Ainsi, ayant expliqué parfaitement et
« en détail tout ce qui regarde la composition du poëme dramatique, il n'a
« presque plus rien à dire de l'épopée. Voilà pourquoi il est si court dans le
« traité; il n'y emploie que deux chapitres, qui ne sont, à proprement parler,
« qu'une récapitulation sommaire, et une *application qu'il fait à l'épopée des*
« *règles qu'il a données à la tragédie.* » (*Poétiq.* d'ARIST.; pag. 371.)

Ce point établi, nous trouvons qu'Aristote dit :

« Il arrive fort souvent que dans les tragédies on se contente d'un ou de
« deux noms connus, et que tous les autres sont inventés. Il y a même des
« pièces où pas un mot n'est connu, comme dans la tragédie d'Agathon, qu'il
« a appelée *la Fleur;* car, dans cette pièce, tous les noms sont feints comme
« les choses, et elle ne laisse pas de plaire.

« C'est pourquoi il n'est pas nécessaire de s'attacher scrupuleusement à suivre
« toujours les fables reçues d'où l'on tire ordinairement les sujets de tragédie.
« *Cela serait ridicule; car ce qui est connu l'est ordinairement de peu de per-*
« *sonnes, et cependant il divertit tout le monde également.*

« Il est donc évident par là, que le poëte doit être *l'auteur de son sujet,*
« encore plus que de ses vers. » (*Poétiq.* d'ARIST., chap. IX, pag. 126 et 127.)

En examinant ce passage, où brille l'excellent jugement d'Aristote, le savant traducteur observe « qu'Horace était du même sentiment; mais qu'il s'est cru « obligé d'avertir les Romains, que ces sujets, entièrement inventés, *étaient* « *plus difficiles* à traiter que les autres, et de leur conseiller de s'attacher « plutôt à des sujets connus :

> Difficile est proprie communia discere, tuque
> Rectius Iliacum carmen deducis in actus,
> Quam si proferres ignota indictaque primus. •

Ainsi, d'après le premier législateur du Parnasse, j'ai pu inventer mon sujet et mes personnages, et d'après le second, cela m'a jeté seulement dans une route *plus difficile.* Aristote cite Agathon, qui réussit en inventant ses héros; et parmi nous on peut s'autoriser de l'exemple de Voltaire, dans *Zaïre, Alzire* et *Tancrède,* et même de celui de Racine; dans *Bajazet.*

Appliquons cette règle à l'épopée, et attachons-nous à ces mots remarquables du Stagyrite : « Ce qui est connu l'est ordinairement de peu de personnes, et cependant il divertit tout le monde également. »

En effet, tous ces grands personnages de l'épopée, que nous regardons aujourd'hui comme historiques, le sont-ils bien réellement? Seraient-ils connus comme Alexandre et César, s'ils n'avaient été chantés par les poëtes? Prenons le premier de tous, Achille : je doute fort que, sans Homère, son nom fût venu jusqu'à nous. Allons plus loin : connaissions-nous beaucoup Télémaque avant que Fénelon nous eût donné son épopée? Cependant Télémaque, nommé deux fois dans l'*Iliade,* est encore un des acteurs de l'*Odyssée.* Si l'on veut juger cette question, que l'on considère combien peu de gens savent qu'il existe dans les poëmes d'Homère un personnage appelé Eumée. Ce personnage joue toutefois dans l'*Odyssée* un rôle aussi important que celui de Télémaque; et, quoique pasteur de troupeaux, Eumée est le descendant d'un roi. Si quelque poëte chantait aujourd'hui le fidèle serviteur d'Ulysse, pourrait-on dire que ce poëte n'aurait pas créé son héros? Et ce même Eumée, historique par l'autorité d'Homère, n'est-il point, dans l'origine, un personnage d'invention? On rencontre dans l'histoire de l'enfance des peuples une foule de noms que la mémoire laisse échapper. L'auteur qui s'en empare pour les placer sur la scène épique, et qui les fait passer de l'oubli à la gloire, en doit être regardé comme le véritable créateur. Si le pieux Énée ne se trouvait pas dans l'*Iliade,* et surtout dans l'*Énéide,* beaucoup de lecteurs se souviendraient-ils de l'avoir entrevu dans Tite-Live et dans Denys d'Halicarnasse.

On convient que des noms trop éclatants, trop historiquement connus, ne sont pas favorables à l'épopée. Que gagne-t-on alors à ne pas inventer ses héros.

Addison et Louis Racine ont fort bien démontré, au sujet du *Paradis perdu,* que c'est l'action et non pas le héros qui fait l'épopée. Homère chante la *colère* d'Achille; il ne chante pas Achille : cela est si vrai, que si vous ôtez de l'*Iliade* le nom d'Achille, et que vous donniez à la colère d'un autre Grec l'influence que celle du fils de Pélée a sur les événements du siége de Troie, le poëme existe encore avec tout son intérêt et toutes ses beautés. Le héros est donc en soi-même peu de chose dans l'épopée, pourvu que l'action soit grande et intéressante. Et de quelle complaisance Aristote n'use-t-il pas alors envers les poëtes, puisqu'il leur permet d'inventer même leur action !

Je soumets ces doutes à l'excellent critique dont j'ose me permettre de combattre l'opinion. Je me suis appuyé, 1° de l'autorité d'Aristote, qui permet d'inventer les personnages et le sujet; j'ai fait voir, 2° que les personnages épiques doivent être regardés presque tous comme des créations du poëte; je vais ajouter l'autorité d'un grand exemple : le Renaud du Tasse est un personnage d'invention.

On trouve dans les historiens des croisades six Godefridi, neuf Gaudefridi, quatorze Baudouin, un Tancrède, vingt-deux Roger, sept Raimond, une foule de Robert, de Gautier, de Richard et de Guillaume; cinq Renaud écrits Rainaldi, un écrit Reinoldus, un autre Rainoldus, et trois écrits Reinaldi.

Ces chevaliers et comtes du nom de Renaud sont répandus dans les historiens des croisades, l'Anonyme donné par Campden, Robert Moine, Baldric, Raimond d'Agiles, Fulcher, Gautier, Guibert et Guillaume de Tyr. De tous les Renaud qui se montrent à diverses époques, dans les différentes croisades, aucun ne paraît avoir été de la maison d'Est. Il faudrait surtout chercher le Renaud du Tasse au temps de l'entreprise de Pierre l'Ermite. Or, on ne rencontre dans l'Anonyme de Campden, Robert Moine et Baldric, historiens de cette première croisade, qu'un seul Renaud : ce Renaud trahit les croisés, se fit mahométan, et ne semble pas avoir porté un grand nom. Besoldo, dans son histoire *de Regibus Hierosolymorum*, garde le même silence. Quand en fouillant les vieilles chroniques, et les titres des grandes maisons d'Italie, on découvrirait qu'un Renaud de la maison d'Est accompagna Godefroi de Bouillon à Jérusalem, de bonne foi serait-ce un personnage historique? Dans ce cas, il y a tel gentilhomme breton ou périgourdin qui pourrait figurer dans l'épopée. Le nom du comte de Saint-Gilles est certainement beaucoup plus connu dans la première croisade que la plupart des noms que j'ai cités, parce qu'il se lit à la fois dans Anne Comnène et dans les chroniqueurs latins, et pourtant combien y a-t-il de lecteurs qui aient entendu parler du comte de Saint-Gilles?

Ainsi ce fameux Renaud d'Est est sorti tout entier du cerveau du poëte, puisque son nom n'est pas même dans les récits du temps. Quant à Soliman, son rival de gloire, on trouve un Soliman, fils d'un soudan de Nicée, qui battit le renégat Renaud; mais c'est tout, et le reste du caractère est formé d'après celui de Saladin. Et Argant, Clorinde, Herminie, sont-ils des noms historiques? Et Armide, qu'en dirons-nous? Ce n'est point un personnage épisodique; car, si on le retranche du poëme, le poëme n'existe plus. Armide cause l'absence de Renaud, et l'absence de Renaud établit l'action de la *Jérusalem*, comme le repos d'Achille donne naissance à l'*Iliade*. Ainsi, le premier héros du Tasse est d'invention (1); la plupart des caractères inférieurs sont d'invention; et Ar-

---

(1) Le critique à qui je m'adresse ici a trop de candeur pour m'objecter que c'est Godefroi qui est le premier héros de la *Jérusalem* Je sais bien que le Tasso chante *il grand Capitano*; mais c'est à Renaud que le sort de Jérusalem est attaché, comme celui de Troie au fils de Pélée.

mide, sur qui roule la machine poétique, doit également sa naissance aux muses. Observons que le roi de Jérusalem, Aladin, est encore un enfant du poëte. Le père Maimbourg avait remarqué avant moi les *imaginations* du Tasse : « Le fameux bois enchanté, dit-il, Ismen, Clorinde, *Renaud*, Armide, et cent autres pareilles choses de l'*invention* du Tasse, ne sont que d'agréables visions d'un poëte qui prend plaisir, pour en donner aux autres, à faire de *nouvelles créatures qui ne furent jamais.* » (*Hist. des Crois.*, liv. III.)

Muratori et Gibbon conviennent aussi que le Tasse a inventé son héros.

Si je passe de ces autorités à mon sujet, on va voir que tout me faisait une loi d'inventer mon principal personnage.

Le caractère grave, froid et tranquille de Constantin, est précisément l'opposé du caractère épique. Qui pourrait se représenter le père temporel du concile de Nicée, livré à ces aventures de guerre et d'amour, qu'amène le développement d'une épopée? La vie de ce prince est d'ailleurs trop connue, et malheureusement un crime pèse sur elle. Le poëme héroïque exige des passions, mais il rejette les crimes : noble dédain des muses, qui n'accordent leur plus beau chant qu'à la vertu!

Je voulais en outre peindre les mœurs homériques, et les scènes tranquilles de l'*Odyssée*, au milieu des scènes sanglantes d'une persécution. Comment, sans absurdité, conduire Constantin sous le toit de Démodocus? Comment produire des rivalités, des jalousies? Aurais-je jeté tout cela dans les épisodes? Dans ce cas, l'unité d'action était détruite. J'avais pour but de retracer la persécution des fidèles sous Dioclétien. Où l'aurais-je placée, cette persécution? Constantin, trop jeune alors, n'y joua aucun rôle. Si l'on dit que j'aurais pu mettre le massacre des chrétiens sur l'avant-scène, en le comprenant dans le récit, mon sujet n'aurait donc pas été la dernière persécution de l'Église? Et c'est pourtant le sujet que je me proposais de traiter. On pouvait trouver autre chose dans la vie de Constantin. Sans doute il y a mille plans, qui tous peuvent être meilleurs que le mien; mais enfin c'est sur le mien qu'il faut me juger? Combien de fois n'a-t-on pas refait l'*Énéide* et la *Henriade!*

Il demeure à peu près certain que Constantin, pour des raisons tirées de son caractère et de la nature du sujet, ne pouvait pas être mon héros. Qui donc aurais-je choisi à cette époque? Un martyr connu? C'est ici que les jeux de l'imagination sont impérieusement interdits; c'est ici qu'on aurait crié avec raison au sacrilége. Un confesseur de la foi, devenu l'objet d'un culte sacré, a ses traditions immuables, dont on ne peut s'écarter sans impiété; les actes de son martyre sont là : les éloquents témoins de Dieu s'élèveraient contre la muse qui oserait changer un seul mot à l'histoire de la religion et du malheur.

D'après ces considérations, je n'avais plus qu'une ressource : celle d'inventer mes principaux personnages; il nous reste à voir si, dans ce cas, j'ai usé de tous les moyens de l'art.

Afin d'ennoblir Eudore, et de le rendre, pour ainsi dire, historique, je le fais descendre d'une famille de héros, et surtout du dernier des Grecs, Philopœmen. Racine emploie le même artifice pour rehausser l'importance de Monime. Ainsi c'est dans Eudore que l'Évangile va faire la conquête du sang de ces grands hommes dont Plutarque nous a transmis l'histoire. Inventée sur le même modèle, Cymodocée est la fille d'Homère; et c'est en elle que le christianisme doit triompher des grâces, des beaux-arts et des divinités de la Grèce. Le critique a déjà trouvé cette réponse assez ingénieuse; il semble même, en ce cas, approuver mes personnages d'invention : mais il aurait voulu que j'eusse insisté davantage sur mon idée, et qu'elle eût été mise d'une manière plus frappante sous les yeux du lecteur. Il a raison; et c'est ce que j'ai fait dans cette édition nouvelle (1).

Si l'art trouve ces explications suffisantes, on doit remarquer que la religion, et c'est la chose importante, est pleinement satisfaite par l'invention de mon héros.

Dieu choisit souvent dans les conditions les plus humbles l'homme dont les épreuves attirent la bénédiction du ciel sur les nations.

« Dieu a choisi ce qu'il y a d'insensé, selon le monde, pour confondre les
« sages; et ce qui est faible, selon le monde, pour confondre ce qu'il y a de fort.
« Et il a choisi ce qu'il y a de vil et de méprisable, selon le monde, et ce
« qui n'est rien, pour détruire ce qui est grand (2). »

Cette première vérité reconnue, on voit ensuite que la hiérarchie des vertus, et conséquemment l'efficacité plus ou moins grande des sacrifices, est admise par tous les Pères d'après l'histoire de Caïn et d'Abel.

Je puis donc supposer, dans toutes les analogies de la foi, qu'au temps de la persécution, un martyr dont les actes se sont perdus s'offrit en holocauste volontaire, et que cet holocauste, par un mérite intérieur connu de Dieu seul, parut plus agréable au Très-Haut que toutes les autres victimes. Combien, en effet, de confesseurs obscurs moururent sous Dioclétien, pour la conversion du monde! Outre les fameux athlètes qui brillent dans l'histoire, et qui révèlent leurs cendres à l'Église par des miracles, « Que de saintes reliques, s'écrie
« Prudence, la terre dérobe à nos hommages! O Italie, qui dira les tombes sans
« honneurs dont tes champs sont couverts (3)! » Eudore sera donc le représentant des héros des deux religions : les uns ignorés du monde, mais couronnés de gloire dans le ciel; les autres, illustres sur la terre, mais privés de la gloire divine. J'aurai célébré dans sa personne ces pauvres que Galérius faisait jeter dans la mer, ces milliers de chrétiens attachés à des gibets, brisés par des roues, déchirés par des ongles de fer: sublimes victimes, qui, ne prononçant à la mort que le nom de Jésus-Christ, ont laissé leurs propres noms inconnus aux hommes: *Stat nominis umbra!*

Je passe à l'objection touchant le but de l'ouvrage.

Dans aucune épopée le résultat de l'action n'est plus souvent indiqué que dans les *Martyrs*. L'*Énéide* est la fondation de l'empire romain. Virgile en dit un mot au commencement de son poëme; ensuite Jupiter explique à Vénus la suite des destins d'Énée; mais, après le premier livre, il est à peine question de ces destins. Si vous retrouvez les Romains sur le bouclier d'Énée et dans les Champs Élysées, ce ne sont que de beaux épisodes; ce n'est point une marche directe vers le but que le poëte a d'abord marqué. A chaque pas, au contraire, le

---

(1) Voyez le livre du *Ciel*. — (2) S. Paul., *Epist. ad Corinth.* I, cap. I. — (3) *Lib. Coron.*

triomphe de la religion est rappelé dans les *Martyrs* : il est annoncé dans l'exposition; il est prédit dans le ciel : je répète en vingt endroits que Constantin régnera sur les nations devenues chrétiennes; que l'ambition de ce prince est l'espoir du monde ; j'avertis sans cesse que l'enfer sera confondu. Dans le dernier livre, Michel, en précipitant les démons dans l'abîme, déclare que leur empire est passé, que le règne du Christ est établi. Eudore, en allant au supplice, prophétise le règne de Constantin ; et Galérius, en se rendant à l'amphithéâtre, apprend que Constantin, proclamé César, marche à Rome, et s'est déclaré chrétien. Jamais rien fut-il plus clair, plus précis? Toutefois, j'ai cru devoir céder encore à la critique : après ces mots, *les dieux s'en vont*, j'ai ajouté quelques lignes qui justifient mieux le second titre de l'ouvrage : Galérius meurt; Constantin arrive à Rome, il venge les martyrs; il reçoit la dignité d'Auguste sur la tombe d'Eudore, et la religion chrétienne est proclamée religion du monde romain.

Cette nouvelle conclusion satisfera surtout ceux qui, daignant applaudir aux *Martyrs*, ne leur reprochaient qu'une seule chose : c'était d'intéresser le lecteur aux scènes d'une action *privée*, plutôt qu'au développement d'une action *publique*. Mais en contentant sur ce point quelques esprits éclairés, je dois dire toutefois que l'action *publique* n'est point une règle de l'épopée; il serait même aisé de prouver la vérité contraire. Toute action, fondement de l'épopée, du moins de l'épopée telle qu'elle existe dans l'*Iliade*, l'*Odyssée*, l'*Enéide* et le *Télémaque*, tient à une action publique; mais cette action en elle-même est une action privée. Ainsi la colère d'Achille n'est point la journée fatale d'Ilion, et l'arrivée d'Énée en Italie n'est point la fondation de Rome, qui n'eut lieu que longtemps après. Dans l'*Odyssée* et dans le *Télémaque*, l'action est encore bien plus particulière, bien plus domestique : c'est un fils qui cherche son père; c'est un mari qui retrouve sa femme dans une petite île obscure; et tout cela sans qu'il en résulte aucun événement dans l'avenir. L'action d'Eudore est absolument de la même nature que celle d'Achille et d'Énée : elle tient à une action publique, mais elle est privée; elle produit ensuite le règne de Constantin et le triomphe de la religion, comme la colère du fils de Pélée et l'exil du fils de Vénus amènent la chute de Troie et l'établissement de l'empire romain. Si la *Pharsale* et la *Jérusalem* ont pour sujet une action historique achevée dans le cours de ces deux poëmes, l'autorité de Lucain et du Tasse ne peut balancer celle d'Homère et de Virgile. C'est encore une erreur de croire que le héros d'une épopée doit être nécessairement roi ou fils de roi. Renaud et Godefroi même ne sont que de simples chevaliers, ou de très-petits souverains, et leur naissance n'a pas plus d'éclat que celle du descendant de Phocion et de Philopœmen. Les personnes qui ont pris quelque plaisir à la lecture des *Martyrs* peuvent être tranquilles : elles se sont *amusées dans les règles*. Jamais ouvrage ne fut plus conforme à la doctrine poétique, plus orthodoxe au Parnasse. Je dirai plus : la conclusion que j'ai ajoutée est, je crois, mieux appropriée au goût du temps où j'écris; mais elle n'eût point été demandée dans le siècle de Louis XIV. Elle n'est point nécessaire selon les lois du genre épique. Homère ne s'est pas donné la peine de faire un seul vers après les funérailles d'Hector, pour annoncer la chute de Troie; et Virgile, après la mort de Turnus, n'a point songé à marier le pieux Énée. Pourquoi cela? Parce que c'est au lecteur à tirer une conclusion trop manisfeste, et que le poëte n'est pas obligé de tout achever et de tout dire, comme l'historien et le romancier. Ma complaisance à cet égard a donc été extrême, et je pouvais, sans scrupule, laisser les choses comme elles étaient.

Venons au récit.

J'ose dire encore que dans auucne épopée le récit n'est rattaché aussi fortement à l'action qu'il l'est dans les *Martyrs*.

Le récit de l'*Odyssée* n'a point de rapport à la catastrophe; celui de l'*Énéide* est court et admirable: mais revoit-on, dans la suite du poëme, les principaux acteurs qu'Énée fait agir dans sa narration, et la scène en Italie se lie-t-elle à la scène de Troie? L'épisode de Didon, qui n'est ni de l'action ni du récit, tient-il au fond du sujet, comme l'histoire de Velléda tient au fond des *Martyrs?*

Le récit du *Télémaque* est magnifique; mais les personnages de ce récit, excepté Narbal, qu'on revoit un moment, disparaissent sans retour.

Dans le récit des *Martyrs,* vous trouvez d'abord la peinture des caractères qu'il sera essentiel de connaître dans le développement de l'action; vous y trouvez le tableau du christianisme dans *toute* la terre, au moment d'une persécution qui va frapper *tous* les chrétiens; vous y trouvez l'excommunication d'Eudore, qui fait prendre à l'action le tour qu'elle doit prendre; vous y trouvez la grande faute qui sert à ramener le héros dans le sein de l'Église : faute qui, répandant sur le fils de Lasthénès l'éclat de la pénitence, attire sur lui le regard des chrétiens, et le fait choisir pour défenseur de l'Église; vous y trouvez le commencement de la rivalité d'Eudore et d'Hiéroclès; l'annonce des victoires de Galérius sur les Parthes: ces victoires achèvent de rendre ce prince maître absolu de l'esprit de Dioclétien, et préparent ainsi l'abdication qui amène la persécution; enfin vous y trouvez, par la vision de saint Paul Ermite, la prédiction du martyre d'Eudore, et du triomphe complet de la religion. Pour comble de précautions, ce récit est motivé dans le ciel : Dieu déclare qu'il a conduit Eudore par la main, afin d'éprouver sa foi et de préparer sa victoire. Ajoutons que ce récit a de plus l'avantage de faire naître l'amour de Cymodocée, d'inspirer à cette jeune païenne les premières pensées du christianisme, et de concourir ainsi par un double moyen au but de l'action. Il ne vient donc pas là sans raison, pour satisfaire la curiosité d'un personnage, comme la plupart des récits épiques.

Quant à sa longueur, il n'est pas plus long, proportion gardée, que le récit de l'*Odyssée* et que celui du *Télémaque;* je dis proportion gardée, parce que je crois que les *Martyrs* ont un peu plus d'étendue que ces deux ouvrages. Il me semble, si je ne me trompe, que je suis assez fort sur ce point : une critique généreuse reconnaîtra sans peine que la raison est de mon côté.

Restent quelques difficultés présentées par divers journaux. J'ai répondu à ces chicanes de détails dans les remarques; quant aux caractères de mes personnages, je ne sais trop à quoi m'en tenir. Démodocus est traité, par un censeur, comme un vieillard imbécile et ennuyeux; un autre censeur, très-peu favorable aux *Martyrs*, compare la douleur de Démodocus à celle de Priam, c'est-à-dire au plus beau morceau qui nous soit resté de l'antiquité : comment ferai-je ?

Le même critique qui met Démodocus à côté de Priam veut que les *Martyrs* soient une espèce de parc anglais, de vastes campagnes, où l'on trouve des lieux déserts, des lieux parés, des montagnes, des précipices. Il faut bien que je me console : Pope a représenté les poëmes d'Homère sous l'image d'un grand jardin, et Addison se sert de la même comparaison pour le *Paradis perdu*.

Le même critique a dit encore que les *Martyrs* étaient un voyage, et toujours un voyage. Mais l'*Odyssée* est-elle autre chose qu'un voyage ? Ulysse touche à tous les rivages connus de son temps. On disait dans l'antiquité : les *Erreurs d'Ulysse*. L'*Énéide* n'est qu'un voyage ; la *Lusiade* du Camoëns n'est qu'un voyage : que de voyages dans la *Jérusalem!* Le *Télémaque* est non-seulement un voyage depuis la première ligne jusqu'à la dernière ; mais le but de l'ouvrage en lui-même, ou l'action proprement dite, est un voyage. Le critique s'écrie : « L'auteur est allé là, une description ; l'auteur est allé ici, son héros y passera. » J'ai une chose bien simple à répondre : les *Martyrs* étaient achevés en grande partie, principalement le récit d'Eudore, lorsque je suis parti pour l'Orient ; c'est un fait que beaucoup de témoins pourraient affirmer. Ainsi ce n'est point Eudore qui voyage en Égypte, en Syrie, en Grèce, parce que j'ai voyagé dans ces contrées célèbres ; mais c'est moi qui suis allé voir les bords que mon héros a parcourus. Je ne sache pas qu'on ait jamais reproché à Homère d'avoir visité les lieux dont il nous a laissé d'admirables tableaux. Je n'ai point au reste l'intention de choquer le censeur en répondant à ses objections : je reconnais qu'en attaquant les *Martyrs* il m'a traité avec décence, indulgence même, et avec ces égards qu'un honnête homme doit à un honnête homme. Sa critique est celle d'un écrivain de talent ; et, bien qu'elle m'ait semblé rigoureuse, elle m'a paru très-digne d'être méditée.

Les imitations ont été un autre objet de controverse. Je ne puis mieux faire que de citer à ce sujet mon défenseur :

« La plus ancienne épopée que nous ayons après celle d'Homère, dit-il, c'est l'*Énéide*. Virgile ne se contenta pas d'imiter l'*Odyssée* et l'*Iliade*, il traduisit et abrégea la plupart des batailles du poëte grec ; il copia pour ainsi dire, selon Macrobe, un autre poëte nommé Pisandre, pour en former le deuxième livre. Il prit de nombreux fragments non-seulement dans les écrivains de sa nation qui l'avaient précédé, mais encore dans quelques-uns de ses plus illustres contemporains, tels que Lucrèce, Catulle, Varius, etc. ; en sorte que l'on peut dire que cette épopée fut la première véritable *mosaïque* (1).

---

(1) Mon défenseur ne va pas assez loin. Les *Argonautes* d'Apollonius de Rhodes, *Médée* d'Euripide, la *Guerre de Troie* de Quintus de Smyrne (c'est l'opinion de Lacerda), ont été mis à contribution par Virgile. Croira-t-on qu'on reprochait à l'*Énéide* d'être écrite d'un style commun, et de tenir le milieu entre l'enflure et la sécheresse ? Périlius Faustinus avait fait un livre pour rassembler tous les vols de Virgile ; Octavius Avitus composa plusieurs volumes des seuls vers pillés et des passages des divers auteurs imités par ce grand poëte. On sait généralement que Virgile a traduit Homère, mais on ne sait pas jusqu'à quel point cela est porté. Si on entreprenait de vérifier les imitations, la plume à la main, je ne sais pas s'il resterait vingt vers de suite, je ne dis pas seulement à l'*Énéide*, mais encore aux *Bucoliques* et aux *Géorgiques*. Qu'est-ce que tout cela prouve contre Virgile ? Rien du tout.

« Le Tasse, le plus célèbre poëte épique des temps modernes, enleva à son tour des fragments aux Grecs et aux Latins. Ses héros furent, autant que son sujet le lui permettait, une copie de ceux d'Homère. Il fit passer dans sa *Jérusalem* des tableaux, des comparaisons, des descriptions, tellement imités de Virgile, qu'on reconnaît la construction et l'expression même du poëte latin jusque dans le nouvel idiome dans lequel elles ont été transportées. La *Bible* lui fournit aussi des fragments, et c'est ainsi qu'il légua à M. de Chateaubriand l'exemple d'une seconde véritable *mosaïque*.

« Milton vint ensuite, et prit dans le quatrième livre du Tasse le sujet de son *Paradis perdu*. Il copia le fameux discours de Satan, qui commence par ces mots : *Tartarei Numi;* il emprunta d'un comique italien quelques pensées qu'il jugea dignes de son sujet; il ne craignit pas de s'approprier ce qu'il trouva de bon dans la tragédie de Grotius, intitulée *Adam exilé*. La *Sarcotée*, mauvais poëme d'un jésuite allemand nommé Masenius, lui fournit quelques centaines de vers; il puisa dans la *Bible* plus que tout autre, et son poëme fut la troisième véritable *mosaïque*.

« Il me serait aisé de pousser cet examen jusqu'au *Télémaque* de Fénelon, et même à la *Henriade* de Voltaire : mais je crois en avoir assez dit. Lorsqu'un écrivain traite un sujet sur lequel d'autres se sont déjà exercés, il y a certaines idées principales qui doivent nécessairement se présenter, qui par là même sont à tout le monde. Les poëtes ne diffèrent entre eux sur ce point que par les couleurs dont ils ornent leurs tableaux. Personne d'ailleurs, avant les censeurs des *Martyrs*, ne leur a contesté le privilége de transporter dans leurs ouvrages les beautés de ceux qui les ont précédés, pourvu qu'ils sachent se les rendre propres par la manière dont ils les emploient.

« On sait, dit M. de La Harpe, que faire passer ainsi dans sa langue les
« beautés d'une langue étrangère, a toujours été regardé comme une des con-
« quêtes du génie; et, pour juger si cette conquête est aisée, il n'y a qu'à se
« rappeler ce que disait Virgile, qu'il était moins difficile de prendre à Hercule
« sa massue que de dérober un vers à Homère. »

« Longin, dans son *Traité du Sublime*, va plus loin encore que M. de La Harpe : parmi les Grecs, il cite Hérodote, Stésichore et Archiloque; puis il ajoute : «Platon est celui de tous qui a le plus imité Homère ; car il a puisé dans
« ce poëte comme dans une vive source *dont il a détourné un nombre infini de*
« *ruisseaux....* Au reste, on ne doit point regarder cela comme un larcin,
« mais comme une belle idée qu'il a eue, et qu'il s'est formée sur les mœurs,
« l'invention et les ouvrages d'autrui (1). »

Le choix des autorités citées par mon défenseur est excellent, et me justifie assez sur un point qui ne méritait guère la peine qu'on s'y arrêtât.

Quelques lecteurs ont cru que j'avais transporté trop littéralement dans mon ouvrage des morceaux choisis de poésie antique; c'est une erreur que les notes dissiperont : ces lecteurs ont été trompés par un ou deux vers placés dans les strophes ou dans les chœurs des hymnes à Diane, à Bacchus, à Vénus. Pour

(1) *Traité du Sublime*, chap. xi.

en donner un exemple, le *Pervigilium Veneris*, chanté dans l'île de Chypre, n'est point le *Pervigilium* faussement attribué à Catulle; je n'ai emprunté de lui que le *Cras amet* et un demi-couplet. La première strophe est imitée en grande partie de Lucrèce, et la seconde entière est de moi.

J'ai peu puisé chez les anciens pour les comparaisons : celles des *Martyrs* m'appartiennent presque toutes. Les personnes dont le jugement fait ma loi pensent que c'est peut-être, avec les transitions, la partie la plus soignée de l'ouvrage. On paraît surtout avoir remarqué la comparaison du lion dans la bataille des Francs, celle de la voile repliée au tour du mât pendant la tempête, celle du chant du coq sur un vaisseau, celle de l'homme qui remonte les bords d'un torrent dans la montagne, et qui arrive à la région du silence et de la sérénité; mais enfin j'ai dérobé quelques comparaisons à la *Bible*, à Homère, à Virgile; et la critique, qui prend tout cela pour imitation littérale, ne s'aperçoit pas que ces comparaisons sont totalement changées.

La comparaison de l'Égypte à une génisse est de l'Écriture. Ayant à peindre l'Égypte après l'inondation, j'ai ajouté : « L'Égypte, toute brillante d'une inon-
« dation nouvelle, ressemble à une génisse féconde qui *vient de se baigner dans*
« *les flots du Nil.* » Ai-je eu tort d'imiter ainsi, et ne pourrais-je pas revendiquer la comparaison entière?

On connaît la description du chêne dans les *Géorgiques*; description qui, pour le dire en passant, est tirée d'une comparaison de l'*Iliade*. Comme Homère, j'ai mis cette description en comparaison ; et voulant peindre la fortune décroissante d'Hiéroclès, j'ai dit : « Le pâtre qui contemple le roi des forêts du haut de
« la colline, le voit élever au-dessus de ses rameaux verdoyants une couronne
« desséchée. » Ce trait ne me rend-il pas propre le passage imité?

On a blâmé ma comparaison d'Homère avec un serpent qui fascine par ses regards une colombe, et la fait tomber du haut des airs. La colombe est Cymodocée. Cette critique, si je ne m'abuse, est peu raisonnable. Le serpent, chez les poëtes, est un animal fort noble. Hector, dans l'*Iliade*, est comparé à un serpent. Le serpent était mêlé à toutes les choses sacrées : un serpent sort du tombeau d'Anchise, en Sicile, et vient goûter aux gâteaux des sacrifices. Le serpent était l'emblème du génie : cela convient-il à Homère? Le serpent était consacré à Apollon : Apollon n'a-t-il aucune analogie avec Homère? Au temple de Delphes, l'oracle, dans les premiers âges, était rendu par un serpent : ce serpent ne peut-il être l'emblème du plus grand des poëtes, inspiré par le souffle du dieu desvers? Le serpent était l'image de l'univers et de l'éternité : cela convient-il mal à un poëte dont les ouvrages dureront autant que le monde? Enfin, dans l'Écriture, le serpent, animé par le *père des mensonges*, séduit la belle compagne de l'homme : Homère, *père des fables*, qui charme l'esprit de Cymodocée, n'offre-t-il pas ainsi tous les rapports nécessaires à la comparaison qu'on attaque?

Si d'une part on a cru que j'imitais, quand je n'imitais pas, de l'autre on a mis sur mon compte des choses qui appartenaient à l'antiquité. Eudore, au milieu de son épreuve, dit à Festus : « Regardez bien mon visage, afin de me
« reconnaître au jugement de Dieu. » Je ne sais pas ce que cela peut avoir de

risible; mais je sais que quand on se mêle de critiquer, il ne faut pas pousser le défaut de mémoire jusqu'à méconnaître un passage de l'Écriture; passage qui se retrouve mot à mot dans le *Martyre de sainte Perpétue* (1). J'aurais ici un beau sujet de triomphe : je ne triompherai point cependant, car le plus habile homme se trompe quelquefois, quoique la méprise soit un peu forte; il n'y a qu'un certain ton qu'un habile homme ne prend jamais.

Au reste, mes remarques épargneront à Homère, à Moïse, aux prophètes, mille petites tracasseries qu'on leur a faites sous mon nom : ils ont bien de quoi se défendre par eux-mêmes; et vraiment je suis trop sujet à faillir pour me charger encore des sottises de l'*Iliade* et des erreurs de la *Bible*. On saura donc, en consultant la note, s'il y a sûreté, et si l'on peut me traiter comme je le mérite. Toutefois, je m'accuserai d'un peu de malice : je n'ai pas tout cité dans les remarques; et je ne serais pas surpris que tel malheureux fragment que j'aurais négligé de dénoncer à la critique n'attirât aux anciens une nouvelle avanie. Dans ce cas, je promets le silence : je recevrai avec humilité les réprimandes adressées à Platon, Sophocle, Euripide ; je serai même charmé qu'on apprenne à vivre à tous ces Grecs imprudents fourvoyés dans les *Martyrs*.

Il me reste à dire quelques mots du style des *Martyrs* : on l'a beaucoup moins attaqué que celui de mes premiers ouvrages. Autrefois on me battait avec mes propres armes ; on citait des phrases, des pages même du *Génie du Christianisme* véritablement répréhensibles. Mais quant aux *Martyrs*, il semble qu'on ait évité avec soin d'en mettre de longs morceaux sous les yeux des lecteurs. Il paraît qu'on s'est généralement accordé, amis et ennemis, à remarquer dans ma manière des progrès du côté du goût et de l'art. Si je m'en tiens au jugement des censeurs opposés aux *Martyrs*, le second livre, presque tout le récit, le combat des Francs surtout, une partie de l'*Enfer* et du *Purgatoire*, le livre des harangues, le caractère de Cymodocée et de Démodocus, sont les meilleures choses qui soient échappées à ma plume ; il n'y a pas assez d'expressions pour les louer. Comment donc croire qu'un livre qui, d'après ses plus violents détracteurs, renferme un personnage comparable à Priam, et un combat qui n'est point effacé par les plus beaux combats d'Homère ; comment croire que ce livre est oublié, mort, enseveli pour jamais? On va tous les jours à la postérité avec moins de titres ; et, grâce à l'imprimerie, l'avenir ne pourra se sauver de nous.

Selon les partisans des *Martyrs*, c'est le second volume qui l'emporte : le livre d'Athènes, celui de Jérusalem ; les quatre derniers livres, et particulièrement le dernier, sont ce qu'il y a de préférable dans l'ouvrage. Voilà certes des jugements bien divers, et d'après lesquels il me serait difficile de me corriger. Les opinions semblent d'accord sur quelque partie du travail, par exemple, sur la prophétie de saint Paul, sur la tentation d'Eudore au repas funèbre, et sur les adieux à la muse. Ces adieux n'ont cependant d'autre mérite que d'exprimer un sentiment vrai, et de montrer en moi ce qu'on voit dans tous les hommes, la fuite du temps, le changement des idées, et l'approche rapide de ce moment

---

(1) Notate tamen nobis facies nostras diligenter, ut recognoscatis nos in die illo judicii. (*Act. Martyr. Passio sanct. Perpet. et Felicit.*, cap. XVII, pag. 94.)

où tout finit. Si ce n'est pas sans quelques regrets, c'est du moins sans remords que j'ai jeté un regard sur les premiers jours de ma vie ; et si j'en vois beaucoup d'inutiles, je n'en compte pas un dont je doive rougir.

Je ne sais si je dois revenir sur la question de l'épopée en prose. Les littérateurs de toutes les opinions semblent l'avoir abandonnée comme une inutile dispute de mots. Car il est certain que d'un côté (ainsi qu'on le prouve judicieusement) la prose n'est pas des vers, et que de l'autre on ne peut anéantir l'autorité d'Aristote et l'exemple du *Télémaque*. Je renvoie le lecteur à la préface des premières éditions. Je rapporterai seulement la réflexion d'un critique : « Si la versification fait l'épopée, a-t-il dit, il en résulte que l'*Iliade*, l'*Odyssée*, l'*Énéide*, la *Jérusalem*, sont des romans dans nos traductions en prose, et des poëmes en grec, en latin et en italien. » L'éloge le plus délicat qu'on ait peut-être fait du *Télémaque*, est celui que j'ai lu dans je ne sais quel journal (1). Le censeur, pour mettre tous les partis d'accord, suppose que les aventures du fils d'Ulysse sont un beau poëme traduit du grec par Fénelon. On s'est donné la peine de citer Anacréon, pour prouver que les compatriotes d'Homère pouvaient avoir une épopée en prose, mais que nous autres Français, nous ne sommes pas si heureux. On a eu tort d'aller si loin. Les hellénistes se taisent, mais ils rient. Je ne relèverai point des erreurs trop affligeantes. En tout, je veux donner à mes censeurs l'exemple de la modération. S'ils n'ont pas craint de blesser mon amour-propre, je me fais un devoir d'épargner leur vanité. Ils attachent sans doute à leurs ouvrages beaucoup plus d'importance que je n'en attache aux miens : puisqu'ils ont mis leur bonheur dans leurs succès littéraires, à Dieu ne plaise que je prétende le troubler. Ces censeurs ont quelquefois écrit des choses agréables et spirituelles ; ce n'est qu'en parlant de moi qu'ils semblent parler de leur talent : je conçois qu'ils doivent me haïr. D'ailleurs, si j'ai sur eux l'avantage de quelques lectures, je n'ai que ce que je dois avoir, puisque je me mêle de faire des livres.

Tout ceci soit dit sans ôter à qui que ce soit le droit de courir sus aux *Martyrs*, comme épopée. Veut-on que ce soit un *roman ?* je le veux bien ; un *drame ?* j'y consens ; un *mélodrame ?* de tout mon cœur ; une *mosaïque ?* j'y donne les mains. Je ne suis point poëte, je ne me proclame point poëte, pas même littérateur, comme on me fait l'honneur de me nommer ; je n'ai jamais dit que j'avais fait un poëme ; j'ai protesté et je proteste encore de mon respect pour les muses. Rien ne m'enchante comme les vers. Et n'ai-je pas passé une grande partie de ma jeunesse à ranger deux à deux des milliers de rimes qui n'étaient guère plus mauvaises que celles de mes voisins ? Dans la suite, j'ai préféré un langage inférieur sans doute à la poésie, mais qui me permettait d'exprimer avec moins d'entraves l'enthousiasme que m'inspirent les sentiments des grands cœurs, les caractères élevés, les actions magnanimes, et le mépris souverain que j'ai voué aux bassesses de l'âme, aux petites intrigues de l'envie, et à ces affectations effrontées de courage et de noblesse, que dément à chaque pas une conduite servile.

(1) Dans le *Mercure*, peut-être : l'article, à ce qu'il me semble, était de M. Auger.

CHANGEMENTS FAITS A CETTE ÉDITION, ET REMARQUES AJOUTÉES A LA FIN
DE CHAQUE LIVRE.

Dans le troisième livre, les discours des puissances divines sont retranchés : comme ces discours contiennent l'exposition complète du sujet, et le mot du récit, j'ai été obligé d'en conserver la substance. M. de La Harpe, dans son chant du *Ciel*, avait commis la même faute que moi, et faisait parler Dieu, à l'exemple du Tasse et de Milton, d'après l'autorité de l'Écriture. On lui fit remarquer que ces discours étaient trop longs, et qu'on ne saurait jamais prêter à Dieu un langage digne de lui. Il changea son plan, et, par une heureuse idée, il mit ce qu'il voulait dire dans la bouche du prophète Isaïe. Debout au milieu des saints et des anges, le fils d'Amos lit dans le *Livre de Vie* les destins de la terre. Je n'ai pu m'approprier cette belle fiction : j'ai eu recours à un autre moyen que l'on jugera.

Dans ce même livre du *Ciel*, Cymodocée n'est plus demandée comme une victime immédiate, mais elle est annoncée comme une victime secondaire, qui doit augmenter le mérite du sacrifice d'Eudore. Les passages de l'*Apocalypse* qui avaient servi de prétexte aux plaisanteries bonnes ou mauvaises d'un journal ont disparu : tout ce qui pouvait blesser la doctrine ou le dogme, dans le *Purgatoire*, l'*Enfer* et le *Ciel*, a été scrupuleusement effacé. Je ne m'en suis pas rapporté là-dessus à mes lumières, je me suis soumis à la censure de quelques savants ecclésiastiques.

J'ai insisté davantage sur la naissance d'Eudore et de Cymodocée, et sur ce qu'ils sont, l'un et l'autre, les représentants des grands hommes et des beaux-arts de la Grèce.

Dans le livre de l'esclavage d'Eudore chez les Francs, j'ai rétabli un morceau que j'avais supprimé sur l'épreuve, et que plusieurs personnes regrettaient.

Dans le livre de Velléda, on ne trouvera plus les imprécations d'Eudore; les couleurs trop vives sont adoucies.

J'ai abrégé la scène de l'entrevue de Cymodocée et d'Hiéroclès : elle sentait trop le roman.

J'ai annoncé plus fortement et plus clairement le triomphe de la religion.

J'avais quelquefois parlé moi-même comme poëte (qu'on me passe le mot) le langage de la mythologie : j'ai fait disparaître ces légères inadvertances; j'ai retranché plusieurs comparaisons, abrégé quelques détails de mœurs, et corrigé quelques fautes contre l'histoire et la géographie.

Enfin, j'ai ajouté des remarques à chaque livre.

Ces remarques contiennent les imitations d'Homère, de Virgile, etc., etc. Les autorités historiques se trouveront aussi dans ces notes. On y verra enfin d'assez longs morceaux de mon *Itinéraire de Paris à Jérusalem, en passant par la Grèce*, etc. Ces morceaux serviront de commentaires aux descriptions de la Grèce, de la Syrie et de l'Égypte. Je n'ai passé en Orient que pour visiter les lieux où j'ai placé la scène des *Martyrs;* il est donc tout simple que le voyage justifie les tableaux du voyageur.

J'ai écrit ces notes avec une grande répugnance, et seulement pour obéir au conseil de mes amis. Ils m'ont représenté que beaucoup de lecteurs, étrangers au langage de l'antiquité, avaient besoin d'une espèce d'explication pour lire les *Martyrs;* que c'était l'unique moyen de faire tomber une foule de critiques. J'ai cédé à ces raisons; mais j'aurais mieux aimé que l'avenir, s'il y a un avenir pour moi, se fût chargé du commentaire. J'ai développé mon plan dans ces remarques, et montré la suite de mes idées et de ma composition. Je l'ai fait avec sincérité, et comme j'en aurais agi pour l'ouvrage d'un autre. Ces remarques apprendront du moins quelque chose à quelques lecteurs, et elles seront un monument de ma bonne foi.

Tout ceci prouve, j'espère, ce qui est déjà prouvé, mon obéissance à la critique. Elle est telle, que souvent mes amis n'osent me faire des objections, dans la crainte de me voir changer et bouleverser tout au moindre mot. Je n'ai point cet orgueil qui se complaît dans une erreur. Si quelque chose me rendait indocile à la leçon, c'est la manière dont elle est donnée. Je ne reçois point un conseil sous la forme d'un outrage; autant je pourrais craindre la séduction de la bienveillance, de l'estime, des prévenances, des égards, autant je repousse le ton impérieux et les airs de maître.

Il faut parler à présent de certains reproches qui me sont beaucoup plus sensibles que tous les autres, parce qu'ils semblent tomber sur mes amis.

On a voulu faire entendre que des hommes distingués, dont le jugement est une autorité puissante, après s'être prononcés pour les *Martyrs*, se sont ensuite *prudemment retirés*, lorsqu'ils ont vu déchirer l'ouvrage.

Qu'on sache que les amis qui me restent, tout petit que soit le nombre, ne sont pas de ceux qui se retirent au jour du combat : ils ont un jugement formé, et ils n'attendent point l'approbation ou l'animadversion d'un bureau d'esprit pour savoir à quel rang ils doivent placer un ouvrage : ils regardent les *Martyrs* comme le meilleur, ou, si l'on veut, comme le moins faible de mes très-faibles écrits. Est-ce un homme dont le beau talent, comme écrivain, surpasse encore la pureté du goût comme critique, que l'on a voulu désigner par cette étrange assertion? Mon illustre ami a dit et redit cent fois, à quiconque a voulu l'entendre, ce qu'il pense de mes derniers travaux littéraires; ses sentiments à cet égard sont bien loin d'être changés : le temps et les satires publiées contre mon livre n'ont fait que l'affermir dans l'opinion qu'il a des *Martyrs*, et aucune opinion sur tous les points et sous tous les rapports, ne leur est plus complétement favorable.

Si l'on trouve mauvais que je me vante ici des suffrages que j'ai obtenus; si je sors des bornes d'une modestie que la faiblesse de mes talents me prescrit, et que je n'ai jamais franchies jusqu'à présent, qu'on s'en prenne à l'indigne manière dont on m'a traité. Il est aisé de comprendre pourquoi on avait hasardé une accusation qui jetait de la défaveur sur mon ouvrage, en même temps qu'elle flétrissait le caractère de mes amis. On savait que les dignités dont le premier d'entre eux est revêtu lui interdisaient toute espèce de lutte dans les journaux; on n'a pas craint alors de l'appeler dans une arène où il ne pouvait descendre. Si l'indignation que cause l'injustice l'avait engagé malgré moi dans ce combat, eh bien ! on avait encore tout à gagner : on eût fait du bruit en s'attaquant à un nom célèbre.

Enfin, s'il faut en croire les adversaires des *Martyrs*, ce sont les coteries, les cabales, les partis, qui agissent en ma faveur.

Depuis mon entrée dans la carrière des lettres, tous mes pas ont été marqués par des orages. J'ai été accablé d'injures, de pamphlets, de parodies, de critiques, de plaisanteries en prose et en vers; mes phrases traînent dans toutes les saletés des boulevards; mon nom se rencontre dans toutes les satires. Qu'ai-je opposé à cela? Une seule défense, où, en répondant d'une voix ferme, je n'ai point rendu l'insulte pour l'insulte (1). Me rencontre-t-on dans ces salons et sur ces théâtres où se forge la renommée? Suis-je de quelque assemblée littéraire? Vais-je lisant mes ouvrages à quiconque veut les écouter? Je vis seul; je n'ai point d'école, point de jeunes gens qui viennent recueillir les paroles du maître. Si j'en crois pourtant la faveur publique, il ne tiendrait qu'à moi de m'entourer de nombreux disciples. Avant la révolution, étant encore dans ma plus grande jeunesse, un heureux hasard me jeta dans la société de M. de La Harpe, et j'eus le bonheur de recevoir les leçons de cet excellent maître. Il a daigné me rappeler dans son testament, et je déplore tous les jours la perte d'un homme si utile aux lettres. Quel défenseur n'ai-je pas perdu ! Tout le monde sait l'amitié qui me lie au digne successeur de l'Aristarque français; amitié qui compte déjà bien des années, puisqu'elle remonte à l'époque où j'ai connu M. de La Harpe. D'autres littérateurs distingués, que je fréquentais à cette même époque, ont suivi des routes différentes de la mienne : ils se sont déclarés mes ennemis, sans que je les aie provoqués; ils m'ont attaqué dans leurs écrits avec violence. Je ne me suis pas plaint de leur infidélité au souvenir d'une ancienne liaison; j'ai lu les critiques qu'ils ont faites de mes premiers ouvrages, j'y ai remarqué du goût, de l'esprit, du talent, du savoir. S'ils m'ont paru quelquefois aller trop loin, j'ai pensé ou que mon amour-propre me trompait, ou qu'ils étaient emportés malgré eux au delà des bornes, par cette chaleur d'opinion dont on a tant de peine à se défendre. Je me plais même à reconnaître que les rudes leçons d'une amitié changée m'ont été utiles, et que si les *Martyrs* ont moins de taches que mes précédents écrits, je le dois à ces jugements, peut-être un peu rigoureux. Je ne pense nullement comme ces hommes de lettres en matière de religion; mais cela ne me rend point leur ennemi, et je ne le dis point par une hypocrisie superbe (2).

Ce ton n'est guère, il me semble, celui d'un chef de parti, d'un homme de *coterie*. Aujourd'hui que l'on a passé envers moi toutes les bornes; aujourd'hui que l'on a tenu, en parlant des *Martyrs*, un langage que l'on ne m'avait jamais adressé dans la plus grande chaleur de la controverse sur *Atala*, qu'ai-je opposé à cette attaque? Pendant huit mois, un profond silence; maintenant cet

---

(1) *Défense du Génie du Christianisme.*

(2) Tandis que j'écrivais ceci, les littérateurs distingués dont je parle avec cette modération emplissaient les almanachs de vers injurieux contre les *Martyrs*. La meilleure réponse que je puisse faire à ces littérateurs, c'est de laisser subsister tel qu'il est le paragraphe qui a donné lieu à cette note.

Examen, où je n'ai pas même employé les réponses personnelles que je trouvais dans la brochure d'un défenseur inconnu.

Ne pourrais-je point, à mon tour, avec plus de justice, accuser mes adversaires de cabale et d'esprit de parti? Je demanderais si des gens pleins de bonne foi et de droiture ne se sont point assemblés pour délibérer sur le sort qu'on ferait aux *Martyrs?* Je demanderais si, dans l'incroyable chaleur de la haine, on n'est point allé jusqu'à proposer d'insulter ma personne autant que mon ouvrage? Ceux qui connaissent à fond l'odieuse intrigue montée contre les *Martyrs*, verront bien que je ne dis pas tout. Et quel moment a-t-on choisi pour m'attaquer! moment où la moindre noblesse de caractère eût suffi pour interdire toute critique injurieuse! Mais on n'a respecté ni ma douleur ni mes regrets.

J'entends d'ici mes adversaires me répondre :

« Vos études, vos voyages, vos sacrifices, vos douleurs, vos regrets ne font rien à l'affaire ; le public n'entre point dans toutes ces raisons. Les *Martyrs* sont-ils une bonne ou une méchante épopée? voilà la question. Il n'y a point d'auteur censuré qui ne crie à l'injustice, à la persécution; qui n'en appelle à la postérité; qui ne se compare à Racine outragé, quoiqu'il n'ait rien de commun avec Racine. Les droits de la critique sont de dire nettement et clairement son avis, de juger impitoyablement un livre sans considérations aucunes, sans ménagements, sans égards aux réclamations de l'auteur. »

Non, ce ne sont point là les droits de la critique ; et puisqu'elle ignore ses véritables droits, je vais tâcher de les lui faire connaître.

Un homme prend tout à coup le titre d'auteur; il se présente au public sans nom, sans talent, sans bonnes études; tout annonce en lui une incapacité absolue pour l'art du poëte, de l'orateur, de l'historien : c'est alors que la critique a le droit incontestable de repousser cet homme, sans égards, sans ménagements, sans considérations aucunes. Elle peut employer contre lui toutes sortes d'armes, hors celles qu'interdit l'honneur. Raisonnements, plaisanteries, vérités dures et tranchantes, tout est bon, parce qu'elle fait alors une œuvre charitable : elle arrête un malheureux au commencement d'une carrière où l'attendent les humiliations et le ridicule s'il est riche, le mépris et la misère si la fortune lui a refusé ses dons. Les lettres, sans le talent propre à les rendre utiles ou agréables, ne servent qu'à corrompre le cœur, qu'à nous gonfler de haine et d'envie, qu'à nous arracher aux devoirs de la société, et à nourrir en nous un amour-propre féroce aux dépens de tous les sentiments généreux.

Mais quand la critique croit avoir le droit d'user de la même rigueur dans toute occasion et avec toute espèce d'homme, dès qu'un ouvrage lui déplaît, elle est dans une grossière erreur. Il résulterait de là que Boileau pourrait être traité comme Chapelain, si le *Lutrin* ou l'*Art poétique* encouraient la disgrâce d'un censeur, et que le premier barbouilleur de jugements littéraires pourrait manquer impunément au génie de Corneille.

Il y a donc nécessairement une règle qu'il n'est permis à personne de violer. Or, cette règle, la voici :

Ce qui décide du ton et des égards que l'on doit employer dans l'examen d'un ouvrage, c'est le plus ou moins de renommée, le plus ou moins d'estime qui s'attache au nom de l'écrivain, et, jusqu'à un certain degré, le plus ou moins de temps, de veilles, d'études, de travaux, que cet écrivain a consacrés aux lettres.

Qu'un auteur ait donc obtenu un succès incontestable, puisque c'est un fait; que ce succès se soutienne après dix ans révolus; que des éditions sans cesse renouvelées, des traductions dans toutes les langues, aient fait, à tort ou à raison, connaître le nom de cet auteur dans toute l'Europe; que cet auteur jouisse d'ailleurs de la réputation d'un honnête homme, la critique qui ne lui oppose qu'une parodie burlesque passe les bornes de son pouvoir : elle doit se souvenir que ce n'est plus un écolier qu'elle corrige; mais qu'elle est appelée à juger un homme vieilli dans l'art, et dont elle ne peut relever les erreurs qu'avec défiance, mesure et politesse; elle sera d'autant plus tenue à ces égards, que l'auteur aura mieux connu le prix de l'estime publique, et que, respectant cette estime, il n'aura point broché son nouvel ouvrage, mais aura fait tous les sacrifices pour rendre cet ouvrage digne du succès qu'ont obtenu ses premiers écrits. Ajoutons que, dans ce cas, l'auteur a le droit de demander que son juge ait au moins cette compétence qui tient à la gravité des études et du caractère, et d'exiger que le peintre en grotesque ne soit pas admis à prononcer sur les tableaux du peintre d'histoire.

Si cette opinion sur les devoirs des juges littéraires n'était que la mienne, elle ne mériterait pas sans doute la peine qu'on s'y arrêtât; mais c'est aussi celle du maître de tous les critiques, d'un homme qui se connaissait en bons et en mauvais ouvrages, et qui se fit un jeu toute sa vie de tourmenter les Cassagne et les Cotin. « Traiter de haut en bas, dit Boileau, un auteur approuvé du public, « c'est traiter de haut en bas le public même (1). »

Tels sont les devoirs que la raison, l'équité, la modération, l'honneur, prescrivent à la critique. Ont-ils été remplis envers moi, ces devoirs, et dois-je être placé ou dans la classe de l'homme nouveau qui cède imprudemment à la dangereuse tentation d'écrire, ou dans celle de l'homme connu qui a fait des lettres l'occupation principale de sa vie? Ce n'est pas à moi à répondre à cette question.

Disons plutôt, afin de quitter ce triste sujet, et pour faire voir que ce n'est point ma vanité blessée qui se lamente; disons que, si j'ai le droit d'être choqué de certaines leçons, cela ne me rend point injuste. Je sais que je suis amplement dédommagé d'une persécution passagère, par le suffrage des hommes supérieurs, par les critiques décentes de la plupart des journaux, par le jugement favorable de cette société polie que recherchaient surtout Boileau, Racine et Voltaire; enfin, par les applaudissements de la grande majorité du public. Je n'ai jamais espéré d'ailleurs que les *Martyrs* obtinssent, dans le premier moment, un succès aussi populaire que celui du *Génie du Christianisme*. Les temps sont changés : l'ouvrage n'est pas du même genre; il convient à beaucoup moins de lecteurs. Jamais un livre de cette nature ne fut reçu d'abord avec enthousiasme, le *Télémaque* excepté; et l'on sait que sa prompte renom-

---

(1) *Lettres à Brossette*, tom. I, page 64.

mée tint à des causes indépendantes de son mérite réel. S'il paraissait aujourd'hui, il est hors de doute que le vulgaire des lecteurs et des critiques le trouverait froid, traînant, ennuyeux, et même écrit avec une négligence impardonnable; et cependant, quel chef-d'œuvre de goût, de style et de simplicité !

Malgré l'opposition de mes ennemis, malgré les préjugés de toute espèce qu'on a voulu faire naître contre les *Martyrs*, j'ai encore réussi beaucoup au delà de mon attente : il s'est plus écoulé d'exemplaires de mon dernier ouvrage en quelques mois, qu'il ne s'est vendu d'exemplaires du *Génie du Christianisme* en plusieurs années. Sans parler des juges qui se sont déclarés pour moi, ceux qui ont condamné les *Martyrs* m'ont donné, pour ces mêmes *Martyrs*, des éloges que je n'ai jamais obtenus pour mes autres écrits ; éloges tels qu'ils semblaient devoir exclure ensuite le ton qu'on a pris avec moi. Mon amour-propre, comme auteur, a donc de quoi se consoler; mais je ne puis m'empêcher de gémir sur le misérable esprit qui règne dans notre littérature. Quelle idée doivent prendre de nous les étrangers, en lisant ces critiques, moitié furibondes, moitié bouffonnes, d'où la décence, l'urbanité, la bonne foi, sont bannies ; ces jugements où l'on n'aperçoit que la haine, l'envie, l'esprit de parti, et mille petites passions honteuses ? En Italie, en Angleterre, ce n'est pas ainsi qu'on accueille un ouvrage : on l'examine avec soin, même avec rigueur, mais toujours avec gravité. S'il renferme quelque talent, on s'en fait un titre d'honneur pour la patrie. En France, on dirait qu'un succès littéraire est une calamité pour tous ceux qui se mêlent d'écrire. Je l'avouerai : quand je vois traîner dans la fange les lambeaux de mes ouvrages, je regrette quelquefois cette carrière où personne n'avait le droit de prononcer mon nom publiquement sans mon aveu, et où je disposais seul d'une noble obscurité.

Enfin on a parlé, à mon sujet, de philosophe et de philosophie, et cela d'un ton qui n'a fait tort qu'à celui qui l'a pris. Expliquons-nous:

S'il faut, pour être philosophe, applaudir aux progrès des lumières, honorer les sciences, aimer les lettres et les arts, désirer le bonheur des hommes, idolâtrer la patrie, je suis philosophe

Si, pour mériter ce titre, il faut mépriser la sagesse et la gloire de nos ancêtres, blasphémer une religion qui a civilisé, éclairé et consolé la terre, substituer à l'éternelle parole et aux commandements immuables de Dieu le vain langage et la raison changeante de l'homme ; s'il faut vanter l'indépendance avec un cœur d'esclave, n'avoir pour soi que les crimes et jamais les vertus d'une opinion, je n'ai point été, je ne suis point, et je ne serai jamais philosophe.

C'est ici mon dernier combat : il est temps de mettre un terme à ces vaines agitations. J'ai passé l'âge des chimères, et je sais à quoi m'en tenir sur la plupart des choses de la vie. Quelle que soit désormais la justice ou l'injustice de la critique, je lui abandonne mes ouvrages : on pourra les ensevelir, les exhumer, les ensevelir de nouveau, je ne réclamerai plus. Je suis las de recevoir des insultes pour remercîments des plus pénibles travaux. Dans aucun temps, dans aucun pays, un homme qui aurait consacré huit années de sa vie à un long ouvrage; qui, pour le rendre moins imparfait, eût entrepris des voyages lointains, dissipé le fruit de ses premières études, quitté sa famille, exposé sa vie; dans aucun temps, dis-je, dans aucun pays, cet homme n'eût été jugé avec une légèreté si déplorable. Je n'ai jamais senti le besoin de la fortune qu'aujourd'hui. Avec quelle satisfaction je laisserais le champ de bataille à ceux qui s'y distinguent par tant de hauts faits, pour l'honneur des muses et l'encouragement des talents! Non que je renonçasse aux lettres, seule consolation de la vie; mais personne ne serait plus appelé, de mon vivant, à me citer à son tribunal pour un ouvrage nouveau.

FIN DE L'EXAMEN DES MARTYRS.

TABLE DES MATIÈRES

CONTENUES DANS CE VOLUME.

	Pages.
Préface de l'édition de 1826.	1
Préface de la première et de la seconde édition.	2
LES MARTYRS. — Livre premier.	10
Livre deuxième.	21
Livre troisième.	34
Livre quatrième.	42
Livre cinquième.	55
Livre sixième.	69
Livre septième.	81
Livre huitième.	93
Livre neuvième.	101
Livre dixième.	110
Livre onzième.	120
Livre douzième.	133
Livre treizième.	141
Livre quatorzième.	149
Livre quinzième.	159
Livre seizième.	170
Livre dix-septième.	181
Livre dix-huitième.	190
Livre dix-neuvième.	204
Livre vingtième.	215
Livre vingt et unième.	225
Livre vingt-deuxième.	233
Livre vingt-troisième.	239
Livre vingt-quatrième	251
EXAMEN DES MARTYRS.	263

FIN DE LA TABLE.

LAGNY. — Imprimerie de VIALAT et Cie.

www.ingramcontent.com/pod-product-compliance
Lightning Source LLC
Chambersburg PA
CBHW071522160426
43196CB00010B/1626